MP3 무료 제공

초보자도
단숨에
이해되는

친절한
중국어
회화

설태걸偰太杰 · **설정**薛晶 공저

Vitamin
비타민북 **Book**

머리말

　외국어를 배운다는 것은 참으로 쉽지 않은 일입니다. 특히 원어민처럼 자연스럽게 교류하고 자신의 생각을 정확히 전달하는 것은 더더욱 어렵습니다.

　한국에서 접하게 되는 중국어 책은 대부분 한국에서 출판되거나 번역본들입니다. 그 책들은 대부분 한국인의 시각에서 쓰여졌기 때문에 중국에서 거의 사용하지 않거나 직역한 표현들이 많습니다. 그래서 중국의 드라마나 영화에서 뜻은 같지만 다른 표현을 사용하는 것을 많이 볼 수 있습니다.

　어떤 언어이든 같은 말을 여러 가지로 표현할 수가 있습니다. 중국어 또한 중국에 살지 않는 한 그 많은 표현을 일일이 배우기는 어렵습니다. 이 책은 그 다양한 표현들 중에서 네이티브한 표현들, 그 중에서도 가장 많이 사용하는 표현들을 수록했을 뿐만 아니라 다양한 신조어와 인터넷 용어를 수록했습니다.

　이 책은 가장 기본적인 인사하기에서부터 감정 표하기, 화술, 여행, 비즈니스 등 일상생활에서 자주 사용하는 표현들을 주제별로 정리하였습니다. 중국어 표현, 병음, 한글 발음으로 구성되어 있어서 학습자 개개인의 요구를 만족시킬 수 있을 것입니다. 체계적으로 일상 회화를 배우고 싶은 학습자는 처음부터 끝까지 읽어보면 상당한 도움을 받을 수 있을 것입니다.

설태걸

이 책의 구성

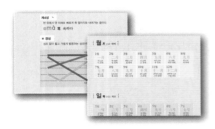

▶ **성조 익히기**

초보자라면 꼭 알아야 할 병음과 성조, 숫자, 월, 일, 요일, 시, 분에 관한 어휘를 익혀 봅니다

▶ **본문 미리보기**

본문의 감정, 인사, 사교, 화술, 테마별 화제, 비즈니스, 해외여행에 관한 7개 테마를 그림과 함께 미리 살펴봅니다.

▶ **문장 살펴보기**

본문은 네이티브한 표현들, 그중에서도 가장 많이 사용하는 표현들과 다양한 신조어, 인터넷 용어를 수록하였고 상세한 단어 설명과 어떤 상황에서 쓰이는 회화인지 친절하게 설명해 줍니다.

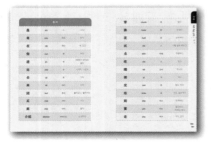

▶ **자주 쓰는 어휘**

자주 쓰는 단어—동사, 명사, 형용사, 대명사, 부사를 부록으로 실었습니다.

목차

CHAPTER 1

表达感情
감정 표현

CHAPTER 2

基本礼貌用语
기본 인사

CHAPTER 6

商 务

비즈니스

CHAPTER 7

海外旅行

해외여행

간체자

중국어의 글자는 우리가 알고 있는 한자(번체자)를 간단하게 만든 글자, 즉 간체자를 사용하고 있다.

기존의 한자는 번체자라고 하는데 모양이 복잡하고 쓰기 어렵기 때문에 좀 더 간결하고 쉽게 바꾼 것이다.

번체자	간체자
門	门
문 문	mén 먼

한어병음

영어의 알파벳을 이용하여 중국어의 발음을 표기한 것을 한어병음이라고 한다.

한어병음은 성모, 운모, 성조로 이루어져 있다.

门 mén

성조

성모

운모

1) 성모

우리말의 자음 ㄱ, ㄴ, ㄷ, ㄹ…과 비슷한 역할을 한다.

b 뽀어	p 포어	m 모어	f 포어
d 뜨어	t 트어	n 느어	l 르어
g 끄어	k 크어	h 흐어	
j 찌	q 치	x 씨	
zh 즈	ch 츠	sh 스	r 르
z 쯔	c 츠	s 쓰	

2) 운모

우리말의 모음 ㅏ, ㅓ, ㅗ…와 비슷하다. 단운모와 두 개 이상의 모음으로 이루어진 복운모, 모음+n/ng인 비운모(발음할 때 콧소리가 난다)가 있다.

단운모	복운모, 비운모
a 아	ai 아이 ao 아오 an 안 ang 앙
o 오어	ou 오우 ong 옹
e 으어	ei 에이 en 언 eng 엉
i 이	ia 이아 iao 이아오 ie 이에 iou 이오우 ian 이엔 in 인 iang 이앙 ing 잉 iong 이옹
u 우	ua 우아 uo 우어 uai 우아이 uei 우에이 uan 우안 uen 우언 uang 우앙 ueng 우엉
ü 위	üe 위에 ün 윈 üan 위앤

- u, ü가 성모 없이 단독으로 쓰일 경우 각각 i는 y로, u는 w로 ü는 yu로 표기한다.
- uei, uen는 성모가 없으면 wei, wen으로 표기하고, 성모가 있으면 e를 빼고 ui, un으로 표기한다.
- 성모가 없을 경우 ü는 yu로 표기하고 성모가 j, q, x일 경우 ju-, qu-, xu-로 표기한다.

3) 성조

소리의 높낮이를 성조라고 하는데 1성, 2성, 3성, 4성 네 개의 성조(사성)가 있다. 한자는 같아도 성조가 다르면 뜻도 달라지므로 주의해서 발음해야 한다.

제1성 ー

가장 높게 올라가 있는 음으로 평탄하고 길게 발음한다.

예 mā 妈 엄마

제2성 ′

중간 높이에서 빠르게 올라가는 음이다.

예 má 麻 마(식물)

제3성 ˇ

가장 낮은 데로 내려갔다가 다시 올라가는 음이다.

예 mǎ 马 말(동물)

제4성 ˋ

맨 위에서 맨 아래로 빠르게 확 떨어지듯 내려가는 음이다.

예 mà 骂 욕하다

※ 경성

성조 없이 짧고 가볍게 발음하는 성조이다.

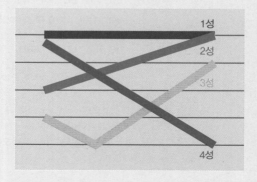

숫자 数字 shùzì 수쯔

1 一 yī 이	2 二 èr 얼	3 三 sān 싼	4 四 sì 쓰	5 五 wǔ 우
6 六 liù 려우	7 七 qī 치	8 八 bā 빠	9 九 jiǔ 쩌우	10 十 shí 스
11 十一 shíyī 스이	12 十二 shí'èr 스얼	13 十三 shísān 스싼	14 十四 shísì 스쓰	15 十五 shíwǔ 스우
16 十六 shíliù 스려우	17 十七 shíqī 스치	18 十八 shíbā 스빠	19 十九 shíjiǔ 스쩌우	20 二十 èrshí 얼스
21 二十一 èrshíyī 얼스이	22 二十二 èrshí'èr 얼스얼	30 三十 sānshí 싼스	40 四十 sìshí 쓰스	50 五十 wǔshí 우스
60 六十 liùshí 려우스	70 七十 qīshí 치스	80 八十 bāshí 빠스	90 九十 jiǔshí 쩌우스	99 九十九 jiǔshíjiǔ 쩌우스쩌우
100 一百 yìbǎi 이빠이	200 二百 èrbǎi 얼빠이	300 三百 sānbǎi 싼빠이	400 四百 sìbǎi 쓰빠이	500 五百 wǔbǎi 우빠이
600 六百 liùbǎi 려우빠이	700 七百 qībǎi 치빠이	800 八百 bābǎi 빠빠이	900 九百 jiǔbǎi 쩌우빠이	1000 一千 yìqiān 이치엔
2000 两千 liǎngqiān 량치엔	3000 三千 sānqiān 싼치엔	4000 四千 sìqiān 쓰치엔	5000 五千 wǔqiān 우치엔	6000 六千 liùqiān 려우치엔
7000 七千 qīqiān 치치엔	8000 八千 bāqiān 빠치엔	9000 九千 jiǔqiān 쩌우치엔	10000 一万 yíwàn 이완	

| 월 月 yuè 위에 |

1월	2월	3월	4월	5월	6월	몇월
一月	二月	三月	四月	五月	六月	几月
yī yuè	èr yuè	sān yuè	sì yuè	wǔ yuè	liù yuè	jǐ yuè
이 위에	얼 위에	싼 위에	쓰 위에	우 위에	려우 위에	찌 위에

7월	8월	9월	10월	11월	12월	
七月	八月	九月	十月	十一月	十二月	
qī yuè	bā yuè	jiǔ yuè	shí yuè	shíyī yuè	shí'èr yuè	
치 위에	빠 위에	쪄우 위에	스 위에	스이 위에	스얼 위에	

| 일 号 hào 하오 |

1일	2일	3일	4일	5일	6일	7일
一号	二号	三号	四号	五号	六号	七号
yī hào	èr hào	sān hào	sì hào	wǔ hào	liù hào	qī hào
이 하오	얼 하오	싼 하오	쓰 하오	우 하오	려우 하오	치 하오

8일	9일	10일	11일	12일	13일	14일
八号	九号	十号	十一号	十二号	十三号	十四号
bā hào	jiǔ hào	shí hào	shíyī hào	shí'èr hào	shísān hào	shísì hào
빠 하오	쪄우 하오	스 하오	스이 하오	스얼 하오	스싼 하오	스쓰 하오

15일	16일	17일	18일	19일	20일	21일
十五号	十六号	十七号	十八号	十九号	二十号	二十一号
shíwǔ hào	shíliù hào	shíqī hào	shíbā hào	shíjiǔ hào	èrshí hào	èrshíyī hào
스우 하오	스려우 하오	스치 하오	스빠 하오	스쪄우 하오	얼스 하오	얼스이 하오

22일	23일	24일	25일	26일	27일	28일
二十二号	二十三号	二十四号	二十五号	二十六号	二十七号	二十八号
èrshí'èr hào	èrshísān hào	èrshísì hào	èrshíwǔ hào	èrshíliù hào	èrshíqī hào	èrshíbā hào
얼스얼 하오	얼스싼 하오	얼스쓰 하오	얼스우 하오	얼스려우 하오	얼스치 하오	얼스빠 하오

29일	30일	31일	며칠			
二十九号	三十号	三十一号	几号			
èrshíjiǔ hào	sānshí hào	sānshíyī hào	jǐ hào			
얼스쪄우 하오	싼스 하오	싼스이 하오	찌 하오			

월요일	화요일	수요일	목요일	금요일	토요일
星期一	星期二	星期三	星期四	星期五	星期六
xīngqīyī	xīngqī'èr	xīngqīsān	xīngqīsì	xīngqīwǔ	xīng qī liù
씽치이	씽치얼	씽치싼	씽치쓰	씽치우	씽 치 려우
周一	周二	周三	周四	周五	周六
zhōuyī	zhōuèr	zhōusān	zhōusì	zhōuwǔ	zhōuliù
저우이	저우얼	저우싼	저우쓰	저우우	저우려우

일요일				무슨 요일	주말
星期天				星期几	周末
xīngqītiān				xīngqī jǐ	zhōumò
씽치티엔				씽치 찌	저우뭐

星期日
xīngqīrì
씽치르

周天
zhōutiān
저우티엔

周日
zhōurì
저우르

| 시 点 diǎn 띠엔 |

1시 一点 yī diǎn 이 띠엔	2시 两点 liǎng diǎn 량 띠엔	3시 三点 sān diǎn 싼 띠엔	4시 四点 sì diǎn 쓰 띠엔	5시 五点 wǔ diǎn 우 띠엔	6시 六点 liù diǎn 려우 띠엔	몇 시 几点 jǐ diǎn 찌 띠엔
7시 七点 qī diǎn 치 띠엔	8시 八点 bā diǎn 빠 띠엔	9시 九点 jiǔ diǎn 쪄우 띠엔	10시 十点 shí diǎn 스 띠엔	11시 十一点 shíyī diǎn 스이 띠엔	12시 十二点 shíèr diǎn 스얼 띠엔	

| 분 分 fēn 펀 |

1분 一分 yī fēn 이 펀	2분 二分 èr fēn 얼 펀	3분 三分 sān fēn 싼 펀	4분 四分 sì fēn 쓰 펀	5분 五分 wǔ fēn 우 펀
6분 六分 liù fēn 려우 펀	7분 七分 qī fēn 치 펀	8분 八分 bā fēn 빠 펀	9분 九分 jiǔ fēn 쪄우 펀	10분 十分 shí fēn 스 펀
11분 十一分 shíyī fēn 스이 펀	12분 十二分 shí'èr fēn 스얼 펀	13분 十三分 shísān fēn 스싼 펀	14분 十四分 shísì fēn 스쓰 펀	15분 十五分 shíwǔ fēn 스우 펀
16분 十六分 shíliù fēn 스려우 펀	17분 十七分 shíqī fēn 스치 펀	18분 十八分 shíbā fēn 스빠 펀	19분 十九分 shíjiǔ fēn 스쪄우 펀	20분 二十分 èrshí fēn 얼스 펀
21분 二十一分 èrshíyī fēn 얼스이 펀	22분 二十二分 èrshí'èr fēn 얼스얼 펀	23분 二十三分 èrshísān fēn 얼스싼 펀	24분 二十四分 èrshísì fēn 얼스쓰 펀	25분 二十五分 èrshíwǔ fēn 얼스우 펀

26분 二十六分 èrshíliù fēn 얼스러우 펀	**27분** 二十七分 èrshíqī fēn 얼스치 펀	**28분** 二十八分 èrshíbā fēn 얼스빠 펀	**29분** 二十九分 èrshíjiǔ fēn 얼스쩌우 펀	**30분** 三十分 sānshí fēn 싼스 펀
31분 三十一分 sānshíyī fēn 싼스이 펀	**32분** 三十二分 sānshí'èr fēn 싼스얼 펀	**33분** 三十三分 sānshísān fēn 싼스싼 펀	**34분** 三十四分 sānshísì fēn 싼스쓰 펀	**35분** 三十五分 sānshíwǔ fēn 싼스우 펀
36분 三十六分 sānshíliù fēn 싼스러우 펀	**37분** 三十七分 sānshíqī fēn 싼스치 펀	**38분** 三十八分 sānshíbā fēn 싼스빠 펀	**39분** 三十九分 sānshíjiǔ fēn 싼스쩌우 펀	**40분** 四十分 sìshí fēn 쓰스 펀
41분 四十一分 sìshíyī fēn 쓰스이 펀	**42분** 四十二分 sìshí'èr fēn 쓰스얼 펀	**43분** 四十三分 sìshísān fēn 쓰스싼 펀	**44분** 四十四分 sìshísì fēn 쓰스쓰 펀	**45분** 四十五分 sìshíwǔ fēn 쓰스우 펀
46분 四十六分 sìshíliù fēn 쓰스러우 펀	**47분** 四十七分 sìshíqī fēn 쓰스치 펀	**48분** 四十八分 sìshíbā fēn 쓰스빠 펀	**49분** 四十九分 sìshíjiǔ fēn 쓰스쩌우 펀	**50분** 五十分 wǔshí fēn 우스 펀
51분 五十一分 wǔshíyī fēn 우스이 펀	**52분** 五十二分 wǔshí'èr fēn 우스얼 펀	**53분** 五十三分 wǔshísān fēn 우스싼 펀	**54분** 五十四分 wǔshísì fēn 우스쓰 펀	**55분** 五十五分 wǔshíwǔ fēn 우스우 펀
56분 五十六分 wǔshíliù fēn 우스러우 펀	**57분** 五十七分 wǔshíqī fēn 우스치 펀	**58분** 五十八分 wǔshíbā fēn 우스빠 펀	**59분** 五十九分 wǔshíjiǔ fēn 우스쩌우 펀	**60분** 六十分 liùshí fēn 려우스 펀
몇 분 几分 jǐ fēn 찌 펀	**15분** 一刻 yí kè 이 크어	**30분** 半 bàn 빤		

용서해 줘.

原谅我吧。

Yuánliàng wǒ ba.

감정 표현에 관한 회화는 **p34 ~ p79**에서 확인하세요.

회화

A 原谅我吧。

原谅 yuánliàng 용서하다

Yuánliàng wǒ ba.

위엔량 워 빠

용서해 줘.

B 闭嘴！

Bì zuǐ!

삐 주이

입 다물어! / 닥쳐!

여러 가지 표현

不要找借口。

Bú yào zhǎo jièkǒu.

뿌 야오 자오 찌에커우

변명하지 마.

真闹心。

Zhēn nàoxīn.

쩐 나오씬

짜증 나.

你冷静冷静。

Nǐ lěngjìng lěngjìng.

니 렁찡 렁찡

좀 진정해.

도와줘서 고맙습니다.

谢谢您的帮助。

Xièxie nín de bāngzhù.

기본인사에 관한 회화는 **p82 ~ p121**에서 확인하세요.

A 谢谢您的帮助。
Xièxie nín de bāngzhù.
씨에씨에 닌 더 빵주

도와줘서 고맙습니다.

帮助 bāngzhù 도움, 돕다

B 需要的话，随时开口。
Xūyào dehuà, suíshí kāikǒu.
쒸야오 더화, 쑤이스 카이커우

필요하면 언제든지 말만 해.

~的话 dehuà ~하다면
随时 suíshí 언제나, 아무 때나

여러 가지 표현

让您费心了。
Ràng nín fèixīn le.
랑 닌 페이씬 러

신세를 졌습니다.

很高兴能帮上忙。
Hěn gāoxìng néng bāngshang máng.
헌 까오씽 넝 빵상 망

도움이 되었다니 기뻐요.

不用谢。
Búyòng xiè.
뿌용 씨에

감사할 필요 없어.

본문 미리보기 课文预览 kèwén yùlǎn

언제 시간 있으면 같이 밥 먹자.

什么时候有时间一起吃饭吧。

Shénme shíhou yǒu shíjiān yìqǐ chī fàn ba.

사교에 관한 회화는 **p124 ~ p169**에서 확인하세요.

A 什么时候有时间一起吃饭吧。
Shénme shíhou yǒu shíjiān yìqǐ chī fàn ba.
선머 스허우 여우 스찌엔 이치 츠 판 빠

언제 시간 있으면 같이 밥 먹자.

时候 shíhou 시간, 기간, 동안
吃饭 chī fàn 밥을 먹다

B 什么时候都可以。
Shénme shíhou dōu kěyǐ.
선머 스허우 떠우 커이

언제라도 좋아.

都 dōu 모두, 다

明天晚上，不见不散。
Míngtiān wǎnshang, bú jiàn bú sàn.
밍티엔 완상, 뿌 찌엔 뿌 싼

내일 저녁에 꼭 봅시다.

在哪儿见面?
Zài nǎr jiànmiàn?
짜이 날 찌엔미엔

어디서 만날까요?

我很乐意去。
Wǒ hěn lèyì qù.
워 헌 러이 취

기꺼이 가겠습니다.

본문 미리보기 课文预览 kèwén yùlǎn

넌 할 수 있어, 파이팅!

你可以的, 加油!

Nǐ kěyǐ de, jiāyóu!

화술 표현에 관한 회화는 **p172 ~ p261**에서 확인하세요.

A 你可以的，加油！
Nǐ kěyǐ de, jiāyóu!
니 커이 더, 쨔여우

넌 할 수 있어, 파이팅!

可以 kěyǐ 할 수 있다
加 jiā 더하다
加油 jiāyóu 힘내다, 파이팅, 주유하다

B 谢谢，你也加油！
Xièxie, nǐ yě jiāyóu!
씨에씨에, 니 예 쨔여우

고마워, 너도 힘내!

油 yóu 기름

给力！
Gěi lì!
께 리

대박이다! / 최고다!

我看好你哟！
Wǒ kànhǎo nǐ yōu!
워 칸하오 니 여우

나는 네가 잘 될 거라고 봐!

别给我戴高帽了。
Bié gěi wǒ dài gāomào le.
삐에 께 워 따이 까오마오 러

비행기 태우지 마세요.

课文预览 kèwén yùlǎn

본문 미리보기

불면증에 걸려 잠을 이루지 못해요.

失眠，睡不着觉。

Shīmián, shuì bu zháo jiào.

테마별 화제에 관한 회화는 **p264 ~ p359**에서 확인하세요.

A 哪里不舒服？

Nǎli bù shūfu?

나리 뿌 수푸

어디가 아프십니까?

B 失眠，睡不着觉。

Shīmián, shuì bu zháo jiào.

스미엔, 수이 뿌 자오 쨔오

불면증에 걸려 잠을 이루지 못해요.

脚踝扭伤了。

Jiǎohuái niǔshāng le.

쨔오화이 녀우상 러

발목을 삐었습니다.

拉肚子了。

Lā dùzi le.

라 뚜쯔 러

배탈이 났습니다.

有感冒药吗？

Yǒu gǎnmàoyào ma?

여우 깐마오야오 마

감기약 있습니까?

전화 잘못 거셨습니다.

您打错了。

Nín dǎcuò le.

비즈니스에 관한 회화는 **p362 ~ p415**에서 확인하세요.

회화

A 喂，请找一下巩丽。
Wéi, qǐng zhǎo yíxià Gǒng lì.
웨이, 칭 자오 이쌰 꿍 리
여보세요. 공리 씨 부탁합니다.

喂 wéi 여보세요
一下 yíxià 좀 ~하다

B 您打错了。
Nín dǎcuò le.
닌 따춰 러
전화 잘못 거셨습니다.

错 cuò 틀리다, 맞지 않다

여러 가지 표현

请问，明明在吗?
Qǐngwèn, míngming zài ma?
칭원 밍밍 짜이 마
밍밍 씨 계십니까?

可以再说一遍吗?
Kěyǐ zài shuō yíbiàn ma?
커이 짜이 쉬 이삐엔 마
한 번 더 말씀해 주시겠습니까?

我以后再打。
Wǒ yǐhòu zài dǎ.
워 이허우 짜이 따
나중에 다시 전화하겠습니다.

주문하시겠습니까?

点什么菜? Diǎn shénme cài?

해외여행에 관한 회화는 **p418 ~ p558**에서 확인하세요.

A 点什么菜?

Diǎn shénme cài?

띠엔 선머 차이

주문하시겠습니까?

B 给我这个。

这个 zhè ge 이, 이것

Gěi wǒ zhè ge.

께이 워 즈어 거

이걸로 주세요.

现在可以预约吗?

Xiànzài kěyǐ yùyuē ma?

씨엔짜이 커이 위위에 마

지금 예약할 수 있나요?

一会儿再点。

Yíhuìr zài diǎn.

이훨 짜이 띠엔

이따 주문할게요.

请给我一杯美式咖啡。

Qǐng gěi wǒ yì bēi měishì kāfēi.

칭 께이 워 이 뻬이 메이스 카페이

아메리카노 한 잔 주세요.

친절한 **중국어 회화**

CHAPTER 1

表达感情
Biǎodá gǎnqíng

감정 표현

UNIT 1 즐거움

1 기쁨을 표현할 때 / **2** 감탄을 나타낼 때

단어

开心 kāixīn 카이씬 기쁘다	**看上去** kàn shàngqu 칸 상취 보아하니	**心情** xīnqíng 신칭 심정, 기분	**高兴** gāoxìng 까오씽 기쁘다
运气 yùnqi 윈치 운, 운수	**幸运** xìngyùn 씽윈 운이 좋다	**帅** shuài 솨이 잘생기다	**漂亮** piàoliang 피아오량 예쁘다

간체자

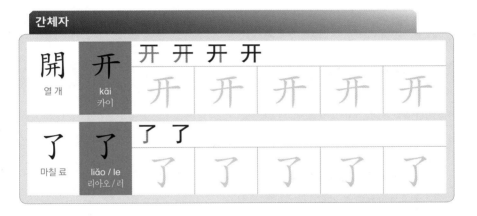

開 열 개	开 kāi 카이	开 开 开 开				
		开	开	开	开	开
了 마칠 료	了 liǎo / le 리아오 / 러	了 了				
		了	了	了	了	了

쓰면서 읽어보세요!

기분이 좋아 보이네요!

└ 看上去心情不错呀?

너무 기뻐요!

└ 我太开心了!

001 **真高兴。**
Zhēn gāoxìng.
전 까오씽

기뻐라!

高兴 : 기쁘다

---

002 **我太开心了!**
Wǒ tài kāixīn le!
워 타이 카이씬 러

너무 기뻐요!

开心은 '기쁘다'라는 뜻으로, 高兴과 바꿔 쓸 수 있다.

---

003 **今天心情不错。**
Jīntiān xīnqíng búcuò.
쩐티엔 씬칭 뿌춰

오늘은 기분이 좋아.

心情 : 심정, 기분
不错는 '좋다, 괜찮다'라는 뜻으로, 好와 바꿔 쓸 수 있다.

---

004 **今天玩得真 hi!**
Jīntiān wán de zhēn hi!
쩐티엔 완 더 쩐 하이

오늘 정말 즐겁게 놀았어요.

玩 : 놀다
hi는 영어 high에서 왔고 '황홀경에 이르렀다'라는 뜻.

---

005 **运气好。**
Yùnqi hǎo.
윈치 하오

운이 좋았어.

运气 : 운, 운수

006

今天是我的幸运日！

Jīntiān shì wǒ de xìngyùnrì!

쩐티엔 스 워 더 씽윈르

오늘은 나의 럭키 데이야!

幸运日은 '럭키데이, 행운의 날'이라는 뜻.

007

没有什么比这个更让人高兴的了。

Méiyǒu shénme bǐ zhè ge gèng ràng rén gāoxìng de le.

메이여우 선머 삐 즈어 끄어 껑 랑 런 까오씽 더 러

이보다 더 기쁠 수는 없어요.

比这个 : 이보다
让人高兴 : 사람을 기쁘게 하다
比는 '~보다'라는 뜻이고 비교문에 쓰인다.

008

痛并快乐着！

Tòng bìng kuàilè zhe!

퉁 삥 콰이러 저

아픔과 즐거움을 동시에 즐기다.

痛 : 아프다
并 : 그리고
着는 일부 동사나 형용사 뒤에 쓰여 어떤 상태의 지속을 나타낸다.

009

我真替你高兴。

Wǒ zhēn tì nǐ gāoxìng.

워 쩐 티 니 까오씽

진짜 너를 대신해서 내가 기뻐.

8년 연애하던 친구가 결혼한다고 했을 때
替 : 대신하다
〈替+사람+술어+목적어〉 순서로 쓰여 '~를 대신하여 ~을 하다'라는 뜻.

02 감탄을 나타낼 때

001

真帅！

Zhēn shuài!

쩐 솨이

멋져요! / 잘생겼어요!

真은 '정말로, 참으로'라는 뜻으로 감탄문에 많이 쓰인다.
帅는 '잘생기다'라는 뜻으로 주로 남자에게 사용.

002

真漂亮!
Zhēn piàoliang!
전 퍄오량

아름다워요!

漂亮은 '예쁘다'라는 뜻으로 주로 여성에게 쓰인다.

003

真厉害!
Zhēn lìhai!
전 리하이

대단해!

厉害는 '대단하다, 훌륭하다'라는 뜻이고 사람을 묘사할 때는 '무섭다, 엄격하다'라는 뜻도 있다.

004

太过瘾了!
Tài guòyǐn le!
타이 꿔인 러

너무 신난다! / 정말 죽여준다!

어제 정말 신나게 놀았어, 太过瘾了!
过瘾 : 실컷 ~하다, 인이 박히다

005

有意思!
Yǒu yìsi!
여우 이쓰

재미있네요!

有 : 있다, 소유하다
意思는 '뜻, 의미'라는 뜻이지만 有意思는 두 단어의 조합이 아니라 하나의 단어이고 '재미있다'라는 뜻으로 쓰인다.

006

好吃!
Hǎochī!
하오츠

맛있네요!

好吃 : 맛있다
〈好 + 동사〉는 '~하기 좋다'라는 뜻이 된다.
  好看 hǎo kàn 보기 좋다, 예쁘다
  好听 hǎo tīng 듣기 좋다
  好玩儿 hǎo wánr 재미있다

007

景色真好!
Jǐngsè zhēn hǎo!
찡써 전 하오

경치가 좋네요!

景色 : 경치

008

画得真好!

Huà de zhēn hǎo!

화 더 쪈 하오

잘 그렸어요!

画는 명사로 '그림', 동사로 '그리다'라는 뜻이 있다.

009

你太牛了!

Nǐ tài niú le!

니 타이 녀우 러

당신은 대단해요.

牛는 '소'라는 뜻이지만 중국에서는 대단한 사람이나 대단한 일을 보고 감탄할 때 牛라고 한다.

010

干得漂亮!

Gàn de piàoliang!

깐 더 퍄오량

잘했어요!

干은 '하다'라는 뜻으로 做의 구어체 표현.

UNIT 2 걱정, 슬픔

chapter 1
감정 표현

1 걱정할 때 / 2 실망했을 때 / 3 포기할 때 / 4 슬플 때 /
5 우울할 때 / 6 위로할 때

发生了什么事?
Fāshēng le shénme shì?
파성 러 선머 스
무슨 일 있니?

丢了工作好郁闷。
Diū le gōngzuò hǎo yùmèn.
떠우 러 꿍쭤 하오 위먼
일자리를 잃어서 우울해.

권고사직
…

단어

发生 fāshēng 파성 **발생하다**	**事** shì 스 **일**	**丢** diū 떠우 **잃다, 버리다**	**工作** gōngzuò 꿍쭤 **일, 일하다**
好 hǎo 하오 **좋다**	**郁闷** yùmèn 위먼 **우울하다**	**失望** shīwàng 스왕 **실망하다**	**辛苦** xīnkǔ 씬쿠 **고생하다, 수고하다**

간체자

髮 터럭 발	发 fà 파	发 发 发 发 发 发　发　发　发　发
鬱 답답할 울	郁 yù 위	郁 郁 郁 郁 郁 郁 郁 郁 郁　郁　郁　郁　郁

쓰면서 읽어보세요!

무슨 일 있니?

└ 发生了什么事?

일자리를 잃어서 우울해.

└ 丢了工作好郁闷。

001
怎么办才好?
Zěnme bàn cái hǎo?
쩐머 빤 차이 하오

어떡하면 좋을까?

怎么 : 어떻게, 왜
办 : 처리하다
怎么办 : 어쩌지, 어떻게 할까
才는 '비로소'라는 뜻이며 어떤 조건이나 상황에서 일·동작이 행해지는 것을 말한다.

002
放心不下。
Fàngxīn bú xià.
팡씬 뿌 쌰

걱정하다. / 마음을 놓을 수 없다.

放心 : 안심하다
不下는 동사 뒤에 쓰여 '~을 할 수 없다'라는 뜻.

003
到底怎么回事?
Dàodǐ zěnme huí shì?
따오띠 쩐머 후이 스

도대체 어떻게 된 일이에요?

到底 : 도대체
怎么回事 : 어떻게 된 일인가

004
真伤脑筋。
Zhēn shāng nǎojīn.
쩐 상 나오찐

골치 아프네.

伤 : 다치다
脑筋 : 머리
관용어 伤脑筋은 '골머리를 앓다, 애를 먹다'라는 뜻.

005
真让人提心吊胆。
Zhēn ràng rén tíxīndiàodǎn.
쩐 랑 런 티씬띠아오딴

정말 마음이 조마조마하게 하네요.

너무 걱정되고 두려워서 안절부절할 때
让은 '하게 하다'라는 뜻으로, 주로 겸어문에 쓰인다.
사자성어 提心吊胆은 '안절부절못하다, 마음이 조마조마하다'라는 뜻으로 매우 걱정하고 있음을 나타낸다.

006

挺严重的。
Tǐng yánzhòng de.
팅 옌중 더

꽤 심각해.

상황이 안 좋을 때, 병이 심각
할 때
挺~的 : 꽤 ~하다
严重 : 심각하다

007

昨天一晚上没合眼。
Zuótiān yì wǎnshang méi héyǎn.
쭤티엔 이 완상 메이 흐어옌

어젯밤은 전혀 못 잤어.

一晚上 : 하룻밤
合眼 : 눈을 감다, 잠을 자다

008

发生了什么事?
Fāshēng le shénme shì?
파성 러 선머 스

무슨 일 있었니?

发生 : 발생하다
事 : 일

009

哪里不舒服吗?
Nǎli bù shūfu ma?
나리 뿌 수푸 마

어디 몸이 안 좋니?

상대방의 건강 상태를 걱정
할 때
哪里 : 어디
舒服 : (몸이나 마음이) 편안
하다

010

操碎了心。
Cāosuì le xīn.
차오쑤이 러 씬

속을 썩이다.

操心 : 신경을 쓰다, 애를 태
우다, 걱정하다
碎 : 깨지다
操心은 이합사이기에 碎가
단어 사이에 들어간다. 이합
사란 〈동사+명사〉 구조로 하
나의 단어가 된 것을 말한다.

011

我眼皮一直在跳。

Wǒ yǎnpí yìzhí zài tiào.

워 옌피 이즈 짜이 티아오

눈꺼풀이 푸르르 떨린다.

나쁜 일이 생길 것 같은 예감
이 들 때
眼皮 : 눈꺼풀
一直 : 계속해서
跳는 '뛰다'라는 뜻이지만 **眼
皮跳**는 '눈꺼풀이 떨린다'로
해석해야 한다.
在는 '~을 하고 있다'라는 뜻
으로 현재진행형을 나타낸다.

02 　실망했을 때

001

真失望。

Zhēn shīwàng.

쩐 스왕

실망이야.

失望 : 실망하다

002

不给力啊!

Bù gěilì a !

뿌 꺼이리 아

실망이야.

给力는 신조어. 일본 코믹 애
니메이션 '서유기'의 중국어
더빙판에서 손오공의 대사
중 '최고다, 강하다'라는 뜻으
로 쓰였다.

003

白辛苦了。

Bái xīnkǔ le.

빠이 씬쿠 러

괜히 고생했어.

白 : 헛되이, 보람 없이
辛苦 : 고생하다, 수고하다

004

我还是太嫩了。

Wǒ háishi tài nèn le.

워 하이스 타이 넌 러

난 역시 경험이 부족하군요.

还是 : 여전히
嫩은 '부드럽다, 연하다'라는
뜻이지만 사람을 수식할 때
는 '경험이 부족하다, 서툴다'
라는 뜻도 있다.

005

真倒霉。

Zhēn dǎoméi.

쩐 따오메이

운이 안 좋아.

倒霉 : 재수가 없다

006

别跟我扯这些没用的。

Bié gēn wǒ chě zhèxiē méiyòng de.

삐에 껀 워 츠어 즈어씨에 머이융 더

쓸데없는 얘기 그만해.

别 : ~을 하지 마
跟은 '~와'라는 뜻이며 和hé
와 바꿔 쓸 수 있다.
扯 : 한담하다, 쓸데없는 소
리를 하다
没用的 : 쓸데없는 것(말)

007

你又在作死了。

Nǐ yòu zài zuōsǐ le.

니 여우 짜이 쭤쓰 러

당신은 또 스스로 죽을 길을 찾고 있네.

又 : 또
作死 : 스스로 죽을 길을 찾
다, 화를 자초하다

008

心凉了。

Xīnliáng le.

씬량 러

마음이 식다. / 실망하다.

凉은 형용사로 '차갑다'라는
뜻이지만 여기에서는 비유로
'마음이 식었다, 실망했다'라
는 뜻으로 쓰였다.

03 포기할 때

001

放弃了。

Fàngqì le.

팡치 러

포기했어.

放弃 : 포기하다
了는 동사나 형용사 뒤에 쓰
여 동작 또는 변화가 이미 완
료되었음을 나타낸다.

002

早点儿放手吧。

Zǎo diǎnr fàngshǒu ba.

짜오 띠얄 팡서우 빠

빨리 손을 떼라. / 빨리 포기해라.

早点 : 일찍
放手 : 손을 떼다, 포기하다
吧는 문장 끝에 쓰여 상의·제의·청구·명령·독촉의 어기를 나타낸다.

003

没有办法。

Méiyǒu bànfǎ.

메이여우 빤파

어쩔 수 없어.

没有는 '없다'라는 뜻이며 반대어는 有.
办法 : 방법

004

你已经尽力了。

Nǐ yǐjīng jìnlì le.

니 이찡 찐리 러

당신은 이미 최선을 다 했어.

실패했어도 당신은 여전히 최고야. 你已经尽力了。
已经 : 이미
尽力 : 최선을 다 하다
了는 동사 또는 형용사 뒤에 쓰여 동작 또는 변화가 이미 완료되었음을 나타낸다.

005

这都是命。

Zhè dōu shì mìng.

즈어 떠우 스 밍

이게 운명이야.

아무리 노력해 봤자 소용이 없어. 这都是命。
都 : 모두, 다
命은 '목숨'이라는 뜻이지만 여기에서는 '운명'이라는 뜻으로 쓰였다.

006

你看着办吧。

Nǐ kànzhe bàn bā.

니 칸즈어 빤 빠

네가 알아서 해.

나는 이제 손을 뗄 거야. 你看着办吧。
看着 : 보아가면서
办 : 처리하다
吧는 문장 끝에 쓰여 상의·제의·청구·명령·독촉의 어기를 나타낸다.

007 你怎么这么死心眼?

Nǐ zěnme zhème sǐ xīnyǎn?

니 쩐머 즈어머 쓰 씬옌

넌 왜 이렇게 고집스럽니? / 넌 왜 이렇게 고지식하니?

눈 좀 감으면 넘어갈 수 있는 일인데… 你怎么这么死心眼?
怎么 : 왜, 어떻게
怎么这么 : 왜 이렇게
死心眼 : 고지식하다, 융통성이 없다

008 我快hold不住了。

Wǒ kuài hold bu zhù le.

워 콰이 허우 뿌 주 러

감당이 안 된다. / 더 이상 견딜 수가 없다.

그녀는 너무 자주 울어, 我快hold不住了。
快~了는 '곧 ~하다', 상황이 곧 변화하거나, 새로운 상황이 곧 발생함을 뜻한다.
hold : 신조어로 '감당하다'
不住는 '~을 하지 못하다, ~을 할 수 없다'라는 뜻, 동사 뒤에 붙어 동작을 실현할 수 없거나 동작이 불안정·불확실함을 나타냄.

009 我是不会放弃的。

Wǒ shì bú huì fàngqì de.

워 스 뿌 후이 팡치 더

난 포기하지 않을 거야.

会는 '~을 할 수 있다'라는 뜻 외에 '~일 것이다'라는 추측을 나타내는 의미도 있다.
放弃 : 포기하다
是~的는 중국어에서 자주 쓰이는 특수 구문이다. 주로 과거형에 쓰이며 과거에 발생한 일을 강조한다. 어순은 〈주어+是+강조 내용+술어+的+목적어〉 순이다.

04 슬플 때

001 伤心。

Shāngxīn.

상씬

슬퍼.

伤心 : 상심하다, 슬퍼하다

002

我的心都碎了。

Wǒ de xīn dōu suì le.

워 더 씬 떠우 쑤이 러

마음이 찢어질 거 같아.

좋아하는 드라마의 주인공이 죽었을 때 **我的心都碎了。**

碎 : 깨지다

心碎는 '마음이 찢어지다, 마음이 대단히 아프다'라는 뜻.

003

没人懂我。

Méi rén dǒng wǒ.

메이 런 뚱 워

나를 이해하는 사람이 없어.

懂 : 알다, 이해하다

004

心累。

Xīn lèi.

씬 러이

마음이 힘들다.

사람을 상대하는 것, 너무 **心累。**

累 : 피곤하다

005

好心塞。

Hǎo xīnsāi.

하오 씬싸이

속 터진다. / 마음이 아프다.

왜 이렇게 말귀를 못 알아들어, **好心塞。**

好는 '매우'라는 뜻, 이 문장에서는 정도부사로 쓰였고 很과 같은 뜻이다. 주로 구어체에 씀.

塞 : 막히다

心塞는 '가슴이 답답하다'라는 뜻 외에 마음이 아프거나 마음의 고통이 심할 때 사용.

006

悲伤逆流成河。

Bēishāng nìliú chéng hé.

뻬이상 니려우 청 허

슬픔이 역류해 강이 되다. / 슬픔이 크다.

悲伤 : 마음이 아프다

逆流 : 역류하다

成 : 되다

河 : 강

悲伤逆流成河는 중국의 소설가 궈징밍(郭敬明)의 소설 제목이기도 하다.

007 **好想大哭一场。**
Hǎo xiǎng dà kū yì chǎng.
하오 쌍 따 쿠 이 창

정말 실컷 울고 싶어요.

너무 힘들어, 好想大哭一场。 好는 '좋다'라는 뜻으로 많이 쓰이지만 '아주, 참말로'라는 뜻으로 형용사나 동사 앞에 쓰여 정도가 심함을 나타내며, 감탄의 어기를 표현한다.

---

008 **感觉好空虚。**
Gǎnjué hǎo kōngxū.
깐쮜에 하오 쿵쒸

허무해.

수능이 끝났는데 너무 感觉好空虚。
感觉 : ~이라고 느끼다
空虚 : 공허하다, 허전하다

---

05 우울할 때

001 **郁闷。**
Yùmèn.
위먼

우울해.

郁闷 : 우울하다

---

002 **蓝瘦，香菇。**
Lánshòu, xiānggū.
란서우, 씨양꾸

마음이 아파, 울고 싶어.

여자 친구와 헤어졌을 때 蓝瘦, 香菇。
蓝瘦, 香菇는 신조어. 蓝瘦는 '难受nánshòu 괴롭다', 香菇는 '想哭xiǎng kū 울고 싶다'와 발음이 비슷해서 쓰임.

---

003 **惆怅啊。**
Chóuchàng a.
처우창 아

슬퍼.

惆怅 : 낙담하다, 슬퍼하다, 쓸쓸하다

004

为什么郁闷？

Wèishénme yùmèn?

웨이선머 위먼

왜 우울한 거야?

为什么 : 왜, 무엇 때문에

005

丢了工作好郁闷。

Diū le gōngzuò hǎo yùmèn.

떠우 러 꿍쭤 하오 위먼

일자리를 잃어서 우울해.

직장에서 해고되었을 때
丢 : 잃다, 버리다
工作 : 일, 일하다

006

一下雨就郁闷。

Yí xiàyǔ jiù yùmèn.

이 쌰위 쩌우 위먼

비가 오면 우울해져.

一~就~ : ~하면 ~하다,
~하자마자 ~하다
下雨 : 비가 오다

007

什么都不想做。

Shénme dōu bù xiǎng zuò.

선머 떠우 뿌 쌍 쮜

아무것도 하고 싶지 않아.

의욕을 상실했을 때

---

06 ◀ 위로할 때

001

别担心。

Bié dānxīn.

삐에 딴씬

걱정하지 말아요.

别 : ~하지 마
担心 : 걱정하다

002 **想开点儿吧。**

Xiǎngkāi diǎnr ba.

쌍카이 딸 빠

좋게 생각해.

누구나 한번쯤 겪게 될 일이니 **想开点儿吧**。
想은 조동사로는 '~하고 싶다', 동사로 '생각하다'라는 뜻이 있다.
想开 : 마음을 넓게 갖다, 좋게 생각하다
点儿은 **一点儿**의 약자로 '조금, 약간'을 뜻한다. 주로 동사나 형용사 뒤에 쓰인다.

003 **一切都会好起来的。**

Yíqiè dōu huì hǎo qǐlái de.

이치에 떠우 후이 하오 치라이 더

다 좋아질 거예요.

一切 : 모든, 모든 것
会 : ~일 것이다
好起来 : 좋아지기 시작하다
起来는 동사 또는 형용사 뒤에 쓰여, 어떤 동작이 시작되어 계속됨을 나타낸다.

004 **真可惜。**

Zhēn kěxī.

쩐 크어씨

안타깝습니다.

저장해 놓은 자료들이 전부 사라졌을 때 **真可惜**。
1점 차이로 경기에서 졌을 때 **真可惜**。
可惜 : 아쉽다

005 **真遗憾。**

Zhēn yíhàn.

쩐 이한

유감이네요.

섭섭하거나 불만이 남아 있을 때
遗憾 : 유감이다

006 **面包会有的，牛奶也会有的。**

Miànbāo huì yǒu de, niúnǎi yě huì yǒu de.

미엔빠오 후이 여우 더, 녀우나이 예 후이 여우 더

현재는 아무것도 없지만 노력한다면 물질적인 조건들이 좋아질 거야.

영화에서 나온 명대사로 직역하면 '빵도 있을 수 있고 우유도 있을 수 있다.'
面包 : 빵
牛奶 : 우유
会有的 : 있게 될 것이다

一辈子那么长，谁不会碰到几个人渣呢？

Yíbèizi nàme cháng, shéi bú huì pèngdào jǐ ge rénzhā ne?
이뻐이쯔 나머 창, 서이 뿌 후이 펑따오 찌 거 런짜 너

일생이 그렇게 긴데 누구든 몇몇 쓰레기 같은 사람을 만나지 않겠니?

남친과 헤어진 여자 사람 친구를 위로할 때
一辈子 : 평생
那么 : 그렇게
长 : 길다
谁 : 누구
碰到 : 만나다
渣는 '찌꺼기'를 뜻하며 **人渣**는 '인간 쓰레기, 인간 말종'이라는 뜻.

天涯何处无芳草。

Tiānyá héchù wú fāngcǎo.
티엔야 흐어추 우 팡차오

세상에 널린 게 여자야.

송나라 소식이 쓴 〈접련화〉에 나온다. 직역하면 '이 세상 어디엔들 향초가 없겠는가.' 즉 사람은 많으니 한 사람에게 너무 얽매이지 말라는 뜻.
天涯는 '하늘 끝, 하늘가'라는 뜻인데 이 문장에서는 '세상'으로 해석하는 게 좋다.
何处 : 어느 곳, 어디
无는 '없다'라는 뜻으로 没와 바꿔 쓸 수 있다.
芳草는 '향기로운 풀'이라는 뜻인데 이 문장에서는 '여자나 남자'로 해석하는 게 좋다.

我会一直陪着你的。

Wǒ huì yìzhí péizhe nǐ de.
워 후이 이즈 퍼이저 니 더

내가 항상 네 곁에 있어줄게.

언제든 내가 필요할 때 **我会一直陪着你的。**
一直 : 계속, 줄곧
陪 : 모시다, 곁에 있어 주다
着는 동사나 형용사 뒤에 쓰여 동작이나 상태의 지속을 나타낸다.

010 人生不如意十之八九。

Rénshēng bù rúyì shízhībājiǔ.

런성 뿌 루이 스즈빠쪄우

뜻대로 안 되는 일은 십중팔구.

살다 보면 뜻대로 안 되는 일이 더 많아요.
人生 : 인생
如意 : 뜻대로 되다
十之八九 : 십중팔구

---

011 猫哭耗子假慈悲。

Māo kū hàozi jiǎ cíbēi.

마오 쿠 하오즈 쨔 츠뻐이

고양이가 쥐 생각한다.

당신의 동정 따위 필요없어!
猫 : 고양이
耗子 : 쥐
哭 : 울다
假 : 가짜의
慈悲 : 자비

---

012 没有过不去的坎。

Méiyǒu guò bu qù de kǎn.

메이여우 꿔 뿌 취 더 칸

넘기지 못하는 고비는 없다.

피곤하면 휴식하고, 갈증나면 물을 마시고, 고민이 생기면 큰 소리로 노래 불러보세요.
过不去 : 지나갈 수 없다
坎 : 고비, 고빗사위, 가장 긴요한 곳이나 시기

UNIT 3 분노, 다툼

chapter 1
감정 표현

1 화가 났을 때 / **2** 싸울 때의 표현 / **3** 욕설 표현 / **4** 짜증이 날 때 /
5 진정시킬 때 / **6** 화해하기 / **7** 후회하는 말

단어

原谅 yuánliàng 위엔량 **용서하다**	**闭嘴** bì zuǐ 삐 주이 **입을 다물다, 닥쳐**	**借口** jièkǒu 찌에커우 **핑계**	**礼貌** lǐmào 리마오 **예의, 예절**
面子 miànzi 미엔쯔 **체면, 면목**	**在乎** zàihu 짜이후 **마음에 두다, 개의하다**	**忍** rěn 런 **참다**	**出去** chūqu 추취 **나가다**

간체자

| 閉
닫을 폐 | 闭
bì
삐 | 闭 闭 闭 闭 闭 闭 |
| 諒
살펴 알 량 | 谅
liàng
량 | 谅 谅 谅 谅 谅 谅 谅 谅 谅 谅 |

쓰면서 읽어보세요!

용서해 줘.

└ 原谅我吧。

입 다물어! / 닥쳐!

└ 闭嘴!

001
太过分了!
Tài guòfèn le!
타이 꿔펀 러

너무해요!

过分은 '과분하다, 지나치다'
라는 뜻으로, 주로 사람의 말
이나 행동이 도를 넘었을 때
사용.

002
太气人了。
Tài qìrén le.
타이 치런 러

화나게 하네.

잘못을 인정하지 않고 끝까
지 잘못이 없다고 우기는 사
람을 보면 太气人了。
气人 : 약을 올리다, 화나게
하다

003
不要找借口。
Bú yào zhǎo jièkǒu.
뿌 야오 자오 찌에커우

변명하지 마.

不要 : ~하지 마라
找借口 : 핑계를 대다, 구실
을 찾다

004
你怎么能这么对我?
Nǐ zěnme néng zhème duì wǒ?
니 쩐머 넝 저머 뚜이 워

당신이 나한테 어떻게 이럴 수가 있어?

怎么能这么 : 어떻게 이렇
게 ~할 수 있다
对 : 대하다, 상대하다

005
怎么说翻脸就翻脸?
Zěnme shuō fānliǎn jiù fānliǎn?
쩐머 쉬 판리엔 쩌우 판리엔

어떻게 갑자기 태도가 바뀔 수 있니?

翻脸 : 반목하다, 태도를 바
꾸다

006

你到底想怎么样?

Nǐ dàodǐ xiǎng zěnmeyàng?

니 따오띠 썅 쩐머양

당신은 도대체 어떻게 하고 싶은 거야?

到底 : 도대체
想 : ~을 하고 싶다
怎么样 : 어떻게, 어때요

007

气死我了。

Qìsǐ wǒ le.

치쓰 워 러

열받아!

气는 명사로 '가스, 기'라는
뜻이지만 이 문장에서는 동
사로 쓰여 '화를 내다'로 해석
해야 한다.
〈동사/형용사+死了〉는 '~해
죽겠다'라는 뜻이다.
채팅 시 발음이 비슷한 숫자
'7456 qīsìwǔliù'으로 气死我
了를 표현할 때도 있다.

008

真闹心。

Zhēn nàoxīn.

쩐 나오씬

짜증 나.

闹心 : 짜증 나다, 심란하다

009

真没礼貌。

Zhēn méi lǐmào.

쩐 메이 리마오

정말 예의가 없어.

礼貌는 명사로 '예의, 예절'
을 뜻하고 형용사로 '예의가
바르다'라는 뜻이 있다.

010

没完没了。

Méiwánméiliǎo.

메이완메이리아오

한도 끝도 없다.

엄마의 잔소리는 한번 시작
하면 没完没了。
没完와 没了는 '끝이 없다'
라는 뜻.

011

忍也是有限度的。

Rěn yě shì yǒu xiàndù de.

런 예 스 여우 씨엔뚜 더

참는 것도 한도가 있어요.

폭발 직전에
忍 : 참다
限度 : 한도, 한계

012

凭什么?

Píng shénme?

핑 선머

무슨 근거로? / 뭘 믿고?

네가 무슨 자격으로 나를 대신
해서 결정을 내려? 凭什么?
凭 : 근거하다, ~에 근거하다

013

不要得寸进尺。

Bú yào décùnjìnchǐ.

뿌 야오 더춘찐츠

한도 끝도 없이 욕심 부리지 마.

적당히 해라, 不要得寸进
尺。
不要는 '~하지 마'라는 뜻으
로 别와 바꿔 쓸 수 있다.
得寸进尺는 사자성어로 '욕
심이 한도 끝도 없다'라는 뜻.

014

道歉有用，要警察做什么?

Dàoqiàn yǒu yòng, yào jǐngchá zuò shénme?

따오치엔 여우 융, 야오 찡차 쭤 선머

죄송하다는 말로 다 되면 경찰은 왜 있겠니?

상대방의 사과를 받아주기
싫을 때
道歉 : 사과하다
有用 : 쓸모가 있다, 유용하다
要 : 필요하다
警察 : 경찰

015

真是恬不知耻!

Zhēnshi tiánbùzhīchǐ!

전스 티엔뿌즈츠

정말 뻔뻔하군!

증거가 명백한데도 자신의
죄를 인정하지 않다니 真是
恬不知耻!
사자성어 恬不知耻는 '(나쁜
짓을 하고도) 뻔뻔스럽고 부
끄러운 줄 모르다'라는 뜻.

016

太不像话了。

Tài bú xiànghuà le.

타이 뿌 쌍화 러

한심하다. / 말이 안 된다.

不像话 : 말이 안 된다, 꼴불견이다

017

闭嘴!

Bì zuǐ!

삐 주이

입 다물어! / 닥쳐!

시끄러워, 闭嘴!
闭는 '닫다', 嘴는 '입'을 뜻하는데 闭嘴는 '입을 다물다, 닥쳐'라는 뜻.

018

别跟我说话。

Bié gēn wǒ shuōhuà.

삐에 껀 워 쉬화

내게 말 걸지 마!

말하고 싶지 않을 때
跟 : ~와
说话 : 말하다

019

你给我出去!

Nǐ gěi wǒ chūqu!

니 께이 워 추취

나가!

꼴도 보기 싫으니 집에서 나가!
出去 : 나가다

---

02 싸울 때의 표현

001

别给脸不要脸。

Bié gěi liǎn bú yào liǎn.

삐에 께이 리엔 뿌 야오 리엔

체면 봐줄 때 가만히 있어라.

나는 지금 꾹꾹 참고 있으니 그만해.
别 : ~하지 마
脸 : 얼굴
不要脸은 '파렴치하다, 뻔뻔하다'라는 뜻으로 젊은이들은 '不要face'라고 말하기도 한다.

002 **不给面子。**

Bù gěi miànzi.

뿌 께이 미엔쯔

체면을 안 봐 준다. / 난처하다.

이런 간단한 요구도 받아줄 수 없다니, 不给面子。

给 : 주다

面子 : 체면, 면목

---

003 **别找茬。**

Bié zhǎochá.

삐에 자오차

트집 잡지 마. / 시비 걸지 마.

别는 '~하지 마'라는 뜻으로 不要와 바꿔 쓸 수 있다.

找茬 : 트집을 잡다, 고의로 남의 흠을 찾다

---

004 **别跟我耍心眼儿。**

Bié gēn wǒ shuǎ xīnyǎnr.

삐에 껀 워 솨 씬얄

수작 부리지 마. / 잔꾀 부리지 마.

그냥 사실대로 말해, 别跟我耍心眼儿。

전치사 跟은 '~와'라는 뜻.

耍心眼儿은 숙어로 '잔꾀를 부리다, 수작을 부리다, 잔머리를 굴리다'라는 뜻.

---

005 **不要打断我的话!**

Bú yào dǎduàn wǒ de huà!

뿌 야오 따딴 워 더 화

내 말을 자르지 마!

打断 : 남의 말이나 행동을 끊다, 막다, 저지하다

话 : 말

---

006 **别闹!**

Bié nào!

삐에 나오

까불지 마!

别闹 : 얌전히 앉아 있어라

闹 : 떠들썩하다, 큰 소리로 말하다

---

007 **关你什么事儿?**

Guān nǐ shénme shìr?

꽌 니 선머 설

너랑 무슨 상관이야?

신경 꺼, 关你什么事儿?

关 : 관련되다, 관계가 있다

事儿 : 일

008 **别装蒜!**
Bié zhuāngsuàn!
삐에 좡쏸

시치미 떼지 마! / 모르는 척하지 마!

装蒜 : 시치미를 떼다, 모른 체하다

---

03 욕설 표현

---

001 **切! 你真是个胆小鬼!**
Qiè! Nǐ zhēn shì ge dǎnxiǎoguǐ!
치에! 니 쩐 스 거 딴쌰오꾸이

쳇! 당신은 정말 겁쟁이야!

切는 어기조사로 쓰였고 전혀 마음에 두지 않거나 개의치 않는 태도를 나타낸다.
胆小鬼 : 겁쟁이

---

002 **小气鬼!**
Xiǎoqìguǐ!
쌰오치꾸이

구두쇠!

小气는 '인색하다'라는 뜻 외에도 '마음이 좁다, 속이 좁다'라는 뜻도 있다.
鬼는 '귀신'이라는 뜻이지만 小气鬼는 '짠돌이, 구두쇠, 인색한 사람' 또는 '마음이 좁은 사람'을 뜻한다.

---

003 **你真小心眼儿!**
Nǐ zhēn xiǎoxīnyǎnr!
니 쩐 쌰오씬얄

정말 마음이 좁아!

小心眼儿 : 마음이 좁다

004

你是不是傻?

Nǐ shì bu shì shǎ?

니 스 뿌 스 사

당신 바보지?

같은 속임수에 2번이나 속다니. 你是不是傻?
傻 : 어리석다, 멍청하다
是不是는 정반의문문이다. 정반의문문은 동사나 형용사의 긍정형과 부정형을 병렬하는 의문문을 말한다. 〈동사+不+동사〉 혹은 〈형용사+不+형용사〉로 쓴다. 과거형일 경우 〈동사+没+동사〉로 쓴다.

005

无耻!

Wúchǐ!

우 츠

염치 없어!

어떻게 친구를 배신하고도 이렇게 당당할 수 있니, 无耻!
无耻 : 염치 없다, 부끄러움을 모르다, 수치를 모르다, 뻔뻔스럽다

006

林子大了什么鸟都有。

Línzi dà le shénme niǎo dōu yǒu.

린쯔 따 러 선머 니아오 떠우 여우

세상에 참 별의별 녀석이 다 있네.

이상한 사람이나 이상한 일을 접했을 때
林子 : 숲, 수풀, 삼림
鸟 : 새
林子大了什么鸟都有를 직역하면 '수풀이 크면 어떤 새든 다 있다'라는 뜻인데, '사람이 많다 보니 여러 개성의 사람이 다 있다'라는 의미.

007

你给我滚出去!

Nǐ gěi wǒ gǔn chūqu!

니 께이 워 꾼 추취

꺼져 버려!

꼴도 보기 싫어, 你给我滚出去!
滚 : 꺼져
滚出去는 어투에 따라 의미가 달라진다. 강하게 말하면 '꺼져'라는 뜻이 되지만 장난스럽게 말하면 '뒹굴면서 나가다'라는 뜻도 있다.

008
吵死了！
Chǎo sǐ le!
차오 쓰 러

시끄러!

吵 : 시끄럽다, 떠들썩하다
死了는 '~해 죽겠다', 정도가
심함을 나타낸다.

009
恶心！
Ěxīn!
으어씬

역겨워!

혐오감을 느낄 때
恶心 : 역겹다, 징그럽다, 구
역질이 나다

---

04 짜증이 날 때

001
真闹心。
Zhēn nàoxīn.
쩐 나오씬

짜증 나.

闹心 : 짜증 나다, 심란하다

002
别理我，烦着呢。
Bié lǐ wǒ, fánzhe ne.
삐에 리 워, 판저 너

귀찮으니까 나를 좀 내버려둬.

지금 폭발 직전이니 말 좀 걸
지 마.
理는 '상대하다, 거들떠보다'
라는 뜻인데 주로 부정형으
로 쓰인다.
烦 : 심란하다, 귀찮다

003
别绕弯子！
Bié rào wānzi!
삐에 라오 완즈

말 돌리지 마!

용건만 간단히 말해, **别绕弯子!**
绕 : 우회하다, 길을 멀리 돌
아서 가다
弯子 : 굽은 곳
관용어 绕弯子는 '빙 돌려서
말하다, 에두르다'라는 뜻.

004

真无聊。

Zhēn wúliáo.

쩐 우랴오

지루해! / 심심해!

005

我不在乎！

Wǒ bú zàihu !

워 뿌 짜이후

관심 없어!

돈이고 뭐고 나는 신경 안 써!
我不在乎！
너희들이 어떻게 말하든 나
는 신경 안 써! **我不在乎！**
在乎: 마음에 두다, 개의하다

006

这不是明摆着的事嘛！

Zhè bú shì míngbǎizhe de shì ma !

즈어 뿌 스 밍빠이즈어 더 스 마

이거 뻔한 일이잖아!

이건 누가 봐도 빤히 그 사람
의 꼼수잖아.
明摆着 : 분명하다, 명백하다
不是~嘛는 '~이 아닌가?'
라는 뜻으로 확신을 나타내
는 반어문이다. 그래서 **不是
~嘛** 사이에 들어가는 문장
은 긍정문이다.

007

你就别添乱了。

Nǐ jiù bié tiānluàn le.

니 쪄우 삐에 티엔롼 러

귀찮게 하지 마. / 성가시게 하지 마.

添乱 : 폐를 끼치다, 성가시
게 하다, 번거롭게 하다

008

别跟我说话，懒得理你。

Bié gēn wǒ shuhuà, lǎnde lǐ nǐ.

삐에 껀 워 쉬화, 란더 리 니

말 걸지 마, 상대하기 귀찮아.

说话 : 말을 하다
懒得 : ~을 하기 싫어하다,
귀찮아하다
理 : 상대하다, 거들떠보다

009 **你脸皮真厚！**
Nǐ liǎnpí zhēn hòu!
니 리엔피 쩐 허우

너 정말 뻔뻔하다. / 얼굴에 철판 깔았다.

脸皮 : 낯가죽, 얼굴
厚 : 두껍다
脸皮真厚 : 낯가죽이 두껍다, 뻔뻔하다

05 진정시킬 때

001 **你冷静冷静。**
Nǐ lěngjìng lěngjìng.
니 렁찡 렁찡

좀 진정해.

화내지 말고, 你冷静冷静。
冷静 : 침착하다, 진정하다
동사를 두 번 중첩하면 '좀 ~하다, 한번 ~하다'라는 뜻이다. 그래서 冷静冷静는 '좀 침착해'라고 해석해야 한다.

002 **打住！**
Dǎzhù!
따주

그만해! / 스톱!

잔소리 듣기 싫어, 打住!
말 돌리지 마, 打住!
打住 : 그만하다, stop

003 **别太激动了。**
Bié tài jīdòng le.
삐에 타이 찌뚱 러

너무 흥분하지 마.

激动 : (감정 등이) 격하게 움직이다, 흥분하다

004 **别生气。**
Bié shēngqì.
삐에 성치

화내지 마.

生气 : 화를 내다

005

消消气。

Xiāo xiāoqì.

샤오 샤오치

화 좀 풀어.

消는 '(좋지 않은 기분을) 해소하다, 풀다, 없애다'라는 뜻이고 气는 '기, 기체'라는 뜻이 아니라 '화, 노'라는 뜻. 消气는 '노여움을 가라앉히다, 화를 풀다'라는 뜻이다. 동사를 두 번 중첩하면 '좀 ~하다, 한번 ~하다'라는 뜻이다. 그래서 消消气는 '화를 좀 풀다'라고 해석해야 한다.

006

冲动是魔鬼！

Chōngdòng shì móguǐ!

충뚱 스 뭐구이

충동은 마귀야!

지르기 전에 곰곰이 생각해봐, **冲动是魔鬼!**
冲动 : 충동
魔鬼 : 마귀, 악마
冲动是魔鬼는 '불만을 품거나 짜증이 날 때는 나중에 후회할 일을 하게 된다'라는 뜻.

007

忍一忍吧。

Rěn yi rěn ba.

런 이 런 빠

좀 참아.

화낸다고 될 일이 아니니, **忍一忍吧。**
忍 : 참다
동사를 두 번 중첩하면 '좀 ~하다, 한번 ~하다'라는 뜻이다. 일음절 동사(한 글자로 된 동사)일 경우 〈동사+一+동사〉 식으로 써도 된다

008

差不多就够了。

Chàbuduō jiù gòu le.

차뿌뚸 쪄우 꺼우 러

어지간하면 그만해라.

한두 번은 봐줘도 세 번은 안 봐준다. **差不多就够了。**
差不多 : 비슷하다
够 : 충분하다
差不多就够了를 직역하면 '비슷하면 충분하다'라는 뜻이다. '비슷하면 됐으니 그만해라'라는 뜻으로 풀이된다.

06 화해하기

001

我不是故意的。

Wǒ bú shì gùyì de.

워 뿌 스 꾸이 더

일부러 그런 거 아니에요.

오해하지 마, 我不是故意的。

故意 : 고의로, 일부러

002

我没有恶意。

Wǒ méiyǒu èyì.

워 메이여우 으어이

악의는 없어요.

기분 상했으면 내가 사과할게, 我没有恶意。

恶意 : 악의

003

原谅我吧。

Yuánliàng wǒ ba.

위엔량 워 빠

나를 용서해 줘.

내가 잘못했어, 原谅我吧。

原谅 : 용서하다

吧는 문장 끝에 쓰여 상의·제의·청구·명령·독촉의 어기를 나타낸다.

004

咱们和好吧。

Zánmen héhǎo ba.

짠먼 흐어하오 빠

우리 화해합시다.

咱们과 我们wǒmen은 '우리'라는 뜻이다. 咱们은 구어체에 많이 쓰이지만 두 단어 모두 큰 차이는 없다. 단지 我们은 화자쪽의 '우리'만을 나타내고, 咱们은 화자와 청자 모두를 포함한 '우리'를 나타낸다.

和好 : 화해하다

005

就当没发生过吧。

Jiù dāng méi fāshēngguo ba.

쩌우 땅 메이 파성꿔 빠

그냥 없던 일로 합시다.

当 : ~으로 간주하다

发生 : 발생하다

过 : ~을 한 적이 있다

006

我发誓一定会改掉这个坏毛病。

Wǒ fāshì yídìng huì gǎidiào zhè ge huài máobing.

워 파스 이띵 후이 까이띠아오 즈어 꺼 어 화이 마오삥

나쁜 습관은 꼭 고칠 거라고 맹세할게.

发誓 : 맹세하다
一定 : 반드시, 꼭
改는 '고치다', 改掉는 '고쳐 버리다'라는 뜻.
坏毛病 : 나쁜 버릇

007

和气生财。

Héqìshēngcái.

흐어치성차이

웃는 얼굴이 부를 가져다준다.

和气 : 온화하다, 화기애애하다
生财 : 돈을 벌다, 재산을 모으다
和气生财는 '웃는 얼굴이 부를 가져다준다'라는 뜻으로 옛날 장사꾼들의 속담.

---

07 ▸ 후회하는 말

001

我后悔了。

Wǒ hòuhuǐ le.

워 허우후이 러

후회해.

后悔 : 후회하다

002

如果有后悔药就好了。

Rúguǒ yǒu hòuhuǐyào jiù hǎo le.

루꿔 여우 허우후이야오 쪄우 하오 러

후회를 치료하는 약이 있으면 좋겠어.

그때 당신 말을 들었으면 좋았을텐데… 如果有后悔药就好了。
如果는 '만약에'라는 접속사이며 如果~就는 '만약에 ~하면 ~하다'라는 조합으로 많이 쓰인다.
后悔药 : 후회를 치료하는 약

003 **现在后悔也没用了。**
Xiànzài hòuhuǐ yě méi yòng le.
씨엔짜이 허우후이 예 메이 융 러

이제 후회해도 소용없어.

现在 : 현재, 지금
没用 : 소용이 없다

004 **等到失去了才知道珍惜。**
Děngdào shīqù le cái zhīdào zhēnxī.
떵따오 스취 러 차이 즈따오 전씨

잃고 나서야 비로소 소중함을 깨닫게 된다.

사랑하면서 왜 서로 상처를
줄까? 等到失去了才知道
珍惜。
等 : 기다리다
失去 : 잃다, 잃어버리다
才 : ~에야, ~에야 비로소
知道 : 알다, 이해하다
珍惜 : 아끼다, 소중히 여기다

005 **你早干吗了?**
Nǐ zǎo gàn ma le?
니 짜오 깐 마 러

너는 여태 뭘 했니?

早 : 이르다, 일찍이
干 : 하다

006 **现在后悔也来不及了。**
Xiànzài hòuhuǐ yě láibují le.
씨엔짜이 허우후이 예 라이뿌찌 러

지금은 후회해도 늦었어.

来不及 : 늦다, 미치지 못하다

007 **少壮不努力，老大徒伤悲。**
Shàozhuàng bù nǔlì, lǎodà tú shāngbēi.
사오쫭 뿌 누리, 라오따 투 상뻬이

젊었을 때 노력하지 않으면 나이가 들어서 부질없
이 슬퍼진다.

젊을 때 열심히 일하지 않으면
늙어서 후회해도 소용없다.
少壮 : 젊고 힘차다, 장정(壮
丁, 문어체)
努力 : 노력하다
徒 : 헛되이, 쓸데없이
伤悲 : 슬퍼하다, 슬픔

UNIT 4 놀라움, 긴장, 두려움

1 놀랄 때 / **2** 무서울 때 / **3** 난처할 때 / **4** 부끄러울 때 / **5** 후회, 아쉬울 때

단어

天哪 tiān na 티엔 나 어머나, 세상에	**疯** fēng 펑 미치다	**找** zhǎo 자오 찾다	**老鼠洞** lǎoshǔdòng 라오수뚱 쥐구멍
老鼠 lǎoshǔ 라오수 쥐	**钻** zuān 쫜 뚫다, (뚫고) 들어가다	**进去** jìnqu 찐취 들어가다	**想** xiǎng 썅 ~을 하고 싶다

간체자

| 鑽
뚫을 찬 | 钻
zuān
쫜 | 钻 钻 钻 钻 钻 钻 钻 钻 钻 钻 |
| 進
나아갈 진 | 进
jìn
찐 | 进 进 进 进 进 进 进 |

쓰면서 읽어보세요!

맙소사! 너 미쳤니?

└ 天哪! 你是不是疯了?

쥐구멍이라도 들어가고 싶어.

└ 真想找个老鼠洞钻进去。

001 **真让人吃惊。**
Zhēn ràng rén chījīng.
전 랑 런 츠찡
정말 놀랍네요.

어린 나이에 성공하다니, 真
让人吃惊。
让은 '~하게 하다'라는 뜻으
로 주로 겸어문에 쓰인다.
吃惊 : 놀라다
让人吃惊 : 사람을 놀라게 하다

002 **天哪！**
Tiān na!
티엔 나
어머나! / 맙소사! / 세상에!

天哪 : 어머나, 세상에

003 **吓我一跳！**
Xià wǒ yí tiào!
쌰 워 이 탸오
깜짝 놀랐잖아!

吓 : 놀라다
跳 : 뛰다
吓我一跳를 직역하면 '놀라
서 뛰었다'라는 뜻으로 '깜짝
놀랐다'로 해석.

004 **怎么可能?**
Zěnme kěnéng?
쩐머 크어넝
어떻게 그럴 리가?

전혀 안 닮았는데 친형제라
니, 怎么可能?
怎么 : 어떻게
可能 : 가능하다

005 **你怎么知道的?**
Nǐ zěnme zhīdào de?
니 쩐머 즈따오 더
네가 어떻게 알았니?

그렇게 티가 나니? 你怎么
知道的?
怎么 : 어떻게
知道 : 알다

006

难以置信。

Nányǐ zhìxìn.

난이 즈씬

믿을 수 없어!

이런 기적이 일어나다니, 难以置信。

难 : 어렵다

信 : 믿다

007

一脸懵逼。

Yìliǎn měng bī.

이리엔 멍 삐

어안이 벙벙하다. / 멍하다.

너무도 갑작스런 일이어서, 一脸懵逼。

一脸懵逼는 신조어로, 一脸은 '얼굴', 懵逼는 '멍하다, 멍해지다'라는 뜻. 너무 놀라서 할 말을 잃었을 때나 어안이 벙벙한 경우, 혹은 어리둥절하거나 멍할 때 사용.

008

你是不是疯了?

Nǐ shì bu shì fēng le?

니 스 뿌스 펑 러

너 미쳤지?

그 좋은 직장을 그만두다니, 你是不是疯了?

疯 : 미치다

009

你是在开玩笑吧！

Nǐ shì zài kāi wánxiào ba！

니 스 짜이 카이 완쌰오 빠

농담이지！

일부러 웃기려고 그러는 거지? 你是在开玩笑吧！

开玩笑 : 농담하다, 웃기다

02 무서울 때

001

真吓人。

Zhēn xiàrén.

쩐 쌰런

정말 무섭다. / 사람을 놀라게 하다.

그 사람 화가 나면, 真吓人。

吓人 : 사람을 놀라게 하다, 놀라다

002

吓死我了！

Xià sǐ wǒ le!

샤 쓰 워 러

깜짝이야! / 기겁했어!

吓 : 놀라다
死了 : 죽겠다

003

起鸡皮疙瘩了。

Qǐ jīpí gēda le.

치 찌피 끄어따 러

소름이 끼쳤다! / 닭살이 돋았다!

공포 영화의 무서운 장면을
볼 때, 起鸡皮疙瘩了。
起 : 일어나다
鸡皮疙瘩 : 닭살
起鸡皮疙瘩는 무서워 소름
이 끼칠 때뿐만 아니라 오글
거리는 장면을 볼 때도 사용.

---

03 ◀ 난처할 때

001

怎么办?

Zěnme bàn?

쩐머 빤

어떡해? / 어떡하면 좋아?

내일 시험인데 공부를 하나
도 안 했어, 怎么办?
怎么 : 어떻게
办 : 처리하다

002

真让人为难。

Zhēn ràng rén wéinán.

쩐 랑 런 웨이난

사람을 곤란하게 하다.

아내의 편도 어머니의 편도 들
수 없으니, 真让人为难。
为难은 '난처하다, 곤란하
다', 让人为难은 '사람을 곤
란하게 하다, 사람을 난처하
게 하다'라는 뜻.

003

不知道怎么开口才好。

Bù zhīdào zěnme kāikǒu cái hǎo.

뿌 즈따오 쩐머 카이커우 차이 하오

어떻게 말을 꺼내야 할지 모르겠어요.

직장을 그만둔다고 말해야 하는
데, 不知道怎么开口才好。
不知道 : 모르다
开口 : 입을 열다, 말을 꺼내다
~才好 : ~해야 좋다

004 **真尴尬。**

Zhēn gāngà.

전 깐까

정말 어색하다. / 정말 난감하다.

이러지도 저러지도 못하고,
真尴尬。
尴尬 : 어색하다, 난처하다,
곤란하다

04 ◀ 부끄러울 때

001 **真丢人！**

Zhēn diūrén!

전 떠우런

정말 창피하다! / 쪽팔려!

丢人 : 창피하다, 체면이 깎
이다

002 **真让人难为情。**

Zhēn ràng rén nánwéiqíng.

쩐 랑 런 난웨이칭

부끄럽네요!

많은 사람 앞에 서 있으니 真
让人难为情。
让 : ~을 하게 하다
难为情 : 부끄럽다, 난처하다

003 **别不好意思。**

Bié bùhǎoyìsi.

삐에 뿌하오이쓰

부끄러워하지 말아요.

부담 갖지 말고 얘기하세요,
别不好意思。
别 : ~을 하지 마
不好意思는 '미안하다' 외에
'부끄럽다'라는 뜻도 있다.

004 **你真不要脸！**

Nǐ zhēn búyàoliǎn!

니 쩐 뿌야오리엔

너 참 낯가죽이 두껍구나!

이런 일까지 저지르다니, 你
真不要脸!
부도덕한 짓을 한 사람을 꾸
짖는 말
不要脸 : 파렴치하다, 뻔뻔
스럽다.

005

没什么丢人的。

Méi shénme diūrén de.

메이 선머 띠우런 더

창피한 게 아니야.

노력했으면 실패해도 괜찮아! 没什么丢人的。

没什么 : ~할 게 없다

丢人 : 창피하다, 쪽팔리다

006

真想找个老鼠洞钻进去。

Zhēn xiǎng zhǎo ge lǎoshǔdòng zuān jìnqu.

쩐 썅 자오 거 라오수똥 좐 찐취

쥐구멍이라도 들어가고 싶어.

想 : ~을 하고 싶다

找 : 찾다

老鼠洞 : 쥐구멍

钻 : 뚫다, 뚫고 들어가다

进去 : 들어가다

007

说得我脸红了。

Shuō de wǒ liǎn hóng le.

쉬 더 워 리엔 홍 러

내 얼굴이 빨개진다.

아부하지 마, 说得我脸红了。

脸 : 얼굴

红 : 붉다

脸红了에서 了는 변화를 나타내므로 '기쁨이나 분노, 부끄러움으로 얼굴이 빨개졌다'라는 뜻이다.

脸很红에서 很红은 상태를 나타내므로 '얼굴이 빨갛다'라는 뜻으로 쓰인다.

008

别给我戴高帽。

Bié gěi wǒ dài gāomào.

삐에 꼐이 워 따이 까오마오

비행기 태우지 마.

당연히 해야 할 일을 했으니, 别给我戴高帽。

给 : ~에게

高帽은 원래 '귀족들이 예복 차림을 할 때 쓰는 모자'라는 뜻이었지만 지금은 '아첨하는 말'로 쓰인다.

戴는 '쓰다, 착용하다', 戴高帽는 '비행기를 태우다, 칭찬의 말로 아첨하고 비위를 맞추다'라는 뜻.

009 **断片了。**
Duànpiàn le.
딴피엔 러

필름이 끊겼다.

폭탄주에 취해서, 断片了。
断片 : 필름이 끊기다

---

05 후회, 아쉬울 때

001 **有什么用啊！**
Yǒu shénme yòng a!
여우 선머 융 아

무슨 소용이 있어!

소 잃고 외양간 고치면, 有什么用啊!
有用 : 소용이 있다, 쓸모가 있다
啊는 문장의 끝에 쓰여 감탄·찬탄 따위의 어세를 도와준다.

---

002 **真扫兴！**
Zhēn sǎoxìng!
전 싸오씽!

정말 김빠지네! / 정말 흥을 깬다!

도와주고도 좋은 소리를 듣지 못하니, 真扫兴。
扫兴 : 흥이 깨지다

---

003 **真遗憾。**
Zhēn yíhàn.
전 이한

정말 유감이네요.

결혼식에 갈 수 없어서, 真遗憾。
遗憾 : 유감스럽다

---

004 **下次再也不做这样的傻事了！**
Xiàcì zài yě bú zuò zhèyàng de shǎshì le!
쌰츠 짜이 예 뿌 쮀 즈어양 뜨어 사스 러

다음엔 다시는 이런 바보 같은 짓을 안 할 거야!

내가 왜 그렇게 행동했을까?
下次再也不做这样的傻事了!
下次 : 다음
这样 : 이러한
做傻事 : 바보 같은 짓하다

005

我也不知道为什么会做出那种事。

Wǒ yě bù zhīdào wèishénme huì zuò chū nà zhǒng shì.

워 예 뿌 즈따오 웨이선머 후이 쭤 추 나 쭝 스

나도 왜 그런 짓을 했는지 모르겠다.

내가 미쳤나 봐, 我也不知道为什么会做出那种事。
不知道 : 모르다
为什么 : 왜
那种事 : 그런 일

006

我太草率了。

Wǒ tài cǎoshuài le.

워 타이 차오솨이 러

제가 경솔했어요.

상의하지 않고 결정했는데, 我太草率了。
草率 : 경솔하다

007

为什么我会说出那样的话？

Wèishénme wǒ huì shuō chū nàyàng de huà?

웨이선머 워 후이 쉬 추 나양 더 화

내가 왜 그런 말을 했을까?

为什么 : 왜
说出 : 말하다
那样 : 저렇게, 그렇게

008

我真不应该说出那样的话。

Wǒ zhēn bù yīnggāi shuō chū nàyàng de huà.

워 쩐 뿌 잉까이 쉬 추 나양 더 화

그런 말은 하지 않았으면 좋았을걸.

항상 말을 조심해야 한다.
应该 : 마땅히 ~하다
说出 : 말하다
那样 : 저렇게, 그렇게

009

说出去的话，泼出去的水，收不回。

Shuō chūqu de huà, pō chūqu de shuǐ, shōu bu huí.

쉬 추취 더 화, 풔 추취 더 수이, 서우 뿌 후이

한번 뱉은 말은 쏟아진 물처럼 다시 거둬들일 수가 없다.

泼 : 뿌리다
收回 : 회수하다

010 **美好的时光总是短暂的。**

Měihǎo de shíguāng zǒngshì duǎnzàn de.

메이하오 더 스꽝 쭝스 똰짠 더

즐거운 시간은 항상 짧다.

벌써 돌아갈 때가 됐네, 美好的时光总是短暂的。

美好的时光 : 즐거운 시간

总是 : 늘, 항상

短暂 : 짧다

011 **天下没有不散的宴席。**

Tiānxià méiyǒu bú sàn de yánxí.

티엔쌰 메이여우 뿌 싼 더 옌씨

만남이 있으면 헤어질 때가 있다.

정말 헤어지기 싫어. 天下没有不散的宴席。

天下 : 천하, 세상

散 : 흩어지다, 헤어지다

宴席 : 술자리, 연회

天下没有不散的宴席를 직역하면 '세상에는 파하지 않는 술자리가 없다'이고 우리말로 바꾸면 '만남이 있으면 헤어질 때가 있다'라는 뜻.

CHAPTER 2

基本礼貌用语

Jīběn lǐmào yòngyǔ

기본인사

chapter 2
기본 인사

UNIT 1 기본 인사

1 기본 인사 / **2** 안부 묻기 / **3** 안부에 답하기 / **4** 오랜만에 만났을 때 /
5 작별 인사 / **6** 우연히 만났을 때

단어

没事儿 méishìr 메이설 괜찮다	过 guò 꿔 지내다	很 hěn 헌 잘, 매우	忙 máng 망 바쁘다
见 jiàn 찌엔 만나다	最近 zuìjìn 쭈이찐 최근, 요즘	怎么样 zěnmeyàng 쩐머양 어때요	

간체자

沒 빠질 몰	没 méi 메이	没 没 没 没 没 没 没 没　没　没　没　没
過 지날 과	过 guò 꿔	过 过 过 过 过 过 过　过　过　过　过

쓰면서 읽어보세요!

별일 없으시죠?

└ 没什么事儿吧?

잘 지내고 있어요.

└ 过得很好。

001 **你好!**
Nǐhǎo!
니하오

안녕하세요!

好는 '좋다, 잘 지내다, 안녕하다' 등의 뜻이 있는데 **你好**에서는 '안녕하다'로 쓰인다.

002 **嗨!**
Hāi!
하이

안녕하세요!

嗨는 영어 hi를 음역한 표현.

003 **早上好!**
Zǎoshang hǎo!
짜오상 하오

굿모닝!

早上 : 아침

004 **早!**
Zǎo!
짜오

굿모닝!

아침에 사무실에 도착해서 동료들에게 **早!**
여기서 **早**는 **早上好**의 줄임말.

005 **晚上好!**
Wǎnshang hǎo!
완상 하오

안녕! (저녁 인사)

존경하는 신사 숙녀 여러분, **晚上好!**
晚上 : 저녁

006 **我回来了。**
Wǒ huílai le.
워 후이라이 러

다녀왔습니다.

回来 : 돌아오다

007 **快请进。**
Kuài qǐng jìn.
콰이 칭 찐

어서 오세요.

快 : 빨리
请进 : 들어오세요

008 **晚安。**
Wǎn'ān.
완안

안녕히 주무세요.

---

02 안부 묻기

001 **最近过得怎么样?**
Zuìjìn guò de zěnmeyàng?
쭈이찐 꿔 더 쩐머양

요즘 어떻게 지내십니까?

最近 : 요즘, 최근
过 : 지내다
怎么样 : 어때요
最近过得怎么样은 **最近怎么样**이라고 해도 된다.

002 **家人都好吧?**
Jiārén dōu hǎo ba?
쨔런 떠우 하오 빠

가족분들은 잘 지내세요?

家人 : 가족
都 : 모두, 다
好는 '안녕하다, 좋다'의 뜻이 아니라 '잘 지내다'라고 해석하고 안부를 물을 때 많이 쓰인다.

003

爸爸妈妈身体好吗?

Bàba māma shēntǐ hǎo ma?

빠빠 마마 선티 하오 마

부모님은 건강하십니까?

爸爸 : 아버지
妈妈 : 엄마
身体 : 몸, 신체
好는 '좋다, 건강하다'로 해석.

004

身体好点儿了吗?

Shēntǐ hǎo diǎnr le ma?

선티 하오 딸 러 마

몸은 좀 좋아졌어요?

点儿은 一点儿의 줄임말로 '조금, 약간'이라는 뜻. 동사나 형용사의 뒤에 쓰여 어투가 부드러워진다.
이 문장 속의 了는 변화를 나타냄. 好点儿는 '좀 좋다'라고 해석하고 好点儿了는 '좋아졌다'라고 해석해야 한다.

005

你工作怎么样?

Nǐ gōngzuò zěnmeyàng?

니 꿍쭤 쩐머양

일은 어때요?

직장을 옮겼다고 들었는데 你工作怎么样?
工作 : 일
怎么样 : 어때요

006

没什么事儿吧?

Méi shénme shìr ba?

메이 선머 설 빠

별일 없으시죠?

没事儿 : 괜찮다
吧는 문장 끝에 쓰여 추측의 어기를 나타낸다.

007

今天天气不错!

Jīntiān tiānqì búcuò!

찐티엔 티엔치 뿌춰

오늘 날씨 좋네요!

어색한 분위기를 깨고 싶을 때
今天 : 오늘
天气 : 날씨
不错 : 좋다, 괜찮다

008

你最近忙什么呢?

Nǐ zuìjìn máng shénme ne?

니 쭈이찐 망 션머 너

요즘 뭐 하고 지내요?

忙은 '바쁘다'라는 뜻이지만 이 문장에서는 '하다'로 해석 해야 한다.
忙什么呢 : 뭐 하느라고 바 빴니

009

你最近挺忙啊。

Nǐ zuìjìn tǐng máng a.

니 쭈이찐 팅 망 아

요즘 바쁜 거 같네요.

挺 : 꽤 ~하다

---

03 ◀ 안부에 답하기

001

托您的福，很好。

Tuō nín de fú, hěn hǎo.

퉈 닌 더 푸, 헌 하오

덕분에 잘 지냅니다.

상대방이 안부를 물을 때의 대답.
很은 형용사 앞에 쓰이는 정 도부사로 보통은 '매우'라 고 해석하지만 평서문에서는 '매우'라는 뜻이 전혀 없다.
托福 : 덕을 입다, 신세를 지다

002

过得很好。

Guò de hěn hǎo.

꿔 더 헌 하오

잘 지내고 있어.

过 : 지내다

003

都挺好的。

Dōu tǐng hǎo de.

떠우 팅 하오 더

다들 잘 있어요.

가족분들은 잘 지내세요? 都 挺好的。
都 : 모두, 다
挺~的 : 꽤 ~하다, 제법 ~하다
的는 생략 가능

004

就那样。

Jiù nàyàng.

쪄우 나양

그저 그래요.

일은 어때요? 就那样。

就 : 오직, 다만

那样 : 그렇다

005

和以前一样。

Hé yǐqián yíyàng.

흐어 이치엔 이양

똑같아.

요즘 어때요? 和以前一样。

以前 : 이전, 예전

和~一样 : ~와 같다

006

还行。

Hái xíng.

하이 씽

그럭저럭 괜찮아.

还는 '그런대로'라는 뜻으로, 만족스럽거나 괜찮은 정도를 나타낸다.

行 : 좋다, 괜찮다

还行은 还可以 hái kěyǐ로 바꿔도 된다.

007

这几天一直都在忙。

Zhè jǐ tiān yìzhí dōu zài máng.

즈어 찌 티엔 이즈 떠우 짜이 망

요며칠 계속 바빴어.

요즘 얼굴 보기 힘드네요. 这几天一直都在忙。

这几天 : 요며칠

一直 : 줄곧

001

好久不见。

Hǎo jiǔ bú jiàn.

하오 쪄우 뿌 찌엔

오랜만이네요.

好는 '매우'라는 뜻으로, 정도부사. 很과 같은 뜻인데, 주로 구어체에 쓰인다.

久 : 오래다

好久不见은 영어 long time no see와 어순이 같다.

002

一点儿都没变。

Yìdiǎnr dōu méi biàn.

이딸 떠우 메이 삐엔

여전하시군요. / 하나도 안 변했네요.

一点儿은 수량사로 '조금'.
变 : 변하다, 변화하다
不와 没는 모두 부정부사이
고 동사나 형용사 앞에 쓰인
다. 不는 주로 일상적인 혹은
습관적인 동작이나 상황을
부정하거나 현재·미래의 행
위·동작·심리 상태·의지·가
능성을 부정.
没 혹은 没有는 과거의 경
험·행위·사실 따위를 부정하
거나 有 소유의 부정을 나타
낸다.
没变은 '변하지 않았다', 不
变은 '변하지 않는다'라고 해
석된다.

003

很高兴再次见到你。

Hěn gāoxìng zàicì jiàndào nǐ.

헌 까오씽 짜이츠 찌엔따오 니

다시 만나뵈어 반갑습니다.

다시 만났을 때
高兴 : 기쁘다
再次 : 재차, 다시
见到 : 만나다

004

时间过得真快!

Shíjiān guò de zhēn kuài!

스찌엔 꿔 더 전 콰이

세월 참 빠르네요!

时间 : 시간
过 : 지내다
快 : 빠르다
真은 '정말로, 참으로'라는
뜻으로 주로 감탄문에 쓰임.

005

很久没听到你的消息了。

Hěn jiǔ méi tīngdào nǐ de xiāoxi le.

헌 쪄우 메이 팅따오 니 더 쌰오씨 러

오랫동안 소식을 못 들었습니다.

很久는 '오랫동안'이라는 뜻.
好久와 바꿔 쓸 수 있다.
听到 : 들었다
消息 : 소식
的는 구조조사로써 한정어
와 중심어의 관계가 일반적
인 수식 관계나 종속 관계임
을 나타낸다. 수식 관계일 경
우 '~한'이라 해석하고 종속
관계일 경우 '~의'라고 해석.

001

再见!

Zàijiàn!

짜이찌엔

잘 가!

친구와 헤어질 때
再 : 다시
见 : 보다, 만나다
再见은 먼길을 떠날 때 하는
say goodbye와 비슷한 작
별 인사. 그러나 어투를 강하
게 하면 '절교하자'라는 의미
도 있으니 주의.

002

拜拜。

Báibai.

빠이빠이

잘 가!

再见의 구어체 표현으로, 채
팅할 때 많이 쓰인다.
영어 bye-bye의 음역 표현.

003

明天见。

Míngtiān jiàn.

밍티엔 찌엔

내일 봐요.

明天 : 내일

004

一会儿见。

Yíhuìr jiàn.

이휠 찌엔

이따 봐요.

一会儿 : 잠깐, 잠시 후

005

下回见。

Xiàhuí jiàn.

쌰후이 찌엔

다음에 또 봐요.

下回 : 다음 번

006

我先走了。

Wǒ xiān zǒu le.

워 씨엔 쩌우 러

먼저 갈게요.

퇴근하려고 동료에게 인사할 때
先 : 먼저
走 : 가다

007

路上小心。

Lùshang xiǎoxīn.

루상 샤오씬

조심히 가세요.

路上 : 가는 길, 도중
小心은 '조심하다'라는 뜻으
로, 글자 그대로 해석하면 '소
심하다'가 된다. 즉 '조심성이
많다'이기에 '조심하다'라고
해석해야 한다.

008

以后常联系！

Yǐhòu cháng liánxì！

이허우 창 리엔씨

앞으로 자주 연락해요！

以后 : 이후
常는 常常의 줄임말로 '자
주, 늘, 항상'.
联系 : 연락하다

009

祝你好运。

Zhù nǐ hǎoyùn.

주 니 하오윈

행운을 빌어요.

시험 잘 봐요, 祝你好运。
祝 : 축하하다, 기원하다
好运 : 행운

---

06 우연히 만났을 때

001

真巧。

Zhēn qiǎo.

쩐 챠오

정말 우연이군요！

巧 : 공교롭다, 교묘하다

002

咱俩真有缘。

Zán liǎ zhēn yǒu yuán.

짠 랴 쩐 여우 위엔

우리 둘 정말 인연이 있나 봐요.

咱俩는 '우리 둘'이라는 뜻이다. 俩에서 两은 '2, 둘'이라는 뜻이고 부수에 사람인이 있어서 '두 사람'이라는 뜻이 된다. 이와 비슷하게 쓰이는 것은 '仨 sā(세 사람)'이다
缘 : 缘份(인연)
有 : '있다, 소유하다, 가지다', 부정형은 没有.

003

没想到能在这儿遇到你!

Méi xiǎngdào néng zài zhèr yùdào nǐ !

메이 쌍따오 넝 짜이 즈얼 위따오 니

여기서 당신을 만나다니 뜻밖이네요.

没想到 : 생각하지 못했다, 뜻밖이다
这儿은 '여기'라는 뜻으로 这里 zhèli와 바꿔 쓸 수 있다.
遇到는 '만나다'라는 뜻으로 碰到 pèngdào와 바꿔 쓸 수 있다.
在는 '~에, ~에서'라는 뜻의 전치사다. 전치사는 중국어로 개사라고도 불린다. 개사는 보통 단독으로 쓰이지 않고 뒤에 대상(명사나 대명사)과 함께 쓰여 개사구를 이루어 술어 앞에 많이 쓰인다.

004

在这里碰到真意外。

Zài zhèli pèngdào zhēn yìwài.

짜이 즈어리 펑따오 쩐 이와이

여기서 당신을 만나다니 뜻밖이네요.

在这里는 '여기에서'라는 뜻으로 在这儿과 바꿔 쓸 수 있다.
碰到는 '만나다'라는 뜻으로 遇到와 바꿔 쓸 수 있다.
意外 : 의외이다, 뜻밖이다

005

世界真小。

Shìjiè zhēn xiǎo.

스찌에 쩐 샤오

세상 정말 좁네요.

世界 : 세계, 세상
小는 '작다'라는 뜻으로 반대어는 大 dà.

006 **来这里有何贵干?**

Lái zhèli yǒu hé guì gàn?

라이 즈어리 여우 흐어 꾸이 깐

여긴 어쩐 일이세요?

有何贵干 : 무슨 용무가 있습니까

---

007 **有缘千里来相会，无缘对面不相逢。**

Yǒu yuán qiānlǐ lái xiānghuì, wú yuán duìmiàn bù xiāngféng.

여우 위엔 치엔리 라이 썅후이, 우 위엔 뚜이미엔 뿌 썅펑

인연이 있으면 아무리 멀리 떨어져 있어도 만날 수 있지만, 인연이 없으면 얼굴을 마주하고서도 만나지 못한다.

속담으로 '인연이 있으면 천리 밖에 있어도 만날 수 있지만, 인연이 없으면 지척에 있더라도 만나지 못한다.'

缘 : 인연
相 : 서로
会 : 만나다
对面 : 맞은편
逢 : 만나다, 마주치다

UNIT 2 소개하기

1 자기 소개하기 / **2** 상대 소개하기 / **3** 개인적인 질문 / **4** 초면의 인사

见到您很高兴。
Jiàndào nín hěn gāoxing.
찌엔따오 닌 헌 까오씽
만나서 반갑습니다.

初次见面。我叫朴恩美。
Chūcì jiànmiàn. Wǒ jiào Piáo'ēnměi.
추츠 찌엔미엔. 워 쨔오 퍄오언메이
처음 뵙겠습니다. 저는 박은미입니다.

단어

初次 chūcì 추츠 처음, 첫 번째	见面 jiànmiàn 찌엔미엔 만나다, 대면하다	叫 jiào 쟈오 부르다	见到 jiàndào 찌엔따오 만나다
您 nín 닌 당신	高兴 gāoxìng 까오씽 기쁘다	介绍 jièshào 찌에사오 소개하다	名片 míngpiàn 밍피엔 명함

간체자

見 볼 견	见 jiàn 찌엔	见 见 见 见 见　见　见　见　见
興 일 흥	兴 xìng 씽	兴 兴 兴 兴 兴 兴 兴　兴　兴　兴　兴

쓰면서 읽어보세요!

처음 뵙겠습니다. 저는 박은미입니다.

└ 初次见面。我叫朴恩美。

만나서 반갑습니다.

└ 见到您很高兴。

001

我来自我介绍一下。

Wǒ lái zìwǒ jièshào yíxià.

워 라이 쯔워 찌에사오 이쌰

제 소개를 하겠습니다.

来는 '오다'라는 뜻이지만 이 문장에서는 어떤 일을 하려고 하는 적극성이나 상대방에게 어떤 행동을 하게 하는 어감도 포함.
自我介绍 : 자기소개
一下는 주로 동사 뒤에 쓰여 '한번 ~을 하다, ~을 좀 하다' 라는 뜻.

002

我们在哪里见过吧？

Wǒmen zài nǎli jiàn guo ba?

워먼 짜이 나리 찌엔 꿔 바

어딘가에서 뵈었지요?

낯이 익은데…, **我们在哪里 见过吧?**
哪里는 '어디'라는 뜻으로 **哪儿**nǎr과 바꿔 쓸 수 있다.
见 : 보다, 만나다
过는 동사 뒤에 놓여 과거의 경험을 나타낸다.

003

不好意思，认错人了。

Bùhǎoyìsi, rèncuò rén le.

뿌하오이쓰, 런춰 런 러

죄송합니다. 다른사람과 착각했습니다.

친구인 줄 알고 어깨를 툭 쳤는데 아닐 때
不好意思 : 미안합니다, 죄송합니다
认 : (물건·사람·길·글자 따위를) 식별하다
错 : 틀리다

004

这是我的名片。

Zhè shì wǒ de míngpiàn.

즈어 스 워 뜨어 밍피엔

제 명함입니다.

중국어에서 자주 쓰이는 지시대명사는 这와 那가 있다. 这는 '이, 이것'으로 가까운 것을 가리키고 那는 '저것, 그것'으로 먼 것을 가리킨다.
名片은 '명함'이라는 뜻으로, **名**은 **名字**(míng zi, 이름), **片**은 '얇고 평평한 판이나 조각' 이라는 뜻.

005

我叫朴恩美。

Wǒ jiào Piáo'ēnměi.

워 쨔오 퍄오언메이

저는 박은미입니다.

叫는 '부르다'라는 뜻으로,
이름을 말할 때 **是**shì와 바꿔
쓸 수 있다.

006

我在贸易公司工作。

Wǒ zài màoyì gōngsī gōngzuò.

워 짜이 마오이 꿍쓰 꿍쭤

무역회사에서 일하고 있습니다.

직장 소개
贸易 : 무역
公司 : 회사
工作는 명사로 쓰일 때는
'일, 업무', 동사로 쓰일 때는
'일하다'라는 뜻이 있다. 이
문장에서는 동사로 쓰였다.
在는 '~에, ~에서'라는 뜻을
가진 전치사.

007

久闻大名。

Jiǔwén dàmíng.

쩌우원 따밍

성함은 알고 있었습니다.

처음 대면했을 때
久闻 : 오래전부터 들었다
大名 : 존함

---

02 상대 소개하기

001

我来介绍一下李明。

Wǒ lái jièshào yíxià Lǐ míng.

워 라이 찌에사오 이쌰 리 밍

이명 씨를 소개하겠습니다.

来는 '오다'라는 뜻이지만 이
문장에서는 어떤 일을 하려
고 하는 적극성이나, 상대방
에게 어떤 행동을 하게 하는
어감을 나타낸다.
介绍 : 소개하다
一下는 주로 동사 뒤에 쓰이
고 '한번 ~을 하다, ~을 좀 하
다'라는 뜻.
다른 사람을 소개할 때는 〈我
来介绍一下 + 사람〉으로 쓰
면 된다.

002

我来介绍一下我的朋友李明。
Wǒ lái jièshào yíxià wǒ de péngyou Lǐ míng.
워 라이 찌에사오 이쌰 워 더 펑여우 리 밍

친구인 이명 씨를 소개합니다.

003

这位是我朋友李明，刚从中国来。
Zhè wèi shì wǒ péngyou Lǐ míng, gāng cóng zhōngguó lái.
즈어 워이 스 워 펑여우 리 밍, 깡 충 중꿔 라이

이쪽은 제 친구 이명입니다. 방금 중국에서 왔습니다.

刚 : 막, 방금
从 : ~로부터

004

李先生，他是我弟弟李明。
Lǐ xiānsheng, tā shì wǒ dìdi Lǐ míng.
리 씨엔성, 타 스 워 띠띠 리 밍

이 선생, 이쪽은 제 남동생 이명입니다.

弟弟 : 남동생

005

金先生，我来介绍一下，他是我同事李明。
Jīn xiānsheng, wǒ lái jièshào yíxià, tā shì wǒ tóngshì Lǐ míng.
찐 씨엔성, 워 라이 찌에사오 이쌰, 타 스 워 퉁스 리 밍

김 선생, 소개하겠습니다. 이쪽은 제 동료 이명 씨입니다.

同事 : 동료

006

你们互相做一下介绍吧。
Nǐmen hùxiāng zuò yíxià jièshào ba.
니먼 후쌍 쭤 이쌰 찌에사오 빠

두 분 서로 인사하세요.

互相 : 서로
吧는 문장 끝에 쓰여 상의·제의·청구·명령·독촉의 어기를 나타낸다.

007

能把我介绍给李明吗?
Néng bǎ wǒ jièshào gěi Lǐ míng ma?
넝 빠 워 찌에사오 께이 리 밍 마

이명 씨에게 저를 소개해 주시겠습니까?

소개를 부탁할 때
能 : ~할 수 있다
给 : ~에게
把는 일반적으로 동작·작용의 대상을 동사 앞으로 전치시킬 때 쓰인다.

008 **金先生，您是第一次见李明吗？**

Jīn xiānsheng, nín shì dìyī cì jiàn Lǐ míng ma?

찐 씨엔성, 닌 스 띠이 츠 찌엔 리 밍 마

김 선생, 이명 씨와 만나는 건 처음이시죠?

첫 만남일 때
第一次 : 처음, 첫 번째

---

03 개인적인 질문

001 **会说韩语吗？**

Huì shuō hányǔ ma?

후이 쒀 한위 마

한국어 할 줄 아세요?

의사소통이 안 될 때
조동사 **会**는 '할 수 있다, 할 줄 안다'라는 뜻이다. 조동사는 주로 동사 앞에 쓰인다. **会**와 **能**은 모두 '할 수 있다'라는 뜻이지만 약간의 차이가 있다. **会**는 후천적인 학습을 통해 습득함을 나타내고 **能**은 선천적인 능력을 나타낸다.
说 : 말하다
韩语 : 한국어
〈나라/민족 + 语〉는 그 나라나 민족의 언어를 나타낸다.

---

002 **你是哪里人？**

Nǐ shì nǎli rén?

니 스 나리 런

어디 사람이에요?

고향을 물을 때
哪里人 : 어디 사람

---

003 **在哪里工作？**

Zài nǎli gōngzuò?

짜이 나리 꿍쭤

어디에서 근무하십니까?

직장을 물을 때
在는 '~에, ~에서'라는 뜻의 전치사.
哪里는 '어디'라는 뜻으로 **哪儿**nǎr과 바꿔 쓸 수 있다.
工作 : 일하다

002

见到您很高兴。

Jiàndào nín hěn gāoxìng.

찌엔따오 닌 헌 까오씽

만나서 반갑습니다.

见到 : 만나다
高兴 : 기쁘다

003

久仰您的大名。

Jiǔyǎng nín de dàmíng.

쪄우양 닌 더 따밍

존함은 오래 전에 들었습니다.

久仰은 '존함은 오래 전부터 들었습니다'라는 뜻으로, 보통 처음 만났을 때의 인사말.
大名 : 존함
久仰您的大名 대신 久仰 久仰이라고도 할 수 있다.

004

终于见到您本人了。

Zhōngyú jiàndào nín běnrén le.

중위 찌엔따오 닌 뻔런 러

드디어 직접 뵙게 되었군요.

이름은 많이 들어봤지만 얼굴은 처음 볼 때
终于 : 드디어, 끝내
本人 : 글자 그대로 '본인'
您 : 당신, 你의 존칭

005

请多多关照。

Qǐng duōduō guānzhào.

칭 뛰뛰 꽌짜오

잘 부탁드립니다.

처음 만났을 때
请은 '~하세요'라는 뜻으로, 상대방에게 어떤 일을 부탁하거나 권할 때 쓰는 경어.
多는 '많이'라는 뜻으로 중첩하여 多多로 쓰면 '더 많이'라는 뜻. 多는 형용사로 쓰일 때 '많다'라는 뜻도 있다.
关照 : 돌보다

006

请多指教。

Qǐng duō zhǐjiào.

칭 뛰 즈쨔오

잘 부탁드립니다.

指教 : 가르치다, 지도하다

UNIT 3 감사 표현

1 감사의 말 / **2** 행위에 대해 감사할 때 / **3** 감사 인사에 응답

需要的话，随时开口。
Xūyào dehuà, suíshí kāikǒu.
쒸야오 더화, 쑤이스 카이커우
필요하면 언제든지 말만 해.

谢谢您的帮助。
Xièxie nín de bāngzhù.
씨에씨에 닌 더 빵주
도와줘서 고맙습니다.

단어

谢谢 xièxie 씨에씨에 감사하다	帮助 bāngzhù 빵주 도움, 돕다	需要 xūyào 쒸야오 필요하다	~的话 dehuà 더화 ~하다면
随时 suíshí 쑤이스 언제나, 아무 때나	开口 kāikǒu 카이커우 말을 하다, 입을 열다	好意 hǎoyì 하오이 호의	衷心 zhōngxīn 중씬 진심

간체자

幫 도울 방	帮 bāng 빵	帮 帮 帮 帮 帮 帮 帮 帮 帮
話 이야기 화	话 huà 화	话 话 话 话 话 话 话 话

쓰면서 읽어보세요!

도와줘서 고맙습니다.

└ 谢谢您的帮助。

필요하면 언제든지 말만 해.

└ 需要的话, 随时开口。

001
谢谢。
Xièxie.
씨에씨에

고마워요.

谢谢 : 감사하다

002
谢了。
Xiè le.
씨에 러

고마워요.

친구 사이에 고마움을 표시
할 때
谢了 : 감사하다

003
不管怎么样，谢谢了。
Bùguǎn zěnmeyàng, xièxie le.
뿌꽌 쩐머양, 씨에씨에 러

어쨌든 감사합니다.

비록 이번에 도움은 안 됐지만…
不管怎么样，谢谢了。
不管은 '~에 관계없이, ~을
막론하고'라는 뜻이며 보통
문장의 앞에 쓰인다.
怎么样 : 어때요
不管怎么样 : 어쨌든
谢谢와 谢谢了는 같은 뜻이
지만 어감상 약간 차이가 있다.
谢谢는 좀 더 정중하고 익숙
하지 않은 사람에게 감사를
표할 때 쓰이고 谢谢了는 주
로 아는 사람에게 쓰인다.

004
让您费心了。
Ràng nín fèixīn le.
랑 닌 퍼이씬 러

신세를 졌습니다.

让 : ~에게 ~하게 하다
费心 : 마음을 쓰다, 신경을
쓰다

005

给你添麻烦了。

Gěi nǐ tiān máfan le.

께이 닌 티엔 마판 러

폐를 끼쳐 드렸습니다.

给 : ~에게
添麻烦 : 폐를 끼치다

---

02 행위에 대해 감사할 때

001

谢谢您的帮助。

Xièxie nín de bāngzhù.

씨에씨에 닌 더 빵주

도와줘서 고맙습니다.

帮助는 명사로 '도움', 동사로 '돕다'라는 뜻도 있다.

002

谢谢您的好意。

Xièxie nín de hǎoyì.

씨에씨에 닌 더 하오이

호의에 감사드려요.

好意는 글자 그대로 '호의'라는 뜻.

003

谢谢您的鼓励。

Xièxie nín de gǔlì.

씨에씨에 닌 더 꾸리

격려해 줘서 고마워.

내가 가장 힘들었을 때 항상 곁에서 격려해 준 당신에게, **谢谢您的鼓励。**
鼓励는 동사로 '격려하다', 명사로는 '격려'라는 뜻.

004

多亏了您的帮助。

Duōkuī le nín de bāngzhù.

뚸쿠이 러 닌 더 빵주

당신 덕분에 도움이 되었습니다.

多亏는 '덕분에'라는 뜻. 보통 〈多亏(了) + 사람〉의 형식으로 쓰인다.

005

衷心地感谢您。

Zhōngxīn de gǎnxiè nín.

중씬 더 깐씨에 닌

진심으로 감사합니다.

衷心 : 진심
感谢 : 감사하다

---

03 감사 인사에 응답

001

不客气。

Bú kèqi.

뿌 크어치

천만에요.

감사 인사에 대한 대답
客气는 '사양하다', 不客气
는 '천만에'라는 뜻.
중국에서는 감사 인사에 대
한 대답으로 주로 不用谢
búyòngxiè '감사할 필요가 없
다'를 더 많이 사용.

002

很高兴能帮上忙。

Hěn gāoxìng néng bāngshang máng.

헌 까오씽 넝 빵상 망

도움이 되었다니 기뻐요.

帮忙은 명사로 '도움', 동사
로 '돕다'라는 뜻.
帮上忙 : 도움이 되다

003

没什么大不了的。

Méi shénme dàbuliǎo de.

메이 선머 따뿌리아오 더

뭐 그리 대단한 일도 아냐. / 별거 아니야.

没什么 : 별 것 아니다, 아무
것도 아니다
大不了 : 대단하다
이 문장 속의 〈형용사/동사 +
的〉는 명사 구조로 '~한 것'
이라고 해석한다. 그러므로
大不了的은 '대단한 것'이라
고 해석된다.

004

需要的话，随时开口。

Xūyào dehuà, suíshí kāikǒu.

쒸야오 더화, 쑤이스 카이커우

필요하면 언제든지 말만 해.

需要 : 필요하다
~的话는 '~하다면'이라는
뜻으로, 가정을 나타낸다.
随时 : 언제나, 아무때나
开口 : 말을 하다, 입을 열다

005

是我份内之事。

Shì wǒ fèn nèi zhi shì.

스 워 펀 너이 즈스

제 일이기도 하니까. / 제 몫입니다.

份内之事 : 본분에 속하는
일, 의무, 책임

006

包在我身上。

Bāo zài wǒ shēnshang.

빠오 짜이 워 선상

나한테 맡겨.

이 일은 내가 도와줄게. 包在
我身上。
包 : 일을 도맡다, 전적으로
책임지다
身은 주로 '(생리적인) 몸'을
가리키며 身上은 '(사명·책
임 따위를 지닌 주체로서의)
몸'을 가리킨다.

UNIT 4 **사과 표현**

1 양해 구하기 / **2** 사죄 표현 / **3** 사죄에 응답하기

단어

不是	没事	打扰	道歉
bú shì	méishì	dǎrǎo	dàoqiàn
뿌스	메이스	따라오	따오치엔
~이 아니다	괜찮다	폐를 끼치다, 지장을 주다	사과하다

没关系	担心	犯错	一定
méi guānxi	dānxīn	fàncuò	yídìng
메이 꽌씨	딴씬	판춰	이띵
괜찮다	걱정하다	실수하다	반드시, 꼭

간체자

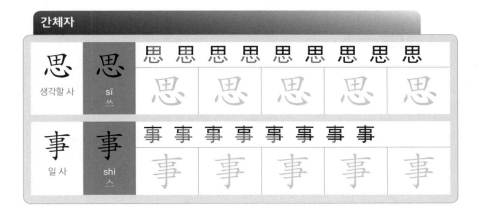

思 생각할 사	思 sī 쓰-	思 思 思 思 思 思 思 思 思

事 일 사	事 shì 스-	事 事 事 事 事 事 事 事

쓰면서 읽어보세요!

미안합니다.

└ 不好意思。

아니에요, 괜찮아요.

└ 不是，没事。

001 **不好意思。**
Bù hǎoyìsi.
뿌 하오이쓰
실례합니다.

중국어를 처음 배울 때는 '미안합니다, 실례합니다'를 对不起 duì bu qǐ로 배우지만 중국에서는 不好意思를 훨씬 많이 사용한다.
对不起는 주로 큰 잘못을 했을 때 사용하고 不好意思는 고의가 아니고 간단히 양해를 구하거나 예의를 차릴 때 사용.

002 **打扰一下。**
Dǎrǎo yíxià.
따라오 이쌰
실례합니다.

打扰는 '지장을 주다, 폐를 끼치다'라는 완곡한 표현.
打扰一下는 영어의 excuse me와 뜻이 같다.

003 **给您添麻烦了。**
Gěi nín tiān máfan le.
께이 닌 티엔 마판 러
폐를 끼쳐 드렸습니다.

개사 给는 '~에게'라는 뜻으로 〈给+대상〉으로 쓰여 개사구를 이루어 동사 앞에 쓰인다.
添 : 더하다
麻烦은 동사로 '귀찮게 하다, 성가시게 하다', 형용사로 '성가시다, 귀찮다'.
添麻烦은 '폐를 끼치다'라는 뜻으로 주로 상대방의 도움에 대해 감사를 표시할 때 쓰인다.

004 **不好意思，我离开一下。**
Bù hǎoyìsi, wǒ líkāi yíxià.
뿌 하오이쓰, 위 리카이 이쌰
미안하지만, 잠깐 자리를 비울게요.

회의나 만남의 자리에서 잠깐 자리를 비울 경우
离开는 '떠나다'라는 뜻이지만 이 문장에서는 '자리를 비우다'로 해석해야 한다.

005
不好意思，我去一下洗手间。
Bù hǎoyìsi, wǒ qù yíxià xǐshǒujiān.
뿌 하오이쓰, 워 취 이쌰 씨서우찌엔

실례지만 잠시 화장실 다녀올게요.

一下는 주로 동사 뒤에 쓰이고 '한번 ~을 하다, ~을 좀 하다'라는 뜻.
洗手间 : 화장실
洗手 : 손을 씻다
间 : 방, 실

006
不好意思，我接个电话。
Bù hǎoyìsi, wǒ jiē ge diànhuà.
뿌 하오이쓰, 워 찌에 거 띠엔화

실례지만 전화 좀 받을게요.

接 : 받다
电话 : 전화
个는 양사로 '~개, ~명'이라는 뜻. 주로 전용 양사가 없는 명사 앞에 쓰인다. 양사 앞에는 보통 수사가 있지만 숫자 1일 경우 생략 가능.

007
不好意思，可以让一下吗？
Bù hǎoyìsi, kěyǐ ràng yíxià ma?
뿌 하오이쓰, 크어이 랑 이쌰 마

잠시 실례합니다. 지나가도 되겠습니까?

붐비는 지하철이나 버스에서 내리고 싶을 때
可以는 '~을 할 수 있다, ~을 해도 좋다'라는 뜻이며 영어의 can과 같은 뜻이다.
让 : 양보하다, (길을) 비키다

008
不好意思，打断您一下。
Bù hǎoyìsi, dǎduàn nín yíxià.
뿌 하오이쓰, 따똰 닌 이쌰

말씀 중에 죄송합니다.

打断 : 말·생각 등을 끊다, 끊어 버리다

009
请问，您贵姓？
Qǐngwèn, nín guìxìng?
칭원, 닌 꾸이씽

실례지만 성함을 여쭤봐도 될까요?

请问 : 여쭤보겠습니다
贵姓 : 성씨

001
对不起。
Duìbuqǐ.
뚜이뿌치

미안합니다.

对不起는 '미안해요'라는 뜻이 있지만 일상회화에선 거의 쓰이지 않는다. 작은 실수를 했을 때는 不好意思 Bùhǎoyìsi를 사용하고 큰 실수를 했을 때는 不好意思 대신 抱歉 bàoqiàn을 많이 사용.

002
都是我的错。
Dōu shì wǒ de cuò.
떠우 스 워 더 춰

다 제 잘못입니다.

都 : 모두, 다
错는 명사로 '잘못, 틀림', 형용사로 '틀리다'라는 뜻.
我的错 : 나의 잘못

003
我错了。
Wǒ cuò le.
워 춰 러

제가 잘못했습니다.

错 : 틀리다, 잘못

004
我真心向您道歉。
Wǒ zhēnxīn xiàng nín dàoqiàn.
워 쩐신 썅 닌 따오치엔

진심으로 사과드립니다.

真心 : 진심
向 : ~을 향해
道歉 : 사과하다

005
虽然晚了，但我还是要向你道歉。
Suīrán wǎn le, dàn wǒ háishi yào xiàng nǐ dàoqiàn.
쑤이란 완 러, 딴 워 하이스 야오 썅 니 따오치엔

늦었지만 사과드립니다.

虽然~但~ : 비록 ~하지만 ~하다
晚 : 늦다
还是 : ~하는 편이 좋다

006

真抱歉，我忘记了。
Zhēn bàoqiàn, wǒ wàngjì le.
쩐 빠오치엔, 워 왕찌 러

정말 죄송합니다. 깜빡했습니다.

약속을 잊어버렸을 때 真抱歉，我忘记了。
抱歉는 '미안해하다, 미안하게 생각하다'라는 뜻이고, 真抱歉으로 많이 사용.
忘记는 '잊다'라는 뜻, 忘记了는 '잊어버렸다'로 해석.

007

我不是那个意思。
Wǒ bú shì nà ge yìsi.
워 뿌 스 나 거 이쓰

그런 뜻은 아닙니다.

상대방이 오해했을 때
意思 : 의미, 뜻
那个意思 : 그런 뜻
한국어에서는 양사가 많이 쓰이지 않지만, 중국어에서는 대명사나 수사와 명사 사이에는 꼭 양사가 필요하다.

008

以后一定注意。
Yǐhòu yídìng zhùyì.
이허우 이띵 주이

앞으로 주의하겠습니다.

以后 : 이후, 앞으로
一定 : 반드시, 꼭
注意 : 주의하다

009

抱歉，让您久等了。
Bàoqiàn, ràng nín jiǔděng le.
빠오치엔, 랑 닌 쪄우떵 러

기다리게 해서 죄송했습니다.

약속에 늦었을 때
让은 '양보하다'라는 뜻 외에도 '~을 하게 하다'라는 뜻도 있다. 주로 겸어문에 사용되며 어순은 〈让+사람+술어+목적어〉, '~에게 ~을 하게 하다'로 해석.
久等 : 오래 기다리다

010

我失约了，很抱歉。
Wǒ shīyuē le, hěn bàoqiàn.
워 스웨 러, 헌 빠오치엔

약속을 지키지 못해 죄송합니다.

약속을 못 지켰을 때
失约 : 약속을 지키지 못하다, 약속을 어기다

011 对不起，我也不想这样。

Duìbuqǐ, wǒ yě bù xiǎng zhèyàng.

뚜이뿌치, 워 예 뿌 썅 즈어양

죄송합니다. 저도 그러고 싶지 않아요.

도와주려고 했는데 오히려 폐를 끼쳤네요, 对不起, 我也不想这样。

这样 : 이렇다, 이와 같다

---

012 请你原谅我。

Qǐng nǐ yuánliàng wǒ.

칭 니 위엔량 워

부디 용서해 주세요.

내가 오해했어요, 请你原谅我。

请 : ~하세요

原谅 : 용서하다

---

013 我真不知道该怎么向您道歉。

Wǒ zhēn bù zhīdào gāi zěnme xiàng nín dàoqiàn.

워 전 뿌 즈따오 까이 쩐머 썅 닌 따오치엔

어떻게 사죄의 말씀을 드려야 할지 모르겠습니다.

真 : 정말

知道 : 알다

怎么 : 어떻게

---

03 ◀ 사죄에 응답하기

001 没关系。

Méi guānxi.

메이 꽌씨

괜찮아요.

중국 문화에 관심이 있는 사람은 关系라는 단어를 들어 봤을 것이다. 사전적 의미로는 '사람과 사람 사이의 관계나 연줄'이라는 뜻이지만 '인맥관계'라고 해석하는 것이 더 적합하다. '인맥을 찾다, 인맥을 동원하다'는 找关系 zhǎo guān xi라고 한다.

---

002 别担心。

Bié dānxīn.

삐에 딴씬

걱정하지 마세요.

别는 부사로, '하지 마라'는 뜻.

担心 : 걱정하다

003

别放在心上。

Bié fàng zài xīnshang.

삐에 팡 짜이 씬상

마음에 두지 마세요.

放 : 놓다
心上은 '마음 위'가 아닌 '마음 속'이라고 해석해야 한다.

004

你千万别介意。

Nǐ qiānwàn bié jièyì.

니 치엔완 삐에 찌에이

신경 쓰지 마세요.

그녀는 입은 거칠지만 악의는 없으니까, **你千万别介意。**
千万 : 절대, 제발
介意 : 개의하다, 신경 쓰다

005

不是，没事。

Bú shì, méishì.

뿌 스, 메이스

아니에요, 괜찮아요.

상대방이 사과했을 때, **不是，没事。**
没事 : 괜찮다

006

谁都会犯错。

Shéi dōu huì fàncuò.

서이 떠우 후이 판춰

누구나 실수할 수 있어.

미안해 하지 않아도 돼, **谁都会犯错。**
谁 : 누구
犯错 : 실수하다, 잘못을 저지르다
会는 '~을 할 수 있다'라는 뜻 외에 '~할 것이다, ~을 할 가능성이 있다'라는 추측을 나타내기도 한다.

007

都是我的错，还能怪谁?

Dōu shì wǒ de cuò, hái néng guài shéi?

떠우 스 워 더 춰, 하이 넝 꽈이 서이

내 잘못이지 누구를 탓하겠어요?

어이없이 사기를 당했으니, **都是我的错，还能怪谁?**
아는 문제를 틀리다니 **都是我的错，还能怪谁?**
怪 : 탓하다

008

谁都没错。

Shéi dōu méicuò.

서이 떠우 메이춰

누구의 잘못도 아니에요.

이번 일은 **谁都没错。**

UNIT 5 축하, 조의 표현

1 축하할 때 / 2 환영할 때 / 3 조의 표하기

단어

祝 zhù 주 축하하다, 원하다	幸福 xìngfú 씽푸 행복하다	关心 guānxīn 꽌씬 관심, 관심을 갖다	恭喜 gōngxǐ 꿍씨 축하하다
欢迎 huānyíng 환잉 환영하다	节哀 jié 'āi 찌에 아이 슬픔을 억제하다	升职 shēngzhí 성즈 승진하다	难过 nánguò 난꿔 슬프다

간체자

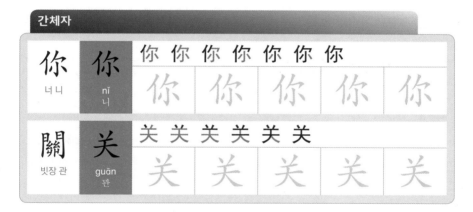

| 你
너 니 | 你
nǐ
니 | 你 你 你 你 你 你 你
你 你 你 你 你 |
| 關
빗장 관 | 关
guān
꽌 | 关 关 关 关 关 关
关 关 关 关 关 |

쓰면서 읽어보세요!

부디 행복하세요.

└ 祝你幸福。

신경 써주셔서 감사합니다.

└ 谢谢您的关心。

001 **恭喜!**
Gōngxǐ!
꿍씨

축하해요!

恭喜는 '축하하다'라는 뜻으로, 보통은 恭喜恭喜처럼 중첩하여 사용.

002 **新婚快乐。**
Xīnhūn kuàilè.
씬훈 콰이러

결혼을 축하합니다.

新婚 : 신혼하다, 막 결혼하다
快乐 : 즐겁다, 기쁘다

003 **我衷心地祝愿你早日康复。**
Wǒ zhōngxīn de zhùyuàn nǐ zǎorì kāngfù.
워 중신 더 주위엔 니 짜오르 캉푸

진심으로 당신이 빨리 회복되길 바랍니다.

병문안할 때
衷心 : 진심으로
祝愿 : 축원하다, 바라다
早日 : 빨리, 일찍이
康复 : 회복하다
이 문장 대신 希望你早日康复 xīwàng nǐ zǎorì kāngfù라고 말해도 된다.

004 **恭喜您升职了。**
Gōngxǐ nín shēngzhí le.
꿍씨 닌 성즈 러

승진을 축하드립니다.

升职 : 승진하다

005 **生日快乐。**
Shēngrì kuàilè.
성르 콰이러

생일 축하해요.

生日 : 생일
快乐 : 즐겁다, 기쁘다

006

新年快乐。
Xīnnián kuàilè.
씬니엔 콰이러

새해 복 많이 받으세요.

新年 : 새해, 신년
快乐 : 즐겁다, 기쁘다

007

节日快乐。
Jiérì kuàilè.
찌에르 콰이러

즐거운 명절 보내세요.

节日 : 명절
快乐 : 즐겁다, 기쁘다

008

干杯!
Gānbēi!
깐뻬이

건배하자!

干 : 잔을 비우다
杯 : 컵, 잔
干杯를 직역하면 '잔을 비우자, 원샷하자'라는 뜻이지만 중국에서 술을 권하거나 축배를 들 때 사용하는 말이고 굳이 원샷할 필요가 없다.

009

祝你幸福。
Zhù nǐ xìngfú.
주 니 씽푸

부디 행복하세요.

결혼 축하합니다, 祝你幸福。
祝 : 축하하다, 기원하다
幸福 : 행복하다

010

恭喜你顺利毕业。
Gōngxǐ nǐ shùnlì bìyè.
꿍씨 니 순리 삐예

순조롭게 졸업하게 된 걸 축하합니다.

顺利 : 순조롭다
毕业 : 졸업하다

011

祝你在考试中取得好成绩。
Zhù nǐ zài kǎoshì zhōng qǔdé hǎo chéngjì.
쭈 니 짜이 카오스 중 취더 하오 청찌

시험에서 좋은 성적을 받길 바랍니다.

祝: 축하하다, 축원하다
考 : 시험
取得 : 얻다, 취득하다
好成 : 좋은 성적

012

祝你生意兴隆，财源广进。

Zhù nǐ shēngyi xìnglóng, cáiyuán guǎngjìn.

쭈 니 성이 씽룽, 차이위엔 꽝찐

돈 많이 벌고 사업도 성공하길 바랍니다.

주로 설날이나 신장개업 때 하는 말.
生意兴隆 : 사업이 번창하다
财源广进 : 부자 되세요

02 환영할 때

001

欢迎你来我家。

Huānyíng nǐ lái wǒ jiā.

환잉 니 라이 워 쨔

우리 집에 오신 걸 환영합니다.

欢迎 : 환영하다

002

欢迎加入我们公司。

Huānyíng jiārù wǒmen gōngsī.

환잉 쨔루 워먼 꿍쓰

입사를 환영합니다.

加入 : 가입하다
公司 : 회사
我们公司는 '우리 회사'라는 뜻으로 소유자가 아닌 직원일 경우에 사용한다. 我的公司는 '나의 회사'라는 뜻, 소유자일 경우에 사용한다.

003

欢迎光临。

Huānyíng guānglín.

환잉 꽝린

어서 오세요.

光临은 '광림하다', 즉 '방문하다'를 높여 이르는 말.
欢迎光临은 직역보다는 의역으로 '어서 오세요.'라고 해석해야 한다.

004

热烈欢迎。

Rèliè huānyíng.

르어례 환잉

열렬히 환영합니다.

热烈 : 열렬하다

001

别太伤心了。

Bié tài shāngxīn le.

삐에 타이 상씬 러

너무 슬퍼하지 마세요.

别 : ~하지 마라
伤心 : 속상하다, 상심하다
〈太+형용사+了〉는 '너무 ~하다'라는 뜻.

002

节哀顺变。

Jié'āishùnbiàn.

찌에아이순삐엔

삼가 조의를 표합니다.

장례식에서 많이 사용하는 말
节哀는 '슬픔을 억제하다, 비통한 심정을 억누르다'라는 뜻이며 주로 죽은 이의 가족을 위로할 때 쓰인다.
顺变 : 변화(변고)에 순응하다

003

事已至此，别太难过了。

Shì yǐ zhìcǐ, bié tài nánguò le.

스 이 즈츠, 삐에 타이 난꿔 러

일이 그렇게 되었으니 너무 상심하지 마세요.

일이 이 지경에 이르렀으니 너무 괴로워하지 마.
事已至此 : 일이 이 지경에 이르다
难过 : 슬프다

004

感谢您百忙之中抽空来这里。

Gǎnxiè nín bǎimángzhīzhōng chōukòng lái zhèli.

깐씨에 닌 빠이망즈중 처우쿵 라이 즈어리

바쁜데 와주셔서 감사합니다.

感谢 : 감사하다
百忙之中 : 바쁜 와중에
抽空 : 시간을 내다

005

谢谢您的关心。

Xièxie nín de guānxīn.

씨에씨에 닌 더 꽌씬

신경 써주셔서 감사합니다.

关心 : 관심, 관심을 갖다

CHAPTER
3

社交
Shèjiāo

사 교

UNIT 1 초대하기

chapter 3
사교

1 초대 제안 / **2** 약속 시간과 장소 / **3** 초대에 승낙 / **4** 초대에 거절

什么时候有时间一起吃饭吧。
Shénme shíhou yǒu shíjiān yìqǐ chī fàn ba.
선머 스허우 여우 스찌엔 이치 츠 판 빠
언제 시간 있으면 같이 밥 먹자.

什么时候都可以。
Shénme shíhou dōu kěyǐ.
선머 스허우 떠우 크어이
언제라도 좋아.

단어

什么 shénme 선머 어떤, 무슨, 어느	时候 shíhou 스허우 시간, 기간, 동안	时间 shíjiān 스찌엔 시간	一起 yìqǐ 이치 같이
吃饭 chī fàn 츠 판 밥을 먹다	都 dōu 떠우 모두, 다	可以 kěyǐ 크어이 ~할 수 있다	招待 zhāodài 자오따이 초대하다

간체자

麼 작을 마	么 me 머	么 么 么 么 么 么 么 么
間 사이 간	间 jiān 찌엔	间 间 间 间 间 间 间 间 间 间 间 间

쓰면서 읽어보세요!

언제 시간 있으면 같이 밥 먹자.

└ 什么时候有时间一起吃饭吧。

언제라도 좋아.

└ 什么时候都可以。

001

来我们家吃饭吧?

Lái wǒmen jiā chī fàn ba?

라이 워먼 쨔 츠 판 빠

저희 집에 식사하러 오시겠습니까?

来 : 오다
我们 : 우리, 저희
家 : 집
吃饭 : 밥 먹다
吧는 문장 끝에 쓰여 상의·제의·청구·명령·독촉의 어기를 나타냄.

002

什么时候有时间一起吃饭吧。

Shénme shíhou yǒu shíjiān yìqǐ chī fàn ba.

선머 스허우 여우 스찌엔 이치 츠 판 빠

언제 시간이 있으면 같이 밥 먹자.

什么 : 어떤, 무슨, 어느
时候 : 시간, 기간, 동안
有 : 있다
时间 : 시간
一起 : 같이
吃饭 : 밥 먹다

003

来我们家玩。

Lái wǒmen jiā wán.

라이 워먼 쨔 완

우리 집에 놀러 와.

来 : 오다
我们家 : 우리 집
玩 : 놀다

004

我想请您吃饭。

Wǒ xiǎng qǐng nín chī fàn.

워 쌍 칭 닌 츠 판

당신을 초대하고 싶습니다.

想 : ~을 하고 싶다
请 : 초대하다
您 : '당신, 선생님, 귀하'라는 뜻으로 你의 높임말.
吃饭 : 밥 먹다, 식사하다

005

这周六晚上一起吃饭吧。

Zhè zhōuliù wǎnshang yìqǐ chī fàn ba.

즈어 쩌우려우 완상 이치 츠 판 빠

이번 토요일 저녁에 같이 식사합시다.

这周六 : 이번주 토요일
晚上 : 저녁
吃饭 : 밥 먹다
吧는 문장 끝에 쓰여 상의·제의·청구·명령·독촉의 어기를 나타냄.

006

来参加生日派对吧。

Lái cānjiā shēngrì pàiduì ba.

라이 찬짜 성르 파이뚜이 빠

생일 파티에 와 줘.

参加 : 참가하다
生日 : 생일
派对 : 파티
吧는 문장 끝에 쓰여 상의·제의·청구·명령·독촉의 어기를 나타냄.

007

我想在家里招待老师。

Wǒ xiǎng zài jiāli zhāodài lǎoshī.

워 썅 짜이 쨔리 자오따이 라오스

선생님을 저희 집에 초대하고 싶습니다.

想 : ~을 하고 싶다
在 : ~에, ~에서
家里 : 집, 집안
招待 : 초대하다
老师 : 선생님

008

我去车站接您。

Wǒ qù chēzhàn jiē nín.

워 취 츠어잔 찌에 닌

역까지 마중 나가겠습니다.

去 : 가다
车站 : 역, 정거장
接 : 영접하다, 맞이하다, 마중하다
您 : '당신, 선생님, 귀하'라는 뜻으로 你의 높임말.

009

到了车站，就来个电话。

Dào le chēzhàn, jiù lái ge diànhuà.

따오 르어 츠어잔, 쪄우 라이 거 띠엔화

역에 도착하면 전화해.

到 : 도착하다
了는 동사 또는 형용사 뒤에 쓰여 동작이나 변화가 이미 완료되었음을 나타냄.
就 : '곧, 즉시, 바로, 당장'이라는 뜻으로 아주 짧은 시간 내에 이루어짐을 나타냄.
来 : (어떤 동작·행동을) 하다, 구체적인 동사를 대신하여 사용.
个 : 양사로, 이 문장 속에서는 '전화 한 통'을 뜻한다.
电话 : 전화

010

明天晚上，不见不散。

Míngtiān wǎnshang, bú jiàn bú sàn.

밍티엔 완상, 뿌 찌엔 뿌 싼

내일 저녁에 꼭 봅시다.

明天 : 내일
晚上 : 저녁
不见不散 : 만나지 않으면 헤어지지 않다; 만날 때까지 기다리다

011

来我家尝尝我的手艺。

Lái wǒ jiā chángchang wǒ de shǒuyi.

라이 워 쨔 창창 워 더 서우이

우리 집에 와서 제 솜씨 좀 맛보세요.

我家 : 우리 집
尝尝 : 맛보다
手艺 : 솜씨

---

02 ◀ 약속 시간과 장소

001

您觉得哪一天好?

Nín juéde nǎ yìtiān hǎo?

닌 쮀에더 나 이티엔 하오

날짜는 언제가 좋으세요?

觉得는 '~이라 여기다, ~이라고 생각하다'라는 뜻.
哪 : '어느, 어떤, 어디'라는 뜻이고 뒤에 양사나 수량사를 써서, 여러 사람·시간·장소·사물 가운데 하나를 나타냄.
一天 : 하루
好 : 좋다

002

下周可以见一面吗?

Xiàzhōu kěyǐ jiàn yí miàn ma?

쌰저우 크어이 찌엔 이 미엔 마

다음 주 중에 뵐 수 있을까요?

下周 : 다음 주
可以 : ~을 할 수 있다
见一面 : 한 번 만나다

003

越早越好。

Yuè zǎo yuè hǎo.

웨 짜오 웨 하오

빠르면 빠를수록 좋습니다.

越～越 : ~하면 할수록 ~하다
早 : 일찍, 이르다
好 : 좋다

004

什么时候都可以。

Shénme shíhou dōu kěyǐ.

선머 스허우 떠우 크어이

언제라도 좋습니다.

什么时候 : 어느 때, 언제
都 : 모두, 다
可以 : ~을 해도 좋다

005

几点比较好?

Jǐ diǎn bǐjiào hǎo?

찌 띠엔 삐쨔오 하오

몇 시가 좋으십니까?

几点 : 몇 시
比较 : 비교적
好 : 좋다

006

3点30分可以吗?

Sān diǎn sānshí fēn kěyǐ ma?

싼 띠엔 싼스 펀 크어이 마

3시 30분이 괜찮습니까?

点 : '~시'라는 뜻이고 分은
'(시간의) 분'이라는 뜻.
可以 : ~을 해도 좋다

007

我也觉得那个时候比较好。

Wǒ yě juéde nà ge shíhou bǐjiào hǎo.

위 예 쮀더라 나 거 스허우 삐쨔오 하오

저도 그때가 좋겠습니다.

也 : ~도
觉得 : ~이라고 여기다, ~이
라고 생각하다
那个 : 그, 저
那个时候 : 그때, 그 시각
比较 : 비교적
好 : 좋다

008

您方便的时候吧, 我什么时候都行。

Nín fāngbiàn de shíhou ba, wǒ shénme shíhou dōu xíng.

닌 팡삐엔 더 스허우 빠, 위 선머 스허우 떠우 씽

언제든지 좋으실 때 하십시오.

您 : '당신, 선생님, 귀하', 你
의 높임말.
方便 : 편하다
时候 : 때, 시각
什么时候 : 아무 때나, 언제
都 : 모두, 다
行 : 좋다, 괜찮다

009

在哪儿见面?

Zài nǎr jiànmiàn?

짜이 날 찌엔미엔

어디서 만날까요?

약속 장소를 상의할 때
在 : ~에 있다, ~에 놓여 있다
哪儿 : 어디, 어느 곳
见面 : 만나다

010 哪儿最好?

Nǎr zuì hǎo?

날 쭈이 하오

어디가 제일 좋은 장소일까요?

여러 장소 중에서 고를 때
哪儿 : 어디, 어느 곳
最好 : 가장 좋다, 제일 좋다

---

011 6点在公司门口见，好吗?

Liù diǎn zài gōngshī ménkǒu jiàn, hǎo ma?

려우 띠엔 짜이 꿍스 먼커우 찌엔, 하오 마

6시에 회사 앞에서 만날까요?

点 : 시
公司 : 회사
门口 : 입구, 문 앞
见 : 만나다
好吗 : 좋아요?

---

012 在哪儿见面比较方便?

Zài nǎr jiànmiàn bǐjiào fāngbiàn?

짜이 날 찌엔미엔 삐쟈오 팡삐엔

어디서 만나는 게 편해?

哪儿 : 어디, 어느 곳
见面 : 만나다
比较 : 비교적
方便 : 편하다

---

013 我哪里都可以。

Wǒ nǎli dōu kěyǐ.

워 나리 떠우 크어이

저는 어디든지 좋아요.

哪里 : 어디, 어느 곳
都 : 모두, 다
可以 : 괜찮다, 좋다

---

014 还是老地方见。

Háishi lǎo dìfang jiàn.

하이스 라오 띠팡 찌엔

역시 늘 만나던 장소에서 보자.

还是 : 역시
老地方 : 늘 만나던 장소. 이 문장에서 老는 '늙다'라는 뜻이 아니라 '오래의, 예부터의' 라는 뜻.
见 : 만나다

001 **我很乐意去。**
Wǒ hěn lèyì qù.
워 헌 르어이 취
기꺼이 가겠습니다.

흔쾌히 승낙할 때
乐意 : (~을 하는 것을) 즐겁
게 여기다, ~을 하기 원하다,
~을 하려 하다, ~을 하고 싶다
去 : 가다

002 **当然会去。**
Dāngrán huì qù.
땅란 후이 취
물론 가겠습니다.

当然 : 당연히, 물론
会 : ~을 할 것이다

003 **一定去。**
Yídìng qù.
이띵 취
반드시 가겠습니다.

一定 : 반드시
去 : 가다

004 **谢谢你的邀请。**
Xièxie nǐ de yāoqǐng.
씨에씨에 니 더 야오칭
초대해 줘서 고마워.

谢谢 : 감사하다
邀请 : 초청, 초대

005 **好。**
Hǎo.
하오
좋아.

긍정적으로 대답할 때
好 : 좋다

006

好的，我会准时到的。

Hǎo de, wǒ huì zhǔnshí dào de.

하오 더, 워 후이 쭌스 따오 더

그래, 나는 제시간에 도착할 거야.

好的 : '좋아, 좋다.'라는 뜻인데 응대하는 말로서 好보다는 단정적이다.
准时 : 정확한 시간, 정각
到 : 도착하다
会~的 : '~을 할 것이다'라는 뜻으로 중간의 내용을 강조한다.

007

好，那就到时候见吧。

Hǎo, nà jiù dào shíhòu jiàn ba.

하오, 나 쩌우 따오 스허우 찌엔 빠

좋아요. 그럼 그때 만납시다.

好 : 좋다
那 : 그러면, 그렇다면, ~하다면
到时候 : 그때 되면
见 : 만나다
吧는 문장 끝에 쓰여 상의·제의·청구·명령·독촉의 어기를 나타냄.

008

很期待和您的见面。

Hěn qīdài hé nín de jiànmiàn.

헌 치따이 흐어 닌 더 찌엔미엔

그때 뵙기를 기대하겠습니다.

만남에 대한 기대를 표현하고 싶을 때
很 : 너무, 아주
期待 : 기대하다
和 : ~와
见面 : 만나다

009

除了我还有谁来？

Chúle wǒ hái yǒu shéi lái?

추러 워 하이 여우 서이 라이

나 말고 누가 또 오니?

모임에 참석하는 사람이 누가 있는지 알고 싶을 때
除了 : '~외에'라는 뜻이고
还·也·都 등과 같이 사용되어 어떤 것 이외에 또 있음을 나타냄.
谁 : 누구
来 : 오다

001

很遗憾，不能去。

Hěn yíhàn, bù néng qù.

헌 이한, 뿌 넝 취

유감스럽지만 갈 수 없습니다.

초대에 응할 수 없을 때
很 : 너무, 아주
遗憾 : 유감스럽다
不能 : ~을 할 수 없다
去 : 가다

002

不好意思，我去不了。

Bù hǎoyìsi, wǒ qù bu liǎo.

뿌 하오이쓰, 워 취 뿌 랴오

죄송하지만 갈 수 없어요.

초대에 거절할 때
不好意思 : 죄송합니다, 미안합니다
去不了 : 갈 수 없다

003

对不起，那天不行。

Duìbuqǐ, nàtiān bù xíng.

뚜이뿌치, 나티엔 뿌 씽

미안하지만 그날은 안 됩니다.

다른 일정 때문에 초대를 거절해야 할 때
对不起 : 죄송합니다, 미안합니다
那天 : 그 날
不行 : 안 된다

004

我真的非常想去，但…。

Wǒ zhēnde fēicháng xiǎng qù, dàn….

워 전더 퍼이창 쌍 취, 딴…

가고 싶은 마음은 굴뚝 같은데….

완곡한 거절 표현
真的 : 정말로
非常 : 대단히, 매우
想 : ~을 하고 싶다
去 : 가다
但 : 하지만, 그런데

005

很感谢您，但是我现在太忙了。

Hěn gǎnxiè nín, dànshì wǒ xiànzài tài máng le.

헌 깐씨에 닌, 딴스 워 씨엔짜이 타이 망 러

고맙지만 지금은 너무 바빠서 말이야.

很 : 너무
感谢 : 감사하다
但是 : 하지만
现在 : 지금
太~了 : 너무 ~하다
忙 : 바쁘다

006

真不凑巧，我已经有约了。

Zhēn bú còuqiǎo, wǒ yǐjīng yǒu yuē le.

전 뿌 처우챠오, 워 이찡 여우 위에 러

공교롭게도 약속이 있습니다.

真 : 진짜	
不凑巧 : 공교롭게도	
已经 : 이미	
有约 : 약속이 있다	
了는 동사나 형용사 뒤에 쓰여 동작 또는 변화가 이미 완료되었음을 나타냄.	

007

那天有约了。

Nàtiān yǒu yuē le.

나티엔 여우 위에 러

그날은 선약이 있어서요.

那天 : 그날	
有约 : 약속이 있다	

008

改天再约吧。

Gǎitiān zài yuē ba

까이티엔 짜이 위에 빠

훗날 다시 약속합시다.

改天 : 후일, 다른 날	
再 : 다시	
约 : 약속하다	

009

今天不行。明天怎么样?

Jīntiān bù xíng, míngtiān zěnmeyàng?

찐티엔 뿌 씽, 밍티엔 쩐머양

오늘은 곤란한데 내일은 어때요?

今天 : 오늘	
不行 : 안 된다	
明天 : 내일	
怎么样 : 어때요	

010

我这周六要参加同事婚礼，我们下周见怎么样?

Wǒ zhèzhōuliù yào cānjiā tóngshì hūnlǐ, wǒmen xiàzhōu jiàn zěnmeyàng?

워 즈어쩌우려우 야오 찬쨔 퉁스 훈리, 워먼 쌰저우 찌엔 쩐머양

이번주 토요일은 동료 결혼식에 참가해야 하는데 우리 다음 주에 만나는 것은 어때요?

这周六 : 이번주 토요일	
参加 : 참가하다	
同事 : 동료	
婚礼 : 결혼식	
下周 : 다음 주	

011

你也知道我是宅男…。

Nǐ yě zhīdào wǒ shì zháinán….

니 예 즈따오 워 스 자이난…

당신도 알다시피 나는 집돌이잖아….

知道 : 알다
宅男 : 집돌이

012

不好意思，今天是我们全家人一起聚餐的日子。

Bù hǎoyìsi, jīntiān shì wǒmen quánjiārén yìqǐ jùcān de rìzi.

뿌 하오이쓰, 찐티엔 스 워먼 취엔쨔런 이치 쮜찬 더 르쯔

죄송한데, 오늘은 우리 가족이 회식하는 날입니다.

全家人 : 일가족, 온 가족
聚餐 : 회식, 회식하다
日子 : 날

013

你怎么不早说啊！我已经约好和朋友吃饭了。

Nǐ zěnme bù zǎo shuō a! Wǒ yǐjīng yuēhǎo hé péngyou chīfàn le.

니 쩐머 뿌 자오 쉬 아! 워 이찡 위에하오 흐어 펑여우 츠판 러

왜 진작에 말하지 않았어! 이미 친구랑 밥 먹기로 약속했어.

怎么 : 왜, 어떻게
早 : 이르다, 일찍이
已经 : 이미
约 : 약속하다

UNIT 2 방문

1 손님맞이 / **2** 주인의 인사 / **3** 선물 증정 / **4** 거실에서 대접 / **5** 헤어질 때의 인사

단어

快 kuài 콰이 빨리, 어서	**进** jìn 찐 들어오다, 들어가다	**请进** qǐng jìn 칭 찐 어서 오세요	**招待** zhāodài 자오따이 초대하다
失礼 shīlǐ 스리 실례하다	**随意** suíyì 쑤이이 뜻대로 하다, 생각대로 하다	**这里** zhèli 즈어리 여기	**家里** jiā li 쨔 리 집(안), 가정

간체자

請 청할 청	**请** qǐng 칭	请 请 请 请 请 请 请 请 请 请 请　请　请　请　请
快 쾌할 쾌	**快** kuài 콰이	快 快 快 快 快 快 快 快　快　快　快　快

쓰면서 읽어보세요!

어서 들어오세요.

└ 快请进。

초대해줘서 고맙습니다.

└ 谢谢招待。

001 **这里是明明家吗?**
Zhèlǐ shì míngming jiā ma?
즈어리 스 밍밍 쨔 마

밍밍 씨 댁이 여기입니까?

这里 : 여기
明明 : 밍밍(사람 이름)
家 : 집, 댁
吗는 문장 끝에 사용하여 의
문을 나타냄.

---

002 **明明在家吗?**
Míngming zài jiā ma?
밍밍 짜이 쨔 마

밍밍 씨는 댁에 계십니까?

在 : ~에 있다
家 : 집, 댁

---

003 **我是小李，我想见一下明明。**
Wǒ shì Xiǎolǐ, wǒ xiǎng jiàn yíxià Míngming.
워 스 샤오리, 워 쌍 찌엔 이쌰 밍밍

샤오리입니다. 밍밍 씨를 뵙고 싶습니다.

是 : ~이다
想 : ~을 하고 싶다
见 : 만나다
一下는 동사 뒤에 보어로 쓰
이고 '한 번 ~하다'라는 뜻.

---

004 **路过来看看。**
Lùguò lái kànkan.
루꿔 라이 칸칸

지나가다가 잠시 들렀습니다.

路过 : 거치다, 통과하다, 경
유하다
来 : 오다
看看 : '보다, 방문하다', 看
을 중첩한 표현.

---

005 **请告诉他，我来过了。**
Qǐng gàosu tā, wǒ láiguo le.
칭 까오쑤 타, 워 라이꿔 러

제가 왔다고 전해 주십시오.

请 : '하세요'라는 뜻으로 상
대방에게 어떤 일을 부탁하
거나 권할 때 쓰는 경어.
告诉 : 전하다
来过了 : 왔었다

006 **失礼了。**
Shīlǐ le.
스리 러
실례합니다.

失礼 : 실례하다

---

007 **谢谢您的招待。**
Xièxie nín de zhāodài.
씨에씨에 닌 더 자오따이
초대해 주셔서 기쁩니다.

谢谢 : 감사합니다
您 : 你의 높임말로, '당신,
선생님, 귀하'
招待 : 초대하다

---

008 **我来得早了点。**
Wǒ lái de zǎo le diǎn.
워 라이 더 짜오 러 띠엔
제가 좀 일찍 도착했어요.

来 : 오다
得는 동사나 형용사의 뒤에
쓰여, 결과나 정도를 표시하
는 보어를 연결시키는 역할
을 함.
早 : 일찍
点 : 조금

---

009 **不好意思，迟到了。**
Bù hǎoyìsi, chídào le.
뿌 하오이쓰, 츠따오 러
늦어서 죄송합니다.

약속에 늦었을 때
不好意思 : 죄송합니다
迟到 : 지각하다

---

010 **您不必为我费心。**
Nín búbì wèi wǒ fèixīn.
닌 뿌삐 웨이 워 퍼이씬
저는 신경 쓰지 않으셔도 됩니다.

볼일 보세요. 您不必为我费心。
不必 : ~을 할 필요가 없다
为 : ~을 위하여
费心 : 신경을 쓰다

011 **希望没有打扰您工作。**
Xīwàng méiyǒu dǎrǎo nín gōngzuò.
씨왕 메이여우 따라오 닌 꿍쭤

일하시는데 방해가 되지 않으면 좋겠네요.

예고도 없이 불쑥 찾아갈 때
希望 : 희망하다, 바라다
没有는 '아직 ~않다'라는 뜻으로 경험·행위·사실 따위가 아직 일어나지 않았음을 나타냄.
打扰 : (남의 일을) 방해하다
工作 : 일, 일하다

---

02 주인의 인사

---

001 **来得正好。**
Lái de zhènghǎo.
라이 더 정하오

마침 잘 오셨습니다.

正好 : 때마침

---

002 **李明，好久不见。**
Lǐ míng, hǎojiǔ bú jiàn.
리 밍, 하오쪄우 뿌 찌엔

이명 씨, 오랜만이에요.

好久不见 : 오랜만입니다

---

003 **快请进。**
Kuài qǐng jìn.
콰이 칭 찐

어서 들어오십시오.

손님을 마중할 때
快 : 빨리, 어서
进 : 들어오다, 들어가다
请进 : 어서 오세요

---

004 **很高兴您能来。**
Hěn gāoxìng nín néng lái.
헌 까오씽 닌 넝 라이

와 주셔서 기쁩니다.

很 : 매우, 아주
高兴 : 좋아하다, 기뻐하다
您는 你의 높임말로, '당신, 선생님, 귀하'
能 : ~을 할 수 있다
来 : 오다

005 请进，正等着您呢。

Qǐng jìn, zhèng děngzhe nín ne.

칭 찐, 정 떵즈어 닌 너

어서 오세요, 기대하며 기다리고 있었습니다.

请进 : 어서 들어오세요
正은 '마침, 한창'이라는 뜻
으로 동작의 진행 또는 상태
의 지속을 나타냄.
等 : 기다리다
着는 '~을 하고 있다, ~을 하
고 있는 중이다'라는 뜻으로,
동작의 지속을 나타냄.
呢는 서술문의 끝에 쓰여 동
작이나 상태가 계속되고 있
음을 표시하고 보통 正, 正
在, 在 또는 着와 같이 쓰임.

006 快进来吧。

Kuài jìnlai ba.

콰이 찐라이 빠

자, 들어오시지요.

快 : 빨리
进来 : 들어오다
吧는 문장 끝에 쓰여 상의·제
의·청구·명령·독촉의 어기를
나타냄.

007 请到这边来。

Qǐng dào zhèbiān lái.

칭 따오 즈어삐엔 라이

이쪽으로 오십시오.

손님을 안내할 때
请 : '~을 하세요'라는 뜻으
로 상대방에게 어떤 일을 부
탁하거나 권할 때 쓰는 경어.
到 : 오다, 도착하다
这边 : 이쪽
来 : 오다

008 我家很好找吧？

Wǒ jiā hěn hǎozhǎo ba?

워 쨔 헌 하오자오 빠

집은 금방 찾을 수 있었지?

好找 : 찾기 쉽다, 难找 náo
zhǎo 찾기 어렵다
吧는 문장 끝에 쓰여 상의·제
의·청구·명령·독촉의 어기를
나타냄.

009

请把上衣挂在这里吧。

Qǐng bǎ shàngyī guà zài zhèli ba.

칭 빠 상이 꽈 짜이 즈어리 빠

윗옷은 여기에 거세요.

请 : '~을 하세요'라는 뜻으로 상대방에게 어떤 일을 부탁하거나 권할 때 쓰는 경어. 把는 일반적으로 동작·작용의 대상을 동사 앞으로 전치시킬 때 쓰인다.
上衣 : 상의, 윗옷
挂 : 걸다
这里 : 여기

010

请随意。

Qǐng suíyì.

칭 쑤이이

편히 계세요.

随意 : 뜻대로 하다, 생각대로 하다

011

请坐。

Qǐng zuò.

칭 쮀

앉으시죠.

请 : '~을 하세요'라는 뜻으로 상대방에게 어떤 일을 부탁하거나 권할 때 쓰는 경어.
坐 : 앉다

012

您能来，真的太好了。

Nín néng lái, zhēnde tài hǎo le.

닌 넝 라이, 전더 타이 하오 러

당신이 올 수 있다니 너무 좋네요.

能 : ~할 수 있다
来 : 오다
真的 : 정말로, 진짜
太~了 : 너무 ~하다
好 : 좋다

013

您来真的是蓬荜生辉啊。

Nín lái zhēnde shì péngbìshēnghuī a.

닌 라이 전더 스 펑삐성후이 아

당신이 와 주셔서 정말 영광입니다.

蓬荜生辉 : 사자성어로, 가난하고 천한 사람의 집에 영광스러운 일이 생기다, 손님이 오거나 서화(書畵) 같은 것을 받아 걸었을 때 감사의 뜻을 나타내는 말.
啊는 문장의 끝에 쓰여 감탄·찬탄 따위의 어세를 도와줌.

014

百忙之中过来，真的很感谢。

Bǎi máng zhīzhōng guòlai, zhēnde hěn gǎnxiè.

빠이 망 즈중 꿔라이, 전더 헌 깐씨에

다사다망하신 중에 와 주셔서 정말 고맙습니다.

百忙之中 : 바쁜 가운데서도
过来 : (다른 한 지점에서 말하는 사람 또는 서술의 대상 쪽으로) 오다
真的 : 정말로, 진짜
很 : 너무, 아주
感谢 : 감사하다

015

家里很乱，不要介意。

Jiā lǐ hěn luàn, bú yào jièyì.

쨔 리 헌 롼, 뿌 야오 찌에이

방이 지저분해도 신경 쓰지 마.

家里 : 집, 방
很 : 너무, 아주
乱 : 어지럽히다
不要 : ~을 하지 마라
介意 : 개의하다

016

先喝点水吧。

Xiān hē diǎn shuǐ ba.

씨엔 흐어 띠엔 수이 빠

물을 좀 마십시다.

손님이 자리에 앉으면 우선 물을 한 잔 대접하죠.
先 : 먼저
喝 : 마시다
点(~儿) : '약간, 조금'이라는 뜻으로 소량을 나타냄.
水 : 물
吧는 문장 끝에 쓰여 상의·제의·청구·명령·독촉의 어기를 나타냄.

017

不用带礼物来的… 谢谢了。

Búyòng dài lǐwù lái de … Xièxie le.

뿌융 따이 리우 라이 더… 씨에씨에 러

이런 건 갖고 오지 않아도 되는데… 고마워요.

손님이 선물을 가져왔을 때
不用 : '~을 할 필요가 없다
带 : (몸에) 지니다
礼物 : 선물
谢谢 : 감사합니다

018

您是哪位?

Nín shì nǎ wèi?

닌 스 나 웨이

누구십니까?

찾아온 손님을 모를 때
您 : 你의 높임말로 '당신, 선생님, 귀하'
哪位 : '누구, 어느 분', 谁 shéi의 경어

019

请稍等一下。

Qǐng shāo děng yíxià.

칭 사오 떵 이쌰

잠깐 기다려 주세요.

请 : '~을 하세요'라는 뜻으로 상대방에게 어떤 일을 부탁하거나 권할 때 쓰는 경어.
稍等 : 잠깐 기다리다
一下 : 좀 ~하다, 한번 ~하다

020

非常抱歉，我现在在外面。

Fēicháng bàoqiàn, wǒ xiànzài zài wàimian.

페이창 빠오치엔, 워 씨엔짜이 짜이 와이미엔

죄송하지만 지금 외출 중입니다.

非常 : 대단히
抱歉 : 미안하게 생각하다, 미안해하다
现在 : 지금
在 : 있다
外面 : 밖, 바깥

021

有什么话需要转告他吗?

Yǒu shénme huà xūyào zhuǎngào tā ma?

여우 선머 화 쒸야오 좐까오 타 마

전하실 말씀은 없습니까?

需要 : 필요하다
转告 : 전달하다

---

03 선물 증정

001

请收下。

Qǐng shōu xià.

칭 서우 쌰

받아 주세요!

请은 '~을 하세요'라는 뜻으로 상대방에게 어떤 일을 부탁하거나 권할 때 쓰는 경어.
收下 : 받다

002

这是礼物，希望您能喜欢。

Zhè shì lǐwù, xīwàng nín néng xǐhuan.

즈어 스 리우, 씨왕 닌 넝 씨환

이건 선물인데 당신이 좋아하시면 좋겠습니다.

这 : 이, 이것
礼物 : 선물
希望 : 희망하다, 바라다
喜欢 : 좋아하다

003 **很高兴您喜欢。**

Hěn gāoxìng nín xǐhuan.

헌 까오씽 닌 씨환

마음에 드신다니 기쁩니다.

선물을 받는 사람이 기뻐할 때
很 : 너무
高兴 : 기뻐하다
喜欢 : 좋아하다

004 **真的很感谢你的礼物。**

Zhēnde hěn gǎnxiè nǐ de lǐwù.

전더 헌 깐씨에 니 더 리우

선물, 너무 고마워요.

真的 : 진짜
很 : 너무
感谢 : 감사합니다
你的 : 너의
礼物 : 선물

005 **真是没有想到，谢谢。**

Zhēnshi méiyǒu xiǎngdào, xièxie.

전스 메이여우 쌍따오, 씨에씨에

정말 생각지도 못했어요. 고맙습니다.

선물을 받을 거라고는 전혀
생각지도 않았을 때
真是 : 정말로, 참으로
没有想到 : 생각지 못하다,
뜻밖이다

006 **这是送给我的吗?**

Zhè shì sòng gěi wǒ de ma?

즈어 스 쑹 께이 워 더 마

저한테 주시는 겁니까?

예상치 못한 선물을 받았을 때
这是 : 이, 이것
送给 : 주다
吗는 문장 끝에 쓰여 의문을
나타냄.

007 **我想要这个很久了。**

Wǒ xiǎng yào zhè ge hěn jiǔ le.

워 쌍 야오 즈어 거 헌 쩌우 러

이건 제가 오래전부터 갖고 싶었던 거예요.

오래전부터 갖고 싶었던 것
을 선물 받았을 때
要 : 원하다
很久 : 오랫동안

008 **小小心意，不成敬意。**

Xiǎoxiǎo xīnyì, bù chéng jìngyì.

쌰오쌰오 씬이, 뿌 청 찡이

약소하지만 제 성의입니다.

心意 : 마음, 성의
敬意 : 경의

001
跟我到客厅去吧。
Gēn wǒ dào kètīng qù ba.
껀 워 따오 크어팅 취 빠

거실로 가시죠.

손님을 거실로 모실 때
跟 : 따르다
客厅 : 거실

002
请坐这儿。
Qǐng zuò zhèr.
칭 쭤 절

이쪽으로 앉으십시오.

请 : ~하세요
坐 : 앉다
这儿 : 여기

003
请随意，就像在自己家一样。
Qǐng suíyì, jiù xiàng zài zìjǐ jiā yíyàng.
칭 쑤이이, 쪄우 쌍 짜이 쯔찌 쨔 이양

자, 자기 집인 것처럼 편히 계십시오.

随意 : 마음대로 하다
像～一样 : 마치 ~와 같다
自己 : 자기

004
要喝咖啡吗?
Yào hē kāfēi ma?
야오 흐어 카페이 마

커피 드시겠습니까?

要 : ~을 할 것이다
喝 : 마시다
咖啡 : 커피
吗는 문장 끝에 쓰여 의문을
나타냄.

005
喝茶还是喝咖啡?
Hē chá háishi hē kāfēi?
흐어 차 하이스 흐어 카페이

차 마실래요, 아니면 커피 드시겠어요?

茶 : 차
咖啡 : 커피
还是는 '아니면'이라는 뜻으
로 의문문에 쓰여 선택을 나
타냄.

006

晚餐已经准备好了。
Wǎncān yǐjīng zhǔnbèi hǎo le.
완찬 이찡 준뻬이 하오 러

저녁 식사가 준비되었습니다.

晚餐 : 저녁 식사
已经 : 이미
准备 : 준비하다
好는 '좋다'라는 뜻이 아니라 동사 뒤에 보어로 쓰여 완성되었거나 잘 마무리되었음을 나타냄.

007

这是中国的家常菜。
Zhè shì zhōngguó de jiāchángcài.
즈어 스 중꿔 더 쨔창차이

이건 중국의 일반적인 가정 집 요리입니다.

这是 : 이, 이것
中国 : 중국
家常菜 : 일상 가정 요리

008

请多吃点儿。
Qǐng duō chī diǎnr.
칭 뚸 츠 띠얄

마음껏 드십시오.

请 : '~을 하세요'라는 뜻으로 상대방에게 어떤 일을 부탁하거나 권할 때 쓰는 경어.
多 : 많이
吃 : 먹다
点儿 : 약간, 조금

009

吃饱了吗?
Chībǎo le ma?
츠빠오 러 마

충분히 드셨습니까?

吃 : 먹다
饱 : 배부르다
了는 동사나 형용사 뒤에 쓰여 동작 또는 변화가 이미 완료되었음을 나타냄.
吗는 문장 끝에 쓰여 의문을 나타냄.

010

再吃点儿吧?
Zài chī diǎnr ba?
짜이 츠 띠얄 빠

좀 더 드시겠어요?

再 : 더
吃 : 먹다
点儿 : 약간, 조금
吧는 문장 끝에 쓰여 상의·제의·청구·명령·독촉의 어기를 나타냄.

011 **谢谢招待，我吃得很开心。**
Xièxie zhāodài, wǒ chī de hěn kāixīn.
씨에씨에 자오따이, 워 츠 더 헌 카이씬

초대해줘서 고맙습니다. 매우 맛있는 식사였습니다.

招待 : 초대하다
开心 : 즐겁다

05 헤어질 때의 인사

001 **该走了。**
Gāi zǒu le.
까이 쩌우 러

슬슬 가 봐야겠어요.

该 : 마땅히 ~을 해야 한다
走 : 가다, 걷다
了는 동사나 형용사 뒤에 쓰여 동작 또는 변화가 이미 완료되었음을 나타냄.

002 **今天就到这儿吧。**
Jīntiān jiù dào zhèr ba.
찐티엔 쩌우 따오 절 빠

오늘은 이만 돌아갈게.

今天 : 오늘
到 : 도착하다, 도달하다, ~까지, (시간·기간·날짜가) ~이 되다
这儿 : 여기
吧는 문장 끝에 쓰여 상의·제의·청구·명령·독촉의 어기를 나타냄.

003 **现在时间太晚了。**
Xiànzài shíjiān tài wǎn le.
씨엔짜이 스찌엔 타이 완 러

이제 시간이 너무 늦었네요.

이젠 헤어질 때가 됐네요.
现在 : 지금
时间 : 시간
太~了 : 너무 ~하다
晚 : 늦다

004

请留步。

Qǐng liúbù.

칭 려우뿌

나오지 마십시오.

请은 '~을 하세요'라는 뜻으로 상대방에게 어떤 일을 부탁하거나 권할 때 쓰는 경어. 留步는 '나오지 마십시오'라는 뜻. 주로 배웅할 때 손님이 주인에게 하는 말.

005

该走了，已经呆了很久了。

Gāi zǒu le, yǐjīng dāi le hěn jiǔ le.

까이 쩌우 러, 이찡 따이 러 헌 쪄우 러

가 봐야겠습니다. 그만 너무 오래 있었습니다.

该走了 : 가 봐야 합니다
已经 : 이미
呆 : 머무르다, 체재하다
久 : 오래다, (시간이) 길다

006

不能再打扰了。

Bù néng zài dǎrǎo le.

뿌 넝 짜이 따라오 러

더 이상 폐를 끼치면 안 되겠습니다.

오늘은 이만 돌아갈게. 不能再打扰了。
不能 : ~을 할 수 없다
再 : 또, 더
打扰 : 폐를 끼치다

007

虽然想再待会儿，但是还有点事儿。

Suīrán xiǎng zài dài huìr, dànshì hái yǒudiǎn shìr.

쑤이란 쌍 짜이 따이 휠, 딴스 하이 여우띠엔 설

더 있고 싶습니다만, 볼일이 있어서요.

헤어짐에 대한 아쉬움을 표현할 때
虽然~但是 : 비록 ~하지만
想 : ~을 하고 싶다
再 : 또, 더
待会儿 : 잠시 머물다
还 : 또, 더
有 : 있다
点儿 : 약간, 조금
事儿 : 일

008

饭菜很可口，今晚过得也很愉快。谢谢。

Fàncài hěn kěkǒu, jīnwǎn guò de yě hěn yúkuài. Xièxie.

판차이 헌 크어커우, 찐완 꿔 더 예 헌 위콰이. 씨에씨에

맛있는 식사와 멋진 밤을 보내게 해 줘서 고마워.

饭菜 : 식사	
可口 : 맛있다, 입에 맞다	
今晚 : 오늘 저녁, 오늘 밤	
过 : 지내다	
得는 동사나 형용사의 뒤에 쓰여, 결과나 정도를 표시하는 보어를 연결시키는 역할.	
也 : ~도	
愉快 : 유쾌하다, 즐겁다	

009

聊得很开心。

Liáo de hěn kāixīn.

랴오 더 헌 카이씬

즐겁게 말씀 나누었습니다.

聊 : 이야기하다	
得는 동사나 형용사의 뒤에 쓰여, 결과나 정도를 표시하는 보어를 연결시키는 역할.	
开心 : 즐겁다	

010

感谢您的盛情招待。

Gǎnxiè nín de shèngqíng zhāodài.

깐씨에 닌 더 성칭 자오따이

친절하게 대접해 주셔서 감사합니다.

주인에게 감사를 표시할 때	
感谢 : 감사하다	
您 : 你의 높임말로 '당신, 선생님, 귀하'	
盛情招待 : 지극히 접대하다	

011

下次一定要来我家。

Xiàcì yídìng yào lái wǒ jiā.

쌰츠 이띵 야오 라이 워 쨔

다음에 저희 집에도 꼭 오십시오.

下次 : 다음에	
一定 : 꼭, 반드시	
我家 : 우리 집	

012

今天让您破费了。下次我请。

Jīntiān ràng nín pòfèi le. Xiàcì wǒ qǐng.

찐티엔 랑 닌 풔퍼이 러. 쌰츠 위 칭

오늘 돈을 많이 쓰게 했네요. 다음엔 제가 살게요.

让 : ~을 하게 하다	
破费 : 돈을 쓰다, (남에게) 금전상의 손해[폐]를 끼치다	
请 : 초대하다, 한턱내다	

013 **今天玩儿得真尽兴。**
Jīntiān wánr de zhēn jìnxìng.
찐티엔 왈 더 전 찐씽

오늘 정말 마음껏 즐겼어요.

玩儿 : 놀다
尽兴 : 흥을 다하다, 마음껏
즐기다

---

014 **今天不尽兴，我们下次再喝。**
Jīntiān bù jìnxìng, wǒmen xiàcì zài hē.
찐티엔 뿌 찐씽, 워먼 쌰츠 짜이 흐어

오늘 마음껏 즐기지 못했으니, 다음에 또 마셔요.

尽兴 : 흥을 다하다, 마음껏
즐기다
再 : 다시, 또
喝 : 마시다

---

015 **招待不周，多多包涵。**
Zhāodài bù zhōu, duōduō bāohán.
자오따이 뿌 저우, 뚸뚸 빠오한

접대가 부족하더라도 널리 양해해 주십시오.

招待 : 접대하다
周 : 주도면밀하다, 빈틈없다
包涵 : 양해하다

UNIT 3 사랑, 결혼

1 이성 교제 / **2** 이상형 표현 / **3** 상대에게 반했을 때 / **4** 데이트 신청 / **5** 사랑 고백 /
6 사랑이 잘 안될 때 / **7** 결혼 생활 / **8** 출산 이야기 / **9** 이혼에 대한 화제

有在交往的人吗?
Yǒu zài jiāowǎng de rén ma?
여우 짜이 쨔오왕 더 런 마
사귀는 사람 있으세요?

没有在交往的人。
Méiyǒu zài jiāowǎng de rén.
메이여우 짜이 쨔오왕 더 런
교제하는 사람이 없습니다.

단어

有 yǒu 여우 ~이 있다	在 zài 짜이 ~을 하고 있다	交往 jiāowǎng 쨔오왕 사귀다	没有 méiyǒu 메이여우 없다
人 rén 런 사람	约会 yuēhuì 위에후이 데이트	喜欢 xǐhuan 씨환 좋아하다	风趣 fēngqù 펑취 재미있다

간체자

嗎 의문조사 마	吗 ma 마	吗 吗 吗 吗 吗 吗
		吗　吗　吗　吗　吗
往 갈 왕	往 wǎng 왕	往 往 往 往 往 往 往 往
		往　往　往　往　往

쓰면서 읽어보세요!

사귀는 사람 있으세요?

└ 有在交往的人吗?

교제하는 사람이 없습니다.

└ 没有在交往的人。

001
有女朋友吗?
Yǒu nǚpéngyou ma?
여우 뉘펑여우 마

여자 친구가 있습니까?

有 : 있다
女朋友 : 여자 친구
吗는 문장 끝에 쓰여 의문을
나타냄.

002
在和谁交往吗?
Zài hé shéi jiāowǎng ma?
짜이 흐어 서이 쨔오왕 마

누군가와 사귀고 있습니까?

在 : ~을 하고 있다
和 : ~와
交往 : 사귀다

003
没有在交往的人。
Méiyǒu zài jiāowǎng de rén.
메이여우 짜이 쨔오왕 더 런

사귀는 사람이 없습니다.

没有 : 없다
在 : ~을 하고 있다
交往 : 사귀다

004
她只是朋友。
Tā zhǐshì péngyou.
타 즈스 펑여우

그녀는 그냥 친구예요.

여사친을 오해했을 때
她 : 그녀
只是 : 오직 ~이다
朋友 : 친구

005
在和她交往。
Zài hé tā jiāowǎng.
짜이 흐어 타 쨔오왕

그녀와 연애 중입니다.

여친이 생겼을 때
在 : ~을 하고 있다
交往 : 사귀다

006 **这个星期天有约会。**
Zhè ge xīngqītiān yǒu yuēhuì.
즈어 거 씽치티엔 여우 위에후이

이번 일요일에 데이트합니다.

星期天 : 일요일
约会 : 데이트

02 이상형 표현

001 **喜欢什么样的男人?**
Xǐhuan shénme yàng de nánrén?
씨환 선머 양 더 난런

어떤 남자가 좋으세요?

이상형을 물을 때
喜欢 : 좋아하다
什么样 : 어떠한
男人 : 남자

002 **想要和什么样的人结婚?**
Xiǎng yào hé shénme yàng de rén jiéhūn?
쌍 야오 흐어 선머 양 더 런 찌에훈

어떤 사람과 결혼하고 싶으세요?

想要 : ~을 하려고 하다
什么样 : 어떠한
人 : 사람
结婚 : 결혼하다

003 **喜欢大眼睛长头发的女人。**
Xǐhuan dà yǎnjing cháng tóufa de nǚrén.
씨환 따 옌찡 창 터우파 더 뉘런

눈이 크고 머리가 긴 여성이 좋습니다.

이상형을 대답할 때
喜欢 : 좋아하다
大眼睛 : 커다란 눈
长头发 : 긴 머리
女人 : 여자

004 **喜欢文静的女人。**
Xǐhuan wénjìng de nǚrén.
씨환 원찡 더 뉘런

얌전한 여자가 좋아요.

文静的 : 얌전하다
女人 : 여자

005 **喜欢个子高长得帅的人。**

Xǐhuan gèzi gāo zhǎng de shuài de rén.

씨환 끄어쯔 까오 장 더 쏴이 더 런

키가 크고 잘생긴 사람이 좋아요.

个子高 : 키가 크다
长得帅 : 잘생기다
人 : 사람

006 **喜欢皮肤黑，有男人味儿的人。**

Xǐhuan pífū hēi, yǒu nánrénwèir de rén.

씨환 피푸 허이, 여우 난런월 더 런

피부가 까맣고 남성적인 사람이 좋아요.

皮肤黑 : 피부가 검다
男人味儿 : 남성미, 남성적이다

007 **只要不是秃顶的男人就行。**

Zhǐyào bú shì tūdǐng de nánrén jiù xíng.

즈야오 뿌 스 투띵 더 난런 쪄우 씽

대머리만 아니라면 아무 남자라도 괜찮아요.

只要는 '~을 하기만 하면'이라는 뜻으로 뒤에 **就** 또는 **便**을 수반한다.
秃顶 : 대머리
男人 : 남자
就行 : ~만 하면 된다

008 **长得漂亮当然好。**

Zhǎng de piàoliang dāngrán hǎo.

장 더 퍄오량 땅란 하오

미인이라면 당연히 좋죠.

长 : 생기다
得는 동사나 형용사의 뒤에 쓰여, 결과나 정도를 표시하는 보어를 연결시키는 역할.
漂亮 : 예쁘다
当然 : 당연하다
好 : 좋다

009 **我喜欢幽默的人。**

Wǒ xǐhuan yōumò de rén.

워 씨환 여우뭐 더 런

재밌는 사람이 좋아요.

幽默 : 유머러스한

010 **希望她是个喜欢运动的人。**

Xīwàng tā shì ge xǐhuan yùndòng de rén.

씨왕 타 스 거 씨환 윈뚱 더 런

스포츠에 관심이 있는 사람이기를 바랍니다.

希望 : 희망하다, 바라다
运动 : 운동, 운동하다

011 **我觉得外貌并不重要。**
Wǒ juéde wàimào bìng bú zhòngyào.
워 쮀에더 와이마오 삥 뿌 중야오

나는 외모가 중요하다고 생각하지 않습니다.

觉得 : ~이라고 생각하다, ~이라고 여기다
外貌 : 외모
并 : 결코
重要 : 중요하다

012 **我是外貌协会的。**
Wǒ shì wàimào xiéhuì de.
워 스 와이마오 씨에후이 더

나는 상대방의 외모에 대해 눈이 높아요.

외모를 중요시하는지에 대해 대답할 때
外貌协会 : 상대방의 외모에 대한 요구가 높은 사람

013 **她不是我喜欢的类型。**
Tā bú shì wǒ xǐhuan de lèixíng.
타 뿌 스 워 씨환 더 레이씽

그녀는 내 타입이 아냐.

완곡하게 거절할 때
她 : 그녀
不是 : 아니다
喜欢 : 좋아하다
类型 : 타입

014 **想要和有稳定工作的人结婚。**
Xiǎng yào hé yǒu wěndìng gōngzuò de rén jiéhūn.
쌍 야오 흐어 여우 원띵 꿍쮀 더 런 찌에훈

안정된 직업을 가진 사람과 결혼하고 싶어.

想要 : ~을 하려고 하다
和 : ~와
稳定 : 안정하다
工作 : 일, 직업
结婚 : 결혼하다

---

03 ▶ 상대에게 반했을 때

001 **对她一见钟情。**
Duì tā yíjiànzhōngqíng.
뚜이 타 이찌엔중칭

그녀에게 첫눈에 반하고 말았어요.

한눈에 반했다고 표현하고 싶을 때
对 : ~에 대하여
一见钟情 : 첫눈에 반하다

002

我喜欢他的声音。

Wǒ xǐhuan tā de shēngyīn.

워 씨환 타 더 셩인

난 그의 목소리를 좋아해.

喜欢 : 좋아하다
声音 : 목소리

003

她的微笑是无法用语言来形容的。

Tā de wēixiào shì wúfǎ yòng yǔyán lái xíngróng de.

타 더 워이쨔오 스 우파 융 위옌 라이 씽룽 더

그녀의 미소는 말로 표현할 수 없어요.

微笑 : 미소
无法 : ~을 할 수 없다
用 : 사용하다
语言 : 말, 언어
形容 : 표현하다

004

和她在一起很心动。

Hé tā zài yìqǐ hěn xīndòng.

흐어 타 짜이 이치 헌 씬뚱

그녀와 함께 있으면 매우 설레게 돼.

和 : ~와
在一起 : 같이 있다
心动 : 가슴이 설레다

005

这种感觉是第一次。

Zhè zhǒng gǎnjué shì dìyī cì.

즈어 중 깐쮀에 스 띠이 츠

이런 기분은 처음입니다.

这种 : 이런 종류, 이와 같은
感觉 : 느낌
第一次 : 제1차, 최초, 처음

006

我很喜欢他的诚实和正直。

Wǒ hěn xǐhuan tā de chéngshí hé zhèngzhí.

워 헌 씨환 타 더 청스 흐어 정즈

성실하고 정직한 점이 아주 좋아요.

喜欢 : 좋아하다
诚实 : 성실하다
正直 : 정직하다

007

眼睛很漂亮。

Yǎnjing hěn piàoliang.

옌찡 헌 퍄오량

눈이 아주 아름답습니다.

眼睛 : 눈
漂亮 : 예쁘다

008 如果长得漂亮，那么其他的都不重要。

Rúguǒ zhǎng de piàoliang, nàme qítā de dōu bú zhòngyào.

루꿔 장 더 퍄오량, 나머 치타 더 떠우 뿌 중야오

미인이라면 다른 건 아무래도 괜찮습니다.

如果 : 만일, 만약
长得漂亮 : 예쁘게 생기다
那么 : 그럼
其他的 : 다른 것
都 : 모두, 다
不重要 : 중요하지 않다

009 性格最重要。

Xìnggé zuì zhòngyào.

씽거 쭈이 중야오

성격이 가장 중요합니다.

性格 : 성격
最 : 가장, 제일
重要 : 중요하다

010 他是一个幽默风趣的人。

Tā shì yí ge yōumò fēngqù de rén.

타 스 이 거 여우뭐 펑취 더 런

그는 유머러스하고 재미있는 사람이에요.

幽默 : 유머러스한
风趣 : 재미있다

04 데이트 신청

001 有在交往的人吗?

Yǒu zài jiāowǎng de rén ma?

여우 짜이 쨔오왕 더 런 마

사귀는 사람이 있으세요?

有 : ~이 있다
在 : ~을 하고 있다
交往 : 사귀다

002 今天晚上有时间吗?

Jīntiān wǎnshang yǒu shíjiān ma?

찐티엔 완상 여우 스찌엔 마

오늘 저녁에 시간 있어?

데이트 신청을 하고 싶을 때
今天 : 오늘
晚上 : 저녁, 밤
有 : 있다
时间 : 시간

003

周末有约吗?

Zhōumò yǒu yuē ma?

저우뭐 여우 위에 마

주말에 약속 있어?

周末 : 주말
有 : 있다
约 : 약속

004

我想和你约会，可以吗?

Wǒ xiǎng hé nǐ yuēhuì, kěyǐ ma?

워 쌍 흐어 니 위에후이, 크어이 마

당신에게 데이트 신청해도 될까요?

想 : ~을 하고 싶다
和 : ~와
约会 : 데이트
可以는 '~을 해도 좋다, ~을 해도 된다'라는 뜻으로 허가를 나타냄.

005

可以牵你的手吗?

Kěyǐ qiān nǐ de shǒu ma?

크어이 치엔 니 더 서우 마

손을 잡아도 될까요?

牵手 : 손을 잡다

006

下次还想和你约会。

Xiàcì hái xiǎng hé nǐ yuēhuì.

쌰츠 하이 쌍 흐어 니 위에후이

당신과 또 데이트하고 싶어요.

下次 : 다음에
还 : 또, 더
约会 : 데이트

007

想和你交往。

Xiǎng hé nǐ jiāowǎng.

쌍 흐어 니 쨔오왕

당신과 사귀고 싶어요.

고백할 때
想 : ~을 하고 싶다
和 : ~와
交往 : 사귀다

008

只想两个人见面。

Zhǐ xiǎng liǎng ge rén jiànmiàn.

즈 쌍 량 거 런 찌엔미엔

단둘이 만나고 싶어요.

只 : 오직
想 : ~을 하고 싶다
两个人 : 두 사람
见面 : 만나다

001
我喜欢你。
Wǒ xǐhuan nǐ.
워 씨환 니

좋아해요.

고백할 때
喜欢 : 좋아하다

002
做我女朋友好吗?
Zuò wǒ nǚpéngyou hǎo ma?
쭤 워 뉘펑여우 하오 마

내 여자 친구가 되어 줄래?

做 : 되다, 하다
女朋友 : 여자 친구
好吗 : 좋아요?

003
我爱你。
Wǒ ài nǐ.
워 아이 니

사랑해요.

爱 : 사랑하다

004
爱上你了。
Ài shàng nǐ le.
아이 상 니 러

당신에게 빠졌어요. / 당신을 사랑하게 됐어요.

爱上 : 사랑하게 되다, 좋아하게 되다
了는 문장의 끝이나 문장 중 끊어지는 곳에 쓰여서 변화 또는 새로운 상황의 출현을 나타냄.

005
没有你，我没法活。
Méiyǒu nǐ, wǒ méifǎ huó.
메이여우 니, 워 메이파 훠

당신 없이는 살 수가 없어요.

没有 : 없다
没法 : 방법이 없다
活 : 살다, 생존하다, 생활하다

爱你的一切。

Ài nǐ de yíqiè.

아이 니 더 이치에

당신의 모든 걸 사랑합니다.

爱 : 사랑하다
一切 : 모든, 모든 것

和我结婚吧。

Hé wǒ jiéhūn ba.

흐어 워 찌에훈 빠

결혼해 주세요.

和 : ~와
结婚 : 결혼하다
吧는 문장 끝에 쓰여 상의·제의·청구·명령·독촉의 어기를 나타냄.

我会为你做任何事。

Wǒ huì wèi nǐ zuò rènhé shì.

위 후이 웨이 니 쭤 런흐어 스

당신을 위해서라면 뭐든지 할게요.

会 : ~을 할 것이다
为 : ~을 위하여
做 : 하다
一切 : 모든, 모든 것

即使要天上的月亮，我也摘给你。

Jíshǐ yào tiānshang de yuèliang, wǒ yě zhāi gěi nǐ.

찌스 야오 티엔상 더 위에량, 위 예 자이 께이 니

하늘의 달이라도 따줄게.

即使 : 설령 ~을 할지라도, 설령 ~일지라도
要 : 필요하다, 바라다, 원하다
天上 : 하늘 위
月亮 : 달
也 : ~도, 또한
摘 : 따다
给 : 주다

001 我们分手吧。
Wǒmen fēnshǒu ba.
워먼 펀서우 빠

우리 헤어지자.

我们 : 우리
分手 : 헤어지다
吧는 문장 끝에 쓰여 상의·제
의·청구·명령·독촉의 어기를
나타냄.

002 和那个人的缘分尽了。
Hé nà ge rén de yuánfèn jǐn le.
흐어 나 거 런 뜨어 위엔펀 찐 러

그 사람과는 인연이 끝났어요.

和 : ~와
那个人 : 그 사람
缘分 : 인연
尽 : 다 없어지다

003 两个人好像最近分手了。
Liǎng ge rén hǎoxiàng zuìjìn fēnshǒu le.
량 거 런 하오썅 쭈이찐 펀서우 러

두 사람은 요즘 헤어졌나 봐.

两个人 : 두 사람
好像 : 마치 ~과 같다
最近 : 요즘
分手 : 헤어지다

004 我们不合适。
Wǒmen bù héshì.
워먼 뿌 흐어스

너랑 난 안 맞는 것 같아.

我们 : 우리
不는 동사·형용사와 다른 부
사의 앞에 쓰여 부정을 표시.
合适 : 알맞다, 적합하다

005 还是不要再见面了。
Háishi bú yào zài jiànmiàn le.
하이스 뿌 야오 짜이 찌엔미엔 러

이제 안 만나는 게 좋겠어.

완곡하게 헤어지자고 말할 때
还是 : ~을 하는 편이 좋다
不要 : ~을 하지 마
再 : 더, 다시
见面 : 만나다

Chapter 3 사교 社交

006 **对你很失望。**
Duì nǐ hěn shīwàng.
뚜이 니 헌 스왕

당신에게 실망했습니다.

对 : ~에 대하여
很 : 아주, 매우
失望 : 실망하다

---

007 **不再爱你了。**
Bú zài ài nǐ le.
뿌 짜이 아이 니 러

더 이상 당신을 사랑하지 않아요.

不再 : 더는 ~가 아니다, 다시 ~하지 않다
爱 : 사랑하다

---

008 **我们是和平分手。**
Wǒmen shì hépíng fēnshǒu.
워먼 스 흐어핑 펀서우

우리는 평화롭게 헤어졌어.

我们 : 우리
和平 : 평화롭다, 평온하다
分手 : 헤어지다

---

009 **我失恋了。**
Wǒ shīliàn le.
워 스리엔 러

나는 지금 실연 중이야.

失恋 : 실연하다
了는 동사나 형용사 뒤에 쓰여 동작 또는 변화가 이미 완료되었음을 나타냄.

---

07 결혼 생활

001 **结婚了吗? 是单身吗?**
Jiéhūn le ma? Shì dānshēn ma?
찌에훈 러 마? 스 딴선 마

결혼하셨습니까? 독신입니까?

결혼했는지 물을 때
结婚 : 결혼하다
单身 : 독신

002

上个星期六结婚了。

Shàng ge xīngqīliù jiéhūn le.

상 거 씽치려우 찌에훈 러

지난 토요일에 결혼했습니다.

上个星期六 : 지난 주 토요일
了는 동사나 형용사 뒤에 쓰여 동작 또는 변화가 이미 완료되었음을 나타냄.

003

想什么年纪结婚?

Xiǎng shénme niánjì jiéhūn?

쌍 선머 니엔찌 찌에훈

몇 살에 결혼하고 싶어요?

想 : ~을 하고 싶다
什么는 '무엇, 무슨'이라는
뜻으로 명사 앞에 써서 사람
이나 사물을 물을 때 쓰인다.
年纪 : 나이
结婚 : 결혼하다

004

遇到对的人，就结婚。

Yùdào duì de rén, jiù jiéhūn.

위따오 뚜이 더 런, 쩌우 찌에훈

맞는 사람을 만나면 결혼하겠습니다.

遇到 : 만나다
对 : 맞다
人 : 사람
就는 '곧, 바로'라는 뜻으로
두 개의 동작이 시간적으로
밀착되어 있음을 나타냄.

005

祝你新婚愉快。

Zhù nǐ xīnhūn yúkuài.

쭈 니 씬훈 위콰이

결혼 축하해.

祝 : 기원하다, 바라다, 축하
하다, 축복하다
新婚 : 신혼
愉快 : 기분이 좋다, 기쁘다,
유쾌하다

006

我们是通过朋友认识的。

Wǒmen shì tōngguò péngyou rènshi de.

워먼 스 퉁꿔 펑여우 런스 더

우리는 친구를 통해 알게 되었어요.

通过 : ~을 통하여
朋友 : 친구
认识 : 알다, 인식하다
是~的는 이미 발생한 사건
에 대해 시간, 장소, 수단 등
의 정보를 묻거나 알려줄 때
사용할 수 있다.

007

新婚旅行去关岛。

Xīnhūn lǚxíng qù guāndǎo.

썬훈 뤼씽 취 꽌따오

신혼여행은 괌에 갑니다.

新婚 : 신혼
旅行 : 여행
去 : 가다
关岛 : 지명 '괌'

008

和丈夫的家人一起生活。

Hé zhàngfu de jiārén yìqǐ shēnghuó.

흐어 장푸 더 쨔런 이치 성훠

남편 가족과 함께 삽니다.

시집살이한다고 말할 때
和 : ~와
丈夫 : 남편
家人 : 가족
一起 : 함께, 같이
生活 : 살다, 생활하다

---

08 ◀ 출산 이야기

001

我听说你有喜了。

Wǒ tīngshuō nǐ yǒu xǐ le.

워 팅쒀 니 여우 씨 러

임신했다는 소식 들었어요.

听说 : 듣는 바로는, 듣자니 ~이라 한다
喜 : 기쁘다
有喜 : 임신하다

002

妻子马上要生了。

Qīzi mǎshàng yào shēng le.

치쯔 마상 야오 성 러

아내가 곧 아이를 낳을 겁니다.

妻子 : 아내
马上 : 곧
要 : ~을 할 것이다
生 : (아기를) 낳다

003

预产期是什么时候?

Yùchǎnqī shì shénme shíhou?

위찬치 스 선머 스허우

출산 예정일은 언제입니까?

预产期 : 출산 예정일
什么时候 : 언제

004

她已经怀孕3个月了。

Tā yǐjīng huáiyùn sān ge yuè le.

타 이찡 화이윈 싼 거 위에 러

그녀는 임신 3개월입니다.

| 她 : 그녀 |
| 已经 : 이미 |
| 怀孕 : 임신하다 |
| 3个月 : 3개월 |

005

你想要男孩儿还是女孩儿?

Nǐ xiǎng yào nánháir háishi nǚháir?

니 샹 야오 난할 하이스 뉘할

남자아이를 원하세요, 아니면 여자아이를 원하세요?

| 想要 : ~을 원하다 |
| 男孩儿 : 남자아이 |
| 还是 : 아니면, 또는 |
| 女孩儿 : 여자아이 |

006

想要几个孩子?

Xiǎng yào jǐ ge háizi?

쌍 야오 찌 거 하이쯔

자녀는 몇 명 원하세요?

| 几个 : '몇 개', 여기서는 '몇 명' |
| 孩子 : 아이 |

---

09 이혼에 대한 화제

001

我们经常吵架。

Wǒmen jīngcháng chǎojià.

워먼 찡창 차오쨔

우리는 자주 싸워요.

| 经常 : 자주 |
| 吵架 : 싸우다 |

002

妻子有外遇。

Qīzi yǒu wàiyù.

치쯔 여우 와이위

아내가 바람을 피워.

| 妻子 : 아내 |
| 有 : 있다 |
| 外遇 : 부부 이외의 남녀 관계, 정부(情夫·情婦) |

003

我们之间有了隔阂。

Wǒmen zhījiān yǒu le géhé.

워먼 즈찌엔 여우 러 거흐어

우리 사이는 틀어지기 시작했어.

之间 : 사이
有 : 있다
裂缝 : 틈

004

现在和妻子分居了。

Xiànzài hé qīzi fēnjū le.

씨엔짜이 흐어 치쯔 펀쮜 러

지금은 아내와 별거 중이야.

现在 : 지금
和 : ~와
妻子 : 아내
分居 : 별거하다

005

离婚吧。

Líhūn ba.

리훈 빠

이혼하자.

离婚 : 이혼하다
吧는 문장 끝에 쓰여 상의·제의·청구·명령·독촉의 어기를 나타냄.

006

他最近再婚了。

Tā zuìjìn zàihūn le.

타 쭈이찐 짜이훈 러

그는 최근에 재혼했습니다.

最近 : 최근
再婚 : 재혼하다

007

不管是结婚还是离婚，都是为了能幸福。

Bùguǎn shì jiéhūn háishi líhūn, dōu shì wèile néng xìngfú.

뿌꽌 스 찌에훈 하이스 리훈, 떠우 스 웨이러 넝 씽푸

결혼도 이혼도 행복해지기 위해서입니다.

不管은 '~에 관계없이, ~을 막론하고'라는 뜻이다. 가정을 나타내며, 주로 都, 也, 还是 등과 호응한다.
结婚 : 결혼하다
离婚 : 이혼하다
都 : 모두
为了 : ~을 위하여
幸福 : 행복하다

他们明天去办离婚手续。

Tāmen míngtiān qù bàn líhūn shǒuxù.

타먼 밍티엔 취 빤 리훈 셔우쒸

그들은 내일 이혼 수속을 할 거야.

他们 : 그들	
明天 : 내일	
去 : 가다	
离婚手续 : 이혼 수속	

从来不吵架是很危险的。

Cónglái bù chǎojià shì hěn wēixiǎn de.

충라이 뿌 차오쨔 스 헌 웨이씨엔 더

전혀 싸우지 않는 것이 위험합니다.

从来 : 지금까지
不는 동사·형용사와 다른 부사의 앞에 쓰여 부정을 나타냄.
吵架 : 싸우다
危险 : 위험하다

有了孩子离婚就难了。

Yǒu le háizi líhūn jiù nán le.

여우 러 하이쯔 리훈 쪄우 난 러

아이가 있으면 이혼이 어려워집니다.

有 : 있다
孩子 : 아이
离婚 : 이혼하다
难 : 어렵다

每个月都付抚养费。

Měi ge yuè dōu fù fǔyǎngfèi.

메이 거 위에 떠우 푸 푸양퍼이

매달 양육비를 보내고 있습니다.

每个月 : 매달
都 : 모두, 다
付 : 지불하다
抚养费 : 양육비

单身了反而开始存钱了。

Dānshēn le fǎn'ér kāishǐ cúnqián le.

딴선 러 판얼 카이스 춘치엔 러

혼자가 되니 오히려 저축을 하게 되었습니다.

单身 : 독신, 싱글
反而 : 오히려
开始 : 시작하다
存钱 : 저축하다, 돈을 모으다

我离婚之后从来没有后悔过。

Wǒ líhūn zhīhòu cónglái méiyǒu hòuhuǐguo.

워 리훈 즈허우 충라이 메이여우 허우후이꿔

나는 이혼하고 나서 후회한 적이 없습니다.

离婚 : 이혼하다
之后 : '~후, ~뒤'라는 뜻으로 어떤 시간이나 장소의 뒤를 나타냄.
从来 : 지금까지
没有 : 없다
后悔 : 후회하다
过 : ~을 한 적이 있다

Chapter 3 사교 | 社交

친절한 **중국어 회화**

CHAPTER 4

说话艺术
Shuōhuà yìshù

화술 표현

UNIT 1 칭찬하기

1 칭찬하기 / **2** 격려하기 / **3** 칭찬에 대한 응답

단어

可以	加	油	棒
kěyǐ	jiā	yóu	bàng
크어이	쨔	여우	빵
할 수 있다	더하다	기름	훌륭하다

了不起	过奖	成	成就
liǎobuqǐ	guòjiǎng	chéng	chéngjiù
랴오뿌치	꿔쨩	청	청쪄우
대단하다, 훌륭하다	지나치게 칭찬하다	성공하다, 이루다	성취

간체자

謝	谢	谢 谢 谢 谢 谢 谢 谢 谢 谢 谢
사례할 사	xiè 씨에	谢 谢 谢 谢 谢

油	油	油 油 油 油 油 油 油 油
기름 유	yóu 여우	油 油 油 油 油

쓰면서 읽어보세요!

넌 할 수 있어, 파이팅!

└ 你可以的, 加油!

고마워, 너도 힘내!

└ 谢谢, 你也加油!

001

真了不起!

Zhēn liǎobuqǐ!

쩐 랴오뿌치

훌륭하다! / 대단하다!

5개 국어를 할 수 있다니, **真了不起!**

真 : 정말로

了不起 : 대단하다, 훌륭하다

002

真厉害!

Zhēn lìhai!

쩐 리하이

훌륭하다! / 대단하다!

각고의 노력 끝에 우승을 차지했을 때, **真厉害!**

厉害 : 대단하다, 훌륭하다

003

你真牛!

Nǐ zhēn niú!

니 쩐 녀우

훌륭하다! / 대단하다!

젊은이들이 주로 사용하는 말로, 인터넷에서 상대방을 칭찬하거나 경의로움을 표현할 때 쓰인다.

牛는 '소'를 의미하지만 신조어로 '대단하다, 최고다, 짱이다'라는 뜻.

004

做得很好!

Zuò de hěn hǎo!

쭤 더 헌 하오

참 잘했어요!

선생님이 학생의 공책에 도장 꽝!!

做 : 하다

得는 주로 정도보어로 쓰이고 보통 〈동사+得+형용사〉의 순서로 쓰인다.

005

点赞!

Diǎn zàn!

띠엔 짠

(SNS상에서) '좋아요'를 누르다 / 공감을 누르다

블로그에서 좋은 문장을 읽었을 때는 꼭 **点赞!**

点 : 클릭하다, 누르다

赞 : 칭찬하다, 찬양하다

点赞 대신 **赞一个**zàn yí ge 라고 해도 된다.

006

请收下我的膝盖。

Qǐng shōuxià wǒ de xīgài.

칭 서우쌰 워 더 씨까이

존경하는 내 마음을 받아주세요.

존경하고 우러러보는 감정을
표현할 때
请은 '~하세요'라는 뜻으로
상대방에게 어떤 일을 부탁
하거나 권할 때 쓰는 경어.
收下 : 받다
膝盖는 '무릎'이라는 뜻인데,
请收下我的膝盖는 인터넷
용어. 직역하면 '나의 무릎을
받아주세요'라는 뜻으로 '나
의 공경하는 마음을 받아주
세요'라고 해석.

007

给力!

Gěi lì!

께이 리

대박이다! / 최고다!

给力는 중국 북쪽 지방의 방
언으로, 일본 코믹 애니메이
션 '서유기'의 중문 더빙판에
서 손오공의 대사 중 '최고다,
강하다'라는 뜻으로 쓰였다.

008

厉害了我的哥。

Lìhai le wǒ de gē.

리하이 러 워 더 거

역시 너야! 대단해!

직역하면 '대단해 우리형!'인
데 '哥'가 진짜 형은 아니고
친구에 대한 존칭.

009

还是你靠谱。

Háishi nǐ kàopǔ.

하이스 니 카오푸

믿음직하네요!

还是 : 역시, 여전히
靠谱 : 믿음직하다

001 **加油!**
Jiāyóu!
쨔여우

파이팅! / 힘내!

응원할 때, 加油!
加는 '더하다'라는 뜻, 油는 '기름'이라는 뜻. 실생활에서는 '파이팅, 힘내'라는 뜻으로 많이 쓰인다.

---

002 **别气馁!**
Bié qìněi!
삐에 치너이

낙심하지 마!

别 : ~을 하지 마
气馁 : 낙심하다, 낙담하다

---

003 **你是最棒的!**
Nǐ shì zuì bàng de!
니 스 쭈이 빵 더

당신은 최고야!

아침에 일어나면 거울을 보고 말해 보세요, 你是最棒的!
最 : 가장, 제일, 최고
棒 : 훌륭하다
문장 속 是는 是~的 강조구문으로 쓰였고 강조할 내용은 是와 的의 사이에 넣는다.

---

004 **我看好你哟!**
Wǒ kànhǎo nǐ yōu!
워 칸하오 니 여우

나는 당신이 잘 될 거라고 봐!

看好 : (일 등이) 전망이 밝다, 잘 되리라 예측하다
哟 : 어기조사

---

005 **这难不倒你!**
Zhè nán bu dǎo nǐ!
즈어 난 뿌 따오 니

이것은 당신을 곤란하게 할 수 없어!

나는 당신의 실력을 믿어, 这难不倒你!
难倒는 '괴롭히다, 곤란하게 하다'라는 뜻이지만 难不倒는 '곤란하게 할 수 없다'라는 뜻.

006

不要骄傲，再接再厉。

Bú yào jiāo'ào, zàijiēzàilì.

뿌 야오 쨔오아오, 짜이찌에짜이리

교만하지 말고 한층 더 분발해.

不要 : ~을 하지 마
骄傲 : 교만하다, 거만하다
사자성어 **再接再厉**는 '더욱 더 힘쓰다, 한층 더 분발하다' 라는 뜻.

007

你可以的！

Nǐ kěyǐ de!

니 크어이 더

넌 할 수 있어!

항상 자신을 믿어야 해, 你可以的!
可以 : 할 수 있다

008

都会好起来的。

Dōu huì hǎo qǐlai de.

떠우 후이 하오 치라이 더

분명히 잘될 거야!

요즘 경기가 좋지 않지만, 都会好起来的。
好起来 : 좋아지다

Chapter 4 화술 표현 | 说话艺术

009

有志者事竟成。

Yǒu zhì zhě shì jìng chéng.

여우 즈 즈어 스 찡 청

하고자 하는 의지만 있으면 일은 반드시 성취된다.

꾸준히 노력하면 반드시 성공한다.
志 : 의지
者 : 놈, 사람
成 : 성공하다, 이루다

---

03 칭찬에 대한 응답

001

谢谢您的夸奖。

Xièxie nín de kuājiǎng.

씨에씨에 닌 더 콰쟝

칭찬해 주시니 감사합니다.

어르신이 칭찬했을 때의 응답은 谢谢您的夸奖。/ 过奖了。
夸奖 : 칭찬하다

002

过奖了。

Guòjiǎng le.

꿔쨩 러

분에 넘치는 과찬이십니다.

过奖 : 지나치게 칭찬하다

003

哪里哪里。

Nǎli nǎli.

나리 나리

아니오. / 천만의 말씀이십니다.

哪里는 '어디', 哪里哪里는 '천만에요'라는 뜻.

004

托您的福。

Tuō nín de fú.

퉈 닌 더 푸

당신 덕분입니다.

상대방이 '잘 지냈어요?'라고 안부를 물을 때의 대답
托福 : 덕을 입다, 신세를 지다

005

别给我戴高帽了。

Bié gěi wǒ dài gāomào le.

삐에 께이 워 따이 까오마오 러

비행기 태우지 마세요.

사람들은 칭찬과 좋은 말을 듣기 원하지만 지나친 칭찬은 독이 될 수 있다.
别 : ~을 하지 마
给 : ~에게
戴 : 쓰다, 착용하다
高帽 : 아첨하는 말

006

我还差得远呢。

Wǒ hái chà de yuǎn ne.

워 하이 차 더 위엔 너

저는 아직 많이 부족합니다.

还 : 아직
差得远 : 많이 부족하다

您再夸，我该脸红了。

Nín zài kuā, wǒ gāi liǎnhóng le.

닌 짜이 콰, 워 까이 리엔훙 러

더 칭찬하면 얼굴이 빨개질 거 같아요.

夸 : 칭찬하다
该~了 : ~을 해야 한다, ~할 것 같다

多亏了大家的帮助，我才能取得成功。

Duōkuī le dàjiā de bāngzhù, wǒ cái néng qǔdé chénggōng.

뚸쿠이 러 따쨔 더 빵주, 워 차이 넝 취더 청꿍

당신의 도움 덕분에 제가 성공하게 됐습니다.

多亏 : 덕분에
帮助 : 돕다, 도움
才 : 비로소
取得 : 취득하다, 얻다
成功 : 성공하다, 성공

我能够取得今天这样的成就，离不开大家的帮助。

Wǒ nénggòu qǔdé jīntiān zhèyàng de chéngjiù, líbukāi dàjiā de bāngzhù.

워 넝꺼우 취더 찐티엔 즈어양 더 청쪄우, 리뿌카이 따쨔 더 빵주

제가 오늘 이런 성과를 거둘 수 있는 것은 여러분의 도움 덕분입니다.

能够 : 할 수 있다
成就 : 성취
离不开 : 떠날 수 없다

UNIT 2 충고

1 충고할 때 / **2** 주의를 줄 때 / **3** 잘못 지적하기

단어

说话 shuōhuà 쉬화 말을 하다	**小心** xiǎoxīn 샤오씬 조심하다	**点儿** diǎnr 띠얄 조금, 약간	**做好** zuòhǎo 쭤하오 잘하다, 잘 완성하다
自己 zìjǐ 쯔찌 자기, 자신	**事** shì 스 일	**努力** nǔlì 누리 노력하다	**但是** dànshì 딴스 하지만

간체자

說 말씀 설	说 shuō 쉬	说 说 说 说 说 说 说 说 说 *说 说 说 说 说*
點 점 점	点 diǎn 디엔	点 点 点 点 点 点 点 点 点 *点 点 点 点 点*

쓰면서 읽어보세요!

말 조심해.

└ 说话小心点儿。

네 일이나 잘 해.

└ 做好你自己的事。

001 **你好好儿考虑考虑。**
Nǐ hǎohǎor kǎolǜ kǎolǜ.
니 하오하올 카오뤼 카오뤼

잘 생각해 봐.

好好儿 : 잘, 마음껏
考虑 : 고려하다, 생각하다

---

002 **想好后再做决定。**
Xiǎnghǎo hòu zài zuò juédìng.
쌍하오 허우 짜이 쭤 쮀에띵

잘 생각해서 결정해라.

중요한 결정을 내릴 때는 항상 심사숙고해야 한다.
想好 : 곰곰이 생각하다, 충분히 생각하다, 깊이 생각하다
后 : 후, 뒤
再 : 재차, 다시
做决定 : 결정을 내리다

---

003 **冷静一下。**
Lěngjìng yíxià
렁찡 이쌰

진정하세요.

격양된 감정이나 아픔 따위를 가라앉힐 때
冷静 : 냉정하다, 침착하다
一下 : 한번 ~을 하다, 좀 ~을 하다

---

004 **冲动是魔鬼!**
Chōngdòng shì móguǐ!
충뚱 스 뭐꾸이

충동은 마귀야!

물건을 사기 전에 곰곰이 생각해 봐. **冲动是魔鬼!**
冲动 : 충동하다
魔鬼 : 마귀, 악마

---

005 **希望你能三思而后行。**
Xīwàng nǐ néng sānsī'érhòuxíng.
씨왕 니 넝 싼쓰얼허우씽

심사숙고하고 행동하길 바란다.

'돌다리도 두드려보고 건너라'는 속담이 있다.
希望 : 바라다
能 : 할 수 있다
三思而后行 : 심사숙고하고 나서 행동해야 한다

006

量力而行。

Liànglì'érxíng.

량리얼씽

분수를 알아라.

바라는 것을 모두 다 얻을 수도 없고 항상 성공할 수도 없다.

量力而行 : 사자성어로, 자신의 능력을 헤아려서 행하다

量 : 측정하다, 헤아리다

力 : 힘

而 : ~을 하고

行 : 행동하다

007

知足常乐。

Zhīzúchánglè.

즈쭈창르어

만족함을 알면 항상 행복하다.

내 맘대로 안 되는 것이 인생이다. 그래도 항상 행복하게 살아야 한다.

知足常乐는 사자성어로, 만족함을 알면 항상 즐겁다.

知 : 알다

足 : 만족하다

常 : 늘, 항상

乐 : 즐겁다

008

说话小心点儿。

Shuōhuà xiǎoxīn diǎnr.

쉬화 쌰오씬 띠얄

말 조심해라.

무심코 내뱉은 말에 상처를 입을 수 있다.

说话 : 말을 하다

小心 : 조심하다

点儿은 주로 동사나 형용사의 뒤에 쓰여 '조금, 약간'의 의미.

009

说得轻巧!

Shuō de qīngqiǎo!

쉬 더 칭챠오

말하기는 쉽지!

누구나 할 수 있는 것은 아니다. **说得轻巧!**

说 : 말하다

轻巧 : 쉽다, 수월하다

得는 주로 정도보어로 쓰이고 보통 〈동사+得+형용사〉의 순서로 쓰인다.

010

有埋怨的时间不如去努力。

Yǒu mányuàn de shíjiān bùrú qù nǔlì.

여우 만위엔 더 스찌엔 뿌루 취 누리

불평할 시간이 있으면 분발해라.

공평하지 않다고, 기회가 없다고 불평하지 마라.

埋怨 : 원망하다
时间 : 시간
不如 : ~만 못하다
努力 : 노력하다

011

别半途而废。

Bié bàntú'érfèi.

삐에 빤투얼페이

도중에 포기하지 마.

다이어트를 여기서 포기하면 어떡해요? 别半途而废。

别 : ~을 하지 마
半途而废는 사자성어로, '일을 중도에 그만두다, 도중에 포기하다'라는 뜻.

012

别勉强。

Bié miǎnqiǎng.

삐에 미엔챵

무리하지 마라. / 억지로 하지 말아요.

勉强 : 억지로 하다, 강요하다

013

这是我的经验之谈。

Zhè shì wǒ de jīngyàn zhī tán.

즈어 스 워 더 찡옌 즈 탄

이건 내가 경험에서 말하는 거야.

잔소리처럼 들릴지 몰라도 너를 위해서 하는 말이야.

经验之谈 : 경험담, 체험담

014

别对他太过分了。

Bié duì tā tài guòfèn le.

삐에 뚜이 타 타이 꿔펀 러

그를 너무 심하게 대하지 말아요.

어떻게 그에게 그렇게 심한 말을 할 수 있니? 别对他太过分了。

对 : ~에 대해
过分 : 지나치다, 과분하다
太~了 : 너무 ~하다

015

吃一堑，长一智。

Chī yí qiàn, zhǎng yí zhì.

츠 이 치엔, 장 이 즈

한 번 실패하면 그만큼 교훈을 얻는다.

吃一堑，长一智는 '사람이 한 번 실패나 좌절을 당하면 그만큼 지혜나 견식이 넓어 진다'는 속담.
堑은 원래 '물웅덩이, 해자 (垓子)'라는 뜻인데 그 의미 가 확장되어 '좌절, 실패'라는 뜻도 생겼다.
智 : 지혜

016

希望你好自为之。

Xīwàng nǐ hǎozìwéizhī.

씨왕 니 하오쯔위이즈

혼자 알아서 해라.

말이 안 통하고 답답할 때, 더 이상 도와주고 싶지 않을 때
希望 : 희망하다, 바라다
好自为之는 사자성어로 '스 스로 알아서 처리하다'라는 뜻. 일깨워주거나 경고 의미.

02 주의를 줄 때

001

集中精神。

Jízhōng jīngshén.

찌중 찡선

정신을 집중하세요.

集中 : 집중하다
精神 : 정신

002

做好你自己的事。

Zuòhǎo nǐ zìjǐ de shì.

쭤하오 니 쯔찌 더 스

네 일이나 잘해.

남의 일에는 신경 쓰지 마.
做好 : 잘하다, 잘 완성하다
自己 : 자기, 자신
事 : 일, 사건

003 **那是你的义务。**
Nà shì nǐ de yìwù.
나 스 니 더 이우

그걸 하는 게 네 의무야.

군대 가는 것은 의무다.
义务 : 의무. 权利quán lì '권리'
'이것은 당신의 권리다'라는 표현은 那是你的权利。

004 **好好记着。**
Hǎohao jì zhe.
하오하오 찌 즈어

잘 기억해 둬라.

好好는 형용사로 '좋다, 훌륭하다', 부사로 '잘, 아주'라는 뜻.
记 : 기억하다

005 **没必要着急。**
Méi bìyào zháojí.
메이 삐야오 자오찌

서두를 필요 없어요.

아직 시간 많으니, 没必要着急。
必要 : 필요로 하다
着急 : 조급하다

---

03 잘못 지적하기

001 **这么做不行。**
Zhème zuò bùxíng.
즈어머 쭤 뿌씽

이렇게 하면 안 돼.

상대방의 잘못을 직설적으로 지적할 때
这么做 : 이렇게 하다
不行 : 안 된다

002 **这么做有点儿欠妥。**
Zhème zuò yǒudiǎnr qiàntuǒ.
즈어머 쭤 여우띠얄 치엔퉈

이렇게 하면 좀 적절하지 않은 것 같아요.

상대방의 잘못을 완곡하게 지적할 때
这么做 : 이렇게 하다
有点儿은 '조금, 약간'이라는 뜻으로, 술어 앞에 쓰여 부정적인 어감.
欠妥 : 적절하지 않다, 알맞지 않다

003

有话直说。

Yǒu huà zhí shuō.

여우 화 즈 쉬

할 말이 있으면 솔직하게 말해요.

빙빙 돌리지 말고, 터놓고 말해.
直说 : 직언하다, 숨기지 않고 솔직히 말하다

004

我说话比较直，你别介意。

Wǒ shuōhuà bǐjiào zhí, nǐ bié jièyì.

워 쉬화 삐쨔오 즈, 니 삐에 찌에이

말을 좀 직설적으로 하니 개의치 마세요.

잘못을 지적하고 싶지만 오해가 생길까 봐 걱정할 때
说话 : 말을 하다
比较 : 비교적
直는 '곧다, 바르다, 솔직하다', **说话比较直**는 '말이 직설적이다'라는 뜻.
介意는 '개의하다'라는 뜻으로 부정사 뒤에 많이 쓰인다. **不介意**는 '개의치 않다'라는 뜻이고 **别介意**는 '개의치 마, 신경 쓰지 마'라는 뜻.

005

你是不是搞错了?

Nǐ shì bu shì gǎocuò le?

니 스 뿌 스 까오춰 러

착각하신 거 아니에요?

'뭔가 오해가 있는 것 같은데'라고 말하고 싶을 때
搞错는 '잘못하다, 실수하다, 오해하다'라는 뜻.
중국어에서 정반의문문은 상대방의 확실한 대답을 구하기 위해 술어를 〈긍정+부정〉의 형식으로 나열하여 사용.

006

你的想法有点儿不切实际。

Nǐ de xiǎngfǎ yǒudiǎnr búqièshíjì.

니 더 쌍파 여우띠알 뿌치에스찌

당신의 생각은 현실에 부합되지 않아요.

상대방의 생각을 부정할 때
想法 : 생각
有点儿은 '조금, 약간'이라는 뜻으로 술어 앞에 쓰여 부정적인 어감을 가진다.
不切实际는 '실제에 부합되지 않다, 현실에 부합되지 않다'라는 뜻.

指教不敢当，互相学习吧。

Zhǐjiāo bù gǎndāng, hùxiāng xuéxí ba.

즈쨔오 뿌 깐땅, 후쌍 쒸에씨 빠

천만의 말씀입니다, 우리 서로 배웁시다.

잘못을 지적할 때의 겸손한 표현
指教 : 지도하다, 가르치다, 비평이나 의견을 내다
不敢当 : 황송합니다, 천만의 말씀입니다
互相 : 서로
学习 : 공부하다, 배우다
吧는 문장 끝에 쓰여 상의·제의·청구·명령·독촉의 어기를 나타낸다.

这是另一码事，别混为一谈。

Zhè shì lìng yìmǎshì, bié hùnwéiyìtán.

즈어 스 링 이마스, 삐에 훈워이이탄

그건 별개의 문제니까 같이 놓고 얘기하지 마.

另 : 다른
一码事 : 같은 일, 하나의 일
混为一谈 : 동일시하다, 똑같이 취급하다

你说得很对，但是…。

Nǐ shuō de hěn duì, dànshì….

니 쒀 더 헌 뚜이, 딴스…

맞는 말씀이긴 하지만….

对 : 맞다
但是 : 하지만

你知道自己哪儿错了吗？

Nǐ zhīdào zìjǐ nǎr cuò le ma?

니 즈따오 쯔찌 날 춰 러 마

어디가 틀렸는지 아시나요?

自己 : 자기
哪儿 : 어디
错 : 틀리다

你怎么又犯同样的错误了？

Nǐ zěnme yòu fàn tóngyàng de cuòwù le?

니 쩐머 여우 판 퉁양 더 춰우 러

왜 또 똑같은 실수를 하니?

怎么 : 왜
又 : 또
犯 : 범하다
同样 : 같다
错误 : 틀리다, 잘못, 실수

012 **我觉得你理解错了。**

Wǒ juéde nǐ lǐjiě cuò le.

워 쮀에더 니 리찌에 춰 러

당신이 잘못 이해한 것 같아요.

觉得 : ~이라고 생각하다
理解 : 이해하다

UNIT 3 질문하기

chapter 4
화술 표현

1 이해했는지 확인할 때 / 2 되묻는 표현 / 3 질문, 의견 묻기 /
4 의중 탐색하기 / 5 자기 의중 밝히기

知道 zhīdao 즈따오 알다	理解 lǐjiě 리찌에 이해하다	可以 kěyǐ 크어이 ~ 할 수 있다	再说 zài shuō 짜이 쉬 다시 한 번 말하다
再 zài 짜이 다시	遍 biàn 삐엔 번	想法 xiǎngfǎ 쌍파 생각, 아이디어	意见 yìjiàn 이찌엔 의견

知 알 지	知 zhī 즈	知 知 知 知 知 知 知 知 知 知 知 知 知
道 길 도	道 dào 따오	道 道 道 道 道 道 道 道 道 道 道 道 道 道 道 道

쓰면서 읽어보세요!

알겠어?

└ 知道了吗?

한 번 더 말씀해 주시겠어요?

└ 可以再说一遍吗?

001

理解了吗?
Lǐjiě le ma?
리찌에 러 마

이해했니?

이해했는지 확인할 때
理解 : 이해하다

002

知道了吗?
Zhīdao le ma?
즈따오 러 마

알겠어?

상대방의 말을 이해했는지
또는 상대방의 마음을 알았
는지 물을 때
知道 : 알다

003

明白了吗?
Míngbai le ma?
밍빠이 러 마

알겠어?

明白 : 알다

004

你确定吗?
Nǐ quèdìng ma?
니 취에띵 마

확실해?

시험 진짜 연기됐어요? 你确
定吗?
确定 : 확정하다

005

没关系吗?
Méi guānxi ma?
메이 꽌씨 마

괜찮아요?

没关系 : 괜찮다

001
真的吗?
Zhēnde ma?
전더 마

진짜?

놀라움이나 의문을 나타낼 때
真的 : 진짜, 정말

002
你说什么?
Nǐ shuō shénme?
니 숴 선머

뭐라고 했죠?

의외의 말이나 놀랄만한 말
을 들었을 때
说 : 말하다
什么 : 무엇, 무슨

003
什么意思?
Shénme yìsi?
선머 이쓰

무슨 뜻이죠? / 무슨 말이야?

상대방의 말을 이해하지 못
했거나 잘 못 들었을 때

004
可以再说一遍吗?
Kěyǐ zài shuō yí biàn ma?
크어이 짜이 숴 이 삐엔 마

한 번 더 얘기해주실래요?

可以 : ~을 해도 된다
再 : 다시
양사 **遍**은 '번, 횟수'라는 뜻
으로 동작이 시작되어 끝날
때까지의 전 과정을 나타냄.

005
可以再说清楚点吗?
Kěyǐ zài shuō qīngchu diǎn ma?
크어이 짜이 숴 칭추 띠엔 마

더 확실하게 얘기해주시겠어요?

상대방의 말이 무슨 뜻인지
이해할 수 없을 때
可以 : ~을 해도 된다
再 : 다시
清楚 : 명백하다

006

我不是在做梦吧?

Wǒ bú shì zài zuòmèng ba?

워 뿌 스 짜이 쮀멍 빠

내가 꿈을 꾸는 건 아니겠지?

죽은 줄로만 알았던 너를 이렇게 다시 만나다니 **我不是在做梦吧?**
在는 '~을 하고 있다', 현재진행형에 쓰임.
做梦 : 꿈을 꾸다
吧는 문장 끝에 쓰여 상의·제의·청구·명령·독촉의 어기를 나타낸다.

---

03 ◀ 질문, 의견 묻기

001

您怎么想?

Nín zěnme xiǎng?

닌 쩐머 썅

어떻게 생각하세요?

怎么 : 어떻게
想 : 생각하다
想은 동사로 쓰일 때는 '생각하다, 그리워하다'라는 뜻이고 조동사로 동사 앞에 쓰일 때는 '~을 하고 싶다'라는 뜻.

002

要哪个?

Yào nǎ ge?

야오 나 거

어느 것으로 하시겠어요?

둘 중에 어느 것을 원해요?
要 : 원하다
要는 동사로 쓰일 때 '원하다'라는 뜻이고 조동사로 동사 앞에 쓰일 때는 '~을 하려고 하다'라는 뜻.
哪 : 어느

003

我要怎么做?

Wǒ yào zěnme zuò?

워 야오 쩐머 쮀

제가 어떻게 하면 될까요?

중국어를 배우고 싶은데 **我要怎么做?**
要 : ~하려고 하다
怎么 : 어떻게
做 : 하다

有什么好想法吗?

Yǒu shénme hǎo xiǎngfǎ ma?

여우 선머 하오 쌍파 마

좋은 아이디어가 떠오릅니까?

有 : 있다
好想法 : 좋은 생각, 좋은 아이디어

你到底是怎么想的?

Nǐ dàodǐ shì zěnme xiǎng de?

니 따오띠 스 쩐머 쌍 더

당신은 도대체 어떻게 생각하세요?

상대방의 생각이나 의견을 묻고 싶을 때
到底 : 도대체
怎么 : 어떻게
想 : 생각하다
이 문장 속의 是는 是~的 강조구문으로 쓰였고 강조할 내용은 是와 的의 사이에 넣는다.

对于这个问题，你怎么想?

Duìyú zhè ge wèntí, nǐ zěnme xiǎng?

뚜이위 즈어 거 원티, 니 쩐머 쌍

이 문제에 대해 어떻게 생각하세요?

对于 : ~에 대하여
问题 : 문제
怎么 : 어떻게
想 : 생각하다

从哪儿开始呢?

Cóng nǎr kāishǐ ne?

충 날 카이스 너

무엇부터 시작할까요?

从哪儿 : 어디로부터
开始 : 시작하다

周末准备怎么过?

Zhōumò zhǔnbèi zěnme guò?

저우뭐 준뻐이 쩐머 꿔

주말은 어떻게 보낼 예정입니까?

周末 : 주말
准备 : 준비하다
怎么 : 어떻게
过 : 지내다, 보내다

009

这里的生活怎么样?

Zhèli de shēnghuó zěnmeyàng?

즈어리 더 성훠 전머양

이곳의 생활은 어떻습니까?

这里 : 여기
生活 : 생활
怎么样 : 어때요

010

有什么事吗?

Yǒu shénme shì ma?

여우 선머 스 마

무슨 용건이시죠?

有 : 있다
事 : 일, 사건

011

什么时候能完成?

Shénme shíhou néng wánchéng?

선머 스허우 넝 완청

언제쯤 완성될까요?

내일 발표인데 논문은 什么时候能完成?
什么时候 : 언제
能 : ~을 할 수 있다
完成 : 완성하다

---

04 ◀ 의중 탐색하기

001

什么意思?

Shénme yìsi?

선머 이쓰

무슨 말을 하는 거야? / 무슨 뜻이야?

뭐라고 말하는지 이해가 안
될 때
意思 : 뜻, 의미

002

为什么这么说?

Wèishénme zhème shuō?

웨이선머 즈어머 쉬

왜 그런 말을 하니?

为什么 : 왜
这么 : 이렇게
说 : 말하다

为什么这么做?

Wèishénme zhème zuò?

웨이선머 즈어머 쭤

왜 그런 짓을 했니?

왜 갑자기 안 하던 짓을 하니?

为什么 : 왜

这么 : 이렇게

做 : 하다

你是认真的吗?

Nǐ shì rènzhēn de ma?

니 스 런전 더 마

설마 진심이니?

농담이지? 你是认真的吗?

认真 : 진지하다

你有什么意见吗?

Nǐ yǒu shénme yìjiàn ma?

니 여우 선머 이찌엔 마

어떤 의견이 있습니까?

意见 : 의견

你说吧，我洗耳恭听。

Nǐ shuō ba, wǒ xǐ'ěrgōngtīng.

니 쉬 빠, 워 씨얼꿍팅

말씀하세요, 귀 기울여 듣겠습니다.

예의 있게 상대의 의견을 듣겠다고 할 때

吧는 문장 끝에 쓰여 상의·제의·청구·명령·독촉의 어기를 나타낸다.

说 : 말하다

사자성어 洗耳恭听은 귀(耳)를 씻고(洗) 공손히(恭) 듣는다(听), 즉 '온 마음을 다 귀울여 공손히 듣다.'라는 뜻.

您看看还有什么需要修改的地方吗?

Nín kànkan hái yǒu shénme xūyào xiūgǎi de dìfang ma?

닌 칸칸 하이 여우 선머 쉬야오 써우까이 더 띠팡 마

고쳐야 할 점이 있는지 좀 보세요.

보고서를 작성하고 검사를 받을 때

还 : 또, 더

需要 : 필요하다

修改 : 수정하다, 고치다

地方 : 곳, 장소

008 说说你的真实想法。

Shuōshuo nǐ de zhēnshí xiǎngfǎ.

쒀쒀 니 더 전스 쌍파

솔직한 생각을 말하세요.

真实 : 진실하다
想法 : 생각

---

009 你觉得问题出在哪儿?

Nǐ juéde wèntí chū zài nǎr?

니 쮀에더 원티 추 짜이 날

어디에 문제가 있다고 생각합니까?

觉得 : ~이라고 생각하다
问题 : 문제
出 : 생기다
在哪儿 : 어디에

---

010 你觉得失败的原因是什么?

Nǐ juéde shībài de yuányīn shì shénme?

니 쮀에더 스빠이 더 위엔인 스 선머

실패의 이유는 뭐라고 생각합니까?

觉得 : ~이라고 생각하다
失败 : 실패
原因 : 원인

---

05 ◀ 자기 의중 밝히기

🐼

001 那样的话就好了。

Nàyàng dehuà jiù hǎo le.

나양 더화 쩌우 하오 러

그렇다면 좋겠네요.

만약에 내가 백만장자였으면!! 那样的话就好了。
那样的话 : 그렇다면
就는 어떠한 조건이나 상황을 나타내는 문장의 다음에 쓰여 앞의 조건이나 상황 아래에서 자연히 어떠하다는 것을 나타낸다. 이때 앞의 절에 보통 只要·要是·既然 등의 말이 온다.
好 : 좋다

002 难道不是吗?

Nándào bú shì ma?

난따오 뿌 스 마

아니었어? / 설마 그럼 아니야?

남자, 여자를 떠나서 서로 최선을 다하면 되는 것 아닙니까? 难道不是吗?
难道~吗 : 설마 ~하겠는가
不是 : ~이 아니다

---

003 明明就是。

Míngmíng jiù shì.

밍밍 쩌우 스

분명히 그렇겠죠.

결과가 분명할 때
明明 : 분명히
就는 '바로, 꼭, 틀림없이'라는 뜻으로 사실이 바로 그렇다는 것을 표시.
是 : ~이다

---

004 好像是那样。

Hǎoxiàng shì nàyàng.

하오쌍 스 나양

그런 것 같네요.

결과가 분명하지 않을 때
好像 : 마치 ~과 같다(비슷하다)
那样 : 그렇다

---

005 如果不是那样就好了。

Rúguǒ bú shì nàyàng jiù hǎo le.

루꿔 뿌 스 나양 쩌우 하오 러

그렇지 않으면 좋겠네요.

사실을 인정하고 싶지 않을 때
如果~ 就 : 만약 ~이라면
不是 : 아니다
那样 : 그렇다
好 : 좋다
了는 문장의 끝, 또는 문장이 끊어지는 곳에 쓰여서 변화 또는 새로운 상황을 표시.

---

006 我觉得有点困难。

Wǒ juéde yǒudiǎn kùnnán.

워 쮀에더 여우띠엔 쿤난

곤란하다고 생각합니다.

내일까지 끝낼 수 있겠어요?
我觉得有点困难。
觉得 : ~이라고 여기다
有点 : 조금
困难 : 곤란하다, 어렵다

UNIT 4 대답하기

1 동의, 승낙하기 / **2** 반대, 거절하기 / **3** 이해했는지의 여부 / **4** 모호한 응답 /
5 무관심 표현 / **6** 대답 보류하기

단어

看来 kànlái 칸라이 보아하니	**更** gèng 껑 더욱	**好** hǎo 하오 좋다, 낫다	**同感** tónggǎn 퉁간 동감, 동감하다
当然 dāngrán 땅란 당연하다	**对** duì 뚜이 맞다	**问题** wèntí 원티 문제	**答应** dāying 따잉 동의하다

간체자

看 볼 간	看 kàn 칸	看 看 看 看 看 看 看 看 看 看　看　看　看　看
同 같을 동	同 tóng 퉁	同 同 同 同 同 同 同　同　同　同　同

쓰면서 읽어보세요!

나는 A가 더 낫다고 봅니다.

└ 在我看来A更好。

동감입니다.

└ 我也有同感。

001 **我同意。**
Wǒ tóngyì.
워 퉁이

동의합니다. / 찬성합니다.

同意는 보통 윗사람이 아랫사람에게 혹은 비슷한 나이대에 사용하지만 아랫사람이 윗사람에게는 사용할 수 없다.

---

002 **我赞成。**
Wǒ zànchéng.
워 짠청

동의합니다. / 찬성합니다.

다른 사람의 주장이나 행위에 대해 찬성을 표할 때
赞成 : 찬성하다

---

003 **我也是这么想的。**
Wǒ yě shì zhème xiǎng de.
워 예 스 즈어머 썅 더

저도 그렇게 생각하고 있었습니다.

상대방과 생각이 같을 때
也 : ~도, 또한
这么 : 이렇게
想 : 생각하다
是~的 강조구문으로 쓰였다. 강조 내용은 보통 是와 的의 사이에 넣는다.

---

004 **没毛病!**
Méi máobing!
메이 마오삥

이렇게 해도 문제없어! / 전혀 흠을 잡을 수 없어!

상대방의 말이 맞는다고 생각하거나 상대방의 행동에 아무런 문제가 없다고 생각할 때
毛病 : 약점, 나쁜 버릇, 결점
没毛病은 '문제없음'이라는 뜻으로 사용되고 있는 유행어.

---

005 **我没意见。**
Wǒ méi yìjiàn.
워 메이 이찌엔

나는 이의가 없어.

상대방의 의견에 반대하지 않을 때
意见은 '의견', 我没意见을 직역하면 '나는 의견이 없다'라는 뜻이지만 '나는 이의가 없다'로 해석한다.

006

我看好你哟。

Wǒ kànhǎo nǐ yo.

워 칸하오 니 요

ʹ나는 당신이 잘 될거라고 봐.

이번에는 확실하게 네 실력을 보여줘. 我看好你哟。
看好는 '잘 보다'라는 뜻으로 정세나 시세 등이 잘 되리라 예측할 때 쓰인다.

007

可以。

Kěyǐ.

크어이

좋아요.

상대의 말이나 행동을 허락할 때
可以 : 좋다, 괜찮다

008

行。

Xíng.

씽

좋아요.

行 : 좋다, 괜찮다

009

我答应你了。

Wǒ dāying nǐ le.

워 따잉 니 러

승낙할게. / 당신과 약속할게.

答应 : 동의하다, 승낙하다

010

没问题。

Méi wèntí.

메이 원티

문제 없어.

자전거 좀 빌릴 수 있을까요?
没问题。
问题 : 문제
没问题 : 문제없다

011

小意思。

Xiǎo yìsi.

쌰오 이쓰

껌이야. / 이런 것쯤이야.

小意思는 '껌이다'라는 뜻으로 '너무 쉽다'라고 말할 때 쓰인다.
또한 '변변찮은 선물'이라는 뜻으로 선물을 주거나 손님을 접대할 때 쓰는 인사말이기도 하다.

012

就这样吧。

Jiù zhèyàng ba.

쩌우 즈어양 빠

이렇게 합시다.

就这样吧 : 이렇게 합시다
这样 : 이렇게
吧는 문장 끝에 쓰여 상의·제의·청구·명령·독촉의 어기를 나타낸다.

013

当然。

Dāngrán.

땅란

당연합니다.

014

你说得对。

Nǐ shuō de duì.

니 쉬 더 뚜이

맞는 말입니다.

상대방의 말에 동의할 때

015

我也有同感。

Wǒ yě yǒu tónggǎn.

워 예 여우 퉁깐

동감입니다.

同感 : 동감, 동감하다

016

我说话算数。

Wǒ shuōhuà suànshù.

워 쉬화 쏸수

내가 한 말은 꼭 지켜. / 나는 내 말에 책임진다.

说话 : 말을 하다
算数 : 한 말에 책임지다, 말한대로 하다

001 **我不同意。**
Wǒ bù tóngyì.
워 뿌 퉁이

저는 반대합니다.

상대방의 의견에 동의하지
않을 때
同意 : 동의하다

---

002 **我反对。**
Wǒ fǎnduì.
워 판뚜이

저는 반대합니다.

反对 : 반대하다

---

003 **我拒绝。**
Wǒ jùjué.
워 쮜쮜에

거절합니다.

불합리한 요구를 받았을 때
拒绝 : 거절하다

---

004 **不行。**
Bù xíng.
뿌 씽

안 됩니다.

상대방의 제안이나 부탁을
거절할 때
不行은 '안 된다'라는 뜻, '허
락할 수 없다'로 해석.

---

005 **不可以。**
Bù kěyǐ.
뿌 크어이

안 됩니다.

不는 동사나 형용사, 다른 부
사의 앞에 쓰여 부정을 나타
낸다.
可以는 '~할 수 있다' 외에
'~을 해도 좋다'라는 허가를
나타내는 뜻도 있다.
不可以 : 안 된다

Chapter 4 회술 표현 | 说话艺术

006

绝对不行！

Juéduì bù xíng!

쮀에뚜이 뿌 씽

절대 안 돼!

상대방의 제안이나 부탁을
강력하게 거절할 때
绝对 : 절대로

007

不好意思，不行。

Bù hǎoyìsi, bù xíng.

뿌 하오이쓰, 뿌 씽

유감이지만 안 됩니다.

이 책을 빌려 주실 수 있나요?
不好意思，不行。
不好意思 : 미안합니다, 죄
송합니다
不行 : 안 된다

008

不好意思。

Bù hǎoyìsi.

뿌 하오이쓰

미안합니다.

不好意思는 '미안합니다, 죄
송합니다'라는 뜻으로 여기
서는 거절하는 표현.

009

实在不好意思。

Shízài bù hǎoyìsi.

스짜이 뿌 하오이쓰

정말 미안합니다.

약속을 못 지켜서 **实在不好**
意思。
实在는 형용사로 '성실하다,
착실하다'라는 뜻 이외에 부
사로 '정말, 참으로'라는 뜻으
로도 쓰인다.
不好意思 : 미안하다, 죄송
하다

010

对不起，我不想去。

Duìbuqǐ, wǒ bù xiǎng qù.

뚜이뿌치, 위 뿌 쌍 취

미안하지만 나는 가고 싶지 않습니다.

对不起 : 미안합니다
不想去 : 가고 싶지 않다, 갈
생각이 없다

011

我很想去，但是我要加班。

Wǒ hěn xiǎng qù, dànshì wǒ yào jiābān.

위 헌 씨앙 취, 딴스 위 야오 짜빤

나도 가고 싶은데 야근해야 합니다.

| 想去 : 가고 싶다 |
| 但是 : 그러나, 하지만 |
| 要 : ~을 해야 한다 |
| 加班 : 야근하다 |

012

真不巧，我可能去不了。

Zhēn bù qiǎo, wǒ kěnéng qù bùliǎo.

쩐 뿌 챠오, 위 크어넝 취 뿌랴오

정말 유감스럽지만 나는 아마 못 갈 것 같아요.

真 : 부사로, '정말로, 참으로'라는 뜻.
巧는 '공교롭다'라는 뜻인데, 不巧도 또한 '공교롭다'라는 뜻. 차이점은 巧는 좋은 상황에 쓰이고 不巧는 예상치 않은 나쁜 상황에 쓰인다.
可能 : 아마도, 아마
去不了 : 갈 수 없다
不了는 술어 뒤에 쓰여 '가능성이 없다'를 나타낸다.

013

很抱歉，我没有时间。

Hěn bàoqiàn, wǒ méiyǒu shíjiān.

헌 빠오치엔, 위 메이여우 스찌엔

죄송합니다. 나는 시간이 없습니다.

抱歉 : 죄송합니다, 미안합니다
没有 : 없다
时间 : 시간

014

抱歉，我可能要先走。

Bàoqiàn, wǒ kěnéng yào xiān zǒu.

빠오치엔, 위 크어넝 야오 씨엔 쩌우

미안한데 제가 먼저 가야 될 것 같습니다.

抱歉 : 죄송합니다, 미안합니다
可能 : 아마 (~일지도 모른다)
要 : ~을 해야 한다
先 : 먼저
走 : 가다

015

不好意思，没办法帮助你。

Bù hǎoyìsi, méi bànfǎ bāngzhù nǐ.

뿌 하오이쓰, 메이 빤파 빵주 니

미안하지만 도울 수 없어요.

没办法 : ~을 할 방법이 없다
帮助 : 돕다

不好意思，突然有急事。

Bùhǎoyìsi, túrán yǒu jíshì.

뿌하오이쓰, 투란 여우 찌스

미안하지만, 급한 일이 생겨서요.

같이 커피 한 잔 할래? 不好意思，突然有急事。
突然 : 갑자기
有 : 있다
急事 : 급한 일

我不这么想。

Wǒ bú zhème xiǎng.

워 뿌 즈어머 쌍

저는 그렇게 생각하지 않습니다.

남들은 별일 아니라고 생각하지만 나는 그렇게 생각하지 않는다.
这么 : 이렇게
想 : 생각하다
반대로 我也这么想은 '나도 그렇게 생각한다'이다.

做梦！

Zuòmèng!

쮀멍

꿈 깨라!

做梦을 직역하면 '꿈을 꾸다, 헛된 생각을 하다'이지만 어투를 강하게 말하면 '꿈 깨라'는 뜻이 된다

那绝对不可能。

Nà juéduì bù kěnéng.

나 쮀에뚜이 뿌 크어넝

그건 절대 불가능합니다.

이런 일은 절대 일어날 수 없어요.
绝对 : 절대적이다
不可能 : 불가능하다

那有点儿困难。

Nà yǒudiǎnr kùnnán.

나 여우띠알 쿤난

그건 곤란합니다.

有点儿 : 조금
困难 : 어렵다

021

别说傻话。

Bié shuō shǎhuà.
삐에 쉬 사화

바보 같은 소리 하지 마! / 멍청한 소리 하지 마라!

드라마에서 자주 듣는 대사.
네가 왜 죽어! **别说傻话。**
别 : ~을 하지 마
傻 : 어리석다, 멍청하다
傻话 : 바보 같은 소리, 멍청
한 소리

022

你太天真了。

Nǐ tài tiānzhēn le.
니 타이 티엔전 러

넌 너무 순진해.

정말 세상물정을 모르네! **你**
太天真了。
天真 : 천진하다
太~了 : 너무 ~하다

---

03 이해했는지의 여부

001

嗯。

Èng.
응

응. / 그래.

허락이나 대답을 할 때

002

原来如此。

Yuánlái rúcǐ.
위엔라이 루츠

그렇구나.

몰랐던 것을 알게 됐을 때
原来는 명사로는 '원래', 부
사로 '알고 보니'라는 뜻으로
상황을 파악함을 나타낸다.
如此 : 이와 같다, 이러하다

003

知道了。

Zhīdào le.
즈따오 러

알았어. / 알겠습니다. / 이해했습니다.

대충대충 '알겠다'라고 말하
고 싶을 때
知道 : 알다
了는 동사 뒤에 쓰여 동작의
완료를 나타내기 때문에 **知**
道了는 '알았다'라는 뜻.

004

明白了。

Míngbai le.

밍빠이 러

알았어. / 알겠습니다. / 이해했습니다.

명확하게 '알겠다'고 말하고 싶을 때
明白 : 명백하게 알다, 이해하다
了는 동사 뒤에 쓰여 동작의 완료를 나타내기 때문에 **明白了**는 '명백하게 알았다'라는 뜻.

005

收到。

Shōudào.

서우따오

접수 완료. / 알았다. / 수신 양호.

상대방의 말을 똑똑히 들었다고 말하고 싶을 때
收到는 영어로 got it, 즉 '접수 완료, 알았다, 수신 양호'로 해석할 수 있다.
收到는 '받다'라는 뜻으로 많이 쓰이는데 **收到** 뒤에는 선물과 같은 구체적인 사물뿐 아니라 문자나 메시지 같은 추상적인 사물도 올 수 있다.

006

听不懂。

Tīng bu dǒng.

팅 뿌 뚱

들어도 이해가 안되네요.

듣기는 했는데 이해를 못할 때
懂 : 이해하다, 알다

007

听不清楚。

Tīng bu qīngchu.

팅 뿌 칭추

정확하게 들리지 않습니다.

목소리 좀 높여요. **听不清楚**。
清楚 : 명백하다, 분명하다

008

没听懂。

Méi tīng dǒng.

메이 팅 뚱

이해하지 못했어요.

没는 '않다'라는 뜻으로 과거의 경험·행위·사실 따위를 부정할 때 쓰인다.
懂 : 이해하다, 알다

009

不知道你在说什么?

Bù zhīdào nǐ zài shuō shénme?

뿌 즈따오 니 짜이 숴 선머

뭐라고 말하는지 모르겠어요.

알아듣지 못할 때
不知道 : 모르다
在 : ~을 하고 있다

010

丈二和尚，摸不着头脑。

Zhàng'èr héshàng, mōbùzháo tóunǎo.

장얼 흐어상, 뭐뿌자오 터우나오

상황을 모르다. / 영문을 모르다.

헐후어로, '1장 2척의 중 머리는 만져볼 수도 없다.'라는 내용인데 즉 '상황을 모르다, 영문을 모르다'로 쓰인다.
헐후어란 숙어의 일종으로 해학적이고 형상적인 어구이다. 하나의 문장인데 두 부분으로 나뉘어 앞부분은 의미를, 뒷부분은 해설로 되어 있다.
너희들이 무슨 얘기를 하는지 모르겠어. 丈二和尚摸不着头脑。

011

从来没听说过。

Cónglái méi tīngshuō guo.

충라이 메이 팅숴 꿔

여태껏 들어본 적이 없습니다. / 금시초문입니다.

从来는 '여태껏, 지금까지'라는 뜻이고 뒤에는 부정부사 不나 没가 온다.
没听说过 : 들어본 적이 없다

---

04 모호한 응답

001

是吗?

Shì ma?

스마

그래요?

반문의 어기로 긍정도 부정도 안 할 때
是吗는 '그렇습니까?'라는 뜻이고 비슷한 표현으로 真的吗? Zhēn de ma '진짜입니까?'

002 **也许吧。**
Yěxǔ ba.
예쒸 빠

아마도.

확실한 대답을 할 수 없을 때
也许 : 아마도

---

003 **这个嘛…。**
Zhè ge ma….
즈어 거 마

글쎄요….

음, 这个嘛….
这个嘛… 두고 봐야 알겠지요.
这个嘛… 그 이유는 잘 모르
겠구나.

---

004 **看情况而定。**
Kàn qíngkuàng ér dìng.
칸 칭쾅 얼 띵

경우(상황)에 따라 달라.

이번에는 중국에 얼마 동
안 있을 거예요? 看情况而
定。/ 那要看情况。
情况 : 상황
定 : 정하다

---

005 **那要看情况。**
Nà yào kàn qíngkuàng.
나 야오 칸 칭쾅

경우에 따라 달라.

---

006 **不好说。**
Bù hǎo shuō.
뿌 하오 쉬

말하기 어렵네요.

겉모습만 봐서는 좋거나 싫
다고 不好说。
不好说 : 말하기 어렵다

---

007 **怎么都行。**
Zěnme dōu xíng.
쩐머 떠우 씽

다 괜찮아.

네가 좋다고 하면 나는, 怎么
都行。
怎么 : 어떻게
都 : 모두, 다
行 : 좋다, 된다

008 再说吧。
Zài shuō ba.
짜이 쉬 빠

나중에 얘기해.

약간 무례하고 상대방을 무시하는 어투로 '나중에요'라고 말하고 싶을 때
再는 '재차, 다시'라는 뜻이고 같은 동작이나 행위의 중복, 계속을 나타낸다.

---

05 무관심 표현

001 随便。
Suíbiàn.
쑤이삐엔

마음대로 해.

오늘 저녁에 뭘 먹을까요? 随便。
随便 : 마음대로, 좋을대로

---

002 什么都可以。
Shénme dōu kěyǐ.
선머 떠우 크어이

아무거나 괜찮아.

차 마실래요 아니면 커피 마실래요? 什么都可以。
可以 : ① 좋다, 괜찮다
② '~을 할 수 있다'라는 뜻으로 가능이나 능력을 나타냄.
③ '~을 해도 된다'라는 뜻으로 허가를 나타냄.
④ '~을 할 가치가 있다'라는 뜻으로 선택이나 가능을 나타냄.

---

003 无所谓。
Wúsuǒwèi.
우쒀위이

상관없어.

나를 좋아하든 싫어하든 无所谓。
无所谓 : 상관없다

004

和我没有关系。

Hé wǒ méiyǒu guānxi.

흐어 워 메이여우 꽌씨

나와는 상관없어.

내가 책임질 일은 아닙니다.
和我没有关系。
和 : 개사로, '~와'
关系 : 관계

005

我就是个打酱油的!

Wǒ jiù shì ge dǎ jiàngyóu de!

워 쪄우 스 거 따 쨩여우 더

나와는 상관없어.

打酱油는 인터넷 용어로 '오
리발을 내밀다, 자신과는 상
관없다'라는 뜻.

006

我不想回答。

Wǒ bù xiǎng huídá.

워 뿌 썅 후이따

대답하고 싶지 않아요.

대답하기 싫은 질문을 받았
을 때
제 프라이버시입니다. 我不
想回答。
想 : ~을 하고 싶다
回答 : 대답하다

007

我怎么知道?

Wǒ zěnme zhīdào?

워 쩐머 즈따오

내가 어떻게 알아요?

어느 누구도 내게 알려주지
않았는데 我怎么知道?
怎么 : 어떻게
知道 : 알다

008

不说了。

Bù shuō le.

뿌 쉬 러

그만 말하겠습니다.

더 말하면 화날 것 같으니 不
说了。
了는 동사나 형용사 뒤에 쓰
여 변화를 나타낸다.
不说了 : 더 이상 말하지 않
겠다

009

别管了。

Bié guǎn le.

삐에 꽌 러

내버려둬. / 신경 쓰지 마.

别 : ~을 하지 마
管 : 간섭하다, 관여하다

010

我无话可说。

Wǒ wúhuàkěshuō.

워 우화크어쉬

할 말이 없습니다. / 변명할 여지가 없습니다.

모두 제 잘못입니다. 我无话可说。

无话可说 : 할 말이 없다, 변명할 여지가 없다

011

爱谁谁!

Ài shéi shéi!

아이 서이 서이

너 하고 싶은대로 해! / 상관없어!

다른 사람이 뭐라고 하든 나는 하고 싶은대로 할 거야. 爱谁谁!

爱谁谁 : 아무것도(어떤 사람도) 신경 쓰지 않는다, 상관없다, 겁날 게 없다

---

06 ◀ 대답 보류하기

001

我想一下。

Wǒ xiǎng yíxià.

워 쌍 이쌰

생각 좀 하겠습니다. / 검토해 보겠습니다.

당장 대답하고 싶지 않을 때

想 : 생각하다

一下 : 한번 ~하다, 좀 ~하다

002

我考虑一下。

Wǒ kǎolǜ yíxià.

워 카오뤼 이쌰

생각 좀 하겠습니다. / 검토해 보겠습니다.

考虑 : 고려하다

003

我会考虑的。

Wǒ huì kǎolǜ de.

워 후이 카오뤼 더

생각해 보겠습니다.

딱 잘라 거절하지 못할 때

考虑 : 고려하다

会~的 : ~을 할 것이다

004

给我一点考虑的时间。

Gěi wǒ yìdiǎn kǎolǜ de shíjiān.

꺼이 워 이띠엔 카오뤼 더 스찌엔

생각할 시간을 주세요.

给 : 주다
一点 : 조금, 약간
考虑 : 고려하다
时间 : 시간

005

这需要得到上司的批准。

Zhè xūyào dédào shàngsī de pīzhǔn.

즈어 쉬야오 더따오 상쓰 더 피준

상사의 승인을 받아야 합니다.

제가 결정할 수 있는 일이 아닙니다. 这需要得到上司的批准。
需要 : 필요하다
得到 : 얻다
上司 : 상사
批准 : 허락, 비준

006

我们讨论一下，再告诉您结果。

Wǒmen tǎolùn yíxià, zài gàosu nín jiéguǒ.

워먼 타오룬 이쌰, 짜이 까오쑤 닌 찌에꿔

검토하고 나중에 결과를 알려드리겠습니다.

讨论 : 토론하다
一下 : 한번 ~하다, 좀 ~하다
再는 '재차, 다시'라는 뜻으로 같은 동작이나 행위의 중복, 계속을 나타낸다.
告诉 : 알려주다
结果 : 결과

007

不能承诺什么。

Bù néng chéngnuò shénme.

뿌 넝 청눠 선머

약속 드릴 수는 없습니다.

우리도 어떤 상황인지 몰라서 不能承诺什么。
不能 : ~할 수 없다
承诺 : 승낙하다, 약속하다

008

这件事还要再讨论一下。

Zhè jiàn shì hái yào zài tǎolùn yíxià.

즈어 찌엔 스 하이 야오 짜이 타오룬 이쌰

이 일은 좀 더 토론해야 합니다.

还 : 또, 더
讨论 : 토론하다

009

结果我们稍后再告诉您。

Jiéguǒ wǒmen shāohòu zài gàosu nín.

찌에꿔 워먼 사오허우 짜이 까오쑤 닌

결과는 잠시 뒤에 알려드리겠습니다.

结果 : 결과
稍后 : 잠시 뒤

010

不好意思，这件事不是我能决定的。

Bù hǎoyìsi, zhè jiàn shì bú shì wǒ néng juédìng de.

뿌 하오이쓰, 즈어 찌엔 스 뿌 스 워 넝 쮀에띵 더

죄송합니다만 이 일은 제가 결정할 수 있는 일이 아닙니다.

决定 : 결정하다, 결정

011

以后再说吧。

Yǐhòu zài shuō ba.

이허우 짜이 숴 빠

나중에 다시 얘기합시다.

以后 : 이후

chapter **4**
화술 표현

UNIT 5 제안, 부탁

1 부탁할 때 / **2** 부탁 받을 때 / **3** 권유, 제안할 때 / **4** 재촉할 때

단어

喝 hē 흐어 마시다	杯 bēi 뻬이 컵, 잔	咖啡 kāfēi 카페이 커피	拜托 bàituō 빠이퉈 부탁하다
借 jiè 찌에 빌리다	帮 bāng 빵 돕다	当然 dāngrán 땅란 당연히	怎么样 zěnmeyàng 쩐머양 어때요

간체자

當 마땅할 당	当 dāng 땅	当 当 当 当 当 当
怎 어찌 즘	怎 zěn 쩐	怎 怎 怎 怎 怎 怎 怎 怎 怎

쓰면서 읽어보세요!

커피 한잔 하실래요?

└ 喝杯咖啡，怎么样?

물론이죠.

└ 当然可以。

001

能帮个忙吗?

Néng bāng ge máng ma?

넝 빵 거 망 마

좀 도와줄래?

도움을 요청할 때
能 : ~을 할 수 있다
帮忙 : 돕다
帮忙 사이에 양사 个가 들어
가는 원인은 帮忙이 이합사
이기 때문이다. 비록 帮忙은
한 단어지만 동사 帮과 명사
忙으로 구성되었다. 양사는
보통 명사 앞에 오기 때문에
帮忙 사이에 쓰인다.

002

能拜托你件事儿吗?

Néng bàituō nǐ jiàn shìr ma?

넝 빠이퉈 니 찌엔 설 마

부탁 좀 해도 될까요?

拜托 : 부탁하다

003

有点事想问一下。

Yǒu diǎn shì xiǎng wèn yíxià.

여우 띠엔 스 쌍 원 이쌰

좀 물어볼 게 있는데요.

点은 '조금, 약간'이라는 뜻
이고 一点에서 一를 생략한
것이다.
事 : 일
想 : ~을 하고 싶다
问 : 묻다
一下 : 한 번 ~하다, 좀 ~하다

004

可以搭个顺风车吗?

Kěyǐ dā ge shùnfēngchē ma?

크어이 따 거 순펑츠어 마

가는 김에 카풀해 줄 수 있어요?

마침 같은 방향으로 가는데
좀 데려다 줄 수 있을까요?
可以 : ~을 할 수 있다
搭顺风车 : 히치하이킹, 혹
은 카풀하다

005

可以借我一支笔吗?

Kěyǐ jiè wǒ yì zhī bǐ ma?

크어이 찌에 워 이 즈 삐 마

펜을 빌려주시겠어요?

可以 : ~을 할 수 있다
借 : 빌리다
支는 '자루, 개비'라는 뜻, 가
늘고 긴 물건을 세는 양사.
笔 : 펜

006

可以借我一万块钱吗?

Kěyǐ jiè wǒ yíwànkuài qián ma?

크어이 찌에 워 이완콰이 치엔 마

1만 위안 빌려주시겠어요?

돈을 빌리고 싶을 때
可以 : ~을 할 수 있다
借 : 빌리다
一万块钱 : 만 위안, 만 인민폐

007

声音开小一点。

Shēngyīn kāi xiǎo yìdiǎn.

성인 카이 쌰오 이띠엔

소리를 작게 해 주세요.

TV 소리 때문에 공부에 집중
이 안 될 때
声音 : 소리
开 : 켜다, 조절하다
小一点 : 조금 작게

008

请帮我转达一下。

Qǐng bāng wǒ zhuǎndá yíxià.

칭 빵 워 좐따 이쌰

전해 주시기 바랍니다.

안부나 물건 등을 전해달라
고 부탁할 때
请은 '~하세요'라는 뜻으로
상대방에게 어떤 일을 부탁
하거나 권할 때 쓰는 경어.
帮 : 돕다
转达 : 전달하다
一下 : 한 번 ~하다, 좀 ~하다

009

请帮我照顾一下小狗。

Qǐng bāng wǒ zhàogu yíxià xiǎo gǒu.

칭 빵 워 자오꾸 이쌰 쌰오 꺼우

강아지 좀 돌봐주세요.

帮 : 돕다
照顾 : 돌보다
小狗 : 강아지

010 **不好意思，麻烦您了。**
Bù hǎoyìsi, máfan nín le.
뿌 하오이쓰, 마판 닌 러

폐를 끼쳐 죄송합니다.

도움을 받고 감사의 뜻을 전하고 싶을 때
不好意思 : 미안하다
麻烦 : 귀찮다, 번거롭다
麻烦您了 : 당신을 귀찮게 하다, 폐를 끼치다

02 부탁 받을 때

001 **什么事儿?**
Shénme shìr?
선머 설

무슨 일이에요?

뭘 부탁하려고 합니까?
事儿 : 일

002 **你先说是什么事儿。**
Nǐ xiān shuō shì shénme shìr.
니 씨엔 쉬 스 선머 설

무슨 일인지 먼저 말하세요.

도와줘야 할지 고민 될 때
先 : 먼저
说 : 말하다

003 **跟我客气什么。**
Gēn wǒ kèqi shénme.
껀 워 크어치 선머

예의 차리기는.

무슨 일인지 마음 놓고 말해,
跟我客气什么。
跟 : ~와
客气什么 : 예의를 차리기는

004 **乐意效劳。**
Lèyì xiàoláo.
르어이 쌰오라오

영광입니다. / 기꺼이 도와줄게.

흔쾌히 받아주겠다고 말할 때
乐意 : ~을 즐겁게 여기다
效劳 : 힘쓰다, 충성을 다하다

005

没问题。

Méi wèntí.

메이 원티

문제없어.

부탁을 받았을 때 没问题。
/ 当然可以。

没问题 : 문제없다

006

当然可以。

Dāngrán kěyǐ.

땅란 크어이

물론이지.

当然 : 당연히

可以 : ~을 해도 좋다

007

真不好意思，我现在有点儿忙。

Zhēn bù hǎoyìsi, wǒ xiànzài yǒudiǎnr máng.

전 뿌 하오이쓰, 워 씨엔짜이 여우띠얄 망

정말 미안하지만 지금 조금은 바쁩니다.

부탁을 거절할 때 가장 많이
쓰이는 핑계

真不好意思 : 정말 미안합
니다

现在 : 현재, 지금

有点儿 : 조금, 약간

忙 : 바쁘다

008

我真的爱莫能助。

Wǒ zhēnde àimònéngzhù.

워 전더 아이뭐넝주

비록 마음속으로는 도와주려고 해도 힘이 미치지 않는다.

도와주고 싶지만 도와줄 수
없을 때

真的 : 정말로

爱莫能助와 心有余而力不
足는 '비록 마음속으로는 도
와주려고 해도 힘이 미치지
않는다, 마음은 있지만 힘이
모자라다'라는 뜻.

009

我真的心有余而力不足。

Wǒ zhēnde xīn yǒu yú ér lì bù zú.

워 전더 씬 여우 위 얼 리 뿌 쭈

비록 마음속으로는 도와주려고 해도 힘이 미치지 않는다.

Chapter 4

회화 표현 | 说话艺术

求人不如求己。

Qiúrén bùrú qiújǐ.

처우런 뿌루 처우찌

남에게 도움을 청하기보다 자신에게 의지하는 것이 낫다.

입에 들어가는 밥술도 제가 떠 넣어야 한다.

求人不如求己는 속담으로 '남에게 부탁하는 것보다 자기가 직접 하는 것이 낫다'라는 뜻이고 '스스로 노력해서 할 수 있는 일은 남에게 부탁하지 않는 것이 좋다'라는 뜻도 있다.

求人 : 남에게 부탁하다

求己 : 자신에게 부탁하다

不如 : ~만 못하다

我也是泥菩萨过江，自身难保。

Wǒ yě shì nípúsà guò jiāng, zìshēn nánbǎo.

위 예 스 니푸싸 꿔 쨩, 쯔선 난빠오

남을 구하기는커녕 자신도 돌보기 힘들다.

돕고 싶지만 자신도 어려운 처지일 때

也 : ~도

헐후어 泥菩萨过江，自身难保를 직역하면 '진흙으로 만든 보살이 강을 건너듯, 자신의 몸도 지키기 어렵다'라는 뜻으로 '남을 구하기는커녕 자신도 돌보기 힘들다'라고 해석.

헐후어란 숙어의 일종으로 해학적이고 형상적인 어구. 하나의 문장인데 두 부분으로 나뉘어 앞부분은 의미를, 뒷부분은 해설로 되어 있다.

001
你尝尝。
Nǐ chángchang.
니 창창

맛 좀 보세요.

여기 냉면 맛이 제대로예요,
你尝尝。
尝 : 맛을 보다
동사를 중첩하면 동작의 시
간이 짧음을 나타내거나 '(동
작을) 시도해 보다'라는 의미
를 나타내며, 어기를 부드럽
게 하는 역할을 한다.

002
你先吃吧。
Nǐ xiān chī ba.
니 씨엔 츠 빠

먼저 드시죠.

先 : 먼저
吧는 문장 끝에 쓰여 상의·제
의·청구·명령·독촉의 어기를
나타낸다.

003
喝杯咖啡，怎么样?
Hē bēi kāfēi, zěnmeyang?
흐어 뻬이 카페이, 쩐머양

커피 한잔 하실래요?

喝 : 마시다
杯 : 컵, 잔
咖啡 : 커피
怎么样 : 어때요

004
边喝咖啡边说吧。
Biān hē kāfēi biān shuō ba.
삐엔 흐어 카페이 삐엔 쉬 빠

커피 마시면서 얘기해요.

边~边은 '~을 하면서 ~을 하
다'라는 뜻, 두 가지 동작을 동
시에 한다는 것을 나타냄.
喝咖啡 : 커피를 마시다
说 : 말하다
吧는 문장 끝에 쓰여 상의·제
의·청구·명령·독촉의 어기를
나타낸다.

Chapter 4 활용 표현 | 说话艺术

005

喝一杯，怎么样?

Hē yì bēi, zěnmeyang?

흐어 이 뻬이, 쩐머양

한잔 할까요?

喝 : 마시다

杯 : 컵, 잔

怎么样 : 어때요

비록 문장 속에 술이라는 단어가 없지만 '술 한잔 마시자'라는 뜻이 포함되어 있다.

006

敞开了说吧。

Chǎngkāi le shuō ba.

창카이 러 쉬 빠

터놓고 얘기합시다.

하고 싶은 얘기가 있으면 敞开了说吧。

敞开는 '실컷, 마음껏, 제한 없이' 외에 '(생각 따위를) 툭 털어놓다'라는 뜻도 있다.

说 : 말하다

吧는 문장 끝에 쓰여 상의·제의·청구·명령·독촉의 어기를 나타낸다.

007

休息一会儿，好吗?

Xiūxi yíhuìr, hǎo ma?

쎠우씨 이휠, 하오 마

잠깐 쉴까요?

休息 : 쉬다

一会儿 : 잠깐, 잠시

好吗 : 좋아요?

008

我们出去走走吧。

Wǒmen chūqu zǒuzou ba.

워먼 추취 쩌우쩌우 빠

우리 나가서 좀 걸어요.

出去 : 나가다

走 : 걷다, 가다

走走 : 동사를 중첩하면 동작의 시간이 짧음을 나타내거나 '(동작을) 시도해 보다'라는 의미를 나타내며, 어기를 부드럽게 하는 역할을 한다.

009

抄近道吧。

Chāo jìndào ba.

차오 찐따오 빠

지름길로 가자.

약속 시간에 늦을 거 같으니
抄近道吧。
近道 : 가까운 길, 지름길
抄近道 : 지름길로 가다
吧는 문장 끝에 쓰여 상의·제
의·청구·명령·독촉의 어기를
나타낸다.

010

去看电影吧。

Qù kàn diànyǐng ba.

취 칸 띠엔잉 빠

영화 보러 가자.

电影 : 영화

011

跟我一起去逛街，怎么样?

Gēn wǒ yìqǐ qù guàngjiē, zěnmeyàng?

껀 워 이치 취 꽝찌에, 쩐머양

같이 쇼핑 가실래요?

逛街 : 쇼핑하다
怎么样 : 어때요

012

我建议你买这个。

Wǒ jiànyì nǐ mǎi zhè ge.

워 찌엔이 니 마이 즈어 거

이것 사는 것을 권합니다.

너에겐 이 색깔이 더 잘 어울
려. **我建议你买这个。**
建议 : 제안하다, 건의하다
买 : 사다
这个 : 이것

013

一起走吧。

Yìqǐ zǒu ba.

이치 쩌우 빠

같이 가요.

一起 : 함께
走 : 가다
吧는 문장 끝에 쓰여 상의·제
의·청구·명령·독촉의 어기를
나타낸다.

Chapter 4 화술 표현 | 说话艺术

014

敞开了吃吧。

Chǎngkāi le chī ba.

창카이 러 츠 빠

양껏 드세요.

오늘은 내가 쏠게요. 敞开了
吃吧.

敞开 : 실컷, 마음껏, 제한 없이

吃 : 먹다

吧는 문장 끝에 쓰여 상의·제
의·청구·명령·독촉의 어기를
나타낸다.

015

今天就到这儿吧。

Jīntiān jiù dào zhèr ba.

찐티엔 쪄우 따오 절 빠

오늘은 이만합시다. / 오늘은 여기까지 합시다.

퇴근 시간이 됐을 때, 今天
就到这儿吧.

今天 : 오늘

到这儿 : 여기까지

吧는 문장 끝에 쓰여 상의·제
의·청구·명령·독촉의 어기를
나타낸다.

---

04 재촉할 때

001

快点儿!

Kuài diǎnr!

콰이 딸

서둘러! / 빨리!

재촉할 때

快点儿 : 빨리

002

请抓紧!

Qǐng zhuājǐn!

칭 좌찐

서두르세요!

시간 없어요. 请抓紧!

请 : ~하세요

抓紧 : 서두르다

能快点儿吗?

Néng kuài diǎnr ma?

넝 콰이 딸 마

빨리 되나요?

서둘러 달라고 부탁할 때

师傅，麻烦您开快点儿。

Shīfu, máfán nín kāi kuài diǎnr.

스푸, 마판 닌 카이 콰이 딸

기사님, 좀 빨리 가주세요.

택시 기사에게 재촉할 때
师傅 : ~기사처럼 어떤 일에 숙달된 사람
麻烦 : 귀찮다, 귀찮게 하다
开 : 운전하다
快点儿 : 빨리

别磨磨蹭蹭的。

Bié mómócèngcèng de.

삐에 뭐뭐청청 더

꾸물거리지 마.

别 : ~을 하지 마
磨磨蹭蹭 : 꾸물거리다, 질질 끌다

我赶时间。

Wǒ gǎn shíjiān.

워 깐 스찌엔

시간이 급해요.

하고 싶은 말 있으면 빨리 말해. 我赶时间。
赶时间 : 시간을 재촉하다, 시간에 대다

快起床!

Kuài qǐchuáng!

콰이 치촹

빨리 일어나!

快 : 빨리
起床 : 일어나다, 기상하다

你走快点!

Nǐ zǒu kuài diǎn!

니 쩌우 콰이 띠엔

빨리 걸어!

走 : 걷다
快点 : 빨리

Chapter 4 | 화술 표현 | 说话艺术

009

你快点走！

Nǐ kuài diǎn zǒu!

니 콰이 띠엔 쩌우

빨리 가!

走는 '걷다' 외에 '가다'라는 뜻도 있다.

快点 : 빨리

010

别卖关子了，快点说。

Bié mài guānzi le, kuài diǎn shuō.

삐에 마이 꽌즈 러, 콰이 띠엔 쉬

뜸 들이지 말고 빨리 말해.

우물쭈물 이야기를 주저할 때

别 : ~을 하지 마.

卖关子는 이야기꾼이 중요한 대목에서 이야기를 멈춰 청중에게 조바심이 나도록 하는 것을 의미. '애태우다, 마음을 졸이게 하다'라는 뜻.

快点说 : 빨리 말해

011

家里天天催我结婚。

Jiāli tiāntiān cuī wǒ jiéhūn.

쨔리 티엔티엔 추이 워 찌에훈

집에서 매일 결혼하라고 재촉해.

家里를 직역하면 '집안'이지만 여기에선 '가족'이라는 뜻.

天天 : 매일

催 : 재촉하다

结婚 : 결혼하다

012

不用着急。

Búyòng zháojí.

뿌용 자오찌

서두를 필요 없어요.

아직 시간 많아요. 不用着急。

不用 : ~할 필요 없다

着急 : 조급하다

013

别急，慢慢来。

Bié jí, mànmàn lái.

삐에 찌, 만만 라이

서두르지 말고 천천히 하세요.

로마는 하루아침에 지어진 것이 아니다.

慢慢 : 천천히

现在还来得及。

Xiànzài hái láidejí.

씨엔 짜이 하이 라이더찌

지금은 아직 늦지 않았어요.

来得及 : 늦지 않다

我尽快吧。

Wǒ jǐnkuài ba.

워 찐콰이 빠

최대한 빨리 할게요.

尽快 : 되도록 빨리

不要着急，小心忙中出错。

Búyào zháojí, xiǎoxīn mángzhōngchūcuò.

뿌야오 자오찌, 쌰오씬 망중추춰

조급해하지 마, 서두르면 일을 그르치게 돼.

不要 : ~하지 마
着急 : 조급하다
忙中出错 : 서두르면 일을
그르치다

你这么着急也没用。

Nǐ zhème zháojí yě méiyòng.

니 즈어머 자오찌 예 머이용

조급해도 소용이 없어.

这么 : 이렇게
没用 : 소용이 없다

Chapter 4

화술 표현

说话艺术

chapter **4**
화술 표현

UNIT 6 자기 표현

1 견해를 밝힐 때 / **2** 비밀 털어놓기 / **3** 결심하기 / **4** 당위성 표현 /
5 예상과 추측 / **6** 의심할 때

단어

他	我	嘴	一句
tā	wǒ	zuǐ	yí jù
타	워	쮀이	이 쮜
그, 그 사람	나, 저	입	한 마디, 한 문장

实话	就	知道	告诉
shíhuà	jiù	zhīdào	gàosu
스화	쩌우	즈따오	까오쑤
진실한 말	바로, 꼭	알다	알려주다

간체자

實 열매 실	实 shí 스	实 实 实 实 实 实 实 实
		实　实　实　实　实

就 나아갈 취	就 jiù 쩌우	就 就 就 就 就 就 就 就 就 就 就 就
		就　就　就　就　就

쓰면서 읽어보세요!

그의 말은 모두 거짓말이야.
└ 他嘴里没一句实话。

그럴 줄 알았어!
└ 我就知道。

001 **在我看来～。**
Zài wǒ kànlái~.
짜이 워 칸라이
내가 보기에는~ / 제 생각에는~

看来 : 보기에, 보니까, 보아하니

002 **我觉得～。**
Wǒ juéde~.
워 쮀에더
나는 ~이라고 생각한다.

觉得 : ~라고 여기다(생각하다)
觉得 대신 认为 rèn wéi를 사용할 수 있다.

003 **我说说我的想法。**
Wǒ shuōshuo wǒ de xiǎngfǎ.
워 쉬쉬 워 더 쌍파
제 생각을 말씀드리겠습니다.

说说는 '좀 말하다, 한번 말하다'라는 뜻이다. 동사를 중첩하면 동작의 시간이 짧음을 나타내거나 '(동작을) 시도해 보다'라는 의미를 나타내며, 어기를 부드럽게 하는 역할을 한다.

004 **我说说我的意见。**
Wǒ shuōshuo wǒ de yìjiàn.
워 쉬쉬 워 더 이찌엔
제 의견을 말씀드리겠습니다.

想法 : 생각
意见 : 의견

005 **说句实话～。**
Shuō jù shíhuà~.
쉬 쮜 스화
솔직히 말하면~.

说 : 말하다
句는 '마디, 편'이라는 뜻으로 말이나 글의 수를 세는 단위.
实话 : 진실한 말

006

我是这么想的。

Wǒ shì zhème xiǎng de.

워 스 즈어머 썅 더

저는 이렇게 생각합니다.

这么 : 이렇게
想 : 생각하다
是~的은 이미 발생한 사건에
대해 시간, 장소, 수단 등의 정
보를 묻거나 알려줄 때 是~
的 강조문을 사용할 수 있다.

007

总而言之，我想说的是～。

Zǒng'éryánzhī, wǒ xiǎng shuō de shì~.

쭝얼옌즈, 워 썅 쉬 더 스

요컨대 제가 말하고 싶은 점은~.

자신의 의견을 종합적으로
표현할 때
总而言之 : 총괄적으로 말하면
想 : ~을 하고 싶다
说 : 말하다
想说的 : 말하고 싶은 것

008

在我看来A更好。

Zài wǒ kànlái A gèng hǎo.

짜이 워 칸라이 A 껑 하오

나는 A가 더 낫다고 봅니다.

在我看来 : 내가 보기에는…
更 : 더욱
好 : 낫다

009

我有不同意见。

Wǒ yǒu bùtóng yìjiàn.

워 여우 뿌퉁 이찌엔

다른 의견을 갖고 있습니다.

다른 의견이 있을 때
有 : 가지고 있다
不同 : 같지 않다, 다르다
意见 : 의견

010

我觉得那样更合适。

Wǒ juéde nàyàng gèng héshì.

워 쮀에더 나양 껑 흐어스

전 그렇게 하는 것이 더 타당하다고 생각합니다.

觉得 : ~이라고 생각하다, ~이
라고 여기다
那样 : 그렇게
更 : 더욱, 더
合适 : 적당하다, 타당하다

Chapter 4

화술 표현 | 说话艺术

001
我要告诉所有人这个秘密。
Wǒ yào gàosu suǒyǒu rén zhè ge mìmì.
워 야오 까우쑤 쉬여우 런 즈어 거 미미
이 비밀을 모든 사람에게 알리겠습니다.

要 : ~하려고 한다
告诉 : 알리다
所有人 : 모든 사람
秘密 : 비밀

002
谁都别告诉。
Shéi dōu bié gàosu.
서이 떠우 삐에 까오쑤
아무한테도 말하지 마.

이건 우리만의 비밀이야. 谁都别告诉。
谁 : 누구
别 : ~하지 마
告诉 : 알려주다

003
说句实话，我喜欢她。
Shuō jù shíhuà, wǒ xǐhuan tā.
쉬 쮜 스화, 워 씨환 타
솔직히 말하면 그녀를 좋아합니다.

그녀는 내 스타일이야. 说句实话，我喜欢她。
实话 : 진심의 말
喜欢 : 좋아하다
喜欢她 : 그녀를 좋아하다

004
我有事情要跟你坦白。
Wǒ yǒu shìqing yào gēn nǐ tǎnbái.
워 여우 스칭 야오 껀 니 탄빠이
당신에게 고백할 것이 있어.

事情 : 일
跟 : ~에게
坦白 : (자신의 결점이나 잘못 따위를) 솔직하게 말하다, 자백하다

005
我要向你表白。
Wǒ yào xiàng nǐ biǎobái.
워 야오 쌍 니 빠오빠이
당신에게 고백할게.

要 : ~을 할 것이다
向 : ~을 향해
表白 : 고백하다

006

我全都说。

Wǒ quán dōu shuō.

워 취엔 떠우 쉬

모든 것을 말할게.

알고 싶은 거 있으면 물어봐. **我全都说。**
全都 : 모두, 전부
说 : 말하다

007

我把我的秘密都告诉你。

Wǒ bǎ wǒ de mìmì dōu gàosu nǐ.

워 빠 워 더 미미 떠우 까오쑤 니

내 비밀을 다 알려줄게.

把는 '~을 ~하다'라는 뜻. 일반적으로 동작이나 작용의 대상을 동사 앞으로 전치시킬 때 쓰인다.
秘密 : 비밀
都 : 모두, 전부
告诉 : 알리다

008

不小心说漏嘴了。

Bù xiǎoxīn shuōlòu zuǐ le.

뿌 샤오씬 쉬러우 쭈이 러

무심결에 입 밖에 내다.

말하고 싶지 않았는데… **不小心说漏嘴了。**
不小心 : 조심하지 않다
说漏嘴 : 말이 새다, 무심결에 입 밖에 내다
了는 동사 또는 형용사 뒤에 쓰여 동작이 이미 완료되었음을 나타낸다.

009

我知道的大概就是这些。

Wǒ zhīdào de dàgài jiù shì zhèxiē.

워 즈따오 더 따까이 쪄우 스 즈어씨에

내가 아는 것은 대개 이런 겁니다.

알고 있는 것을 다 말했을 때
知道 : 알다
大概 : 대충
就是 : ~뿐이다
这些는 둘 이상의 사람이나 사물을 가리키고 '이것들'이라는 뜻.

010

你跟我说实话，我不生气。

Nǐ gēn wǒ shuō shíhuà, wǒ bù shēngqì.

니 껀 워 쉬 스화, 워 뿌 셩치

내게 솔직히 말해, 화내지 않을게.

거짓말하다 걸렸을 때 **你跟我说实话，我不生气。**
跟 : ~와
实话 : 진심의 말
生气 : 화를 내다

011 **说出来吧，憋在心里多难受。**
Shuō chūlai ba, biē zài xīnlǐ duō nánshòu.
쉬 추라이 빠, 삐에 짜이 씬리 뚸 난서우

말해, 마음속에 두고 있으면 얼마나 고통스럽니.

너 이러다 화병 나겠다. 说出来吧，憋在心里多难受。
说出来 : 말을 입 밖에 내다
吧는 문장 맨 끝에 쓰여 상의·제의·청구·명령·독촉의 어기를 나타낸다.
憋 : 참다, 견디다, 억제하다
在心里 : 마음속에
多는 '많다'라는 뜻 외에 '얼마나'라는 뜻도 있다.
难受 : 괴롭다, 고통스럽다

---

03 ◀ 결심하기

001 **请给我们商量的时间。**
Qǐng gěi wǒmen shāngliang de shíjiān.
칭 게이 워먼 상량 더 스찌엔

검토할 시간을 주세요.

바로 결정할 수 있는 일이 아닙니다. 请给我们商量的时间。
请은 '~하세요'라는 뜻, 상대방에게 어떤 일을 부탁하거나 권할 때 쓰는 경어.
给 : 주다
我们 : 우리
商量 : 상의하다
时间 : 시간

---

002 **我还没下定决心。**
Wǒ hái méi xiàdìng juéxīn.
워 하이 메이 쌰띵 쮀에씬

아직 결심을 못 했습니다.

결정했니? 我还没下定决心。
还 : 아직
下决心 : 결심을 내리다
定은 동사 뒤에 붙어 동작이나 행위가 그대로 쭉 변하지 않고 있음을 나타낸다.

---

003 **我是绝对不会放弃的。**
Wǒ shì juéduì bú huì fàngqì de.
워 스 쮀에뚜이 뿌 후이 팡치 더

나는 절대 포기하지 않아.

绝对 : 절대
不会 : ~을 하지 않을 것이다
放弃 : 포기하다
是~的 강조구문은 강조할 내용을 是와 的의 사이에 넣는다.

004

我会好好考虑的。

Wǒ huì hǎohāo kǎolǜ de.

워 후이 하오하오 카오뤼 더

잘 생각해 보겠습니다.

会~的 : ~을 할 것이다
好好 : 잘
考虑 : 고려하다, 깊이 생각
하다

005

说一下我的决定。

Shuō yíxià wǒ de juédìng.

쉬 이쌰 워 더 쮜에띵

제 결정을 밝히겠습니다.

결정을 내렸을 때
说 : 말하다
一下 : 한번 ~하다, 좀 ~하다
我的 : 나의
决定 : 결정

006

就这么定了。

Jiù zhème dìng le.

쩌우 즈어머 띵 러

이렇게 결정합시다.

就 : 강조의 의미
这么 : 이렇게
定 : 결정하다
了 는 문장의 끝 또는 문장 중
끊어지는 곳에 쓰여서 변화 또
는 새로운 상황의 출현을 표시.

007

那个比较好。

Nà ge bǐjiào hǎo.

나 거 삐쨔오 하오

그것이 비교적 좋습니다.

那个 : 그, 그것
比较 : 비교하다, 비교적
好 : 좋다

---

04 당위성 표현

001

也要给她机会。

Yě yào gěi tā jīhuì.

예 야오 께이 타 찌후이

그녀에게도 기회를 줘야 합니다.

也 : ~도
要는 '~을 해야 한다'라는 뜻
으로 당연을 나타낸다.
给 : 주다
机会 : 기회

002

不能不和他说。

Bù néng bù hé tā shuō.

뿌 넝 뿌 흐어 타 쉬

그에게 말하지 않을 수가 없었어요.

不能不는 '~을 안 해서는 안 된다'라는 뜻이다. 이중부정은 긍정을 나타낸다.

和 : ~와

说 : 말하다

003

今天晚上要加夜班。

Jīntiān wǎnshang yào jiā yèbān.

찐티엔 완상 야오 쨔 예빤

오늘밤 야근을 해야 합니다.

今天 : 오늘

晚上 : 저녁

要는 '~을 해야 한다'라는 뜻으로 당연을 나타낸다.

加夜班 : 야근을 하다

004

我们应该尽孝道。

Wǒmen yīnggāi jìn xiàodào.

워먼 잉까이 찐 쌰오따오

우리는 효도를 해야 한다.

부모를 자주 못 찾아뵈어도 전화는 자주 해야 한다.

应该 : 반드시 ~을 해야 하다

尽 : 다하다

孝道 : 효도

005

这个问题先保留。

Zhè ge wèntí xiān bǎoliú.

즈어 거 원티 씨엔 빠오려우

이 문제는 우선 보류합니다.

问题 : 문제

先 : 먼저, 우선

保留 : 보류하다

006

这件事应该这样做。

Zhè jiàn shì yīnggāi zhèyàng zuò.

즈어 찌엔 스 잉까이 즈어양 쭤

이 일은 이렇게 해야 합니다.

내가 보기에 这件事应该这样做。

这件事 : 이 일

件은 '건, 벌'이라는 뜻으로 일이나 사건 혹은 옷을 세는 양사.

应该 : 해야 하다

这样 : 이렇게

做 : 하다

001

你猜猜我是谁。

Nǐ cāicai wǒ shì shéi.

니 차이차이 워 스 서이

내가 누구인지 한번 맞춰보세요.

猜는 '알아맞히다, 추측하다',
동사를 중첩하면 '한 번 ~해보
다, 좀 ~해보다'라는 뜻.
谁 : 누구

002

你大概什么时候到?

Nǐ dàgài shénme shíhou dào?

니 따까이 선머 스허우 따오

대략 몇 시에 도착할 수 있니?

도착 시간을 물을 때
大概 : 대략
什么时候 : 언제
到 : 도착하다

003

你预计什么时候能完成?

Nǐ yùjì shénme shíhou néng wánchéng?

니 위찌 선머 스허우 넝 완청

언제 완성할 수 있다고 예상하니?

预计 : 예측하다
什么时候 : 언제
能 : ~을 할 수 있다
完成 : 완성하다

004

我就知道。

Wǒ jiù zhīdào.

워 쩌우 즈따오

그럴 줄 알았어!

자신의 예상이 맞았을 때
就는 부사로 '원래 또는 전부
터 그러하다'는 것을 나타냄.
知道 : 알다

005

你的预测完全准确。

Nǐ de yùcè wánquán zhǔnquè.

니 더 위츠어 완취엔 준취에

당신의 예측이 딱 맞았어요.

预测 : 예측
完全 : 완전히
准确 : 확실하다

Chapter 4 학습 표현 | 说话艺术

006

结果正如我们所料。

Jiéguǒ zhèngrú wǒmen suǒliào.

찌에꿔 정루 워먼 숴랴오

우리 예상대로 결과가 나왔어요.

결과는 우리의 예상을 벗어
나지 않았다.
结果 : 결과
正如 : 흡사 ~과 같다
我们 : 우리
所料 : 예측한 것

007

没想到你会来。

Méi xiǎng dào nǐ huì lái.

메이 쌍 따오 니 후이 라이

당신이 오리라고는 전혀 예상하지 못했어.

没想到 : 생각지 못하다, 뜻
밖에도
会 : ~할 것이다
来 : 오다

008

完全没有预料到。

Wánquán méiyǒu yùliàodào.

완취엔 메이여우 위랴오따오

전혀 예상을 못했어요.

예상을 벗어났을 때
完全 : 완전히
预料 : 예측하다
到는 동사의 보어로 쓰여 동
작이 목적에 도달하거나 성
취된 것을 나타낸다.

009

我不确定。

Wǒ bú quèdìng.

워 뿌 취에띵

확실하지 않습니다.

不는 주로 일상적인 혹은 습
관적인 동작이나 상황을 부
정하거나 현재·미래의 행위·
동작·심리 상태·의지·가능성
을 부정한다.
确定 : 확실하다

06 의심할 때

001

是真的吗?

Shì zhēnde ma?

스 쩐더 마

정말이야? / 사실이야?

是 : ~이다
真的 : 정말, 진실

002 是开玩笑的吧？

Shì kāi wánxiào de ba?

스 카이 완쌰오 더 빠

농담이죠?

003 有点奇怪。

Yǒudiǎn qíguài.

여우띠엔 치꽈이

뭔가 이상한데.

004 这话没法相信。

Zhè huà méifǎ xiāngxìn.

즈어 화 메이파 쌍씬

그런 얘기는 못 믿어.

005 这事没法相信。

Zhè shì méifǎ xiāngxìn.

즈어 스 메이파 쌍씬

이 일은 믿을 수 없습니다.

006 那个男的的话没法相信。

Nà ge nán de de huà méifǎ xiāngxìn.

나 거 난 더 더 화 메이파 쌍씬

저 남자 말은 믿을 수가 없어.

007

他嘴里没一句实话。

Tā zuǐli méi yí jù shíhuà.

타 쭈이리 메이 이 쮜 스화

그가 하는 말은 다 거짓말이야.

그의 말은 믿을 수가 없어.
嘴 : 입
一句 : 한 마디, 한 문장
实话 : 진실한 말

008

他满嘴跑火车。

Tā mǎnzuǐ pǎo huǒchē.

타 만쭈이 파오 훠츠어

그가 하는 말은 다 거짓말이야.

满嘴跑火车 : 하는 말이 모두 다 과장되다, 하는 말이 거짓말이다

009

他的嫌疑最大。

Tā de xiányí zuì dà.

타 더 씨엔이 쭈이 따

그의 혐의가 가장 큽니다. /
그가 가장 의심스러워요.

嫌疑 : 혐의, 의심쩍음, 의심
最 : 가장, 최고

010

虽然没证据，但是我还是不相信他。

Suīrán méi zhèngjù, dànshì wǒ háishi bù xiāngxìn tā.

쑤이란 메이 쩡쮜, 딴스 워 하이스 뿌 썅씬 타

비록 증거는 없지만, 나는 여전히 그를 믿을 수 없어요.

虽然 : 비록
证据 : 증거
还是 : 여전히
相信 : 믿다

011

看他神色慌张，肯定在说谎。

Kàn tā shénsè huāngzhāng, kěndìng zài shuōhuǎng.

칸 타 선쓰어 황장, 컨띵 짜이 쉬황

당황하는 기색을 보니 분명히 거짓말하고 있어.

神色 : 안색, 기색
慌张 : 당황하다
肯定 : 분명히
说谎 : 거짓말하다

012

他的反应有点儿反常。

Tā de fǎnyìng yǒudiǎnr fǎncháng.

타 더 판잉 여우딸 판창

그의 반응이 조금 이상해.

反应 : 반응
有点儿 : 조금
反常 : 정상이 아니다, 비정
상적이다

013

你是骗不过我的眼睛的。

Nǐ shì piàn buguò wǒ de yǎnjing de.

니 스 피엔 뿌꿔 워 더 옌찡 더

당신은 나의 눈을 속일 수 없어.

骗不过 : 속일 수 없다
眼睛 : 안경

UNIT 7 대화의 기술

1 말을 걸 때 / **2** 맞장구치기 / **3** 대화 도중 끼어들 때 / **4** 말을 재촉할 때 /
5 화제 전환하기 / **6** 말문이 막힐 때 / **7** 마무리하는 표현

단어

有 yǒu 여우 있다	时间 shíjiān 스찌엔 시간	想 xiǎng 쌍 ~을 하고 싶다	就 jiù 찌우 ~면, ~인 이상, ~한 바에는
说 shuō 숴 말하다	没想到 méi xiǎngdào 메이 쌍따오 생각지 못하다	一会儿 yíhuìr 이휠 잠깐, 잠시	汉语 hànyǔ 한위 중국어

간체자

時 때 시	时 shí 스	时 时 时 时 时 时 时 时 时 时 时 时
想 생각할 상	想 xiǎng 썅	想 想 想 想 想 想 想 想 想 想 想 想 想 想 想

쓰면서 읽어보세요!

시간 좀 있으세요?

└ 有时间吗?

할 말 있으면 하세요.

└ 想说就说吧。

001

打扰一下。

Dǎrǎo yíxià.

따라오 이쌰

잠시 실례합니다.

말을 걸 때
打扰 : 폐를 끼치다

002

您这么忙，真是对不起。

Nín zhème máng, zhēnshì duìbuqǐ.

닌 즈어머 망, 전스 뚜이뿌치

바쁘신데 실례합니다.

您은 '당신, 귀하'라는 뜻으로 你를 높여 부르는 말.
这么 : 이렇게
忙 : 바쁘다
真是 : 정말, 참
对不起 : 미안하다, 죄송하다

003

天气不错。

Tiānqì búcuò.

티엔치 뿌춰

날씨가 좋군요.

말을 걸고 싶을 때 날씨로 대화의 실마리를 여는 것은 만국 공통.
天气 : 날씨
不错 : 괜찮다, 좋다

004

有时间吗?

Yǒu shíjiān ma?

여우 스찌엔 마

시간 좀 있으세요?

할 얘기가 있습니다. 有时间吗?
有 : 있다
时间 : 시간

005

想和你聊一会儿。

Xiǎng hé nǐ liáo yíhuìr.

썅 흐어 니 랴오 이훨

잠깐 이야기를 나누고 싶은데요.

想 : ~하고 싶다
和 : ~와
聊 : 이야기하다
一会儿 : 잠깐, 잠시

006

借一步说话。

Jiè yí bù shuōhuà.

찌에 이 뿌 쉬화

잠깐 얘기 좀 하시죠.

借 : 빌리다
一步 : 한 발
借一步 : (대화를 위해) 장소
를 옮기다
说话 : 말하다

007

我有话想跟您说。

Wǒ yǒu huà xiǎng gēn nín shuō.

워 여우 화 썅 껀 닌 쉬

드릴 말씀이 있는데요.

有 : 있다
话 : 말
想 : ~하고 싶다
跟 : ~와
说 : 말하다

008

各位，请听我说两句。

Gèwèi, qǐng tīng wǒ shuō liǎng jù.

거웨이, 칭 팅 워 쉬 량 쥐

여러분, 잠시 얘기를 들어주세요.

의견이 일치하지 않을 때 **各
位，请听我说两句。**
各位 : 여러분
请은 '~하세요'라는 뜻으로
상대방에게 어떤 일을 부탁
하거나 권할 때 쓰는 경어.
请听 : 들어주세요
说는 '말하다'라는 뜻이고 **说
两句**는 '몇 마디 말하다 say
a few words'라는 뜻.

009

你们在说什么呢?

Nǐmen zài shuō shénme ne?

니먼 짜이 쉬 선머 너

너희는 무슨 얘기하고 있니?

在~呢 : ~을 하고 있다
说 : 말하다
什么 : 무엇

010

你听说了吗?

Nǐ tīngshuō le ma?

니 팅쉬 러 마

그 얘기 들었어요?

听说 : 듣자하니, ~이라고 들
었다

011

你最近过得怎么样?

Nǐ zuìjìn guò de zěnmeyàng?

니 쭈이찐 꿔 더 쩐머양

요즘 잘 지내세요?

最近 : 최근, 요즘
过 : 지내다
得는 동사나 형용사의 뒤에
쓰여, 결과나 정도를 나타내
는 보어를 연결시키는 역할
을 한다.
怎么样 : 어때요

012

你最近在忙什么呢?

Nǐ zuìjìn zài máng shénme ne?

니 쭈이찐 짜이 망 선머 너

요즘 뭐 하세요?

最近 : 최근, 요즘
在~呢 : ~을 하고 있다
忙은 '바쁘다'라는 뜻이지만
이 문장에서는 '하다'라는 뜻
으로 해석.

013

这位子有人吗?

Zhè wèizi yǒu rén ma?

즈어 웨이쯔 여우 런 마

이 자리에 누군가 있습니까?

빈자리인지 물을 때
这 : 이, 이것
位子 : 자리
有人 : 사람이 있다
吗는 문장 끝에 쓰여 의문을
나타낸다.

014

会说汉语吗?

Huì shuō hànyǔ ma?

후이 쉬 한위 마

중국어를 하십니까?

会 : ~할 줄 알다
说 : 말하다
汉语 : 중국어

015

是第一次来这儿吗?

Shì dìyī cì lái zhèr ma?

스 띠이 츠 라이 절 마

여긴 처음이십니까?

第一次 : 맨 처음
来 : 오다
这儿 : 여기
吗는 문장 끝에 쓰여 의문을
나타낸다.

016 **喂？**
Wéi?
웨이

여보세요?

전화할 때
喂는 전화상에서 '여보세요.'
라는 뜻.

---

02 맞장구치기

001 **原来是这样。**
Yuánlái shì zhèyàng.
위엔라이 스 즈어양

그렇군요.

상대방의 말을 듣고 원인을
알았을 때
原来 : 원래
这样 : 그렇다

---

002 **原来如此。**
Yuánlái rúcǐ.
위엔라이 루츠

그렇군요.

如此 : 이와 같다, 이러하다

---

003 **果然如此。**
Guǒrán rúcǐ.
꿔란 루츠

역시 그렇군.

자신의 예상을 벗어나지 않
았을 때
果然 : 생각한대로
如此 : 이와 같다, 이러하다

---

004 **没错。**
Méicuò.
메이춰

맞습니다.

没는 '없다', 错는 '틀리다',
没错는 '틀림 없다, 맞다'라
는 뜻.

005

所以呢？

Suǒyǐ ne?

쒀이 너

그래서?

所以呢? 뭘 말하고 싶은 거니? 所以는 '그래서'라는 뜻이고 인과관계의 문장에서 결과나 결론을 나타낸다.
呢는 의문문의 끝에 써서 의문의 어기를 나타낸다.
所以呢는 상대방의 말이 이해가 잘 안 될 때 쓴다.

006

应该是吧。

Yīnggāi shì ba.

잉까이 스 빠

아마 그럴 거야. / 아마도요.

100프로 확실하지 않을 때
应该 : 해야 하다
吧는 문장 끝에 쓰여 상의·제의·청구·명령·독촉의 어기를 나타낸다.

007

也许吧。

Yěxǔ ba.

예쒸 빠

아마 그럴 거야. / 아마도요.

추측을 나타내는 부사 也许, 大约, 大概, 恐怕 등이 쓰인다.
也许는 '아마도'라는 뜻인데, 주로 추측이나 짐작을 하여 단정하지 못함을 나타낸다.

008

你这么说有点儿过分了。

Nǐ zhème shuō yǒudiǎnr guòfèn le.

니 즈어머 쉬 여우띠얄 꿔펀 러

이렇게 말하면 너무하잖아.

내가 일부러 실수한 것도 아닌데 你这么说有点儿过分了。
这么说 : 이렇게 말하다
有点儿 : 조금, 약간
过分 : (말이나 행동이) 지나치다

009

你这么做有点儿过分了。

Nǐ zhème zuò yǒudiǎnr guòfèn le.

니 즈어머 쭤 여우띠얄 꿔펀 러

이렇게 하면 너무하잖아.

아무리 화가 나도 친구를 때리는 것은 아니잖아. 你这么做有点儿过分了。
这么做 : 이렇게 하다
有点儿 : 조금, 약간
过分 : (말이나 행동이) 지나치다

010

已经知道了。

Yǐjīng zhīdào le.

이찡 즈따오 러

알고 있었어요.

已 : 이미
知道 : 알다
了는 동사나 형용사 뒤에 쓰여 동작 또는 변화가 이미 완료되었음을 나타낸다.

011

挺有意思的。

Tǐng yǒuyìsi de.

팅 여우이쓰 더

꽤 재미있었어요.

挺~的는 '꽤 ~하다'라는 뜻으로 주로 형용사의 앞뒤에 쓰이는 구어체 표현. 자주 쓰이는 정도부사 非常이나 很보다는 정도가 약하다.
挺好看的, 挺漂亮的는 '꽤 예쁘다'라는 뜻이고, 挺好吃的는 '꽤 맛있다', 挺忙的는 '꽤 바쁘다'라는 뜻.
有意思 : 재미있다

012

真没想到。

Zhēn méixiǎngdào.

전 메이쌍따오

정말 생각지도 못했어.

真 : 정말
没想到 : 생각지 못하다

013

我也是这么想的。

Wǒ yě shì zhème xiǎng de.

워 예 스 즈어머 쌍 더

저도 그렇게 생각해요.

상대방의 의견에 동의할 때
也 : ~도
这么 : 이렇게
想 : 생각하다
是~的는 중국어에서 자주 쓰이는 특수 구문이다. 주로 과거형에 쓰이며 과거에 발생한 일을 강조한다. 어순은 〈주어+是+강조 내용+술어+的+목적어〉 순이다.

014 **这个么…**
Zhè ge me…
즈어 거 머

음…. / 글쎄요.

这个么…는 대답하기 곤란
하여 꾸물거릴 때 많이 쓰인
다. 우리말로 '음…'과 비슷.

---

015 **真是太好了。**
Zhēnshi tài hǎo le.
전스 타이 하오 러

그거 잘됐네.

真是 : 정말
太~了 : 너무 ~하다
好 : 좋다

---

016 **我就说嘛！**
Wǒ jiù shuō ma!
워 쪄우 쉬 마

내가 말했잖아! / 내가 그랬잖아!

我就说嘛! 맨유가 우승할
거라고!
就는 '원래 또는 전부터 그러
하다'는 것을 나타낸다.
说 : 말하다
嘛는 뚜렷한 사실을 강조할 때

---

03 ▸ 대화 도중 끼어들 때

001 **不好意思，打断一下～。**
Bù hǎoyìsi, dǎduàn yíxià~.
뿌 하오이쓰, 따딴 이쌰~

말씀 도중에 죄송합니다만~.

不好意思 : 죄송하다
打断 : 끊다
一下 : 잠시, 잠깐

---

002 **可以说句话吗?**
Kěyǐ shuō jù huà ma?
크어이 쉬 쮜 화 마

뭐 좀 얘기해도 될까요?

可以 : ~해도 좋다
说 : 말하다
句 : 마디
话 : 말
吗는 문장 끝에 사용되어 의
문을 나타낸다.

现在忙吗?

Xiànzài máng ma?

씨엔짜이 망 마

지금 바쁘세요?

현在 : 지금
忙 : 바쁘다
吗는 문장 끝에 사용되어 의
문을 나타낸다.

我有个问题想问你。

Wǒ yǒu ge wèntí xiǎng wèn nǐ.

워 여우 거 원티 샹 원 니

묻고 싶은 게 있는데요.

질문 하나 해도 될까요?
想 : ~을 하고 싶다

可以提个问题吗?

Kěyǐ tí ge wèntí ma?

크어이 티 거 원티 마

잠시 질문 드려도 될까요?

可以 : ~해도 좋다
提 : 내놓다, 제출하다
个는 목적어를 수반하는 동
사 뒤에 쓰여 동량사와 비슷
한 작용을 한다.
问题 : 문제, 질문
吗는 문장 끝에 사용되어 의
문을 나타낸다.

Chapter 4 화술 표현 | 说话艺术

请稍等。

Qǐng shāo děng.

칭 사오 떵

잠시 기다려 주세요.

请 : ~하세요
稍 : 약간
等 : 기다리다

在这里，我说一句。

Zài zhèlǐ, wǒ shuō yí jù.

짜이 즈어리, 워 숴 이 쥐

그 대목에서 한 말씀 드리겠습니다.

마지막으로 한마디만 할게
요. 在这里，我说一句。
这里 : 여기
我 : 나
说 : 말하다
一句 : 말 한 마디

001 **请快点说。**
Qǐng kuài diǎn shuō.
칭 콰이 띠엔 수워

빨리 말씀하세요.

请은 '~하세요'라는 뜻이고 상대방에게 어떤 일을 부탁하거나 권할 때 쓰는 경어.
快点 : 빨리
说 : 말하다

---

002 **请继续说。**
Qǐng jìxù shuō.
칭 찌쒸 쉬

얘기를 계속해 주세요.

继续 : 계속(하다)
说 : 말하다

---

003 **说点什么吧。**
Shuō diǎn shénme ba.
쉬 띠엔 선머 빠

뭔가 말해 봐.

가만히 앉아 있지만 말고 说点什么吧.
说 : 말하다
点은 '약간, 조금'이라는 뜻으로 소량(少量)을 나타낸다.
什么는 '무엇(이나), 무엇(이든지)'라는 뜻으로 확정적이 아닌 사물을 나타낸다.
吧는 문장 끝에 쓰여 상의·제의·청구·명령·독촉의 어기를 나타낸다.

---

004 **想说就说吧。**
Xiǎng shuō jiù shuō ba.
쌍 쉬 쩌우 쉬 빠

말하고 싶으면 말해 봐요.

想说 : 말하고 싶다
就 : ~면, ~인 이상, ~한 바에는
说 : 말하다

把你想说的话说出来吧。

Bǎ nǐ xiǎng shuō de huà shuō chūlai ba.

빠 니 쌍 숴 더 화 숴 추라이 빠

하고 싶은 말을 해 봐.

把는 일반적으로 동작이나 작용의 대상[목적어]을 동사 앞으로 전치(前置)시킬 때 쓰인다.
想 : 하고 싶다
说 : 말하다
话 : 말
出来는 '나오다'라는 뜻인데 여기서는 说의 결과보어로 쓰인다.

有话直说吧。

Yǒu huà zhí shuō ba.

여우 화 즈 숴 빠

단도직입적으로 말하세요.

다 까놓고 얘기합시다.
有 : 있다
话 : 말
直说 : 솔직하게 말하다

敞开天窗说亮话吧。

Chǎngkāi tiānchuāng shuō liànghuà ba.

창카이 티엔촹 숴 량화 빠

단도직입적으로 말하세요.

敞开天窗说亮话 : 공명정대하게 모든 것을 털어놓고 말하다

别兜圈子了。

Bié dōu quānzi le.

삐에 떠우 취엔쯔 러

빙빙 돌려 말하지 마.

본론으로 들어갑시다. 别兜圈子了。
别 : ~을 하지 마
兜圈子 : 돌려서 말하다

您想说什么?

Nín xiǎng shuō shénme?

닌 쌍 숴 선머

말하고 싶은 것이 무엇입니까?

您은 '당신, 귀하'라는 뜻의 존칭, 你를 높여 부르는 말.
想 : ~하고 싶다
说 : 말하다
什么 : 무엇

001
对了!
Duì le!
뚜이 러

맞다! / 아, 참!

对 : 맞다
对了는 화제를 전환할 때 쓰인다.

002
换个话题怎么样?
Huàn ge huàtí zěnmeyàng?
환 거 화티 쩐머양

화제를 바꿔 볼까요?

换 : 바꾸다
个는 목적어를 수반하는 동사 뒤에 쓰여 동량사와 비슷한 작용을 한다.
话题 : 화제
怎么样 : 어떠한가

003
这个话题以后再说吧。
Zhè ge huàtí yǐhòu zài shuō ba.
즈어 거 화티 이허우 짜이 쉬 빠

그 얘긴 나중에 다시 합시다.

这个 : 이것
话题 : 화제
以后 : 나중에
再 : 다시
说 : 말하다
吧는 문장 끝에 쓰여 상의·제의·청구·명령·독촉의 어기를 나타낸다.

004
这个就这样吧，说下一个话题吧。
Zhè ge jiù zhèyàng ba, shuō xià yí ge huàtí ba.
즈어 거 쪄우 즈어양 빠, 쉬 쌰 이 거 화티 빠

그건 그렇고, 다음 문제로 넘어갑시다.

这个 : 이것
这样 : 이렇다
说 : 말하다
下一个 : 다음
话题 : 화제

005
现在言归正传吧。
Xiànzài yánguīzhèngzhuàn ba.
씨엔짜이 옌구이정촨 빠

이제 말을 다시 본론으로 돌려보자.

现在 : 현재
言归正传 : 이야기가 본론으로 들어가다

006 **休息一下怎么样?**
Xiūxi yíxià zěnmeyàng?
쎠우씨 이쌰 쩐머양

좀 쉴까요?

休息 : 쉬다
一下 : 잠시, 잠깐
怎么样 : 어떠한가

---

007 **闲聊到此为止。**
Xiánliáo dàocǐ wéizhǐ.
씨엔랴오 따오츠 웨이즈

한담은 여기까지.

이제 일합시다. 闲聊到此为止。
闲聊 : 한가롭게 얘기하다
到此为止 : 여기까지, 여기서 끝내다

---

008 **可话又说回来…。**
Kě huà yòu shuō huílai….
크어 화 여우 쉬 후이라이

그런데 말입니다. / 그러나 말을 원점으로 다시 돌려 이야기하면….

又 : 또, 다시
说回来 : 말이 원점으로 돌아가다

---

06 ◀ 말문이 막힐 때

001 **是吗?**
Shì ma?
스 마

글쎄요? / 그렇습니까?

是吗 : 그렇습니까?

---

002 **无语了。**
Wúyǔ le.
우위 러

할 말이 없다. / 기가 막히다.

황당하거나 말문이 막힐 때
无语 : 할 말이 없다

003

怎么说呢？

Zěnme shuō ne?

쩐머 숴 너

뭐랄까? / 뭐라고 하지?

이 상황을 어떻게 표현해야 할지 모르겠어요. 怎么说呢?

怎么 : 어떻게

说 : 말하다

004

不知道该怎么说。

Bù zhīdào gāi zěnme shuō.

뿌 즈따오 까이 쩐머 숴

어떻게 말해야 할지 모르겠어요.

상황을 설명하기 어려울 때

不知道 : 모르다

该 : ~해야 한다

怎么 : 어떻게

说 : 말하다

005

不知道从何说起。

Bù zhīdào cóng hé shuō qǐ.

뿌 즈따오 충 흐어 숴 치

어디부터 얘기해야 할지 모르겠어요.

어떻게 말을 꺼내야 할지 모를 때

不知道 : 모르다

从 : ~로부터

何 : 어디

说 : 말하다

起 : 시작하다

006

不是很清楚。

Bú shì hěn qīngchu.

뿌 스 헌 칭추

잘 모르겠습니다.

不是 : 아니다

清楚 : (명백하게) 알다

---

07 마무리하는 표현

001

所以说～。

Suǒyǐ shuō~.

숴이 숴

그러니까….

결론을 말할 때 所以说~.

所以 : 그래서

所以说 : 그래서 ~라고 하는 것이다, 그런 까닭에 그렇게 말하다

002 **不管怎么说～。**

Bùguǎn zěnme shuō~.

뿌꽌 쩐머 쉬

어쨌든~.

조건이 어떻든 간에 그 결과
나 사실이 별 차이 없음을 나
타낼 때.
不管 : 관계하지 않다
怎么 : 어떻게
不管怎么说 : 어쨌든, 뭐라
고 말하든

---

003 **结果～。**

Jiéguǒ~.

찌에꿔

결국은~.

结果 : 결국

---

004 **总的来说～。**

Zǒngdeláishuō ~.

쫑더라이쉬

총체적으로 말하자면~ / 결론적으로 말하자면~

앞에서 한 말을 다시 한번 간
추릴 때
总的来说 : 총체적으로 말하
자면~

---

005 **总而言之～。**

Zǒng'éryánzhī~.

쫑얼옌즈

총체적으로 말하자면~, / 결론적으로 말하자면~

总而言之 : 총괄적으로 말하
면, 요컨대

各种主题

Gè zhǒng zhǔtí

테마별 화제

chapter **5**
테마별 화제

UNIT 1 날씨, 계절

1 날씨 표현 / **2** 바람이 불 때 / **3** 눈비가 내릴 때 / **4** 봄여름 날씨 /
5 서늘하거나 추운 날씨 / **6** 계절에 대한 화제

단어

今天 jīntiān 찐티엔 오늘	天气 tiānqì 티엔치 날씨	下雨 xiàyǔ 쌰위 비가 내리다	下雪 xiàxuě 쌰쒸에 눈이 내리다
刮风 guāfēng 꽈펑 바람이 불다	好像 hǎoxiàng 하오쌍 마치 ~과 같다	沙尘暴 shāchénbào 사천빠오 황사	台风 táifēng 타이펑 태풍

간체자

| 氣
기운 기 | 气
qì
치 | 气 气 气 气 |
| 風
바람 풍 | 风
fēng
펑 | 风 风 风 风 |

쓰면서 읽어보세요!

오늘 날씨 어때요?

└ 今天天气怎么样?

화창해요.

└ 风和日丽。

001 **今天天气怎么样?**
Jīntiān tiānqì zěnmeyàng?
찐티엔 티엔치 쩐머양

오늘 날씨 어때요?

今天 : 오늘
天气 : 날씨
怎么样 : 어때요

002 **外边天气怎么样?**
Wàibian tiānqì zěnmeyàng?
와이삐엔 티엔치 쩐머양

밖에 날씨 어때요?

外边 : 밖, 바깥쪽
天气 : 날씨
怎么样 : 어때요

003 **天气很好。**
Tiānqì hěn hǎo.
티엔치 헌 하오

날씨가 좋아요.

날씨를 묻는 말에 날씨가 좋을 때의 가장 기본적인 대답
天气 : 날씨

004 **天气不好。**
Tiānqì bù hǎo.
티엔치 뿌 하오

날씨가 좋지 않아요.

005 **下雨了。**
Xiàyǔ le.
샤위 러

비가 내려요.

下는 '내리다'라는 뜻으로 위에서 아래로 향해 움직이는 것을 나타낸다.
雨 : 비

006 **下雪了。**
Xiàxuě le.
샤쉬에 러

눈이 내려요.

下는 '내리다'라는 뜻으로 위에서 아래로 향해 움직이는 것을 나타낸다.
雪 : 눈

007

刮风了。

Guāfēng le.

꽈펑 러

바람이 불어.

刮风 : 바람이 불다

008

是晴天。

Shì qíngtiān.

스 칭티엔

맑은 날씨야.

晴 : 맑다, 개다
天 : 날씨

009

风和日丽。

Fēnghérìlì.

펑흐어르리

화창해요.

화창한 날씨를 표현하는 风和日丽는 사자성어로, '바람은 포근하고 햇볕은 따스하다'라는 뜻.

010

是阴天。

Shì yīntiān.

스 인티엔

흐린 날씨야.

阴 : 흐리다
天 : 날씨

011

天气不太好。

Tiānqì bútài hǎo.

티엔치 뿌타이 하오

그다지 날씨가 좋지 않네요.

不太 : 그다지 ~하지 않다, 별로 ~하지 않다

012

好像要下雨了。

Hǎoxiàng yào xiàyǔ le.

하오쌍 야오 쌰위 러

비가 올 것 같네요.

好像 : 마치 ~과 같다
要~了 : 곧 ~하다
下雨 : 비가 내리다

013

要一直是这样的天气就好了。

Yào yìzhí shì zhèyàng de tiānqì jiù hǎo le.

야오 이즈스 스 즈어양 더 티엔치 쩌우 하오 러

이런 날씨가 지속되면 좋겠네요.

一直 : 줄곧
这样 : 이렇다
天气 : 날씨
就好了는 문장 끝에 쓰여 '~하면 좋겠다'라는 뜻.

014

今天不适合外出。

Jīntiān bú shìhé wàichū.

찐티엔 뿌 스흐어 와이추

오늘은 외출하기에 좋지 않은 날씨야.

주말에 집에서 푹 쉬고 싶을 때
今天 : 오늘
适合 : 적합하다, 알맞다
外出 : 외출하다

015

真是个外出的好天气。

Zhēn shì ge wàichū de hǎo tiānqì.

전 스 거 와추 더 하오 티엔치

외출하기에 좋은 날씨네요.

真是 : 정말로
外出 : 외출하다
好天气 : 좋은 날씨

---

02 ◀ 바람이 불 때

001

外面刮风吗?

Wàimian guāfēng ma?

와이미엔 꽈펑 마

밖에 바람 불어요?

外面 : 바깥쪽, 밖
刮风 : 바람이 불다

002

风好大啊。

Fēng hǎo dà a.

펑 하오 따 아

바람이 심하게 불고 있어요.

风 : 바람
好는 '좋다'라는 뜻 외에 '매우'라는 뜻도 있다. 보통 구어체에 쓰이고 정도가 심한 것을 나타내며, 감탄의 어기가 있다.
大 : (힘이나 강도가) 세다, 강하다

003

风停了。

Fēng tíng le.

펑 팅 러

바람이 멎었습니다.

风 : 바람
停 : 멎다, 멈추다
了는 동사나 형용사 뒤에 쓰여 동작 또는 변화가 생겼음을 나타낸다.

004

又刮沙尘暴了。

Yòu guā shāchénbào le.

여우 꽈 사천빠오 러

황사가 또 시작이군요.

又 : 또
刮 : 바람이 불다
沙尘暴 : 황사

005

听说台风要来了。

Tīngshuō táifēng yào lái le.

팅쉬 타이펑 야오 라이 러

듣자니 태풍이 온대요.

听说 : 듣는 바에 의하면, 듣자하니
台风 : 태풍
要～了 : 곧 ~하다

---

03 눈비가 내릴 때

001

好像要下雨了。

Hǎoxiàng yào xiàyǔ le.

하오썅 야오 쌰위 러

비가 내릴 것 같아요.

好像 : 마치 ~과 같다
要～了 : 곧 ~하다
下雨 : 비가 내리다
비슷한 표현으로는 好像要下小雨了。 '이슬비가 내릴 것 같습니다' 혹은 好像要下大雨了。 '비가 많이 내릴 것 같다'.

002

不会下雨的。

Bú huì xiàyǔ de.

뿌 후이 쌰위 더

비는 내리지 않을 겁니다.

不会～的 : ~하지 않을 것이다
下雨 : 비가 내리다

003

以防万一还是带着雨伞吧。

Yǐfáng wànyī háishi dài zhe yǔsǎn ba.

이팡 완이 하이스 따이 즈어 위싼 빠

만일을 위해 우산을 가지고 가세요.

以防万一 : 만일의 상황을 대비하다
还是~吧 : ~을 하는 게 좋다, ~을 하는 게 낫다
带 : 가지다, 지니다
雨伞 : 우산

004

可以借用一下雨伞吗?

Kěyǐ jièyòng yíxià yǔsǎn ma?

크어이 찌에융 이쌰 위싼 마

우산을 빌려도 되겠습니까?

可以는 '~해도 좋다'라는 뜻이고 허가를 나타낸다.
借用 : 빌려 쓰다
一下 : 한 번 ~하다, 좀 ~하다

005

雨停了吗?

Yǔ tíng le ma?

위 팅 러 마

비가 그쳤습니까?

雨 : 비
停 : 멎다, 멈추다

006

还在下。

Hái zài xià.

하이 짜이 쌰

아직 내리고 있습니다.

还 : 아직, 여전히
在는 '~을 하고 있다'라는 뜻으로 현재진행형에 쓰인다.
下 : (비가) 내리다

007

在这儿躲一会儿雨吧。

Zài zhèr duǒ yíhuìr yǔ ba.

짜이 절 뚸 이훨 위 빠

여기서 잠깐 비를 피합시다.

在这儿 : 여기에서
躲 : 피하다
一会儿 : 잠시, 잠깐
吧는 문장 끝에 쓰여 상의·제의·청구·명령·독촉의 어기를 나타낸다.

008

雨中漫步也不错。

Yǔzhōng mànbù yě búcuò.

위중 만뿌 예 뿌춰

빗속을 한가하게 걷는 것도 괜찮아.

雨中 : 빗속
漫步 : 한가하게 거닐다
也 : ~도, 또한
不错 : 좋다, 괜찮다

009

已经下了好几天雨了。

Yǐjīng xià le hǎo jǐ tiān yǔ le.

이찡 쌰 러 하오 찌 티엔 위 러

이미 며칠 동안 계속 비가 내렸어.

已经 : 이미
下雨 : 비가 내리다
好几天 : 며칠 동안
이 문장 속의 好는 '좋다'라는 뜻이 아니라 수량사 혹은 시간을 나타내는 말 앞에 쓰여 많거나 오래되었음을 나타낸다.

010

六月的天气，说变就变。

Liùyuè de tiānqì, shuō biàn jiù biàn.

려우위에 더 티엔치, 쉬 삐엔 쩌우 삐엔

6월의 날씨는 변한다는 말이 떨어지기가 무섭게 변한다.

'날씨가 변덕스럽다'고 표현할 때
六月 : 6월
天气 : 날씨
说变就变 : 변한다는 말이 떨어지기가 무섭게 변한다

011

刚刚还是晴天，一转眼就下起雨来了。

Gānggāng háishi qíngtiān, yìzhuǎnyǎn jiù xiàqǐ yǔ lái le.

깡깡 하이스 칭티엔, 이좐옌 쩌우 쌰치 위 라이 러

방금 전만 해도 갠 날씨였는데 어느새 비가 내리기 시작했다.

刚刚 : 방금, 막
还是 : 아직도, 여전히
晴天 : 맑은 날씨, 갠 날씨
一转眼 : 눈 깜빡할 사이
下起雨来 : 비가 내리기 시작했다

012

下大雪就好了。

Xià dàxuě jiù hǎo le.

쌰 따쒸에 쩌우 하오 러

눈이 펑펑 쏟아졌으면 좋겠다.

下 : (비나 눈이) 내리다
就好了 : ~하면 좋겠다

013

感觉马上要下雪了。

Gǎnjué mǎshàng yào xiàxuě le.

깐쮀에 마상 야오 쌰쒸에 러

곧 눈이 쏟아질 것 같아요.

感觉 : ~이라고 생각하다
要~了 : 곧 ~하다

014 **下第一场雪的时候见吧。**
Xià dìyī chǎng xuě de shíhou jiàn ba.
샤 띠이 창 쒸에 더 스허우 찌엔 빠

첫눈이 오면 만나자.

第一 : 첫 번째
场 : 눈이나 비를 세는 양사
的时候 : ~할 때

015 **在下鹅毛大雪呢。**
Zài xià émáo dàxuě ne.
짜이 쌰 으어마오 따쒸에 너

함박눈이 내리고 있어요.

鹅毛大雪 : 함박눈
鹅毛 : 거위의 깃털

04 ◀ 봄여름 날씨

001 **我喜欢暖和的春天。**
Wǒ xǐhuan nuǎnhuo de chūntiān.
위 씨환 난훠 더 춘티엔

따뜻한 봄을 좋아해요.

喜欢 : 좋아하다
暖和 : 따뜻하다
春天 : 봄

002 **我不喜欢炎热的夏天。**
Wǒ bù xǐhuan yánrè de xiàtiān.
위 뿌 씨환 옌르어 더 쌰티엔

찌는 듯한 여름을 싫어해요.

炎热 : 무덥다, 찌는 듯이 덥다
夏天 : 여름

003 **天气变暖和了。**
Tiānqì biàn nuǎnhuo le.
티엔치 삐엔 난훠 러

날이 포근해졌어요.

天气 : 날씨
变 : 변하다
暖和 : 따뜻하다
了는 동사나 형용사 뒤에 쓰여 동작 또는 변화가 이미 완료되었음을 나타낸다.

004

今天非常热。

Jīntiān fēicháng rè.

찐티엔 페이창 르어

오늘은 상당히 덥네요.

今天 : 오늘
非常 : 매우
热 : 덥다

005

很闷热。

Hěn mēnrè.

헌 먼러

무덥군요.

闷热 : 무덥다, 후텁지근하다

006

天气越来越热了。

Tiānqì yuèláiyuè rè le.

티엔치 위에라이위에 르어 러

날씨가 점점 더워지네요.

天气 : 날씨
越来越 : 점점

007

这几天热得受不了了。

Zhè jǐtiān rè de shòu bu liǎo le.

즈어 찌티엔 러 더 서우 뿌 리아오 러

요 며칠 더워서 견딜 수 없어요.

这几天 : 요즘, 요 며칠
热 : 덥다
受不了 : 견딜 수 없다, 참을 수 없다
得는 동사나 형용사의 뒤에 쓰여, 정도를 표시하는 보어를 연결시키는 역할을 한다.

---

05 서늘하거나 추운 날씨

001

我喜欢凉快的秋天。

Wǒ xǐhuan liángkuai de qiūtiān.

워 씨환 량콰이 더 처우티엔

시원한 가을을 좋아해요.

喜欢 : 좋아하다
凉快 : 시원하다
秋天 : 가을

002

我不喜欢寒冷的冬天。

Wǒ bù xǐhuan hánlěng de dōngtiān.

워 뿌 씨환 한렁 더 뚱티엔

추운 겨울을 싫어해요.

喜欢 : 좋아하다
寒冷 : 몹시 춥다
冬天 : 겨울

003

真凉快！

Zhēn liángkuai!

전 량콰이

참 시원하네요.

真 : 정말로
凉快 : 시원하다

004

有点儿冷。

Yǒudiǎnr lěng.

여우띠얄 렁

좀 추워요.

有点儿은 '조금, 약간'이라는 뜻으로 불만족스럽다는 어기를 나타낸다.
冷 : 춥다

005

冻死我了。

Dòngsǐ wǒ le.

뚱쓰 워 러

얼어죽을 것 같아요.

冻 : 얼다
死了는 '죽겠다'라는 뜻으로 정도가 매우 심함을 나타낸다.

006

这几天早晚温差大，出门多带件衣服。

Zhè jǐ tiān zǎowǎn wēnchā dà, chūmén duō dài jiàn yīfu.

즈어 찌 티엔 짜오완 원차 따, 추먼 뚸 따이 찌엔 이푸

요즘은 밤낮의 일교차가 커서 외출할 때 옷을 한 벌 더 챙기세요.

这几天 : 요즘, 요 며칠
早晚 : 아침과 저녁
温差 : 온도차
出门 : 외출하다
多 : 많다, 많이
带 : 지니다, 가지다
件은 '벌'이라는 뜻으로 옷을 세는 양사.
衣服 : 옷

001 你喜欢什么季节?

Nǐ xǐhuan shénme jìjié?

니 씨환 선머 찌찌에

어느 계절을 제일 좋아하세요?

喜欢 : 좋아하다
什么 : 무엇, 무슨
季节 : 계절

002 现在是樱花盛开的季节。

Xiànzài shì yīnghuā shèngkāi de jìjié.

씨엔짜이 스 잉화 성카이 더 찌찌에

벚꽃은 지금이 한창때입니다.

现在 : 지금, 현재
樱花 : 벚꽃
盛开 : 꽃이 만발하다
季节 : 계절

003 就等着放暑假呢。

Jiù děng zhe fàng shǔjià ne.

쪄우 떵 즈어 팡 수쨔 너

여름방학이 기다려집니다.

等은 '기다리다'라는 뜻이고
着는 동작의 지속을 나타내
기 때문에 等着는 '기다리고
있다'라는 뜻.
放假 : 방학하다
暑假 : 여름방학

004 进入梅雨季节了。

Jìnrù méiyǔ jìjié le.

찐루 메이위 찌찌에 러

장마에 진입했습니다.

장마철이 시작되었다.
进入 : 들어가다, 들어서다
梅雨季节 : 장마철

005 天气热了,小心中暑。

Tiānqì rè le, xiǎoxīn zhòngshǔ.

티엔치 르어 러, 샤오씬 중수

날씨가 더워졌어요. 더위 먹지 않도록 조심하세요.

여름에 안부 인사로 빠질 수
없는 표현
天气 : 날씨
热 : 덥다
了는 동사나 형용사 뒤에 쓰
여 동작 또는 변화가 이미 완
료되었음을 나타낸다.
小心 : 조심하다
中暑 : 더위를 먹다

006

天气冷了，小心感冒。

Tiānqì lěng le, xiǎoxīn gǎnmào.

티엔치 렁 러, 쌰오씬 깐마오

날씨가 추워졌어요. 감기 조심하세요.

겨울에 안부 인사로 빠질 수 없는 표현

天气 : 날씨

冷 : 춥다

感冒 : 감기

007

我还是不习惯这里的天气。

Wǒ háishi bù xíguàn zhèli de tiānqì.

워 하이스 뿌 씨꽌 즈어리 더 티엔치

나는 아직 여기의 날씨에 적응하지 못했어.

한국에 6년 살았지만 후텁지근하고 습한 여름에 아직 적응하지 못했다.

还是 : 아직, 여전히

习惯 : 습관이 되다, 익숙해지다

这里 : 여기

008

我不喜欢北京的冬天，实在是太冷了。

Wǒ bù xǐhuan běijīng de dōngtiān, shízài shì tài lěng le.

워 뿌 씨환 뻬이찡 더 뚱티엔, 스짜이 스 타이 렁 러

나는 베이징의 겨울이 정말 너무 추워서 싫어요.

实在 : 정말, 확실히, 진실하다

009

南方的冬天阴冷。

Nánfāng de dōngtiān yīnlěng.

난팡 더 뚱티엔 인렁

남방의 겨울은 음침하고 춥습니다.

南方 : 남방(중국의 진령秦岭-회하淮河 이남 지역을 남방이라고 한다)

阴冷 : 음랭하다, 음침하고 춥다

010

一到冬天，雾霾更严重。

Yí dào dōngtiān, wùmái gèng yánzhòng.

이 따오 뚱티엔, 우마이 껑 옌쭝

겨울이 되면 미세먼지가 더 심해진다.

雾霾 : 미세먼지

严重 : 심각하다

011 **我们这里四季如春。**

四季如春 : 사계절이 봄 같다

Wǒmen zhèli sìjìrúchūn.

위먼 즈어리 쓰찌루춘

여기는 사계절 내내 봄 같아.

---

012 **韩国是一个四季分明的国家。**

四季分明 : 사계절이 분명하다
国家 : 나라, 국가

Hánguó shì yí ge sìjì fēnmíng de guójiā.

한꿔 스 이 거 쓰찌 펀밍 더 꿔쨔

한국은 사계절이 뚜렷한 나라다.

UNIT 2 시간, 날짜

1 시간을 말할 때 / 2 연월일을 말할 때 / 3 장소 묻기

二月
èr yuè
얼 위에

一	二	三	四	五	六	日
				1 一号 yī hào 이 하오	**2** 二号 èr hào 얼 하오	**3** 三号 sān hào 싼 하오
4 四号 sì hào 쓰 하오	**5** 五号 wǔ hào 우 하오	**6** 六号 liù hào 려우 하오	**7** 七号 qī hào 치 하오	**8** 八号 bā hào 빠 하오	**9** 九号 jiǔ hào 쪄우 하오	**10** 十号 shí hào 스 하오
11 十一号 shíyī hào 스이 하오	**12** 十二号 shí'èr hào 스얼 하오	**13** 十三号 shísān hào 스싼 하오	**14** 十四号 shísì hào 스쓰 하오	**15** 十五号 shíwǔ hào 스우 하오	**16** 十六号 shíliù hào 스려우 하오	**17** 十七号 shíqī hào 스치 하오
18 十八号 shíbā hào 스빠 하오	**19** 十九号 shíjiǔ hào 스쪄우 하오	**20** 二十号 èrshí hào 얼스 하오	**21** 二十一号 èrshíyī hào 얼스이 하오	**22** 二十二号 èrshí'èr hào 얼스얼 하오	**23** 二十三号 èrshísān hào 얼스싼 하오	**24** 二十四号 èrshísì hào 얼스쓰 하오
25 二十五号 èrshíwǔ hào 얼스우 하오	**26** 二十六号 èrshíliù hào 얼스려우 하오	**27** 二十七号 èrshíqī hào 얼스치 하오	**28** 二十八号 èrshíbā hào 얼스빠 하오			

Chapter 5

테마별 회제 | 各种主题

001
现在几点?
Xiànzài jǐ diǎn?
씨엔짜이 찌 띠엔

지금 몇 시죠?

现在 : 지금
几는 '몇'이라는 뜻으로 주로
10 이하의 확실하지 않은 수
를 물을 때 쓰며, 그 이상의
수를 물을 경우에는 多少 duō
shao '얼마'를 사용한다.
点 : 시

002
8点零5分。
Bā diǎn líng wǔ fēn.
빠 띠엔 링 우 펀

8시 5분입니다.

点 : 시
分 : 분
零은 '0'이라는 뜻으로 10분
이내일 경우에 사용.

003
8点半。
Bā diǎn bàn.
빠 띠엔 빤

8시 30분입니다.

半은 '절반, 30분'이라는 뜻.
8点半, 또는 8点30分이라고
도 할 수 있다.

004
9点整。
Jiǔ diǎn zhěng.
쪄우 띠엔 정

정각 9시입니다.

정각은 点整 외에 点을 써도
된다. 즉 9시는 9点으로 표
현해도 된다
点 : 시

005
差10分9点。
Chà shí fēn jiǔ diǎn.
차 스 펀 쪄우 띠엔

9시 10분 전입니다.

'몇 시 몇 분 전'이라고 말할
때는 보통 〈差+숫자+分+숫
자+点〉으로 표현.
差 : 부족하다, 모자라다
分 : 분
点 : 시

006

7点多了。

Qī diǎn duō le.

치 띠엔 뛰 러

7시가 넘었어요.

대략적인 시간 표현
多了는 이 문장 속에서 '넘었
다'라는 뜻.

007

还没到7点。

Hái méi dào qī diǎn.

하이 메이 따오 치 띠엔

아직 7시가 안 됐어요.

还 : 아직
到 : 도달하다, 이르다

008

马上就12点了。

Mǎshàng jiù shí'èr diǎn le.

마상 쩌우 스얼 띠엔 러

곧 12시입니다.

马上 : 곧, 바로
就～了 : 곧 ~하다

009

还来得及吗?

Hái láidejí ma?

하이 라이더찌 마

아직 늦지 않았어요?

还 : 아직
来得及 : 늦지 않다

010

还早呢。

Hái zǎo ne.

하이 짜오 너

아직 일러요. / 시간이 충분해요.

지금 출발하면 늦지 않을까
요? 还早呢。
还 : 아직
早 : 이르다
呢는 서술문 끝에 쓰여 상대
방으로 하여금 믿게 하거나 사
태·상황의 단정을 나타냄.

011

来不及了。
Láibují le.
라이뿌찌 러

늦었어요.

来不及 : 늦었다
了는 동사나 형용사 뒤에 쓰여 동작 또는 변화가 이미 완료되었음을 나타낸다.

012

几点见？
Jǐ diǎn jiàn?
찌 띠엔 찌엔

몇 시에 만날까요?

几点 : 몇 시
见 : 만나다

013

时间到了。
Shíjiān dào le.
스찌엔 따오 러

시간이 됐어.

时间到了。이제 슬슬 출발합시다.
时间 : 시간
到 : 도착하다, 이르다
了는 동사나 형용사 뒤에 쓰여 동작 또는 변화가 이미 완료되었음을 나타낸다.

014

营业时间是几点到几点？
Yíngyè shíjiān shì jǐ diǎn dào jǐ diǎn?
잉예 스찌엔 스 찌 띠엔 따오 찌 띠엔

영업 시간은 몇 시부터 몇 시까지입니까?

영업 시간을 물을 때
营业 : 영업하다
时间 : 시간
几点 : 몇 시
到은 '도착하다, 이르다'라는 뜻 외에 '~까지'의 뜻도 있다.

---

02 ‹ 연월일을 말할 때

001

今天星期几？
Jīntiān xīngqījǐ?
찐티엔 씽치찌

오늘은 무슨 요일입니까?

今天 : 오늘
星期几 : 무슨 요일

今天星期一。

Jīntiān xīngqīyī.

쩐티엔 씽치이

오늘은 월요일입니다.

星期一 xīngqīyī 월요일
星期二 xīngqī'èr 화요일
星期三 xīngqīsān 수요일
星期四 xīngqīsì 목요일
星期五 xīngqīwǔ 금요일
星期六 xīngqīliù 토요일
星期天 xīngqītiān, 星期日
xīngqīrì 일요일

今天几月几号?

Jīntiān jǐ yuè jǐ hào?

쩐티엔 찌 위에 찌 하오

오늘은 몇 월 며칠입니까?

几月几号 : 몇 월 며칠

今天10月1号。

Jīntiān shí yuè yī hào.

쩐티엔 스 위에 이 하오

오늘은 10월 1일입니다.

月 : 월
号는 '일'이라는 뜻. 또한 日
rì로도 표현할 수 있다. 다만
발음이 어려워 号를 더 많이
사용.

Chapter 5 테마별 화제 各种主题

你是哪年出生的?

Nǐ shì nǎ nián chūshēng de?

니 스 나 니엔 추셩 더

어느 해에 태어났어요?

출생년도를 물을 때
哪 : 어느
年 : 해, 년
出生 : 태어나다, 출생하다
是~的는 이미 발생한 사건
에 대해 시간, 장소, 수단 등
의 정보를 묻거나 알려줄 때
是~的 강조문을 사용할 수
있다.

我是1968年出生的。

Wǒ shì 1968 nián chūshēng de.

워 스 이쩌우려우빠 니엔 추셩 더

저는 1968년생입니다.

중국어에서는 연도수를 말할
때는 한자리씩 끊어서 읽는
다. 즉, 1968 yī jiǔ liù bā

007

你的生日是几月几号?

Nǐ de shēngrì shì jǐ yuè jǐ hào?

니 더 성르스 찌 위에 찌 하오

생일은 몇 월 며칠입니까?

生日 : 생일
几月几号 : 몇 월 며칠

008

我的生日是11月30号。

Wǒ de shēngrì shì shíyī yuè sānshí hào.

워 더 성르스 스이 위에 싼스 하오

제 생일은 11월 30일입니다.

009

8月25号前可以完成吗?

Bā yuè èrshíwǔ hào qián kěyǐ wánchéng ma?

빠 위에 얼스우 하오 치엔 크어이 완청 마

8월 25일 전까지 끝낼 수 있으세요?

완성 시간을 물을 때
月 : 월
号는 '일(날짜)'. 日 rì로 바꿔
쓸 수 있다. 다만 발음이 어려
워 号를 더 많이 사용.
前 : 이전, 전
可以 : 할 수 있다
完成 : 완성하다

010

你什么时候到?

Nǐ shénme shíhou dào?

니 선머 스허우 따오

언제 도착하니?

什么时候 : 언제
到 : 도착하다

011

我们的休假从什么时候开始?

Wǒmen de xiūjià cóng shénme shíhou kāishǐ?

워먼 더 쎠우쨔 충 선머 스허우 카이스

우리 휴가는 언제 시작이지?

休假 : 휴가
从 : ~부터
什么时候 : 언제
开始 : 시작하다

012

一般星期一到星期五营业。

Yìbān xīngqīyī dào xīngqīwǔ yíngyè.

이빤 씽치이 따오 씽치우 잉예

보통 월요일에서 금요일까지 영업합니다.

영업 시간을 말할 때
一般 : 보통
星期一 : 월요일
到는 '도착하다, 이르다'라는
뜻 외에 '~까지'라는 뜻도 있다.
星期五 : 금요일
营业 : 영업하다

013

有效期是多长时间?

Yǒuxiàoqī shì duōcháng shíjiān?

여우-쌰오치 스 뛰창 스찌엔

유효 기간은 얼마입니까?

有效 : 유효하다
期 : 기간
多长时间 : 얼마 동안

014

有效期是6天。

Yǒuxiàoqī shì liù tiān.

여우-쌰오치 스 려우 티엔

6일간 유효합니다.

天 : 하늘, 하루, 날

03 장소 묻기

001

你现在在哪儿?

Nǐ xiànzài zài nǎr?

니 씨엔짜이 짜이 날

지금 어디에 있습니까?

现在 : 현재, 지금
在 : ~에 있다
哪儿 : 어디

002

这儿是哪儿?

Zhèr shì nǎr?

즈얼 스 날

여기가 어디입니까?

这儿 : 여기
哪儿 : 어디

Chapter 5

테마별 화제

各种主题

284 /
285

003

你去哪儿?

Nǐ qù nǎr?

니 취 날

어디 가세요?

去 : 가다
哪儿 : 어디

004

想去哪儿?

Xiǎng qù nǎr?

쌍 취 날

어디 가고 싶어요?

想 : ~하고 싶다

005

出口在哪里?

Chūkǒu zài nǎli?

추커우 짜이 나리

출구는 어디입니까?

出口 : 출구

006

在哪里买的?

Zài nǎli mǎi de?

짜이 나리 마이 더

어디서 샀어요?

在 : ~에 있다
哪里는 '어디'라는 뜻인데
哪儿를 사용할 수 있다.
买 : 사다

007

您的公司在哪里?

Nín de gōngsī zài nǎli?

닌 더 꿍쓰 짜이 나리

당신의 회사는 어디입니까?

公司 : 회사

008

在哪里见面?

Zài nǎli jiànmiàn?

짜이 나리 찌엔미엔

어디에서 만날까요?

在 : ~에 있다
哪里 : 어디
见面 : 만나다

009

你住在哪儿?

Nǐ zhù zài nǎr?

니 쭈 짜이 날

어디에서 사세요?

住 : 살다

哪儿 : '어디'라는 뜻인데 哪里 nǎ lǐ를 사용할 수 있다.

010

您是哪里人?

Nín shì nǎli rén?

닌 스 나리 런

어디 출신이세요?

고향을 물을 때

哪里人 : 고향이 어디인가

UNIT 3 개인적 화제

chapter 5 테마별 화제

1 가족에 대한 질문 / 2 친구 관계 / 3 출신지에 대해 / 4 주거 환경 이야기 /
5 학창 시절에 대한 질문 / 6 학교와 학생 / 7 공부와 시험 / 8 종교 이야기

妹妹	在	单位	家人
mèimei	zài	dānwèi	jiārén
메이메이	짜이	딴웨이	쨔런
여동생	~에서	회사, 단위	가족
工作	查	户口	出生
gōngzuò	chá	hùkǒu	chūshēng
꿍쭤	차	후커우	추셩
일, 직업	조사하다	호구, 호적	태어나다

간체자

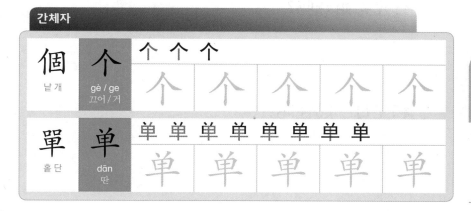

個	个	个 个 个
낱 개	gè / ge 끄어 / 거	个 个 个 个 个
單	单	单 单 单 单 单 单 单 单
홑 단	dān 딴	单 单 单 单 单

쓰면서 읽어보세요!

여동생은 어디에서 일하나요?

ㄴ 你妹妹在哪个单位工作?

호구 조사하세요?

ㄴ 你这是查户口吗?

001 # 家里有几口人？

Jiāli yǒu jǐ kǒu rén?

쨔리 여우 찌 커우 런

가족은 몇 명입니까?

家 : 집
里 : 안쪽
有 : 있다
几는 '몇'이라는 뜻이고 10 이하의 숫자를 물을 때 사용.
口는 양사로, '입'이라는 뜻 외에도 '식구'라는 뜻이 있다.
几口人 : 몇 식구

002 # 有兄弟姐妹吗？

Yǒu xiōngdì jiěmèi ma?

여우 쓩띠 찌에메이 마

형제자매가 있나요?

兄弟 : 형제
姐妹 : 자매

003 # 和父母一起住吗？

Hé fùmǔ yìqǐ zhù ma?

흐어 푸무 이치 주 마

부모님과 함께 사십니까?

和~一起 : ~와 함께
父母 : 부모
住 : 살다

004 # 结婚了吗？

Jiéhūn le ma?

찌에훈 러 마

결혼은 하셨습니까？

结婚 : 결혼하다
了는 동사나 형용사 뒤에 쓰여 동작 또는 변화가 이미 완료되었음을 나타낸다.

005 # 有孩子吗？

Yǒu háizi ma?

여우 하이쯔 마

자녀는 있습니까?

有 : 있다
孩子 : 아이

006

你妹妹是干什么的?

Nǐ mèimei shì gàn shénme de?

니 메이메이 스 깐 선머 더

여동생은 뭘 합니까?

여동생의 직업을 물을 때
妹妹 : 여동생
干 : 하다
是~的는 이미 발생한 사건
에 대해 시간, 장소, 수단 등
의 정보를 묻거나 알려줄 때
是~的 강조문을 사용할 수
있다.

007

你妹妹做什么工作?

Nǐ mèimei zuò shénme gōngzuò?

니 메이메이 쭤 선머 꿍쮀

여동생은 무슨 일을 합니까?

做 : 하다
工作 : 일, 직업

008

你妹妹在哪个单位工作?

Nǐ mèimei zài nǎ ge dānwèi gōngzuò?

니 메이메이 짜이 나 거 딴웨이 꿍쮀

여동생은 어디에서 일합니까?

在 : ~에서
哪个单位 : 어느 회사
单位 : 단위, 회사
工作 : 일, 직업

009

你这是查户口吗?

Nǐ zhè shì chá hùkǒu ma?

니 즈어 스 차 후커우 마

호구 조사하세요?

查 : 조사하다
户口 : 호구, 호적
查户口는 '호구를 조사하다'
라는 뜻. '가족이나 개인정보
를 하나하나 캐묻는다'라는
뜻도 있다.

010

代我向你家人问好。

Dài wǒ xiàng nǐ jiārén wènhǎo.

따이 워 쌍 니 쨔런 원하오

나 대신 가족에게 안부 전해주세요.

代 : 대신하다
向 : ~을 향해
家人 : 가족
问好 : 안부를 묻다

001

他是我的好朋友。

Tā shì wǒ de hǎo péngyou.

타스워더하오펑여우

그는 제 절친입니다.

친구를 소개할 때
是는 '~이다'라는 뜻. 是는
영어의 be동사에 해당.
好朋友 : 좋은 친구, 절친

002

他是我的同事。

Tā shì wǒ de tongshì.

타스워더퉁스

그는 내 동료입니다.

동료를 소개할 때
同事 : 동료

003

我们关系很好。

Wǒmen guānxi hěn hǎo.

위먼꽌시헌하오

우리는 사이가 좋습니다.

关系 : 사람과 사람 사이의
관계

004

你们认识吗?

Nǐmen rènshi ma?

니먼 런스 마

너희들은 서로 아는 사이냐?

们은 '~들'이라는 뜻. 사람을
지칭하는 명사나 대명사 뒤
에 쓰여 복수를 나타내고 동
물이나 사물에는 사용할 수
없다.
认识 : 알다

005

你们是什么时候认识的?

Nǐmen shì shénme shíhou rènshi de?

니먼 스 선머 스허우 런스 더

너희들은 언제 알게 됐니?

什么时候 : 언제
认识 : 알다
是~的는 이미 발생한 사건
에 대해 시간, 장소, 수단 등
의 정보를 묻거나 알려줄 때
是~的 강조문을 사용할 수
있다.

006

你们是怎么认识的?

Nǐmen shì zěnme rènshi de?

니먼 스 쩐머 런스 더

너희들은 어떻게 알게 됐니?

怎么 : 어떻게
认识 : 알다

007

你还认得我吗?

Nǐ hái rènde wǒ ma?

니 하이 런더 워 마

나를 알아보시겠어요?

오랜만에 만났을 때
还 : 아직
认得 : 알다
认得와 认识는 모두 '알다'
라는 뜻이지만 약간의 차이
가 있다. 认得는 보통 아는
사이지만 별로 친하지 않은
경우에 사용하고 认识는 서
로 익숙한 사이에 사용.
知道zhī dào도 '알다'라는 뜻
인데 한쪽이 상대방을 아는
경우에 사용.

008

我在这儿举目无亲。

Wǒ zài zhèr jǔmùwúqīn.

워 짜이 절 쥐무우친

나는 여기에 아는 사람이 한 명도 없어요.

在 : ~에서
这儿 : 여기
举目无亲은 사자성어로, '눈
을 들어 살펴봐도 아는 사람
이 하나도 보이지 않는다'라
는 뜻.

---

03 출신지에 대해

001

你是在哪里出生的?

Nǐ shì zài nǎli chūshēng de?

니 스 짜이 나리 추성 더

어디 출신이세요?

출신지를 물을 때
在 : ~에서
哪里 : 어디
出生 : 출생하다, 태어나다
是~的는 이미 발생한 사건
에 대해 시간, 장소, 수단 등
의 정보를 묻거나 알려줄 때
是~的 강조문을 사용할 수
있다.

002 我是忠南人。
Wǒ shì Zhōngnán rén.
워 스 중난 런
저는 충남 출신입니다.

003 我家原来在济州岛。
Wǒ jiā yuánlái zài Jìzhōudǎo.
워 쨔 위엔라이 짜이 찌저우따오
저희 집은 원래 제주도에 있었어요.

家 : 집
原来 : 원래
在 : ~에서, ~에 있다
济州岛 : 제주도

004 我在春川出生，在首尔长大。
Wǒ zài Chūnchuān chūshēng, zài Shǒu'ěr zhǎngdà.
워 짜이 춘촨 추셩, 짜이 서우얼 장따
춘천에서 태어나 서울에서 자랐습니다.

在 : ~에서
春川 : 춘천
首尔 : 서울
出生 : 출생하다, 태어나다
长大 : 자라다, 성장하다

005 一直到高中都住在春川。
Yìzhí dào gāozhōng dōu zhù zài Chūnchuān.
이즈 따오 까오중 떠우 주 짜이 춘촨
고교 시절까지 춘천에서 살았습니다.

一直到 : ~에 이르기까지
高中 : 고등학교
住 : 살다
在 : ~에서

006 我是土生土长的首尔人。
Wǒ shì tǔshēngtǔzhǎng de Shǒu'ěr rén.
워 스 투셩투장 더 서우얼 런
서울 토박이에요.

土生土长 : 그 지방에서 태어나고 자라다

001 **我自己住单间。**
Wǒ zìjǐ zhù dānjiān.
워 쯔찌 주 딴찌엔

저는 원룸에서 살아요.

自己 : 혼자
住 : 살다
单间 : 원룸

002 **我跟人合租。**
Wǒ gēn rén hézū.
워 껀 런 흐어쭈

나는 다른 사람과 같이 살아요.

跟 : ~와
合租 : 공동 임대하다

003 **我跟父母一起住。**
Wǒ gēn fùmǔ yìqǐ zhù.
워 껀 푸무 이치 주

부모님과 함께 살아요.

父母 : 부모
一起 : 함께, 같이

004 **交通很方便。**
Jiāotōng hěn fāngbiàn.
쨔오퉁 헌 팡삐엔

교통이 편리해요.

交通 : 교통
方便 : 편리하다

005 **附近有超市，健身房，电影院什么的。**
Fùjìn yǒu chāoshì, jiànshēnfáng, diànyǐngyuàn shénme de.
푸쩐 여우 차오스, 찌엔선팡, 띠엔잉위엔 선머 더

근처에 마트, 헬스장, 영화관 등이 있어요.

附近 : 근처, 부근
超市 : 슈퍼마켓
健身房 : 헬스장
电影院 : 영화관
什么的 '등등'이라는 구어
체 표현.

Chapter 5 테마별 회제 | 各种主题

294 /
295

006

面积不大，只有60坪。

Miànjī bú dà, zhǐ yǒu liùshí píng.

미엔찌 뿌 따, 즈 여우 려우스 핑

면적이 크지 않아요. 60평입니다.

집이 몇 평이냐는 질문에 대답
面积 : 면적
只 : 오직
坪은 '평'이라는 뜻의 면적
단위. 한국의 1평은 약 3.3㎡
이고 중국의 1평은 1㎡

007

这里是客厅，那里是厨房，那边是卧室。

Zhèli shì kètīng, nàlǐ shì chúfáng, nàbiān shì wòshì.

즈어리 스 크어팅, 나리 스 추팡, 나삐엔 스 워스

여기는 거실이고, 저기는 주방, 저쪽은 침실입니다.

집의 구조를 소개할 때
这里 : 여기
那里, 那边 : 저기, 저쪽
客厅 : 거실
厨房 : 주방
卧室 : 침실

008

三室一厅两卫。

Sān shì yì tīng liǎng wèi.

싼 스 이 팅 량 웨이

우리집은 방 세 개에 거실 한 개, 화장실이 두 개 달린 집이야.

室는 卧室의 약자로 '침실'.
厅은 客厅의 약자로 '거실'.
卫는 卫生间이나 洗手间의
약자로 '화장실'.
两은 '2, 둘'. 일반적으로 양
사 앞에서는 两을 쓴다.

009

隔音不太好。

Géyīn bú tài hǎo.

거인 뿌 타이 하오

방음이 별로 좋지 않아요.

隔音 : 방음
不太 : 그다지 ~하지 않다,
별로 ~하지 않다

010

这个房间采光好。

Zhè ge fángjiān cǎiguāng hǎo.

즈어 거 팡찌엔 차이꽝 하오

이 방은 햇볕이 잘 듭니다.

房间 : 방
采光 : 채광

011 **晚上能看到上海的夜景。**
Wǎnshang néng kàndào Shànghǎi de yèjǐng.
완상 넝 칸따오 상하이 더 예찡

저녁에는 상해의 야경을 볼 수 있어요.

晚上 : 저녁
能 : ~을 할 수 있다
看到는 '볼 수 있다'라는 뜻.
到는 보어로 쓰였고 동작이
목표에 도달했거나 성취했음
을 나타낸다.
夜景 : 야경

---

05 학창 시절에 대한 질문

---

001 **你上哪所大学?**
Nǐ shàng nǎ suǒ dàxué?
니 상 나 쒀 따쒜에

어느 대학에 다니세요?

上 : 위, 위쪽, 다니다
哪 : 어느
所 : '학교'를 세는 양사.
大学 : 대학교
幼儿园 yòu'éryuán 유치원
小学 xiǎoxué 초등학교
中学 zhōngxué 중·고등학교
初中 chūzhōng 중학교
高中 gāozhōng 고등학교

---

002 **上清华大学。**
Shàng Qīnghuá dàxué.
상 칭화 따쒜에

칭화대학에 다닙니다.

대학교를 말할 때
上은 '위, 위쪽' 외에 '다니
다'라는 뜻도 있다.
大学 : 대학교

---

003 **你学什么专业?**
Nǐ xué shénme zhuānyè?
니 쒜에 선머 좐예

전공은 무엇입니까?

学 : 배우다
什么 : 무엇, 무슨
专业 : 전공

004

你学的是什么专业?

Nǐ xué de shì shénme zhuānyè?

니 쒜에 더 스 선머 좐예

전공은 무엇입니까?

学的 : 배운 것

005

你的大学生活过得怎么样?

Nǐ de dàxué shēnghuó guò de zěnmeyang?

니 더 따쒜에 성훠 꿔 더 쩐머양

대학 생활은 어땠어요?

大学生活 : 대학 생활
过 : 지내다
得는 동사나 형용사의 뒤에 쓰여, 결과나 정도를 표시하는 보어를 연결시키는 역할을 한다.
怎么样 : 어때요

006

我们学校的学习氛围很好。

Wǒmen xuéxiào de xuéxí fēnwéi hěn hǎo.

워먼 쒜에샤오 더 쒜에씨 펀웨이 헌 하오

우리 학교의 면학 분위기는 좋아요.

学校 : 학교
学习氛围 : 면학 분위기

007

你参加了什么社团?

Nǐ cānjiā le shénme shètuán?

니 찬쨔 러 선머 스어퇀

무슨 동아리에 들었어요?

参加 : 참가하다
社团 : 동아리

008

我参加了学校的话剧团。

Wǒ cānjiā le xuéxiào de huàjùtuán.

워 찬쨔 러 쒜에샤오 더 화쮜퇀

학교의 연극 동아리에 참가했습니다.

参加 : 참가하다
话剧团 : 연극 동아리

009

我参加了文学社。

Wǒ cānjiā le wénxuéshè.

워 찬쨔 러 원쒜에스어

학교의 문학 동아리에 참가했습니다.

文学社 : 문학 동아리

010

你打工吗?

Nǐ dǎgōng ma?

니 따꿍 마

아르바이트하니?

打工 : 아르바이트하다

011

你打什么工?

Nǐ dǎ shénme gōng?

니 따 선머 꿍

무슨 아르바이트하니?

012

我在咖啡厅打工。

Wǒ zài kāfēitīng dǎgōng.

워 짜이 카페이팅 따꿍

커피숍에서 아르바이트합니다.

在 : ~에서
咖啡厅 : 커피숍

013

我当家教，教高中英语。

Wǒ dāng jiājiào, jiào gāozhōng yīngyǔ.

워 땅 찌야쨔오, 쨔오 까오중 잉위

과외를 하고 있어요. 고등 영어를 가르칩니다.

当 : ~이 되다
家教 : 가정교사, 과외
教 : 가르치다
高中英语 : 고등학교 영어

014

你毕业后想做什么?

Nǐ bìyè hòu xiǎng zuò shénme?

니 삐예 허우 썅 쭤 선머

졸업하면 어떻게 할 건가요?

毕业 : 졸업하다
后 : 뒤
想 : ~을 하고 싶다
做 : 하다

015

我想当空姐。

Wǒ xiǎng dāng kōngjiě.

워 썅 땅 쿵찌에

스튜어디스가 되고 싶어요.

想 : ~을 하고 싶다
当 : ~이 되다
空姐 : 스튜어디스, 승무원

016

我打算考研。

Wǒ dǎsuan kǎoyán.

워 따쏸 카오옌

대학원에 다닐 계획입니다.

打算 : ~을 할 계획이다
考研 : 대학원을 다니다

017

还没想好。

Hái méi xiǎnghǎo.

하이 메이 쌍하오

아직 정하지 않았습니다.

还 : 아직
想好 : 곰곰이 생각하다, 잘 생각하다

---

06 학교와 학생

001

你是学生吗?

Nǐ shì xuéshēng ma?

니 스 쒸에성 마

학생이세요?

学生 : 학생

002

你上几年级?

Nǐ shàng jǐ niánjí?

니 상 찌 니엔찌

몇 학년이세요?

上 : (학교를) 다니다
年级 : 학년

003

我上4年级。

Wǒ shàng sì niánjí.

워 상 쓰 니엔찌

4학년입니다.

4年级 : 4학년

004 **明年毕业。**
Míngnián bìyè.
밍니엔 삐예

내년에 졸업합니다.

明年 : 내년
毕业 : 졸업하다

---

005 **学校离家近吗?**
Xuéxiào lí jiā jìn ma?
쒸에샤오 리 쨔 찐 마

학교는 집에서 가까워요?

学校 : 학교
离 : ~로부터
家 : 집
近 : 가깝다

---

006 **学校怎么样?**
Xuéxiào zěnmeyàng?
쒸에샤오 쩐머양

학교는 어때요?

学校 : 학교
怎么样 : 어때요

---

007 **食堂怎么样?**
Shítáng zěnmeyàng?
스탕 쩐머양

식당은 어때요?

食堂 : 식당

07 공부와 시험

---

001 **什么时候期中考试?**
Shénme shíhou qīzhōng kǎoshì?
선머 스허우 치중 카오스

언제부터 중간고사가 시작됩니까?

什么时候 : 언제
期中考试 : 중간고사
期末考试qīmò kǎoshi 기말고사

002

下周期中考试。

Xiàzhōu qīzhōng kǎoshì.

쌰저우 치중 카오스

다음 주에 중간고사가 있습니다.

下周 : 다음 주

003

复习得怎么样了?

Fùxí de zěnmeyàng le?

푸씨 더 쩐머양 러

복습은 어떻니?

복습을 잘했는지 물을 때
复习 : 복습하다
得는 동사나 형용사의 뒤에
쓰여, 결과나 정도를 표시하
는 보어를 연결시키는 역할
을 한다.
怎么样 : 어때요

004

只能临时抱佛脚了。

Zhǐ néng línshí bào fójiǎo le.

즈 넝 린스 빠오 풔쨔오 러

벼락치기로 공부할 수밖에 없어요.

복습을 잘 못했을 때
只 : 오직
能 : ~을 할 수 있다
临时抱佛脚 : 급하면 부처
다리를 안는다, 즉 벼락치기
공부를 하다

005

看来得熬夜学习了。

Kànlái děi áoyè xuéxí le.

칸라이 떠이 아오예 쒸에씨 러

밤새 공부해야 할 것 같아요.

看来 : 보아하니
得 : ~을 해야 한다
熬夜 : 밤을 새다
学习 : 공부하다

006

考得怎么样?

Kǎo de zěnmeyàng?

카오 더 쩐머양

시험은 잘 봤어요?

考 : 시험을 보다
得는 동사나 형용사의 뒤에
쓰여, 결과나 정도를 표시하
는 보어를 연결시키는 역할
을 한다.
怎么样 : 어때요

007

这次考试非常难。

Zhè cì kǎoshì fēicháng nán.

즈어 츠 카오스 페이창 난

이번 시험은 상당히 어려웠어요.

시험이 어려울 때
考试 : 시험
非常 : 매우
难 : 어렵다

008

比预想中的简单。

Bǐ yùxiǎngzhōng de jiǎndān.

삐 위쌍중 더 찌엔딴

예상보다 쉬웠습니다.

시험이 쉬울 때
比 : ~보다
预想 : 예상, 예상하다
简单 : 쉽다

009

及格了。

Jígé le.

찌거 러

합격했습니다.

及格 : 합격하다
了는 동사나 형용사 뒤에 쓰여 동작 또는 변화가 이미 완료되었음을 나타낸다.

010

估计悬了。

Gūjì xuán le.

꾸찌 쒸엔 러

간당간당합니다.

합격할 수 있을지 모를 때
估计 : 예측하다
悬 : 위험하다, 간당간당하다

011

学霸。

Xuébà.

쒸에빠

공부를 잘하는 학생.

学는 '공부'를 뜻하고 **霸**는 **霸王**(패왕, 대단한 왕)의 줄임말. 그래서 **学霸**는 공부를 완전 잘하는 사람.

012

学渣。

Xuézhā.

쒸에자

공부를 못하는 학생.

学는 '공부', **渣**는 '찌꺼기', **学渣**는 공부에 별로 신경 쓰지 않고 공부를 못하는 사람.

001

您信什么教?

Nín xìn shénme jiào?

닌 씬 선머 쨔오

당신의 종교는 무엇입니까?

信 : 믿다
什么 : 무엇, 무슨
教는 宗教zōngjiào의 약자로
'종교'라는 뜻.

002

我是无神论者。

Wǒ shì wúshénlùnzhě.

워 스 우선룬즈어

저는 무신론자입니다.

종교를 믿지 않을 때
无 : 없다
无神论 : 무신론
者는 '자'라는 뜻, 보통 어떤
일에 종사하거나 어떤 종교
를 신봉하거나 어떤 경향이
심한 사람을 나타낸다.

003

我是佛教信徒。

Wǒ shì fójiào xìntú.

워 스 풔쨔오 씬투

저는 불교 신자입니다.

佛 : 불교
信徒 : 신도, 신앙하는 사람

004

我是基督教信徒。

Wǒ shì jīdūjiào xìntú.

워 스 찌뚜쨔오 씬투

저는 기독교 신자입니다.

基督教 : 기독교

005

我是天主教信徒。

Wǒ shì tiānzhǔjiào xìntú.

워 스 티엔주쨔오 씬투

저는 천주교 신자입니다.

天主教 : 천주교

006

我是伊斯兰教信徒。

Wǒ shì yīsīlánjiào xìntú.

워 스 이쓰란쨔오 씬투

저는 이슬람교 신자입니다.

伊斯兰教 : 이슬람교

007

不要再说关于宗教的话题了。

Bú yào zài shuō guānyú zōngjiào de huàtí le.

뿌 야오 짜이 쉬 꽌위 쭝쨔오 더 화티 러

종교 얘기는 그만하자.

종교에 관한 이야기를 하기
싫을 때
不要 : ~을 하지 마
再 : 더, 다시
说 : 말하다
关于 : ~에 관해
宗教 : 종교
话题 : 화제
了는 동사나 형용사 뒤에 쓰
여 동작 또는 변화가 이미 완
료되었음을 나타낸다.

테마별 화제 | 各种主题

UNIT 4 취미, 레저

단어

喜欢 xǐhuan 씨환 좋아하다	看 kàn 칸 보다	电影 diànyǐng 띠엔잉 영화	非常 fēicháng 페이창 매우
音乐 yīnyuè 인위에 음악	画画儿 huà huàr 화 활 그림을 그리다	兴趣 xìngqù 씽취 취미	

간체자

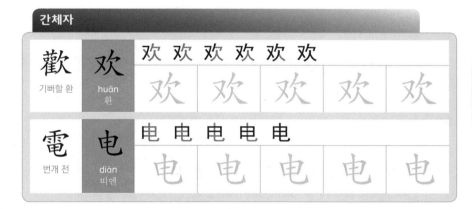

歡 기뻐할 환	欢 huān 환	欢 欢 欢 欢 欢 欢
電 번개 전	电 diàn 띠엔	电 电 电 电 电

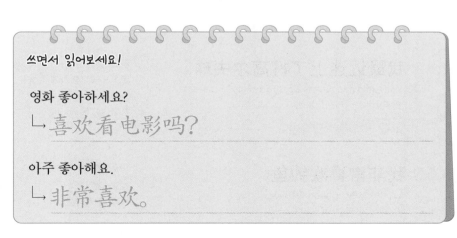

쓰면서 읽어보세요!

영화 좋아하세요?

↳喜欢看电影吗?

아주 좋아해요.

↳非常喜欢。

001
你的兴趣爱好是什么?
Nǐ de xìngqù àihào shì shénme?

니 더 씽취 아이하오 스 선머

무슨 취미가 있으세요? / 취미가 뭐야?

취미를 물을 때
兴趣, 爱好 : 취미

002
你有什么兴趣爱好?
Nǐ yǒu shénme xìngqù àihào?

니 여우 선머 씽취 아이하오

무슨 취미가 있으세요?

003
你有什么业余爱好?
Nǐ yǒu shénme yèyú àihào?

니 여우 선머 예위 아이하오

여가 시간에 하는 취미가 있습니까?

业余 : 여가의, 아마추어의
爱好 : 취미

004
我的兴趣爱好是制作飞机模型。
Wǒ de xìngqù àihào shì zhìzuò fēijī móxíng.

워 더 씽취 아이하오 스 즈쭤 페이찌 뭐씽

내 취미는 플라모델 만들기입니다.

制作 : 제작하다
飞机 : 비행기
模型 : 모델, 모형

005
我最近迷上了打高尔夫球。
Wǒ zuìjìn míshàng le dǎ gāo'ěrfūqiú.

워 쭈이찐 미상 러 따 까오얼푸쳐우

요즘 골프에 빠졌습니다.

最近 : 최근
迷上 : ~에 푹 빠지다, ~에
반하다
打高尔夫球 : 골프를 치다

006
我非常喜欢钓鱼。
Wǒ fēicháng xǐhuan diàoyú.

워 페이창 씨환 땨오위

나는 낚시를 아주 좋아합니다.

非常 : 매우
喜欢 : 좋아하다
钓鱼 : 낚시하다

007

我对收集古董很感兴趣。

Wǒ duì shōují gǔdǒng hěn gǎn xìngqù.

위 뚜이 서우찌 꾸뚱 헌 깐 씽취

골동품 수집에 관심이 있습니다.

对 : ~에 대하여
收集 : 수집하다
古董 : 골동품
感兴趣는 '관심이 있다'라는 뜻. 보통 对~感兴趣라는 문형으로 많이 쓰인다. 또는 对~有兴趣라고 할 수도 있다.

---

02 취향 (좋아함)

001

你喜欢足球吗?

Nǐ xǐhuan zúqiú ma?

니 씨환 쭈쳐우 마

축구를 좋아합니까?

喜欢 : 좋아하다
足球 : 축구

002

喜欢。

Xǐhuan.

씨환

좋아해. / 마음에 들어.

喜欢 : 좋아하다

003

非常喜欢。

Fēicháng xǐhuan.

페이창 씨환

매우 좋아해.

非常 : 매우
喜欢 : 좋아하다

004

对比赛结果满意吗?

Duì bǐsài jiéguǒ mǎnyì ma?

뚜이 삐싸이 찌에궈 만이 마

시합 결과에 대해 만족합니까?

对 : ~에 대해
比赛 : 시합
结果 : 결과
满意 : 만족하다

005 **很满意。**
Hěn mǎnyì.
헌 만이

매우 만족해.

满意 : 만족하다

---

006 **比起足球我更喜欢棒球。**
Bǐqǐ zúqiú wǒ gèng xǐhuan bàngqiú.
삐치 쭈처우 워 껑 씨환 빵처우

나는 축구보다 야구를 더 좋아합니다.

比起 : ~와 비교하다
足球 : 축구
更 : 더, 더욱
喜欢 : 좋아하다
棒球 : 야구
比起A我更喜欢B : A보다
B를 더 좋아한다

---

03 ◀ **취향 (싫어함)**

---

001 **不合心意。**
Bù hé xīnyì.
뿌 흐어 씬이

마음에 안 들어!

合 : ~에 맞다
心意 : 마음, 생각

---

002 **不太喜欢。**
Bú tài xǐhuan.
뿌 타이 씨환

그건 별로 안 좋아해.

不太 : 별로 ~하지 않다

---

003 **不喜欢!**
Bù xǐhuan!
뿌 씨환

싫어!

喜欢 : 좋아하다

004

很讨厌!

Hěn tǎoyàn!

헌 타오옌

싫어!

讨厌 : 싫어하다

005

非常讨厌。

Fēicháng tǎoyàn.

페이창 타오옌

아주 싫어!

非常 : 매우

006

不太满意。

Bú tài mǎnyì.

뿌 타이 만이

만족스럽지 않아요.

不太 : 별로 ~하지 않다
满意 : 만족하다

---

04 영화 이야기

001

喜欢看电影吗?

Xǐhuan kàn diànyǐng ma?

씨환 칸 띠엔잉 마

영화를 좋아합니까?

喜欢 : 좋아하다
看 : 보다
电影 : 영화

002

喜欢看什么电影?

Xǐhuan kàn shénme diànyǐng?

씨환 칸 선머 띠엔잉

어떤 영화를 좋아하세요?

什么 : 무엇, 무슨

喜欢看动作片。

Xǐhuan kàn dòngzuòpiàn.

씨환 칸 뚱쭤피엔

액션 영화를 좋아합니다.

动作片 : 액션 영화
爱情片 àiqíngpiàn 멜로영화
科幻片 kēhuànpiàn 공상과학
영화, SF 영화
喜剧片 xǐjùpiàn 코미디 영화
战争片 zhànzhēngpiàn 전쟁 영화
剧情片 jùqíngpiàn 스토리가
중심인 영화
恐怖片 kǒngbùpiàn 공포 영화

那部电影怎么样?

Nà bù diànyǐng zěnmeyàng?

나 뿌 띠엔잉 쩐머양

그 영화는 어땠습니까?

部는 '편'이라는 뜻으로 영화
를 세는 양사.
电影 : 영화
怎么样 : 어때요

最喜欢的电影演员是谁?

Zuì xǐhuan de diànyǐng yǎnyuán shì shéi?

쭈이 씨환 더 띠엔잉 옌위엔 스 서이

가장 좋아하는 영화배우는 누구예요?

最 : 가장, 최고
喜欢 : 좋아하다
电影 : 영화
演员 : 배우
谁 : 누구

正在上映的电影有什么?

Zhèngzài shàngyìng de diànyǐng yǒu shénme?

정짜이 상잉 더 띠엔잉 여우 선머

지금 어떤 영화를 하고 있나요?

어떤 영화가 상영 중인지 물
을 때
正在는 '~을 하고 있다'라는
뜻으로 현재진행형.
上映 : 상영하다
电影 : 영화
什么 : 무엇, 무슨

帮我订两张'星球大战'的票。

Bāng wǒ dìng liǎng zhāng《xīngqiú dàzhàn》de piào.

빵 위 띵 량 장 <씽쳐우 따잔> 더 퍄오

<스타워즈> 두 장 예약해 주세요.

帮 : 돕다
订 : 예약하다
两은 '2, 둘'이라는 뜻으로
양사 앞에 쓰인다.
张 : 장
星球大战 : 스타워즈
票 : 표

电影几点开始?

Diànyǐng jǐ diǎn kāishǐ?

띠엔잉 찌 띠엔 카이스

영화는 몇 시에 시작하나요?

상영 시간을 물을 때
电影 : 영화
几点 : 몇 시
开始 : 시작하다

009

给我来两张中间靠后的座位。

Gěi wǒ lái liǎng zhāng zhōngjiān kàohòu de zuòwèi.

께이 워 라이 량 장 중찌엔 카오허우 더 쭤웨이

중간 뒤쪽 자리로 두 장 주세요.

좌석을 고를 때
给 : ~에게
来는 '(어떤 동작·행동을) 하
다'라는 뜻으로 구체적인 동
사를 대신하여 사용.
两은 '2, 둘'이라는 뜻으로
양사 앞에 쓰인다.
张 : 장
中间 : 중간
靠 : ~에 가까이 하다
座位 : 좌석

来一桶爆米花和两杯可乐。

Lái yì tǒng bàomǐhuā hé liǎng bēi kělè.

라이 이 통 빠오미화 흐어 량 뻬이 크어러

팝콘 하나와 콜라 두 잔 주세요.

来는 '(어떤 동작·행동을) 하
다'라는 뜻으로 구체적인 동
사를 대신하여 사용.
桶 : 통
爆米花 : 팝콘
两은 '2, 둘'이라는 뜻으로
양사 앞에 쓰인다.
杯 : 잔
可乐 : 콜라

票卖光了。

Piào màiguāng le.

퍄오 마이꽝 러

표가 매진되었습니다.

票 : 표
卖 : 팔다
光은 '조금도 남지 않다, 전
혀 없다'라는 뜻으로 주로 보
어로 쓰인다.

Chapter 5 테마별 회화제 | 各种主题

001

我的爱好是听音乐。

Wǒ de àihào shì tīng yīnyuè.

워 더 아이하오 스 팅 인위에

취미는 음악 감상입니다.

爱好 : 취미
听 : 듣다
音乐 : 음악

002

喜欢听哪种音乐?

Xǐhuan tīng nǎ zhǒng yīnyuè?

씨환 팅 나 중 인위에

어떤 음악을 좋아하세요?

喜欢 : 좋아하다
哪 : 어느
种 : 종류

003

喜欢古典音乐。

Xǐhuan gǔdiǎn yīnyuè.

씨환 꾸띠엔 인위에

클래식을 좋아합니다.

喜欢 : 좋아하다
古典音乐 : 클래식 음악
流行音乐 liúxíng yīnyuè 유행 음악
摇滚乐 yáogǔnyuè 로큰롤
爵士乐 juéshìyuè 재즈
嘻哈 xīhā 힙합
民谣 mínyáo 민요

004

非常喜欢披头士的歌。

Fēicháng xǐhuan Pītóushì de gē.

페이창 씨환 피터우스 더 거

비틀즈의 노래를 매우 좋아합니다.

非常 : 매우
喜欢 : 좋아하다
披头士 : 비틀즈
歌 : 노래

005

喜欢流行歌剧。

Xǐhuan liúxíng gējù.

씨환 려우씽 거쮜

팝페라를 좋아합니다.

流行 : 유행하다
歌剧 : 오페라

006

要放什么音乐?

Yào fàng shénme yīnyuè?

야오 팡 선머 인위에

어떤 음악을 틀까요?

要 : ~을 하려고 하다
放은 '놓다'라는 뜻 외에 '음악을 틀다'라는 뜻도 있다.
音乐 : 음악

007

我五音不全。

Wǒ wǔyīn bù quán.

워 우인 뿌 취엔

저는 음치입니다.

'노래를 못한다'라고 말할 때
五音不全 : 음치

008

会什么乐器?

Huì shénme yuèqì?

후이 선머 위에치

무슨 악기를 연주할 줄 아세요?

会 : 할 줄 알다
什么 : 무엇, 무슨
乐器 : 악기

009

会弹一点儿钢琴。

Huì tán yìdiǎnr gāngqín.

후이 탄 이띠얄 깡친

피아노는 조금 칠 줄 압니다.

弹 : (피아노 등을) 치다
一点儿 : 조금, 약간
钢琴 : 피아노

010

最喜欢的歌手是谁?

Zuì xǐhuan de gēshǒu shì shéi?

쭈이 씨환 더 거서우 스 서이

제일 좋아하는 가수가 누구예요?

最 : 가장, 최고
喜欢 : 좋아하다
歌手 : 가수
谁 : 누구

011

最喜欢的歌手是碧昂丝。

Zuì xǐhuan de gēshǒu shì Bì'ángsī.

쭈이 씨환 더 거서우 스 삐앙쓰

제일 좋아하는 가수는 비욘세입니다.

碧昂丝 : 비욘세

001

喜欢画画儿。

Xǐhuan huàhuàr.

씨환 화활

그림 그리기를 좋아합니다.

喜欢 : 좋아하다
画는 동사로 '그림을 그리
다', 명사로 '그림'이라는 뜻.
보통 명사로 쓰일 때는 画儿
을 많이 쓴다.

002

我擅长素描。

Wǒ shàncháng sùmiáo.

워 산창 쑤먀오

소묘를 잘 그립니다.

擅长 : ~을 잘하다, 정통하다
素描 : 소묘, 데생
油画 yóuhuà 유화
抽象画 chōuxiànghuà 추상화
水彩画 shuǐcǎihuà 수채화
壁画 bìhuà 벽화
人物画 rénwùhuà 인물화
漫画 mànhuà 만화

003

你画的画儿真漂亮。

Nǐ huà de huàr zhēn piàoliang.

니 화 더 활 전 퍄오량

그림을 정말 잘 그리시네요.

真 : 정말, 진짜
漂亮 : 예쁘다

004

您是怎么开始画画儿的?

Nín shì zěnme kāishǐ huàhuàr de?

닌 스 쩐머 카이스 화활 더

어떻게 그림을 그리게 되셨습니까?

怎么 : 어떻게, 왜
开始 : 시작하다
画는 동사로 '그림을 그리
다', 명사로 '그림'이라는 뜻.
보통 명사로 쓰일 때는 画儿
을 많이 쓴다.
是~的는 이미 발생한 사건
에 대해 시간, 장소, 수단 등
의 정보를 묻거나 알려줄 때
是~的 강조문을 사용할 수
있다.

005 **能给我画一幅肖像画吗？**

Néng gěi wǒ huà yì fú xiàoxiànghuà ma?

넝 께이 워 화 이 푸 쌰오쌍화 마

초상화 한 폭 그려줄 수 있어요?

화가에게 그림을 그려달라고 부탁할 때
能 : ~을 할 수 있다
给 : ~에게
幅는 '폭'이라는 뜻, 포목·종이·그림 따위를 세는 단위.
肖像画 : 초상화

---

006 **经常去美术馆。**

Jīngcháng qù měishùguǎn.

찡창 취 메이수꽌

미술관에 자주 갑니다.

经常 : 자주
美术馆 : 미술관

---

007 **这些都是我收藏的画儿和手工艺品。**

Zhèxiē dōu shì wǒ shōucáng de huàr hé shǒugōngyìpǐn.

즈어씨에 떠우 스 워 서우창 더 활 흐어 서우꿍이핀

제가 모은 장식품과 소품입니다.

소장하고 있는 그림이나 수공예품을 자랑할 때
些는 '약간, 일부'라는 뜻이고 명사 앞에 쓰여 불확실한 수량을 표시.
都 : 모두, 다
收藏 : 수장하다, 수집하여 보존하다
手工艺品 : 수공예품

---

07 ◀ 스포츠 화제

---

001 **你平时运动吗？**

Nǐ píngshí yùndòng ma?

니 핑스 윈뚱 마

평소에 운동하시나요?

平时 : 평소, 평상시
运动 : 운동, 운동하다

002

经常运动。

Jīngcháng yùndòng.

찡창 윈뚱

자주 운동합니다.

经常 : 자주
运动 : 운동, 운동하다

003

偶尔运动。

Ǒu'ěr yùndòng.

어우얼 윈뚱

가끔 운동합니다.

偶尔 : 가끔
运动 : 운동, 운동하다

004

基本上不运动。

Jīběnshang bú yùndòng.

찌뻔상 뿌 윈뚱

거의 운동하지 않습니다.

基本上 : 거의, 기본상
运动 : 운동, 운동하다

005

我对运动不感兴趣。

Wǒ duì yùndòng bù gǎn xìngqù.

워 뚜이 윈뚱 뿌 깐 씽취

스포츠에 관심이 없습니다.

对 : ~에 대하여
运动 : 운동, 운동하다
感兴趣는 '관심이 있다'라는
뜻. 보통 对~感兴趣라는 문
형으로 많이 쓰인다. 또는 对
~有兴趣라고 할 수도 있다.

006

你平时做什么运动?

Nǐ píngshí zuò shénme yùndòng?

니 핑스 쭤 선머 윈뚱

평소에 어떤 운동을 합니까?

平时 : 평소, 평상시
做 : 하다
什么 : 무엇, 무슨
运动 : 운동

007

只要是运动都做。

Zhǐyào shi yùndòng dōu zuò.

즈야오 스 윈뚱 떠우 쭤

스포츠라면 뭐든지 합니다.

只要 : ~하기만 하면
运动 : 운동, 운동하다
都 : 모두, 다
做 : 하다

008

每天跑跑步什么的。

Měitiān pǎopǎobù shénme de.

메이티엔 파오파오뿌 선머 더

매일 조깅 같은 걸 합니다.

每天 : 매일
跑步는 '달리기하다, 조깅하다'라는 뜻. 이합동사를 중첩할 때는 동사만 중첩한다.
什么的 : 등등

009

最近在练器械。

Zuìjìn zài liàn qìxiè.

쭈이찐 짜이 리엔 치씨에

요즘 기구 운동을 합니다.

最近 : 최근
在 : ~을 하고 있다
练 : 연습하다
器械 : 기계, 기구

010

我练了五年瑜伽。

Wǒ liàn le wǔ nián yújiā.

워 리엔 러 우 니엔 위쨔

요가를 5년 했습니다.

练 : 연습하다
五年 : 5년
瑜伽 : 요가

011

偶尔打打高尔夫和棒球什么的。

Ǒu'ěr dǎdǎ gāo'ěrfū hé bàngqiú shénme de.

어우얼 따따 까오얼푸 흐어 빵쳐우 선머 더

가끔 골프나 야구를 합니다.

偶尔 : 가끔
打高尔夫는 '골프를 치다'라는 뜻. 이합동사를 중첩할 때는 동사만 중첩한다.
棒球 : 야구
什么的 : 등등

012

我妈妈每天去跳广场舞。

Wǒ māma měitiān qù tiào guǎngchǎngwǔ.

워 마마 메이티엔 취 탸오 광창우

엄마는 매일 광장무를 추러 갑니다.

妈妈 : 엄마
每天 : 매일
跳舞 : 춤을 추다
广场舞는 '광장무'라는 뜻. 공원이나 광장에서 어르신들이 자발적으로 모여 춤을 추면서 신체를 단련하는 행위.

013

我最近迷上了打高尔夫球。

Wǒ zuìjìn míshang le dǎ gāo'ěrfūqiú.

워 쭈이찐 미상 러 따 까오얼푸처우

요즘 골프에 빠졌습니다.

最近 : 최근	
迷上 : ~에 반하다	
打高尔夫球 : 골프를 치다	

014

从小时候开始就喜欢登山。

Cóng xiǎoshíhou kāishǐ jiù xǐhuan dēngshān.

충 샤오스허우 카이스 쪄우 씨환 떵산

어릴 때부터 등산을 좋아했습니다.

从 : ~부터	
小时候 : 어렸을 때	
开始 : 시작하다	
喜欢 : 좋아하다	
登山 : 등산하다	

---

08 ◀ 골프장에서

001

我要去屏幕高尔夫球场。

Wǒ yào qù píngmù gāo'ěrfū qiúchǎng.

워 야오 취 핑무 까오얼푸 처우창

스크린 골프장에 가려고 합니다.

要 : ~을 하려고 하다	
去 : 가다	
屏幕 : 스크린	
高尔夫球场 : 골프장	

002

我要三号木杆。

Wǒ yào sānhào mùgān.

워 야오 싼하오 무깐

3번 우드가 필요합니다.

要 : 원하다, 필요하다	
三号木杆 : 3번 우드	
木杆mùgān 우드	
铁杆tiěgān 아이언	

003

新买的球杆不太好用。

Xīn mǎi de qiúgān bú tài hǎoyòng.

씬 마이 더 처우깐 뿌 타이 하오융

새로 산 골프클럽이 별로예요.

新 : 새롭다	
买 : 사다	
球杆 : 골프클럽	
不太 : 별로 ~하지 않다	
好用 : 쓰기 편하다, 쓰기 좋다	

004

老鹰球。
Lǎoyīngqiú.
라오잉쳐우

이글.

골프 용어
老鹰 : 솔개
老鹰球 : 이글

005

小鸟球。
Xiǎoniǎoqiú.
쌰오냐오쳐우

버디.

골프 용어
小鸟 : 작은 새
小鸟球 : 버디

006

一杆进洞。
Yì gān jìn dòng.
이 깐 찐 뚱

홀인원.

골프 용어
一杆 : 원 샷
进 : 들어가다
洞 : 홀
一杆进洞 : 홀인원

007

掉沙坑里了。
Diào shākēngli le.
땨오 사컹리 러

벙커에 떨어졌어요.

골프 용어
掉 : 떨어지다
沙坑 : 벙커
里 : 안, 안쪽

008

多少码?
Duōshao mǎ?
뛰사오 마

거리가 얼마예요?

거리가 얼마인지 물을 때
多少 : 얼마
码 : 야드
중국에서는 미터가 아니
라 야드를 사용한다. 1码는
0.9114미터

009

前面有水塘吗?
Qiánmian yǒu shuǐtáng ma?
치엔미엔 여우 수이탕 마

앞에 워터헤저드가 있나요?

캐디에게 앞에 워터헤저드가
있는지 물을 때
前面 : 앞쪽
水塘 : 워터헤저드

010

好球!

Hǎoqiú!

하오쳐우

굿샷!

漂亮piàoliang이라고도 할 수
있다.

011

你人品真好。

Nǐ rénpǐn zhēn hǎo.

니 런핀 전 하오

인품이 좋네요.

럭키 샷이 나왔을 때의 농담
人品 : 인품
真 : 정말

012

你打得越来越好了。

Nǐ dǎ de yuèláiyuè hǎo le.

니 따 더 위에라이위에 하오 러

점점 잘 치시네요.

打 : 치다
得는 동사나 형용사의 뒤에
쓰여, 정도를 표시하는 보어
를 연결시키는 역할을 한다.
越来越 : 점점

001

这个周末去看足球比赛怎么样?

Zhè ge zhōumò qù kàn zúqiú bǐsài zěnmeyàng?

즈어 거 저우뭐 취 칸 쭈쳐우 삐싸이 쩐머양

이번 주말에 축구 시합 보러 가지 않을래요?

这个周末 : 이번 주말
看 : 보다, 구경하다
足球 : 축구
比赛 : 시합
怎么样 : 어때요

002

喜欢看拳击比赛吗?

Xǐhuan kàn quánjī bǐsài ma?

씨환 칸 취엔찌 삐싸이 마

복싱 시합 보는 거 좋아합니까?

喜欢 : 좋아하다
看 : 보다, 구경하다
拳击 : 복싱, 권투
比赛 : 시합

003

我喜欢看棒球赛。

Wǒ xǐhuan kàn bàngqiúsài.

워 씨환 칸 빵쳐우싸이

전 야구 시합 보는 걸 좋아합니다.

喜欢 : 좋아하다
看 : 보다, 구경하다
棒球 : 야구
赛는 比赛를 생략한 것이고 '시합'이라는 뜻.

004

是哪儿和哪儿的比赛?

Shì nǎr hé nǎr de bǐsài?

스 날 흐어 날 더 삐싸이

어디와 어디의 시합입니까?

哪儿 : 어디, 어느 팀
和 : ~와
比赛 : 시합

005

你觉得哪个队会赢?

Nǐ juéde nǎ ge duì huì yíng?

니 쮀에더 나 거 뚜이 후이 잉

어느 팀이 이길 것 같습니까?

觉得 : ~이라고 생각하다
哪 : 어느
队 : 팀
会는 '~일 것이다'라는 뜻으로 추측을 나타낸다.
赢 : 이기다

006

现在的分数怎么样了?

Xiànzài de fēnshù zěnmeyang le?

씨엔짜이 더 펀수 쩐머양 러

지금 점수가 어떻게 됐어요?

现在 : 지금
分数 : 점수, 스코어
怎么样了 : 어떻게 됐니

007

现在几比几?

Xiànzài jǐ bǐ jǐ?

씨엔짜이 찌 삐 찌

지금 몇 대 몇이에요?

스코어를 물을 때
现在 : 지금
几 : 몇
比 : (경기 점수의) 대

008

谁领先?

Shéi lǐngxiān?

서이 링씨엔

누가 이기고 있죠?

谁 : 누구
领先 : 선두에 서다, 앞서다

009

这场比赛是平局。

Zhè chǎng bǐsài shì píngjú.

즈어 창 삐싸이 스 핑쥐

경기는 무승부입니다.

场은 '회, 번, 차례'라는 뜻
이고 문예·오락·체육 활동의
횟수를 세는 양사.

比赛 : 시합

平局 : 동점, 무승부

010

首尔队赢了。

Shǒu'ěrduì yíng le.

서우얼뚜이 잉 러

서울팀이 이겼어요.

首尔 : 서울

队 : 팀

赢 : 이기다

'졌다'라고 표현할 때는 赢
대신 输shū '지다'를 사용

011

猜得很准。

Cāi de hěn zhǔn.

차이 더 헌 준

잘 맞추셨네요.

猜 : 추측하다, 알아맞히다

得는 동사나 형용사의 뒤에
쓰여, 결과나 정도를 표시하
는 보어를 연결시키는 역할
을 한다.

准 : 정확하다

012

比赛真精彩。

Bǐsài zhēn jīngcǎi.

삐싸이 전 찡차이

정말 훌륭한 경기였어요.

比赛 : 시합

真 : 정말, 진짜

精彩 : 훌륭하다, 뛰어나다

013

比赛真无聊。

Bǐsài zhēn wúliáo.

삐싸이 전 우랴오

정말 지루한 경기였어요.

比赛 : 시합

真 : 정말, 진짜

无聊 : 지루하다, 무료하다

014

棒球比赛的时间太长了。

Bàngqiú bǐsài de shíjiān tài cháng le.

빵처우 삐싸이 더 스찌엔 타이 창 러

야구는 시합 시간이 너무 길다.

棒球 : 야구

比赛 : 시합

时间 : 시간

长 : 길다

太~了 : 너무 ~하다

015

如果赢了的话，就夺冠了。

Rúguǒ yíng le dehuà, jiù duóguàn le.

루꿔 잉 러 더화, 쪄우 뚸꽌 러

이기기만 하면 우승할 수 있다.

이번엔 우승이 걸린 경기다.
如果赢了的话，就夺冠了。
如果～的话，就～ : 만약
에 ～한다면 ~하다
赢 : 이기다
夺冠 : 우승하다

---

10 여러 가지 스포츠 경기

001

我喜欢打篮球。

Wǒ xǐhuan dǎ lánqiú.

워 씨환 따 란쳐우

저는 농구 하는 걸 좋아합니다.

좋아하는 스포츠를 말할 때
喜欢 : 좋아하다
打는 '(놀이나 운동을) 하다',
축구 외의 모든 공 운동은 打
를 사용.
篮球 : 농구

002

我是业余跆拳道选手。

Wǒ shì yèyú táiquándào xuǎnshǒu.

워 스 예위 타이취엔따오 쒸엔서우

저는 아마추어 태권도 선수입니다.

业余 : 아마추어
跆拳道 : 태권도
选手 : 선수

003

棒球是最受欢迎的运动。

Bàngqiú shì zuì shòu huānyíng de yùndòng.

빵쳐우 스 쭈이 서우 환잉 더 윈뚱

야구는 가장 인기있는 스포츠입니다.

棒球 : 야구
最 : 가장
受欢迎 : 환영을 받다
运动 : 운동

004

最近对足球感兴趣。

Zuìjìn duì zúqiú gǎn xìngqù.

쭈이찐 뚜이 쭈쳐우 깐 씽취

요즘엔 축구에 관심이 생겼습니다.

最近 : 최근, 요즘
对 : ~에 대하여
足球 : 축구
感兴趣 : 관심이 있다

001

喜欢什么类型的文学作品?

Xǐhuan shénme lèixíng de wénxué zuòpǐn?

씨환 선머 러이씽 더 원쒸에 쮜핀

어떤 장르의 문학 작품을 좋아합니까?

诗歌shīgē 시
小说xiǎoshuō 소설
散文sǎnwén 산문
经济jīngjì 경제
经营管理jīngyíng guǎnlǐ 경영관리
人文rénwén 인문

002

喜欢大众文学。

Xǐhuan dàzhòng wénxué.

씨환 따중 원쒸에

대중 문학을 좋아합니다.

喜欢 : 좋아하다
大众文学 : 대중문학

003

一个月大概看几本书?

Yí ge yuè dàgài kàn jǐ běn shū?

이 거 위에 따까이 칸 찌 뻔 수

한 달에 책을 몇 권 정도 읽습니까?

독서량을 물어볼 때
一个月 : 한 달
大概 : 대략
看 : 보다
几는 '몇', 주로 10 이하의
확실치 않은 수를 물을 때 쓰
며, 그 이상의 수를 물을 땐
多少duō shao '얼마'를 쓴다.
本은 '권', 책을 세는 양사.
书 : 책

004

太忙，没有时间看书。

Tài máng, méiyǒu shíjiān kàn shū.

타이 망, 메이여우 스찌엔 칸 수

바빠서 독서할 시간이 없습니다.

太 : 지나치게, 몹시
忙 : 바쁘다
没有 : 없다
时间 : 시간
看书 : 책을 읽다, 독서하다

005

这本书很无聊。

Zhè běn shū hěn wúliáo.

즈어 뻔 수 헌 우랴오

이 책은 지루해요.

本은 '권', 책을 세는 양사.

书 : 책

无聊 : 심심하다, 무료하다, 지루하다

006

这本书值得一看。

Zhè běn shū zhídé yí kàn.

즈어 뻔 수 즈더 이 칸

이 책은 볼 만해요.

재미있는 책이다.

本은 '권', 책을 세는 양사.

值得 : ~을 할 만한 가치가 있다.

一看 : 한번 보다

007

大致看了一遍。

Dàzhì kàn le yí biàn.

따즈 칸 러 이 삐엔

한번 훑어봤어요.

大致 : 대체로, 대략

看 : 보다

遍은 '번, 회', 동작이 시작되어 끝날 때까지의 전 과정.

008

她是个书呆子。

Tā shì ge shūdāizi.

타 스 거 수따이쯔

그녀는 책벌레입니다.

书呆子 : 책벌레, 공부만 알고 세상 일에는 어두운 사람

009

喜欢哪位作家？

Xǐhuan nǎ wèi zuòjiā?

씨환 나 웨이 쭤쨔

좋아하는 작가는 누구입니까?

喜欢 : 좋아하다

哪 : 어느

位는 '분', 사람을 세는 양사.

作家 : 작가

010

最近的畅销书是什么？

Zuìjìn de chàngxiāoshū shì shénme?

쭈이찐 더 창쌰오수 스 선머

요즘 베스트셀러는 무엇입니까?

最近 : 최근

畅销书 : 베스트셀러

001 **最近在学什么？**
Zuìjìn zài xué shénme?
쭈이찐 짜이 쒸에 선머

요즘 뭘 배워요?

最近 : 최근, 요즘
在 : ~을 하고 있다
学 : 배우다
什么 : 무엇, 무슨

002 **在学茶道。**
Zài xué chádào.
짜이 쒸에 차따오

다도를 배우고 있습니다.

在 : ~을 하고 있다
学 : 배우다
茶道 : 다도

003 **为了减肥，在学散打。**
Wèile jiǎnféi, zài xué sǎndǎ.
웨이러 찌엔페이, 짜이 쒸에 싼따

살 빼려고 킥복싱을 배우고 있어요.

为了 : ~하기 위하여
减肥 : 다이어트하다
散打 : 킥복싱

004 **你是什么时候开始学的？**
Nǐ shì shénme shíhou kāishǐ xué de?
니 스 선머 스허우 카이스 쒸에 더

언제부터 배우기 시작했어요?

什么时候 : 언제
开始 : 시작하다
是~的는 이미 발생한 사건에 대해 시간, 장소, 수단 등의 정보를 묻거나 알려줄 때 是~的 강조문을 사용할 수 있다.

005 **刚开始学。**
Gāng kāishǐ xué.
깡 카이스 쒸에

막 배우기 시작했어요.

刚은 '막, 바로'라는 뜻으로 행동이나 상황이 일어난 지 오래지 않음을 나타낸다.
开始 : 시작하다
学 : 배우다

006
你学了多长时间？
Nǐ xué le duōcháng shíjiān?
니 쒸에 러 뚸창 스찌엔

얼마 동안 배웠어요?

多长时间 : 얼마 동안

007
学了差不多半年。
Xué le chàbuduō bànnián.
쒸에 러 차뿌뚸 빤니엔

배운 지 거의 반 년 되었어요.

差不多 : 거의
半年 : 반 년

008
还是初学者。
Hái shi chūxuézhě.
하이 스 추쒸에즈어

아직 초보자입니다.

还是 : 아직
初学者 : 초보자

---

13 ⬛ TV 시청

001
喜欢看电视吗？
Xǐhuan kàn diànshì ma?
씨환 칸 띠엔스 마

TV 보는 것 좋아하세요?

喜欢 : 좋아하다
看 : 보다
电视 : 텔레비전

002
一到家就先开电视。
Yí dào jiā jiù xiān kāi diànshì.
이 따오 쨔 쩌우 씨엔 카이 띠엔스

집에 오면 먼저 TV부터 켭니다.

一~就 : ~을 하자마자 ~을
하다
到家 : 집에 도착하다
先 : 먼저
开 : 켜다, 열다
电视 : 텔레비전

003

我不看电视。

Wǒ bú kàn diànshì.

워 뿌 칸 띠엔스

나는 TV를 안 봐요.

004

喜欢看什么电视节目?

Xǐhuan kàn shénme diànshì jiémù?

씨환 칸 선머 띠엔스 찌에무

어떤 TV 프로그램을 좋아하세요?

什么 : 무엇, 무슨
电视 : 텔레비전
节目 : 프로그램, 목록, 항목

005

我喜欢看连续剧。

Wǒ xǐhuan kàn liánxùjù.

워 씨환 칸 리엔쒸쮜

연속극을 좋아합니다.

连续剧 : 연속극, 드라마
综艺节目 zōngyì jiémù 예능 프로그램
体育节目 tǐyù jiémù 스포츠 프로그램
教育节目 jiàoyù jiémù 교육 프로그램
选秀节目 xuǎnxiù jiémù 오디션 프로그램

006

这个节目有意思吗?

Zhè ge jiémù yǒuyìsi ma?

즈어 거 찌에무 여우이쓰 마

이 프로 재미있어?

节目 : 프로그램, 목록, 항목
有意思 : 재미있다

007

只是为了打发时间。

Zhǐshì wèile dǎfa shíjiān.

즈스 웨이러 따파 스찌엔

오직 시간을 보내기 위해서예요.

시간을 보내기 위해 텔레비전을 본다고 말할 때
只是 : 오직, 다만
为了 : ~을 위하여
打发 : 시간을 보내다
时间 : 시간

008

看这种节目是浪费时间。

Kàn zhè zhǒng jiémù shì làngfèi shíjiān.

칸 즈어 중 찌에무 스 랑페이 스찌엔

이런 프로는 시간 낭비야.

看 : 보다
种 : 종류
节目 : 프로그램, 목록, 항목
浪费 : 낭비하다
时间 : 시간

009

现在电视里在放什么?

Xiànzài diànshìli zài fàng shénme?

씨엔짜이 띠엔스리 짜이 팡 선머

지금 텔레비전에서 뭐 하나요?

现在 : 지금, 현재
电视里 : 텔레비전 속
在 : ~을 하고 있다
放은 '놓다'라는 뜻 외에 '방
송하다, 방영하다, 상영하다'
라는 뜻도 있다.

010

换个台吧。

Huàn ge tái ba.

환 거 타이 빠

채널을 바꾸자.

换 : 바꾸다
台 : 채널, 频道pín dào라고
도 할 수 있다
吧는 문장 끝에 쓰여 상의·제
의·청구·명령·독촉의 어기를
나타낸다.

011

遥控器在哪儿?

Yáokòngqì zài nǎr?

야오쿵치 짜이 날

리모컨이 어디 있죠?

遥控器 : 리모컨
在 : ~에 있다
哪儿 : 어디

012

关掉电视，睡觉吧。

Guāndiào diànshì, shuìjiào ba.

꽌땨오 띠엔스, 수이쨔오 빠

TV 끄고 자.

关 : 닫다, 끄다
掉는 '~해 버리다'라는 뜻으
로 주로 동사 뒤에서 보어로
쓰인다.
电视 : 텔레비전
睡觉 : 잠을 자다
吧는 문장 끝에 쓰여 상의·제
의·청구·명령·독촉의 어기를
나타낸다.

013 **把声音开小点儿。**
Bǎ shēngyīn kāi xiǎo diǎnr.
빠 성인 카이 쌰오 띠얄

볼륨 좀 낮춰 봐.

把는 개사로, '~을'이라는
뜻. 동사의 동작이나 작용이
미치는 대상, 즉 목적어와 결
합해서 동사 앞에 전치되어
처치를 나타낸다.
声音 : 소리
开 : 켜다, 열다
小 : 작다
(一)点儿 : 조금, 약간

014 **我看完这场比赛就睡觉。**
Wǒ kàn wán zhè chǎng bǐsài jiù shuìjiào.
워 칸 완 즈어 창 삐싸이 쩌우 수이쨔오

이 경기만 다 보고 잘게요.

场 : 경기·시합을 세는 양사
比赛 : 시합
睡觉 : 잠을 자다

015 **我想看脱口秀节目。**
Wǒ xiǎng kàn tuōkǒuxiù jiémù.
워 쌍 칸 튀커우쎠우 찌에무

나는 토크쇼 프로그램을 보고 싶어요.

脱口秀 : 토크쇼
节目 : 프로그램

016 **现在的电视剧越来越无聊了。**
Xiànzài de diànshìjù yuèláiyuè wúliáo le.
씨엔짜이 더 띠엔스쮜 위에라이위에 우랴오 러

요즘 드라마는 점점 재미가 없어요.

电视剧 : 드라마
越来越 : 점점
无聊 : 재미없다, 심심하다

017 **这个综艺节目最近特别火。**
Zhè ge zōngyì jiémù zuìjìn tèbié huǒ.
즈어 거 쫑이 찌에무 쭈이찐 트어삐에 훠

이 예능 프로그램은 최근에 인기가 특히 많아요.

综艺节目 : 예능 프로그램
特别 : 특별히
火 : 인기가 좋다

018   **怎么又是广告?**

广告 : 광고

Zěnme yòu shì guǎnggào?

쩐머 여우 스 꽝까오

왜 또 광고야?

019   **最近广告时间越来越长了。**

时间 : 시간
越来越 : 점점
长 : 길다

Zuìjìn guǎnggào shíjiān yuèláiyuè cháng le.

쭈이찐 꽝까오 스찌엔 위에라이위에 창 러

요즘 광고 시간이 점점 길어졌어요.

觉得	性格	怎么	说
juéde	xìnggé	zěnme	shuō
쮜에더	씽거	쩐머	쉬
~이라고 생각하다	성격	어떻게	말하다
乐观	能力	幽默	胖
lèguān	nénglì	yōumò	pàng
르어꽌	넝리	여우뭐	팡
낙관적이다	능력	유머러스한	뚱뚱하다

覺	觉	觉 觉 觉 觉 觉 觉 觉 觉 觉
깨달을 각	jué 쮜에	觉 觉 觉 觉 觉
樣	样	样 样 样 样 样 样 样 样 样 样
모양 양	yàng 양	样 样 样 样 样

Chapter 5 테마별 회제 각종主题

쓰면서 읽어보세요!

그녀를 어떻게 생각하세요?

└ 你觉得她怎么样?

뭐랄까? 능력이 있어요.

└ 怎么说呢… 很有能力。

001 **你认为自己的性格怎么样?**
Nǐ rènwéi zìjǐ de xìnggé zěnmeyàng?
니 런워이 쯔찌 더 씽거 쩐머양

자신의 성격이 어떻다고 생각합니까?

认为 : ~이라고 생각하다
自己 : 자기, 자신
性格 : 성격
怎么样 : 어때요

002 **他是个怎么样的人?**
Tā shì ge zěnmeyàng de rén?
타 스 거 쩐머양 더 런

그는 어떤 사람입니까?

是 : ~이다

003 **人很好。**
Rén hěn hǎo.
런 헌 하오

사람은 좋습니다.

人 : 사람
好 : 좋다

004 **不管什么情况下都很乐观。**
Bùguǎn shénme qíngkuàngxià dōu hěn lèguān.
뿌꽌 선머 칭쾅쌰 떠우 헌 러꽌

어떤 상황이든 낙관적입니다.

不管 : ~이든 막론하고
情况 : 상황
都 : 모두, 다
乐观 : 낙관적이다

005 **很有能力。**
Hěn yǒu nénglì.
헌 여우 넝리

능력이 있습니다.

能力 : 능력

006 **不太善于交际。**

Bú tài shànyú jiāojì.

뿌 타이 산위 쨔오찌

그다지 교제에 능하지 않아요.

不太 : 별로 ~하지 않다
善于 : ~에 능하다
交际 : 교제

---

007 **怎么说呢…。**

Zěnme shuō ne….

쩐머 쉬 너

뭐라고 말할까요? / 뭐랄까?

무언가를 말하려고 하는데 잘 떠오르지 않을 때나 분명하게 답하기가 어려울 때

---

008 **你觉得她怎么样?**

Nǐ juéde tā zěnmeyàng?

니 쮀에더 타 쩐머양

그녀를 어떻게 생각합니까?

觉得 : ~이라고 생각하다
怎么样 : 어때요

---

009 **她是个相当勤快的人。**

Tā shì ge xiāngdāng qínkuai de rén.

타 스 거 쌍땅 친콰이 더 런

대단히 부지런한 사람입니다.

相当 : 상당히
勤快 : 부지런하다

---

010 **她是个女汉子。**

Tā shì ge nǚhànzi.

타 스 거 뉘한쯔

그녀는 남자 같은 성격을 가진 여자입니다.

女汉子는 '남자 같은 성격을 가진 여자'를 지칭. 최근에는 보이시한 여자, 또는 강한 여자를 가리킨다.

001
他很有礼貌。
Tā hěn yǒu lǐmào.
타 헌 여우 리마오

그는 예의 바른 사람이에요.

有礼貌는 예의가 바르다, 혹은 懂礼貌dǒng lǐ mào라고 해도 된다.

002
他是一个十分幽默的人。
Tā shì yí ge shífēn yōumò de rén.
타 스 이 거 스펀 여우뭐 더 런

그는 유머가 있어요.

十分 : 몹시, 매우
幽默 : 유머러스한

003
他很搞笑。
Tā hěn gǎoxiào.
타 헌 까오쌰오

그는 유머가 있어요.

搞笑 : (우스갯소리 따위로) 웃기다

004
我觉得他很细心，也很大方。
Wǒ juéde tā hěn xìxīn, yě hěn dàfang.
워 쥐에더 타 헌 씨씬, 예 헌 따팡

그는 섬세하고 대범하다고 생각합니다.

觉得 : ~이라고 생각하다
细心 : 세심하다
也 : ~도, 또한
大方 : 대범하다, 시원시원하다

005
他非常受欢迎。
Tā fēicháng shòu huānyíng.
타 페이창 서우 환잉

그는 매우 환영을 받습니다.

인기가 좋다고 말할 때
非常 : 매우
受 : 받다
欢迎 : 환영, 환영하다

006
他人缘儿很好。
Tā rényuánr hěn hǎo.
타 런위얄 헌 하오

그는 붙임성이 좋아요.

人缘儿은 '남과의 관계'라는 뜻으로 주로 좋은 관계를 말한다.

007

他很有魅力。

Tā hěn yǒu mèilì.

타 헌 여우 메이리

그는 매력적입니다.

魅力 : 매력

008

他是个值得信任的人。

Tā shì ge zhídé xìnrèn de rén.

타 스 거 즈더 씬런 더 런

그는 믿음직한 사람입니다.

值得 : ~할 만하다
信任 : 믿다, 믿음

001

他是个马虎的人。

Tā shì ge mǎhu de rén.

타 스 거 마후 더 런

그는 세심하지 않은 사람이에요.

马虎 : 세심하지 않다

002

他不太会说话。

Tā bú tài huì shuōhuà.

타 뿌 타이 후이 쉬화

말주변이 없어요.

不太 : 별로 ~하지 않다
会 : ~을 할 수 있다
说话 : 말을 하다

003

我的性格比较急。

Wǒ de xìnggé bǐjiào jí.

워 더 씽거 삐쨔오 찌

저는 성격이 급한 편입니다.

性格 : 성격
比较 : 비교적
急 : 급하다

004

他是个淘气包。

Tā shì ge táoqìbāo.

타 스 거 타오치빠오

그는 장난꾸러기입니다.

淘气包 : 장난꾸러기

005

她是个假小子。

Tā shì ge jiǎxiǎozi.

타 스 거 쨔쌰오쯔

그녀는 말괄량이입니다.

假小子 : (성격이나 생김새·옷차림이) 사내 같은 여자, 선머슴 같은 여자

006

是个优柔寡断的男人。

Shì ge yōuróuguǎduàn de nánrén.

스 거 여우러우꽈똰 더 난런

우유부단한 남자입니다.

优柔寡断 : 우유부단하다
男人 : 남자

007

脸皮真厚。

Liǎnpí zhēn hòu.

리엔피 전 허우

정말 뻔뻔스러워.

脸皮 : 얼굴, 안면
真 : 정말, 진짜
厚 : 두껍다

008

是个缺乏常识的人。

Shì ge quēfá chángshí de rén.

스 거 취에파 창스 더 런

상식이 부족한 사람이야.

缺乏 : 부족하다
常识 : 상식

009

她很任性。

Tā hěn rènxìng.

타 헌 런씽

그녀는 제멋대로예요.

任性 : 제멋대로 하다, 마음 내키는대로 하다

太啰嗦了。

Tài luōsuo le.
타이 뤄쒀 러

잔소리가 많아요.

---

04 신체 특징

001

个子大概多高?

Gèzi dàgài duōgāo?
거쯔 따까이 뭐까오

키가 어느 정도입니까?

키를 물어볼 때
个子 : 키
大概 : 대략, 대충
多 : 얼마나
高 : 높다

002

他一米七四。

Tā yì mǐ qī sì.
타 이 미 치 쓰

그는 키가 174센티입니다.

米 : 미터

003

她个子又高又苗条。

Tā gèzi yòu gāo yòu miáotiáo.
타 거쯔 여우 까오 여우 먀오탸오

그녀는 키가 크고 날씬합니다.

个子 : 키
又~又 : ~하고도 ~하다
高 : 높다
苗条 : 날씬하다

004

体重大概是多少?

Tǐzhòng dàgài shì duōshǎo?
티중 따까이 스 뭐사오

체중은 어느 정도입니까?

몸무게를 물어볼 때
体重 : 몸무게, 체중
大概 : 대략, 대충
多少 : 얼마

005

我的体重是65公斤。

Wǒ de tǐzhòng shì liùshíwǔ gōngjīn.

워 더 티중 스 려우스우 꿍찐

내 몸무게는 65킬로입니다.

体重 : 몸무게, 체중
公斤은 '킬로그램'이라는 뜻.
중국에서는 몸무게를 말할
때 斤jīn(근)을 사용하기도 한
다. 그래서 我的体重是130
斤이라고 할 수도 있다.

006

胖了一点。

Pàng le yìdiǎn.

팡 러 이띠엔

약간 살이 쪘습니다.

胖 : 뚱뚱하다, 살이 찌다
一点 : 조금, 약간

007

瘦了3公斤。

Shòu le sān gōngjīn.

서우 러 싼 꿍찐

3킬로 빠졌습니다.

瘦 : 여위다, 마르다, 살이 빠
지다

008

我是左撇子。

Wǒ shì zuǒpiēzi.

워 스 쮀피에쯔

나는 왼손잡이입니다.

左撇子 : 왼손잡이

009

我习惯用左手。

Wǒ xíguàn yòng zuǒshǒu.

워 씨꽌 융 쮀서우

나는 왼손잡이입니다.

习惯 : 습관되다
用 : 사용하다
左手 : 왼손

001 **他长得帅吗?**

Tā zhǎng de shuài ma?

타 장 더 쏴이 마

그는 잘생겼어요?

남자의 외모를 물어볼 때
长 : 생기다, 자라다
得는 동사나 형용사의 뒤에 쓰여, 결과나 정도를 표시하는 보어를 연결시키는 역할을 한다.
帅 : 잘생기다, 멋있다

002 **他长得很帅。**

Tā zhǎng de hěn shuài.

타 장 더 헌 쏴이

그는 미남입니다.

很은 형용사가 가리키는 성질이나 상태의 정도를 나타낸다.

003 **他是个帅哥。**

Tā shì ge shuàigē.

타 스 거 쏴이거

그는 미남입니다.

帅哥 : 잘생긴 남자

004 **她长得漂亮吗?**

Tā zhǎng de piàoliang ma?

타 장 더 퍄오량 마

그녀는 예뻐요?

여자의 외모를 물어볼 때
长 : 생기다, 자라다
得는 동사나 형용사의 뒤에 쓰여, 결과나 정도를 표시하는 보어를 연결시키는 역할을 한다.
漂亮 : 예쁘다, 아름답다

005 **她是很有魅力的女性。**

Tā shì hěn yǒu mèilì de nǚxìng.

타 스 헌 여우 메이리 더 뉘씽

그녀는 매력적인 여성입니다.

有魅力 : 매력적이다
女性 : 여성
男性nán xìng 남성

006

她的皮肤很白。

Tā de pífū hěn bái.

타 더 피푸 헌 빠이

그녀는 피부가 하얗습니다.

皮肤 : 피부
白 : 희다

007

她总是化浓妆。

Tā zǒngshì huà nóngzhuāng.

타 쭝스 화 눙좡

그녀는 늘 짙게 화장합니다.

总是 : 늘, 항상
化妆 : 화장을 하다
浓妆은 '짙은 화장'이라는
뜻. 이와 반대로 옅은 화장은
淡妆dànzhuāng

008

换了发型。

Huàn le fàxíng.

환 러 파씽

헤어스타일을 바꿨습니다.

换 : 바꾸다
发型 : 헤어스타일

009

我剪了个短发。

Wǒ jiǎn le ge duǎnfà.

워 찌엔 러 거 똰파

나는 단발머리를 하고 있어요.

단발머리로 잘랐다고 말할 때
剪 : 깎다, 자르다
短发 : 단발머리, 짧은 머리

010

我想留长发。

Wǒ xiǎng liú chángfà.

워 썅 려우 창파

긴 머리로 기르고 싶다.

想 : ~을 하고 싶다
留 : 남기다, 기르다
长发 : 긴 머리

011

你长得像妈妈还是像爸爸?

Nǐ zhǎng de xiàng māma háishi xiàng bàba?

니 장 더 쌍 마마 하이쓰 쌍 빠빠

당신은 어머니를 닮았어요, 아니면 아버지를
닮았어요?

长 : 생기다, 자라다
得는 동사나 형용사의 뒤에
쓰여, 결과나 정도를 표시하
는 보어를 연결시키는 역할
을 한다.
像 : 닮다, 비슷하다
还是 : 또는, 아니면
妈妈 : 엄마
爸爸 : 아버지

012

我长得像爸爸。

Wǒ zhǎng de xiàng bàba.

워 장 더 쌍 빠빠

저는 아버지를 닮았어요.

UNIT 6 건강, 보건

哪里 nǎlǐ 나리 어디	舒服 shūfu 수푸 (육체나 정신이) 편안하다	失眠 shīmián 스미엔 불면(증)	睡 shuì 수이 (잠을) 자다
不舒服 bù shūfu 뿌 수푸 (몸이) 괴롭다, 편치 않다	受伤 shòushāng 서우상 다치다	疼 téng 텅 아프다	感冒 gǎnmào 깐마오 감기, 감기에 걸리다

服 옷 복	服 fú 푸	服 服 服 服 服 服 服 服 服　服　服　服　服
着 붙을 착	着 zháo 자오	着 着 着 着 着 着 着 着 着 着 着 着　着　着　着　着

쓰면서 읽어보세요!

어디가 아프십니까?

└ 哪里不舒服？

불면증에 걸려 잠을 이루지 못해요.

└ 失眠，睡不着觉。

001 **受伤了。**
Shòushāng le.
서우상 러
다쳤습니다.

受伤 : 다치다

002 **脚肿了。**
Jiǎo zhǒng le.
쨔오 중 러
발이 부었습니다.

脚 : 발
肿 : 붓다, 부어오르다

003 **脚被烫伤了。**
Jiǎo bèi tàngshāng le.
쨔오 뻬이 탕상 러
발에 화상을 입었습니다.

被는 '~에게 당하다'라는 뜻
으로 주로 피동문에 많이 쓰
인다.
烫 : 데다, 화상 입다
伤 : 다치다

004 **脚被烧伤了。**
Jiǎo bèi shāoshāng le.
쨔오 뻬이 사오상 러
발에 화상을 입었습니다.

烧 : 태우다, 데다
烫과 烧는 약간 차이가 있다.
烫은 '뜨거운 물에 데다'라는 뜻
이고 烧는 '불에 데다'라는 뜻.
伤 : 다치다

005 **脚踝扭伤了。**
Jiǎohuái niǔshāng le.
쨔오화이 녀우상 러
발목을 삐었습니다.

脚踝 : 발목
扭 : (발목 따위를) 삐다
伤 : 다치다

006 **肩膀酸痛。**
Jiānbǎng suāntòng.
찌엔빵 쏸퉁
어깨가 결립니다.

肩膀 : 아프다
酸痛 : 시큰시큰 쑤시고 아프다

007 **腿骨折了。**

Tuǐ gǔzhé le.

투이 꾸즈어 러

다리가 골절되었어요.

腿 : 다리
骨折 : 골절되다

001 **哪里不舒服?**

Nǎli bù shūfu?

나리 뿌 수푸

어디가 아프십니까?

哪里 : 어디, 哪儿nǎr
舒服 : (육체나 정신이) 편안
하다
不舒服 : (몸이) 괴롭다, 편
치 않다

002 **这里疼。**

Zhèli téng.

즈어리 텅

여기가 아픕니다.

这里 : 여기
疼 : 아프다

003 **常常感到疲劳。**

Chángcháng gǎndào píláo.

창창 깐따오 피라오

항상 피로를 느낍니다.

常常 : 늘, 항상
感到 : ~이라고 느끼다
疲劳 : 지치다, 피로하다

004 **失眠，睡不着觉。**

Shīmián, shuì bu zháo jiào.

스미엔, 수이 뿌 자오 쨔오

불면증에 걸려 잠을 이루지 못해요.

失眠 : 불면, 잠을 이루지 못
하다
睡不着觉 : 잠을 이루지 못
하다

Chapter 5 테마별 화제 | 各种主题

005

没有食欲。

Méiyǒu shíyù.

메이여우 스위

식욕이 없습니다.

食欲 : 식욕

006

胃疼。

Wèi téng.

웨이 텅

위가 아픕니다.

胃 : 위
疼 : 아프다

007

反胃。

Fǎnwèi.

판웨이

구역질이 납니다.

反胃 : 구역질이 나다

008

拉肚子了。

Lā dùzi le.

라 뚜쯔 러

배탈이 났습니다.

拉肚子 : 설사하다, 배탈나다
肚子 : 배

009

消化不良，很不舒服。

Xiāohuà bùliáng, hěn bù shūfu.

쌰오화 뿌량, 헌 뿌 수푸

소화불량으로 고생하고 있습니다.

消化 : 소화하다
不良 : 불량하다, 좋지 않다
舒服 : (육체나 정신이) 편안
하다
不舒服 : (몸이) 괴롭다, 편
치 않다

010

有点儿贫血。

Yǒudiǎnr pínxuè.

여우띠얄 핀쒸에

빈혈이 있습니다.

有点儿 : 조금, 약간
贫血 : 빈혈

011 **感冒了。**
Gǎnmào le.
깐마오 러
감기에 걸렸습니다.

感冒 : 감기, 감기에 걸리다

012 **发烧了。**
Fāshāo le.
파사오 러
열이 있습니다.

发烧 : 열이 나다

013 **头疼。**
Tóuténg.
터우텅
머리가 아픕니다.

头疼 : 머리가 아프다

014 **一直咳嗽。**
Yìzhí késou.
이즈 크어써우
계속 기침이 나옵니다.

一直 : 줄곧, 계속해서
咳嗽 : 기침하다

015 **对花粉过敏。**
Duì huāfěn guòmǐn.
뚜이 화펀 꿔민
꽃가루 알레르기가 있습니다.

对 : ~에 대해
花粉 : 꽃가루
过敏 : 알레르기, 과민하다

001

我的身体哪里不好?
Wǒ de shēntǐ nǎli bù hǎo?
워 더 션티 나리 뿌 하오

제 몸이 어디가 나쁜 거죠?

자신의 몸이 어디가 잘못된
것인지 의사에게 물을 때
身体 : 몸, 신체
哪里 : 어디

002

血压有点儿高。
Xuèyā yǒudiǎnr gāo.
쒸에야 여우띠알 까오

혈압이 조금 높아요.

血压 : 혈압
有点儿 : 조금, 약간
高는 '높다'라는 뜻, 반대로
'혈압이 낮다'는 血压有点
儿低라고 할 수 있다. 低dī는
'낮다'라는 뜻.
高血压gāo xuè yā 고혈압
低血压dī xuè yā 저혈압

003

有点儿贫血。
Yǒudiǎnr pínxuè.
여우띠알 핀쒸에

빈혈이 좀 있어요.

有点儿 : 조금, 약간
贫血 : 빈혈

004

要怎么治疗?
Yào zěnme zhìliáo?
야오 쩐머 즈랴오

어떻게 치료하면 되나요?

치료 방법을 묻고 싶을 때
要 : ~을 해야 한다
怎么 : 어떻게
治疗 : 치료하다

005

我想做个全面的身体检查。
Wǒ xiǎng zuò ge quánmiàn de shēntǐ jiǎnchá.
워 썅 쭤 거 취엔미엔 더 션티 찌엔차

종합적인 건강검진을 하고 싶습니다.

想 : ~을 하고 싶다
做 : 하다
全面 : 전면적이다
身体检查 : 건강검진, 신체
검사

006

我的检查结果怎么样?

Wǒ de jiǎnchá jiéguǒ zěnmeyàng?

워 더 찌엔차 찌에꿔 전머양

제 검사 결과는 어때요?

检查 : 검사하다
结果 : 결과
怎么样 : 어때요

007

要抽血吗?

Yào chōuxuè ma?

야오 처우쒸에 마

피를 뽑아야 합니까?

혈액검사를 해야 하는지 물을 때
要 : ~을 해야 한다
抽血 : 피를 뽑다

008

要检查小便吗?

Yào jiǎnchá xiǎobiàn ma?

야오 찌엔차 샤오삐엔 마

소변 검사를 해야 합니까?

要 : ~을 해야 한다
检查 : 검사하다
小便 : 소변

009

给您测一下体温。

Gěi nín cè yíxià tǐwēn.

께이 닌 츠어 이쌰 티원

체온을 재겠습니다.

给 : ~에게
测 : 재다, 측량하다
一下 : ~을 한번 하다, ~을 좀 하다
体温 : 체온

010

要打针吗?

Yào dǎzhēn ma?

야오 따전 마

주사를 맞아야 하나요?

要 : ~을 해야 한다
打针 : 주사를 맞다
输液shū yè 정맥주사, 링거를 맞다
吃药chī yào 약을 먹다

011

请问，在哪儿交费?

Qǐngwèn, zài nǎr jiāofèi?

칭원, 짜이 날 쨔오페이

비용은 어디에 내야 합니까?

请问 : 여쭤보겠습니다
在哪儿 : 어디에서
交费 : 비용을 내다

012 **谢谢医生！**
Xièxie yīshēng!
씨에씨에 이성

선생님, 감사합니다.

의사 선생님에게 감사의 뜻
을 표할 때
谢谢 : 감사하다
医生은 '의사'라는 뜻. 또는
大夫dài fu '의사 선생님'이라
고도 할 수 있다.

---

04 약국에서

---

001 **请按照这个处方给我药。**
Qǐng ànzhào zhè ge chǔfāng gěi wǒ yào.
칭 안자오 즈어 거 추팡 께이 워 야오

이 처방전에 따라 약을 주세요.

请은 '~하세요'라는 뜻으로
상대방에게 어떤 일을 부탁
하거나 권할 때 쓰는 경어.
按照 : ~에 따라
处方 : 처방전
给 : 주다
药 : 약

---

002 **这药怎么吃？**
Zhè yào zěnme chī?
즈어 야오 쩐머 츠

이 약은 어떻게 먹습니까?

복용법을 물을 때
怎么 : 어떻게
吃 : 먹다

---

003 **一次要吃几粒？**
Yí cì yào chī jǐ lì?
이 츠 야오 츠 찌 리

한 번에 몇 알 먹으면 되나요?

一次 : 한 번
要 : ~을 해야 한다
几 : 몇
粒는 '알'이라는 뜻으로 주로
알갱이 모양의 사물을 세는
양사.

---

004 **一天三次，一次两片。**
Yì tiān sān cì, yí cì liǎng piàn.
이 티엔 싼 츠, 이 츠 량 피엔

하루에 세 번, 한 번에 두 알씩 복용하세요.

一天 : 하루
三次 : 3번
两片은 '2알'이라는 뜻으로,
片은 얇고 작은 사물이나 작
게 잘라진 부분을 세는 양사.

005

最好饭后服用。

Zuìhǎo fànhòu fúyòng.

쭈이하오 판허우 푸융

식후에 먹는 게 좋아요.

最好 : 가장 좋기로는, 가장 바람직한 것은
饭后 : 식후, 밥 먹은 뒤
服用 : 복용하다, (약을) 먹다

006

请给我止痛片。

Qǐng gěi wǒ zhǐtòngpiàn.

칭 께이 워 즈퉁피엔

진통제 주세요.

请은 '~하세요'라는 뜻으로 상대방에게 어떤 일을 부탁하거나 권할 때 쓰는 경어.
给 : 주다
止痛片 : 진통제

007

有感冒药吗?

Yǒu gǎnmàoyào ma?

여우 깐마오야오 마

감기약 있습니까?

처방전이 필요한 한국과 달리 중국에서는 약국에서 감기약을 살 수 있다.
有는 '가지고 있다, 있다'라는 뜻으로 소유나 존재를 나타낸다.
感冒药 : 감기약

008

有胶囊的还有冲剂的。

Yǒu jiāonáng de hái yǒu chōngjì de.

여우 쨔오낭 더 하이 여우 충찌 더

캡슐도 있고 침제도 있어요.

有는 '가지고 있다, 있다'라는 뜻으로 소유나 존재를 나타낸다.
胶囊 : 캡슐
还 : 또, 또한
冲剂 : 침제(浸劑), 물에 타 먹는 가루약
膏药gāo yào 파스
丸药wán yào 환약

009

请给我眼药水。

Qǐng gěi wǒ yǎnyàoshuǐ.

칭 께이 워 옌야오수이

안약이 필요합니다.

请은 '~하세요'라는 뜻으로 상대방에게 어떤 일을 부탁하거나 권할 때 쓰는 경어
给 : 주다
眼药水 : 안약

010 **请给我绷带和药棉。**
Qǐng gěi wǒ bēngdài hé yàomián.
칭 께이 워 뻥따이 흐어 야오미엔

붕대와 탈지면 주세요.

绷带 : 붕대
和 : ~와
药棉 : 약솜, 탈지면
创可贴chuàng kě tiē 일회용 밴드, 반창고

011 **有过敏史吗?**
Yǒu guòmǐnshǐ ma?
여우 꿔민스 마

알레르기가 나타난 적이 있어요?

有는 '가지고 있다, 있다'라는 뜻으로 소유나 존재를 나타낸다.
过敏 : 알레르기
史 : 历史lìshǐ의 약자로 '역사'라는 뜻.

05 ◀ **컨디션 표현**

001 **今天精神怎么样?**
Jīntiān jīngshén zěnmeyàng?
찐티엔 찡선 쩐머양

오늘 컨디션은 어때요?

今天 : 오늘
精神 : 정신
怎么样 : 어때요

002 **哪里不舒服?**
Nǎli bù shūfu?
나리 뿌 수푸

어디 편찮으세요?

안색이 안 좋아 보일 때
哪里 : 어디
舒服 : 편안하다

003 **你看起来脸色不太好。**
Nǐ kànqǐlái liǎnsè bú tài hǎo.
니 칸치라이 리엔쓰어 뿌 타이 하오

안색이 안 좋아 보이네요.

看起 : 보아하니, 보기에
脸色 : 안색
不太 : 별로 ~하지 않다

004 没事吧?

Méishì ba?

메이스 빠

괜찮아요?

没事 : 괜찮다, 좋다
吧는 문장 끝에 쓰여 상의·제
의·청구·명령·독촉의 어기를
나타낸다.

005 脚怎么了?

Jiǎo zěnme le?

쨔오 쩐머 러

발은 어떻게 된 거죠?

脚 : 발
怎么了 : 무슨 일이야? 어떻
게 된 거야?

006 去医院看看怎么样?

Qù yīyuàn kànkan zěnmeyàng?

취 이위엔 칸칸 쩐머양

병원에 가 보는 게 어때요?

医院 : 병원
怎么样 : 어때요

007 今天好点了吗?

Jīntiān hǎo diǎn le ma?

찐티엔 하오 띠엔 러 마

오늘은 좀 좋아졌어요?

今天 : 오늘
好는 형용사로 '좋다', 동사
로 '좋아지다'라는 뜻도 있다.
点 : 조금, 약간

008 完全好了吗?

Wánquán hǎo le ma?

완취엔 하오 러 마

완전히 나았습니까?

完全 : 완전히
好는 형용사로 '좋다', 동사
로 '좋아지다'라는 뜻도 있다.

009 没事，别担心。

Méishì, bié dānxīn.

메이스, 삐에 딴씬

괜찮아요, 걱정 마세요.

没事 : 괜찮다, 좋다
别 : ~하지 마
担心 : 걱정하다

010

精神挺好的。

Jīngshén tǐng hǎo de.

찡선 팅 하오 더

컨디션은 좋습니다.

精神 : 기운, 정신
挺〜的 : 매우 ~하다

011

我很健康。

Wǒ hěn jiànkāng.

워 헌 찌엔캉

건강합니다.

健康 : 건강하다

012

我身体非常好。

Wǒ shēntǐ fēicháng hǎo.

워 선티 페이창 하오

나는 매우 건강합니다.

身体 : 신체, 몸
非常 : 매우

013

今天特别疲惫。

Jīntiān tèbié píbèi.

찐티엔 트어삐에 피뻬이

오늘 특히 피곤하네요.

疲惫 : 지치다, 피곤하다

014

人逢喜事精神爽。

Rén féng xǐshì jīngshén shuǎng.

런 펑 씨스 찡선 솽

사람은 기쁜 일을 만나면 정신이 상쾌해진다.

逢 : 만나다, 마주치다
喜事 : 좋은 일, 기쁜 일
精神 : 정신
爽 : 상쾌하다

015

你的黑眼圈好重。

Nǐ de hēiyǎnquān hǎo zhòng.

니 더 허이옌취엔 하오 중

너 다크서클이 심하네.

黑眼圈 : 다크서클
重 : 심하다, 무겁다, 상당하다

016 **注意休息，小心积劳成疾。**

Zhùyì xiūxi, xiǎoxīn jīláochéngjí.

주이 셔우씨, 쌰오씬 찌라오청찌

피로가 쌓여 병이 되지 않도록 휴식을 잘 하세요.

注意 : 주의하다, 조심하다
休息 : 휴식하다, 휴식
小心 : 조심하다
积劳成疾 : 피로가 쌓여 병이 되다

CHAPTER

6

商务

Shāngwù

비즈니스

UNIT 1 전화 표현

1 전화 걸기 / **2** 전화 받기 / **3** 전화를 받을 수 없을 때 /
4 상대가 부재중일 때 / **5** 약속 잡기 / **6** 전화 트러블

喂，请找一下巩丽。
Wéi, qǐng zhǎo yíxià Gǒng lì.
웨이, 칭 자오 이쌰 꿍 리
여보세요. 공리 씨 부탁합니다.

您打错了。
Nín dǎcuò le.
닌 따춰 러
전화 잘못 거셨습니다.

喂 wéi 웨이 여보세요	找 zhǎo 자오 찾다	请 qǐng 칭 부탁하다	一下 yíxià 이쌰 좀 ~하다
巩丽 Gǒng lì 꿍 리 공리(사람 이름)	打 dǎ 따 (전화를) 걸다	接 jiē 찌에 (전화를) 받다	错 cuò 춰 틀리다, 맞지 않다

간체자

麗 고울 려(여)	丽 lì 리	丽 丽 丽 丽 丽 丽 丽 丽　丽　丽　丽　丽
錯 섞일 착	错 cuò 춰	错 错 错 错 错 错 错 错 错 错 错 错 错 错　错　错　错　错

쓰면서 읽어보세요!

여보세요. 공리 씨 부탁합니다.

└ 喂，请找一下巩丽。

전화 잘못 거셨습니다.

└ 您打错了。

001

可以用一下电话吗?

Kěyǐ yòng yíxià diànhuà ma?

크어이 융 이쌰 띠엔화 마

전화 좀 써도 될까요?

可以 : ~을 해도 좋다
用 : 사용하다, 쓰다
一下 : 좀 ~하다
电话 : 전화

002

喂，你好。

Wéi, nǐhǎo.

웨이, 니하오

여보세요. 안녕하세요

전화를 걸 때
喂 : 여보세요
你好 : 안녕하세요

003

喂，请问是王小明家吗?

Wéi, qǐngwèn shì Wáng xiǎomíng jiā ma?

웨이, 칭원 스 왕 샤오밍 쨔 마

여보세요. 왕샤오밍 씨 댁입니까?

请问 : 잠깐 여쭙겠습니다
王小明 : 왕샤오밍(사람 이름)
家 : 집

004

请找一下巩丽。

Qǐng zhǎo yíxià Gǒng lì.

칭 자오 이쌰 꿍 리

공리 씨 부탁합니다.

请은 '~하세요'라는 뜻, 상대
방에게 어떤 일을 부탁하거
나 권할 때 쓰는 경어.
找 : 찾다
一下 : 좀 ~하다
巩丽 : 공리(사람 이름)

005

这是明明的电话吗?

Zhè shì Míngming de diànhuà ma?

즈어 스 밍밍 더 띠엔화 마

그쪽은 밍밍 씨인가요?

这 : 이, 이것
明明 : 밍밍(사람 이름)
电话 : 전화

006

请问，明明在吗?

Qǐngwèn, Míngming zài ma?

칭원, 밍밍 짜이 마

밍밍 씨 계십니까?

请问 : 잠깐 여쭙겠습니다

007

请营业部的人接一下电话。

Qǐng yíngyèbù de rén jiē yíxià diànhuà.

칭 잉예뿌 더 런 찌에 이쌰 띠엔화

영업부 아무나 통화하고 싶습니다.

请은 '~하세요'라는 뜻, 상대방에게 어떤 일을 부탁하거나 권할 때 쓰는 경어.

营业部 : 영업부

接 : 받다

一下 : 좀 ~하다

008

请接一下编辑部?

Qǐng jiē yíxià biānjíbù.

칭 찌에 이쌰 삐엔찌뿌

편집부로 연결해 주시겠어요?

请은 '~하세요'라는 뜻, 상대방에게 어떤 일을 부탁하거나 권할 때 쓰는 경어.

接 : 연결하다

编辑部 : 편집부

009

宣传部的巩俐小姐在吗?

Xuānchuánbù de Gǒng lì xiǎojiě zài ma?

쒸엔촨뿌 더 꿍 리 쌰오찌에 짜이 마

홍보부 공리 씨 계십니까?

宣传部 : 홍보부

010

请帮我换一下宣传部的巩俐小姐。

Qǐng bāng wǒ huàn yíxià xuānchuánbù de Gǒng lì xiǎojiě.

칭 빵 워 환 이쌰 쒸엔촨뿌 더 꿍 리 쌰오찌에

홍보부 공리 씨 바꿔주세요.

帮 : 돕다

换 : 바꾸다

011

附近有公用电话吗?

Fùjìn yǒu gōngyòng diànhuà ma?

푸찐 여우 꿍융 띠엔화 마

근처에 공중전화가 있습니까?

附近 : 근처

有 : 있다

公用电话 : 공중전화

001

电话响了。

Diànhuà xiǎng le.

띠엔화 썅 러

전화벨이 울려요.

电话 : 전화
响 : 울리다

002

我来接电话。

Wǒ lái jiē diànhuà.

워 라이 찌에 띠엔화

제가 전화 받을게요.

接 : 받다
电话 : 전화
来 : 동사의 앞에 놓여 어떤 일을 하려고 하는 적극성이나, 상대방에게 어떤 행동을 하게 하는 어감을 나타냄.

003

您是哪位?

Nín shì nǎ wèi?

닌 스 나 웨이

누구십니까?

哪位 : 누구, 어느 분

004

这里是总务部，请问有什么事?

Zhèlǐ shì zǒngwùbù, qǐngwèn yǒu shénme shì?

즈어리 스 쫑우뿌, 칭원 여우 선머 스

총무부입니다. 무슨 일이십니까?

这里 : 여기
总务部 : 총무부
请问 : 잠깐 여쭙겠습니다
有 : 있다
什么 : 무엇, 무슨
事 : 일

005

不好意思，听不清楚你说什么。

Bù hǎoyìsi, tīng bu qīngchu nǐ shuō shénme.

뿌 하오이쓰, 팅 뿌 칭추 니 쉬 선머

죄송하지만 잘 안 들립니다.

清楚 : 명백하다, 똑똑하다

006

可以再说一遍吗?

Kěyǐ zài shuō yí biàn ma?

크어이 짜이 쉬 이 삐엔 마

한 번 더 말씀해 주시겠습니까?

可以 : ~을 할 수 있다
再 : 또, 더
说 : 말하다
一遍 : 한 번

007

稍等，我看一下。

Shāo děng, wǒ kàn yíxià.

사오 떵, 워 칸 이쌰

잠깐, 확인해 보겠습니다.

자리에 있는지 확인할 때
稍等 : 잠깐 기다리다
看 : 보다
一下 : 좀 ~하다

008

不好意思，现在在接别的电话。

Bù hǎoyìsi, xiànzài zài jiē bié de diànhuà.

뿌 하오이쓰, 씨엔짜이 짜이 찌에 삐에 더 띠엔화

죄송합니다, 지금 다른 전화를 받고 있습니다.

通화 중일 때
不好意思 : 죄송합니다
现在 : 지금
在 : ~을 하고 있다
接 : 받다
别的 : 다른 것

---

03 **전화를 받을 수 없을 때**

001

他不在。

Tā bú zài.

타 뿌 짜이

잠시 자리를 비웠습니다.

他 : 그
不在 : ~에 없다

002

您过会儿再打过来吧。

Nín guòhuìr zài dǎ guòlái ba.

닌 꿔훨 짜이 따 꿔라이 빠

잠시 후에 다시 전화해 주세요.

过会儿 : 조금 지난 후, 잠시 후
再 : 다시
打 : 전화하다
吧는 문장 끝에 쓰여 상의·제의·청구·명령·독촉의 어기를 나타낸다.

003

不好意思，他现在在开会。
Bù hǎoyìsi, tā xiànzài zài kāihuì.
뿌 하오이쓰, 타 씨엔짜이 짜이 카이후이

미안합니다. 지금 회의 중입니다.

不好意思 : 죄송합니다
现在 : 지금
在 : ~을 하고 있다
开会 : 회의하다

004

他正在通话中。
Tā zhèngzài tōnghuàzhōng.
타 정짜이 통화중

지금 통화 중입니다.

正在 : ~을 하고 있다
通话中 : 통화 중이다

005

吃午饭去了。
Chī wǔfàn qù le.
츠 우판 취 러

점심 먹으러 나갔습니다.

吃 : 먹다
午饭 : 점심(밥)
去 : 가다

006

请稍等，他马上就回来。
Qǐng shāo děng, tā mǎshàng jiù huílai.
칭 사오 떵, 타 마샹 쩌우 후이라이

잠시만 기다리세요. 곧 돌아옵니다.

请은 '~하세요'라는 뜻, 상대방에게 어떤 일을 부탁하거나 권할 때 쓰는 경어.
稍等 : 잠깐 기다리다
马上 : 곧, 즉시
就 : 곧, 즉시, 바로, 당장
回来 : 돌아오다

007

回来后要让他回电话吗？
Huílaihòu yào ràng tā huí diànhuà ma?
후이라이허우 야오 랑 타 후이 띠엔화 마

돌아오면 전화하라고 말할까요?

回来 : 돌아오다
后 : 후
要 : 필요하다, 원하다
让 : ~을 하게 하다
回 : (원위치로) 되돌아오다
电话 : 전화

008

不好意思，今天休息。
Bù hǎoyìsi, jīntiān xiūxi.
뿌 하오이쓰, 찐티엔 써우씨

미안합니다. 오늘은 쉬고 있습니다.

오늘 영업하나요? 不好意思, 今天休息。
今天 : 오늘
休息 : 휴식하다, 쉬다

009

不好意思，他已经辞职了。

Bù hǎoyìsi, tā yǐjīng cízhí le.

뿌 하오이쓰, 타 이찡 츠즈 러

죄송합니다만, 그는 사직했습니다.

不好意思 : 죄송합니다, 미안합니다
已经 : 이미
辞职 : 사직하다

001

您拨打的用户暂时无法接通，请稍后再拨。

Nín bōdǎ de yònghù zànshí wúfǎ jiētōng, qǐng shāohòu zài bō.

닌 뿨따 더 융후 짠스 우파 찌에퉁, 칭 사오허우 짜이 뿨

지금 거신 전화는 잠시 통화가 불가능합니다.
잠시 후에 다시 걸어 주세요.

부재중일 때
拨(打) : 전화를 걸다
用户 : 사용자
暂时 : 잠시
无法 : ~할 방법이 없다
接通 : 연결되다
请은 '~하세요'라는 뜻, 상대방에게 어떤 일을 부탁하거나 권할 때 쓰는 경어.
稍后 : 잠시 뒤
再 : 다시

002

什么时候回来?

Shénme shíhou huílai?

선머 스허우 후이라이

언제쯤 돌아오실까요?

什么时候 : 언제
回来 : 돌아오다

003

有没有可以联系到他的方法?

Yǒu méiyǒu kěyǐ liánxìdào tā de fāngfǎ?

여우 메이여우 크어이 리엔씨따오 타 더 팡파

그에게 연락할 방법이 있습니까?

핸드폰이 꺼져 있어요. 有没有可以联系到他的方法?
有没有는 '있니?'라는 뜻, 정반의문문 형식.
可以 : ~을 할 수 있다
联系 : 연락하다
方法 : 방법

004 能告诉我她的电话号码吗?

Néng gàosu wǒ tā de diànhuà hàomǎ ma?

넝 까오쑤 워 타 더 띠엔화 하오마 마

그녀의 연락처를 알려주시겠습니까?

전화번호를 물을 때
能 : ~을 할 수 있다
告诉 : 알리다
电话号码 : 전화번호

---

005 我以后再打。

Wǒ yǐhòu zài dǎ.

워 이허우 짜이 따

나중에 다시 전화하겠습니다.

以后 : 이후
再 : 다시
打 : 전화하다

---

006 请稍等，我记一下。

Qǐng shāo děng, wǒ jì yíxià。

칭 사오 떵, 워 찌 이쌰

잠시 기다려 주십시오. 메모를 해두겠습니다.

稍 : 잠시, 약간
记 : 메모하다

---

007 能帮我转告他吗?

Néng bāng wǒ zhuǎngào tā ma?

넝 빵 워 좐까오 타 마

얘기를 전해주시겠어요?

부탁할 때
能帮我~吗 : 도와서 ~할
수 있나요?

---

008 有什么话要转告他吗?

Yǒu shénme huà yào zhuǎngào tā ma?

여우 선머 화 야오 좐까오 타 마

뭔가 전하실 말씀이 있습니까?

话 : 말
转告 : 전달하다

001

你有时间吗?

Nǐ yǒu shíjiān ma?

니 여우 스찌엔 마

혹시 시간 괜찮으세요?

时间 : 시간

002

想跟您说点事。

Xiǎng gēn nín shuō diǎn shì.

쌍 껀 닌 쉬 띠엔스

말씀 드릴 게 있습니다.

想 : ~을 하고 싶다
跟 : ~와
说 : 말하다
点 : 조금, 약간
事 : 일

003

可以去找您说点事吗?

Kěyǐ qù zhǎo nín shuō diǎn shì ma?

크어이 취 자오 닌 쉬 띠엔 스 마

말씀 드리러 찾아 봬도 될까요?

可以 : ~을 해도 된다
去 : 가다
找 : 찾다
说 : 말하다
事 : 일
点 : 조금, 약간

004

现在去可以吗?

Xiànzài qù kěyǐ ma?

씨엔짜이 취 크어이 마

지금 방문해도 될까요?

现在 : 지금
去 : 가다
可以 : ~을 해도 된다

005

等一下可以见一面吗?

Děng yíxià kěyǐ jiàn yí miàn ma?

떵 이쌰 크어이 찌엔 이 미엔 마

조금 이따가 뵐 수 있을까요?

等一下 : 조금 이따
可以 : ~을 해도 된다
见 : 만나다
一面 : 한 번 만나다

Chapter 6 비즈니스 | 商务

006

我想约小明老师见面。

Wǒ xiǎng yuē Xiǎo míng lǎoshī jiànmiàn.

워 썅 위에 샤오 밍 라오스 찌엔미엔

샤오밍 선생님과 만나기로 약속하고 싶은데요.

想	: ~을 하고 싶다
约	: 약속하다
小明	: 샤오밍(사람 이름)
老师	: 선생님
见面	: 만나다

007

什么时候有空?

Shénme shíhou yǒukòng?

선머 스허우 여우쿵

언제 시간이 되세요?

약속 시간을 잡을 때
什么时候	: 언제
有空	: 시간이 있다

008

下个星期有什么安排?

Xià ge xīngqī yǒu shénme ānpái?

쌰 거 씽치 여우 선머 안파이

다음 주 일정은 어떻게 됩니까?

下个星期	: 다음 주
有	: 있다
什么	: 무엇, 무슨
安排	: 안배, 일정

009

星期六下午3点怎么样?

Xīngqīliù xiàwǔ sān diǎn zěnmeyàng?

씽치려우 쌰우 싼 띠엔 쩐머양

토요일 오후 3시는 어떻습니까?

星期六	: 토요일
下午	: 오후
3点	: 3시
怎么样	: 어때요?

010

我看一下这个星期的日程安排。

Wǒ kàn yíxià zhè ge xīngqī de rìchéng ānpái.

워 칸 이쌰 즈어 거 씽치 더 르청 안파이

이번 주 제 스케줄을 확인하도록 하겠습니다.

看	: 보다
一下	: 좀 ~하다
这个星期	: 이번 주
日程	: 일정, 스케줄
安排	: 안배하다

011

好，那样挺好的。

Hǎo, nàyàng tǐng hǎo de.

하오, 나양 팅 하오 더

예, 그게 괜찮겠네요.

好	: 네, 좋아요
那样	: 그렇게
挺好	: 괜찮다

012 **欢迎随时来。**
Huānyíng suíshí lái.
환잉 쑤이스 라이

언제라도 들러 주십시오. / 언제든 환영합니다.

欢迎 : 환영하다	
随时 : 아무 때나	
来 : 오다	

---

013 **可以换个时间吗?**
Kěyǐ huàn ge shíjiān ma?
크어이 환 거 스찌엔 마

시간을 바꿔도 될까요?

可以 : ~을 해도 된다	
换 : 바꾸다	
时间 : 시간	

---

014 **不好意思，我恐怕要失约了。**
Bù hǎoyìsi, wǒ kǒngpà yào shīyuē le.
뿌 하오이쓰, 워 쿵파 야오 스위에 러

죄송하지만 제가 약속을 지키지 못할 것 같습니다.

不好意思 : 죄송합니다, 미안합니다	
恐怕 : 아마도	
要 : ~을 할 것이다	
失约 : 약속을 어기다	

---

06 전화 트러블

001 **您打错了。**
Nín dǎcuò le.
닌 따춰 러

전화를 잘못 거셨습니다.

您 : 당신	
打 : (전화를) 걸다	
错 : 틀리다, 맞지 않다	

---

002 **您打的电话号码是多少?**
Nín dǎ de diànhuà hàomǎ shì duōshao?
닌 따 더 띠엔화 하오마 스 뚸사오

몇 번으로 거셨습니까?

打 : 걸다	
电话号码 : 전화번호	
多少 : 얼마, 몇	

003

这里没有叫明明的人。

Zhèli méiyǒu jiào Míngming de rén.

즈어리 메이여우 쨔오 밍밍 더 런

여기에 밍밍이라는 사람은 없습니다.

这里 : 여기	
没有 : 없다	
叫 : 부르다	
明明 : 밍밍(사람 이름)	
人 : 사람	

004

不好意思，我打错了。

Bù hǎoyìsi, wǒ dǎcuò le.

뿌 하오이쓰, 워 따춰 러

실례했습니다. 제가 잘못 걸었네요.

不好意思 : 죄송합니다, 실례합니다	
打 : 걸다	
错 : 틀리다, 맞지 않다	

005

信号不好。

Xìnhào bù hǎo.

씬하오 뿌 하오

연결이 좋지 않네요.

전화 신호가 좋지 않을 때
信号 : 신호	
不好 : 좋지 않다	

006

你大声点说可以吗?

Nǐ dàshēng diǎn shuō kěyǐ ma?

니 따성 띠엔 쉬 크어이 마

큰소리로 말해주시겠습니까?

상대방의 목소리가 작을 때
大声 : 큰 소리	
点 : 좀, 약간	
说 : 말하다	
可以 : ~을 해도 된다	

007

你那里太吵了。

Nǐ nàli tài chǎo le.

니 나리 타이 차오 러

거기 너무 시끄러워요.

那里 : 저기, 거기	
太~了 : 너무 ~하다	
吵 : 시끄럽다	

008

不好意思，电话断了。

Bù hǎoyìsi, diànhuà duàn le.

뿌 하오이쓰, 띠엔화 똰 러

죄송합니다. 전화가 끊어졌네요.

不好意思 : 죄송합니다, 실례합니다	
电话 : 전화	
断 : 끊다	

009

能听到我的声音吗?

Néng tīngdào wǒ de shēngyīn ma?

넝 팅따오 워 더 성인 마

제 말 들리나요?

听到 : 들리다
声音 : 소리

010

我手机能收到短信，但是打不了电话了。

Wǒ shǒujī néng shōudào duǎnxìn, dànshì dǎbuliǎo diànhuà le.

워 서우찌 넝 서우따오 똰씬, 딴스 따뿌랴오 띠엔화 러

내 핸드폰으로 문자 메시지는 받을 수 있는데 전화를 할 순 없어요.

手机 : 핸드폰
收 : 받다
短信 : 메시지
但是 : 그러나, 그렇지만
不了 : ~을 할 수 없다

UNIT 2 직장 생활

对 duì 뚜이 ~에 대하여	工作 gōngzuò 꿍쭤 일, 직업	还 hái 하이 그런대로, 비교적	满意 mǎnyì 만이 만족하다
部门 bùmén 뿌먼 부서	适合 shìhé 스흐어 알맞다, 적합하다	上班 shàngbān 상빤 근무하다	公司 gōngsī 꿍쓰 회사

간체자

對 대답할 대	对 duì 뚜이	对 对 对 对 对 对　对　对　对　对
满 찰 만	满 mǎn 만	满满满满满满满满满满满满满 满　满　满　满　满

쓰면서 읽어보세요!

직업에 만족하세요?

└ 对工作还满意吗?

이 일은 저와 맞지 않아요.

└ 这个工作不适合我。

001 **你做什么工作?**
Nǐ zuò shénme gōngzuò?
니 쭤 선머 꿍쭤

무슨 일을 하세요?

직업을 물을 때
做 : 하다
什么 : 무엇, 무슨
工作 : 일

---

002 **你在哪儿工作?**
Nǐ zài nǎr gōngzuò?
니 짜이 날 꿍쭤

어디에서 일하세요?

在 : ~에서
哪儿 : 어디
工作 : 일

---

003 **在哪家公司上班?**
Zài nǎ jiā gōngsī shàngbān?
짜이 나 쨔 꿍쓰 상빤

어느 회사에 근무합니까?

在 : ~에서
哪 : 어느
家는 가정·가게·기업 따위를
세는 양사.
公司 : 회사
上班 : 근무하다

---

004 **在哪个部门工作?**
Zài nǎ ge bùmén gōngzuò?
짜이 나 거 뿌먼 꿍쭤

어느 부서에서 근무합니까?

在 : ~에서
哪 : 어느
部门 : 부서
工作 : 일

---

005 **那个工作做了多长时间?**
Nà ge gōngzuò zuò le duōcháng shíjiān?
나 거 꿍쭤 쭤 러 뛰창 스찌엔

그 일은 얼마 동안 하셨습니까?

那个 : 그, 그것
工作 : 일
做 : 하다
多长时间 : 얼마 동안

006

公司在哪儿?

Gōngsī zài nǎr?

꿍쓰 짜이 날

회사는 어디에 있습니까?

公司 : 회사
在 : (사람이나 사물이) ~에 있다
哪儿 : 어디

007

怎么去公司?

Zěnme qù gōngsī?

쩐머 취 꿍쓰

회사까지는 어떻게 가십니까?

어떻게 출퇴근하는지 물을 때
怎么 : 어떻게
去 : 가다
公司 : 회사

008

上下班要花多长时间?

Shàngxiàbān yào huā duōcháng shíjiān?

상싸빤 야오 화 뛰창 스찌엔

출퇴근 시간은 얼마나 걸립니까?

上下班 : 출퇴근하다
要 : 필요하다
花 : 걸리다
多长时间 : 얼마 동안

009

什么时候退休?

Shénme shíhou tuìxiū?

선머 스허우 투이쎠우

정년은 언제이십니까?

什么时候 : 언제
退休 : 정년 퇴직하다

010

我是自由职业者。

Wǒ shì zìyóu zhíyèzhě.

워 스 쯔여우 즈예즈어

나는 프리랜서입니다.

직업을 말할 때는 〈我是＋직업〉
自由职业者 : 프리랜서

001 **你又迟到了。**
Nǐ yòu chídào le.
니 여우 츠따오 러

자네, 또 지각이군.

又 : 또
迟到 : 지각하다

---

002 **来，开始工作吧。**
Lái, kāishǐ gōngzuò ba.
라이, 카이스 꿍쭤 빠

자, 일을 시작하자.

来는 동사의 앞에 놓여 어떤 일을 하려고 하는 적극성이나, 상대방에게 어떤 행동을 하게 하는 어감을 나타낸다.
开始 : 시작하다
工作 : 일하다
吧는 문장 끝에 쓰여 상의·제의·청구·명령·독촉의 어기를 나타낸다.

---

003 **看一下日程。**
Kàn yíxià rìchéng.
칸 이쌰 르청

스케줄을 확인해 보겠습니다.

시간이 있는지 확인해 보겠습니다.
看 : 보다
一下 : 좀 ~하다, 한번 ~하다
日程 : 스케줄

---

004 **这个工作不是那么累。**
Zhè ge gōngzuò bú shì nàme lèi.
즈어 거 꿍쭤 뿌 스 나머 러이

이 일은 그다지 힘들지 않아.

这个 : 이, 이것
工作 : 일
不是 : ~이 아니다
那么 : 그렇게, 저렇게
累 : 힘들다

---

005 **不要偷懒。**
Bú yào tōulǎn.
뿌 야오 터우란

업무를 게을리하지 마!

不要 : ~을 하지 마라
偷懒 : 게으름 피우다

006

不管那件事了。

Bù guǎn nà jiàn shì le.

뿌 꽌 나 찌엔 스 러

그 일에서 손 뗐어.

요즘 많이 한가해 보이네요.
不管那件事了。
管 : 간섭하다, 관여하다
那件事 : 그 일

007

可以把这个复印一下吗?

Kěyǐ bǎ zhè ge fùyìn yíxià ma?

크어이 빠 즈어 거 푸인 이쨔 마

이 서류 좀 복사해 줄 수 있니?

可以 : ~을 할 수 있다
把는 동사의 동작이나 작용
이 미치는 대상, 즉 목적어와
결합해서 동사 앞에 전치되
어 처치를 나타낸다.
复印 : 복사하다
一下 : 좀 ~하다, 한 번 ~하다

008

复印机坏了吗?

Fùyìnjī huài le ma?

푸인찌 화이 러 마

복사기가 작동되지 않아요?

复印机 : 복사기
坏 : 고장나다

009

复印机没有纸了。

Fùyìnjī méiyǒu zhǐ le.

푸인찌 메이여우 즈 러

복사 용지가 떨어졌을 거야.

复印机 : 복사기
没有 : 없다
纸 : 종이

010

休息一下吧。

Xiūxi yíxià ba.

쎠우씨 이쨔 빠

잠깐 쉬자.

休息 : 쉬다
一下 : 좀 ~하다, 한 번 ~하다
吧는 문장 끝에 쓰여 상의·제
의·청구·명령·독촉의 어기를
나타낸다.

011

马上就到午饭时间了。

Mǎshàng jiù dào wǔfàn shíjiān le.

마상 쩌우 따오 우판 스찌엔 러

곧 점심시간이야.

马上 : 곧
午饭 : 점심(밥)
时间 : 시간

012

连喘气的时间都没有。

Lián chuǎnqì de shíjiān dōu méiyǒu.

리엔 촨치 더 스찌엔 떠우 메이여우

숨 쉴 틈도 없어.

连은 '~조차도, ~까지도'라
는 뜻, 뒤에 也·都·还 등과
호응한다.
喘气 : 잠깐 쉬다, 한숨 돌리다
时间 : 시간
没有 : 없다

013

能不能简单明了地说一下重点?

Néng bu néng jiǎndān míngliǎo de shuō yíxià zhòngdiǎn?

넝 뿌 녕 찌엔딴 밍랴오 더 숴 이쌰 중띠엔

요점만 간단명료하게 말해 줄 수 없나요?

긴 말할 필요 없어. 能不能
简单明了地说一下重点?
能 : ~을 할 수 있다
简单 : 간단하다
明了 : 분명하다
说 : 말하다
重点 : 중점, 중요한 점, 중시
해야 할 점

014

把资料交给我。

Bǎ zīliào jiāo gěi wǒ.

빠 쯔랴오 쨔오 께이 워

서류를 내게 제출해 주게.

把는 동사의 동작이나 작용
이 미치는 대상, 즉 목적어와
결합해서 동사 앞에 전치되
어 처치를 나타낸다.
交 : 제출하다
给 : ~에게

015

这份报告今天要做完!

Zhè fèn bàogào jīntiān yào zuòwán!

즈어 펀 빠오가오 찐티엔 야오 쭤완

이 보고서를 오늘 중으로 마무리하게!

这 : 이, 이것
份은 신문·문건을 세는 단위
报告 : 보고서
今天 : 오늘
做完 : 다하다, (일을) 끝내다

---

03 사람 평가하기

001

那个人很能干。

Nà ge rén hěn nénggàn.

나 거 런 헌 넝깐

저 사람은 일을 잘한다.

能干 : 유능하다, 능력이 있다

002

我们部长很有手腕。

Wǒmen bùzhǎng hěn yǒu shǒuwàn.

워먼 뿌장 헌 여우 서우완

우리 부장은 상당한 수완이 있습니다.

部长 : 부장
手腕 : 수완

003

她经验非常丰富。

Tā jīngyàn fēicháng fēngfù.

타 찡옌 페이창 펑푸

그녀는 경험이 풍부합니다.

经验 : 경험
丰富 : 풍부하다

004

那个家伙一点儿用都没有。

Nà ge jiāhuo yìdiǎnr yòng dōu méiyǒu.

나 거 쨔훠 이딸 융 떠우 메이여우

저 녀석은 쓸모가 없어.

家伙 : 녀석
一点儿~都没有 : 조금의 ~도
없다

005

他做事很靠谱。

Tā zuò shì hěn kàopǔ.

타 쮀 스 헌 카오푸

그는 일처리가 믿음직해.

做事 : 일을 처리하다
靠谱 : 믿음직하다

006

他做事干脆利落。

Tā zuò shì gāncuì lìluò.

타 쮀 스 깐추이 리뤄

그는 일처리가 깔끔해.

干脆利落 : 시원스럽다, 깔
끔하다

007

他把事弄得一团糟。

Tā bǎ shì nòng de yìtuánzāo.

타 빠 스 눙 더 이퇀짜오

그는 일을 엉터리로 해놨어.

弄 : ~하다
一团糟 : 일이 엉망으로 뒤
얽히다
把는 일반적으로 동작·작용
의 대상을 동사 앞으로 전치
시킬 때 쓰인다.

001

生意还好吗?

Shēngyi hái hǎo ma?

성이 하이 하오 마

사업은 잘 되십니까?

生意 : 장사
还好 : (그런대로) 괜찮다

002

对工作还满意吗?

Duì gōngzuò hái mǎnyì ma?

뚜이 꿍쭤 하이 만이 마

직업에 만족하세요?

对 : ~에 대하여
工作 : 일, 직업
还 : 그런대로, 비교적
满意 : 만족하다

003

生意不错。

Shēngyi búcuò.

성이 뿌춰

장사가 잘 되고 있습니다.

生意 : 장사
不错 : 좋다, 괜찮다

004

生意不太好，有点困难。

Shēngyi bú tài hǎo, yǒudiǎn kùnnán.

성이 뿌 타이 하오, 여우띠엔 쿤난

장사가 안 되어 곤란합니다.

生意 : 장사
不太好 : 그다지 좋지 않다
有点 : 조금, 약간
困难 : 곤란하다, 어렵다

005

一直很困难。

Yìzhí hěn kùnnán.

이즈 헌 쿤난

늘 어렵습니다.

一直 : 늘, 항상
困难 : 어렵다, 곤란하다

006

凑合支撑着。

Còuhe zhīchēng zhe.

처우흐어 즈청 쯔어

그럭저럭 버티고 있습니다.

凑合 : 아쉬운대로 지내다
支撑 : 버티다, 지탱하다
着는 '~을 하고 있다'라는
뜻, 동작의 지속을 나타낸다.

007

最近一直亏。

Zuìjìn yìzhí kuī.

쭈이찐 이즈 쿠이

요즘 적자입니다.

最近 : 요즘
一直 : 줄곧, 내내
亏 : 손해 보다

001

打卡了吗?

Dǎkǎ le ma?

다카 러 마

타임카드는 찍었어?

打卡 : 타임 레코더에 체크하다
了는 동사나 형용사 뒤에 쓰
여 동작 또는 변화가 이미 완
료되었음을 나타낸다.

002

一周工作多长时间?

Yìzhōu gōngzuò duōcháng shíjiān?

이저우 꿍쭤 뚸창 스찌엔

일주일에 몇 시간 근무하십니까?

一周 : 일주일
工作 : 일하다, 근무하다
多长时间 : 얼마 동안

003

一周工作几个小时?

Yìzhōu gōngzuò jǐ ge xiǎo shí?

이저우 꿍쭤 찌 거 샤오스

일주일에 몇 시간 근무하십니까?

几个小时 : 몇 시간

004

一般从9点工作到6点。

Yìbān cóng jiǔ diǎn gōngzuòdào liù diǎn.

이빤 충 쩌우 띠엔 꿍쭤따오 려우 띠엔

보통 9시에서 6시까지 일합니다.

一般 : 보통
从 : ~부터
点 : 시
工作 : 일하다, 근무하다
到 : ~까지

Chapter 6 비즈니스 | 商务

005 **我今晚要加夜班。**
Wǒ jīnwǎn yào jiā yèbān.
워 찐완 야오 쨔 예빤

저는 오늘밤 야근이에요.

今晩 : 오늘밤
加夜班 : 야근하다

06 퇴근 이야기

001 **该下班了。**
Gāi xiàbān le.
까이 쌰빤 러

퇴근할 시간입니다.

该 : ~을 해야 한다
下班 : 퇴근하다

002 **该回家了。**
Gāi huíjiā le.
까이 후이쨔 러

집에 돌아갈 시간입니다.

回家 : 집에 돌아가다

003 **快点做完吧。**
Kuài diǎn zuòwán ba.
콰이 띠엔 쭤완 빠

빨리 끝내자.

快点 : 서둘러, 빨리
做完 : 다하다, (일을) 끝내다
吧는 문장 끝에 쓰여 상의·제의·청구·명령·독촉의 어기를 나타낸다.

004 **累死了，今天到此为止吧。**
Lèisǐ le, jīntiān dàocǐ wéizhǐ ba.
러이쓰 러, 찐티엔 따오츠 웨이즈 빠

이제 지쳤어, 오늘은 이만하자.

累死了 : 피곤해 죽겠다
今天 : 오늘
到此为止 : 여기까지, 여기서 끝나다
吧는 문장 끝에 쓰여 상의·제의·청구·명령·독촉의 어기를 나타낸다.

005 **辛苦了。**
Xīnkǔ le.
씬쿠 러

수고했어요.

퇴근 인사
辛苦了 : 수고하다

---

006 **那我先走了。**
Nà wǒ xiān zǒu le.
나 워 씨엔 쩌우 러

그럼 먼저 가 보겠습니다.

먼저 퇴근할 때
那 : 그럼
先 : 먼저
走 : 가다

---

007 **今天要加班。**
Jīntiān yào jiābān.
찐티엔 야오 쨔빤

오늘은 잔업을 해야 합니다.

야근해야 할 때
今天 : 오늘
要 : ~을 해야 한다
加班은 초과 근무하다, 시간
외 근무를 하다, 특근하다,
잔업하다

---

07 직장 내 인간관계

001 **和他合得来吗?**
Hé tā hé de lái ma?
흐어 타 흐어 더 라이 마

그와는 손발이 맞니?

손발이 맞지 않으면 일하기
힘들다.
和 : ~와
合得来 : 마음이 맞다, 손발
이 맞다

---

002 **我想和所有人好好相处。**
Wǒ xiǎng hé suǒyǒu rén hǎohāo xiāngchǔ.
워 쌍 흐어 쒀여우 런 하오하오 쌍추

나는 모두와 잘 지내고 싶어.

想 : ~을 하고 싶다
和 : ~와
所有人 : 모든 사람
好好 : 잘
相处 : 지내다

003

比起家庭我更重视事业。

Bǐqǐ jiātíng wǒ gèng zhòngshì shìyè.

삐치 쨔팅 워 껑 중스 스예

난 가족보다 일을 우선시해.

比起 : ~와 비교하다
家庭 : 가족
更 : 더, 더욱
重视 : 중시하다
事业 : 일, 사업

004

他是个非常有责任心的人。

Tā shì ge fēicháng yǒu zérènxīn de rén.

타 스 거 페이창 여우 쯔어런씬 더 런

책임감이 매우 강한 사람입니다.

非常 : 매우, 몹시
有 : 있다
责任心 : 책임감
人 : 사람

005

我对他非常感激。

Wǒ duì tā fēicháng gǎnjī.

워 뚜이 타 페이창 깐찌

나는 그에게 무척 감사하고 있어.

对 : ~에게, ~에 대하여
非常 : 몹시, 매우, 무척
感激 : 감격하다, 감사하다

006

我给他添了很多麻烦。

Wǒ gěi tā tiān le hěn duō máfan.

워 께이 타 티엔 러 헌 뚸 마판

그에게 많은 신세를 지고 있습니다.

给 : ~에게
添麻烦 : 번거로움을 끼치다, 폐를 끼치다
很多 : 매우 많다

007

他太严格了。

Tā tài yángé le.

타 타이 옌거 러

그는 너무 엄격해.

太 : 너무
严格 : 엄격하다

008

讨厌拍马屁的人。

Tǎoyàn pāi mǎpì de rén.

타오옌 파이 마피 더 런

아첨하는 사람은 싫어.

讨厌 : 싫어하다
拍马屁 : 아첨하다
人 : 사람

009

我跟他不太熟。

Wǒ gēn tā bú tài shú.

워 껀 타 뿌 타이 서우

나는 그와 별로 친하지 않아요.

跟 : ~와
不太 : 별로 ~하지 않다, 그
다지 ~하지 않다
熟 : 익숙하다, 친하다

010

我们只是点头之交。

Wǒmen zhǐshì diǎntóuzhījiāo.

워먼 즈스 띠엔터우즈쟈오

우리는 그냥 인사나 하는 사이입니다.

只 : 오직, 단지
点头之交 : 인사나 하는 사
이, 아주 얕은 교분

011

我跟他八字不合。

Wǒ gēn tā bāzìbùhé.

워 껀 타 빠쯔뿌허어

저는 그와 궁합이 맞지 않아요.

사이가 나쁘다고 할 때
跟 : ~와
八字不合 : 궁합이 맞지 않
다, 사이가 나쁘다

012

他总和我唱对台戏。

Tā zǒng hé wǒ chàng duìtáixì.

타 쭝 흐어 워 창 뚜이타이씨

그는 항상 나랑 맞선다.

总 : 늘
唱对台戏 : 대들다, 반대하
여 나서다, 맞서다

013

他常把我看成眼中钉。

Tā cháng bǎ wǒ kànchéng yǎnzhōngdīng.

타 창 빠 워 칸청 옌중띵

그는 항상 나를 눈엣가시로 여겨.

常 : 항상
把는 동사의 동작이나 작용
이 미치는 대상, 즉 목적어와
결합해서 동사 앞에 전치되
어 처치를 나타낸다.
看成 : ~라고 생각하다, ~이
라고 보다
眼中钉 : 눈엣가시

014

他讨厌我。

Tā tǎoyàn wǒ.

타 타오옌 워

그는 나를 싫어합니다.

讨厌 : 싫어하다

015

我也讨厌他。

Wǒ yě tǎoyàn tā.

워 예 타오옌 타

나도 그를 싫어합니다.

也 : ~도, 또한

---

08 휴가 말하기

001

你什么时候开始休假?

Nǐ shénme shíhou kāishǐ xiūjià?

니 선머 스허우 카이스 쎠우쨔

당신의 휴가는 언제 시작되죠?

什么时候 : 언제
开始 : 시작하다
休假 : 휴가

002

有多长时间的休假?

Yǒu duōcháng shíjiān de xiūjià?

여우 뚸창 스찌엔 더 쎠우쨔

휴가 기간은 얼마나 됩니까?

有 : 있다
多长时间 : 얼마 동안
休假 : 휴가

003

我休假期间由高明负责我的工作。

Wǒ xiūjià qījiān yóu Gāo míng fùzé wǒ de gōng zuò.

워 쎠우쨔 치찌엔 여우 까오 밍 푸쯔어 워 더 꿍쭤

휴가 중엔 까오밍 씨가 제 일을 담당할 거예요.

休假 : 휴가
期间 : 기간
由 : '~가'라는 뜻이고 동작의 주체를 나타낸다.
高明 : 까오밍(사람 이름)
负责 : 책임을 지다
工作 : 일

004 可以从8月10日开始休假吗?

Kěyǐ cóng bā yuè shí rì kāishǐ xiūjià ma?

크어이 충 빠 위에 스 르 카이스 쎠우쨔 마

8월 10일부터 휴가를 가도 될까요?

휴가를 신청할 때
可以 : ~을 해도 된다
从 : ~부터
月는 '월', 日는 '일'이라는 뜻.
开始 : 시작하다
休假 : 휴가

005 这次休假想去哪儿?

Zhè cì xiūjià xiǎng qù nǎr?

즈어 츠 쎠우쨔 썅 취 날

이번 휴가 때 어디 가고 싶으세요?

휴가 계획을 물을 때
这次 : 이번
休假 : 휴가
想 : ~을 하고 싶다
去 : 가다
哪儿 : 어디

006 祝你假期愉快!

Zhù nǐ jiàqī yúkuài!

주 니 쨔치 위콰이

즐거운 휴가 보내세요!

휴가 가는 동료에게
祝 : 기원하다, 축하하다
假期 : 휴가
愉快 : 즐겁다

---

09 봉급 이야기

001 工资多少?

Gōngzī duōshao?

꿍쯔 뛰사오

월급이 얼마입니까?

工资 : 월급
多少 : 얼마

002 年薪多少?

Niánxīn duōshao?

니엔씬 뛰사오

연봉이 얼마나 됩니까?

年薪 : 연봉
多少 : 얼마

003 几号发工资?

Jǐ hào fā gōngzī?

찌 하오 파 꿍쯔

봉급날이 언제입니까?

几 : 몇
号 : 일
发工资 : 월급을 주다

---

004 工资涨了点。

Gōngzī zhǎng le diǎn.

꿍쯔 장 러 띠엔

급여가 좀 올랐어요.

工资 : 급여
涨 : 오르다
点 : 좀, 조금

---

005 工资太少，买房就是做梦。

Gōngzī tài shǎo, mǎifáng jiù shì zuòmèng.

꿍쯔 타이 사오, 마이팡 쩌우 스 쭤멍

급여가 적어서 집을 사는 것은 꿈일 뿐이야.

买房 : 집을 사다
做梦 : 꿈을 꾸다

---

006 福利待遇怎么样?

Fúlì dàiyù zěnmeyang?

푸리 따이위 쩐머양

복지와 대우는 어때요?

福利 : 복지, 복리
待遇 : 대우
怎么样 : 어때요

---

007 工资中包含五险一金。

Gōngzīzhōng bāohán wǔxiǎn yìjīn.

꿍쯔중 빠오한 우씨엔 이찐

5개의 보험과 1개의 기금은 봉급에 포함되어 있습니다.

工资 : 급여
包含 : 포함하다
五险一金은 '5개의 보험과 1개의 기금'이라는 뜻, 중국에는 우리나라의 4대보험처럼 근로자에게 지급 및 공제하는 5개의 보험과 1개의 기금이 있다. 즉 양로보험, 의료보험, 실업보험, 공상보험(산재보험), 생육보험(양육보험), 주방공적금(주택부금)

001 **你认为谁会升职?**
Nǐ rènwéi shéi huì shēngzhí?
니 런웨이 서이 후이 성즈

당신은 누가 승진할 거라고 생각하세요?

认为 : ~이라고 생각하다
谁 : 누구
升职 : 승진하다

002 **希望明年能升职。**
Xīwàng míngnián néng shēngzhí.
씨왕 밍니엔 넝 성즈

내년에는 승진하시길 바랍니다.

希望 : 희망하다, 바라다
明年 : 내년
能 : ~을 할 수 있다
升职 : 승진하다

003 **我升职为部长了。**
Wǒ shēngzhí wéi bùzhǎng le.
워 성즈 웨이 뿌장 러

저 부장으로 승진했어요.

升职 : 승진하다
为 : ~으로 변하다, ~이 되다
部长 : 부장
代理 dàilǐ 대리
科长 kēzhǎng 과장
次长 cìzhǎng 차장
组长 zǔzhǎng 팀장
专务 zhuānwù 전무
常务 chángwù 상무

004 **在我们公司升职很难。**
Zài wǒmen gōngsī shēngzhí hěn nán.
짜이 워먼 꿍쓰 성즈 헌 난

우리 회사에서는 승진하기가 어려워요.

在 : ~에서
我们 : 우리(들)
公司 : 회사
升职 : 승진하다
难 : 어렵다

005 **他的升职是破了例的。**
Tā de shēngzhí shì pò le lì de.
타 더 성즈 스 풔 러 리 더

그의 승진은 이례적이었어요.

升职 : 승진하다
是~的는 이미 발생한 사건에 대해 시간, 장소, 수단 등의 정보를 묻거나 알려줄 때 是~的 강조문을 사용할 수 있다.
破例 : 전례를 깨뜨리다

006

升职与否取决于业绩。

Shēngzhí yǔfǒu qǔjuéyú yèjì.

성즈 위퍼우 취쥐에위 예찌

승진은 업무 실적에 달렸어요.

升职 : 승진하다
与否 : 여부
取决于 : ~에 의해 결정되다, ~에 달려 있다
业绩 : 업적

007

他后台很硬。

Tā hòutái hěn yìng.

타 허우타이 헌 잉

그는 배경이 든든해.

后台 : 지지 세력, 배경
硬 : 단단하다
后台硬 : 배경이 든든하다, 빽이 든든하다

008

他走后门了。

Tā zǒu hòumén le.

타 쩌우 허우먼 러

그는 낙하산이야.

走后门 : 낙하산, 비정상적인 거래나 부정적인 방법으로 일하다

009

下个月就要调到釜山了。

Xià ge yuè jiù yào diàodào Fǔshān le.

쌰 거 위에 쩌우 야오 땨오따오 푸산 러

다음달에 부산으로 전근됩니다.

下个月 : 다음달
调 : 이동하다, 전근하다, 파견하다
就要~了 : 곧 ~하다
釜山 : 부산

010

他被贬了。

Tā bèi biǎn le.

타 뻬이 삐엔 러

그는 좌천되었습니다.

贬 : 직위를 떨어뜨리다, 강직시키다
被 는 '~에게 ~당하다'라는 뜻, 피동형 문장에서 동작·작용을 행하는 주동자가 무엇인지를 표시하거나 동사 앞에 쓰여 피동을 나타낸다.

011

他是从总公司来的。

Tā shì cóng zǒnggōngsī lái de.

타 스 충 쫑꿍쓰 라이 더

본사에서 이동해 왔습니다.

总公司 : 본사
是~的는 중국어에서 자주 쓰이는 특수 구문이다. 주로 과거형에 쓰이며 과거에 발생한 일을 강조한다. 어순은 〈주어+是+강조 내용+술어+的+목적어〉 순이다.

001

上司是谁?
Shàngsi shì shéi?
상쓰 스 서이

상사가 누구입니까?

上司 : 상사
谁 : 누구

002

您和上司的关系怎么样?
Nín hé shàngsi de guānxi zěnmeyang?
닌 흐어 상쓰 더 꽌씨 쩐머양

상사와 사이는 어떠세요?

和 : ~와
上司 : 상사
关系 : 관계
怎么样 : 어때요

003

我不喜欢我的上司。
Wǒ bù xǐhuan wǒ de shàngsi.
위 뿌 씨환 위 더 상쓰

저는 제 상사가 싫습니다.

不는 동사나 형용사와 다른
부사의 앞에 쓰여 부정을 표
시한다.
喜欢 : 좋아하다
我的 : 나의

004

我尊重我的上司。
Wǒ zūnzhòng wǒ de shàngsi.
위 쭌중 위 더 상쓰

저는 상사를 존경합니다.

尊重 : 존경하다
我的 : 나의
上司 : 상사

005

他待人宽容。
Tā dàirén kuānróng.
타 따이런 콴룽

그분은 매우 관대합니다.

待人 : 사람을 대접하다
宽容 : 관용하다

006

他很唠叨。
Tā hěn lāodao.
타 헌 라오따오

그는 잔소리가 심해요.

唠叨 : 잔소리하다

Chapter 6 비즈니스 | 商务

007 他真的很傲慢。

Tā zhēnde hěn àomàn.

타 쩐더 헌 아오만

그분은 정말 거만해요.

他 : 그
真的 : 진짜
很 : 아주, 너무
傲慢 : 오만하다

---

008 上司给我穿小鞋。

Shàngsi gěi wǒ chuān xiǎoxié.

상쓰 께이 워 촨 쌰오씨에

상사는 나를 괴롭힙니다.

给 : ~에게
穿小鞋 : ~를 암암리에 난처하게 하다, ~를 괴롭히다

---

12 사직, 퇴직에 대하여

001 到底为什么辞职?

Dàodǐ wèishénme cízhí?

따오띠 웨이선머 츠즈

도대체 왜 사직하셨어요?

到底 : 도대체
为什么 : 왜
辞职 : 사직하다

---

002 决定不干了。

Juédìng bú gàn le.

쮀에띵 뿌 깐 러

그만두기로 결심했어요.

决定 : 결정하다
不는 동사나 형용사와 다른 부사의 앞에 쓰여 부정을 표시한다.
干 : ~하다

---

003 这个工作不适合我。

Zhè ge gōngzuò bú shìhé wǒ.

즈어 거 꿍쭤 뿌 스흐어 워

이 일은 저와 맞지 않아요.

这个 : 이, 이것
工作 : 일
不는 동사·형용사와 다른 부사의 앞에 쓰여 부정을 표시한다.
适合 : 알맞다, 적합하다

004

我想休息一段时间。

Wǒ xiǎng xiūxi yí duàn shíjiān.

워 썅 쎠우씨 이 똰 스찌엔

한동안 쉬고 싶습니다.

일에 지쳤을 때
想 : ~을 하고 싶다
休息 : 쉬다, 휴식하다
一段时间 : 한동안

005

她被辞退了。

Tā bèi cítuì le.

타 뻬이 츠투이 러

그녀는 해고됐어요.

被는 '~에게 ~당하다'라는
뜻, 피동형 문장에서 동작·작
용을 행하는 주동자가 무엇
인지를 표시하거나 동사 앞
에 쓰여서 피동을 나타낸다.
辞退 : 해고하다

006

她被炒鱿鱼了。

Tā bèi chǎo yóuyú le.

타 뻬이 차오 여우위 러

그녀는 해고됐어요.

炒鱿鱼 : 해고하다, 자르다

007

我明年就(要)退休了。

Wǒ míngnián jiù (yào) tuìxiū le.

워 밍니엔 쩌우 (야오) 투이쎠우 러

저는 내년에 정년퇴직합니다.

退休 : [정년 또는 공상(公
伤)으로] 퇴직하다
就(要)~了 : 곧 ~하다, 要
는 생략 가능

008

去年进行了结构调整。

Qùnián jìnxíng le jiégòu tiáozhěng.

취니엔 찐씽 러 찌에꺼우 탸오정

작년에 구조조정 당했습니다.

去年 : 작년
进行 : 진행하다
结构调整 : 구조조정

009

辞职后有什么打算?

Cízhíhòu yǒu shénme dǎsuan?

츠즈허우 여우 선머 따쏸

사직 후에 무슨 계획이 있습니까?

辞职 : 사직하다
后 : 뒤
有 : 있다
什么 : 무엇, 무슨
打算 : 계획, 타산

010 **此处不留爷，自有留爷处。**

해고당한 사람을 위로할 때

Cǐchù bù liú yé, zì yǒu liú yé chù.

츠추 뿌 려우 예, 쯔 여우 려우 예 추

이곳에서 나를 받아주지 않더라도 분명 나를 받아
줄 곳이 있어요.

---

13 ◀ 컴퓨터 사용

---

001 **知道密码吗?**

知道 : 알다
密码 : 비밀번호

Zhīdào mìmǎ ma?

즈따오 미마 마

비밀번호 아세요?

---

002 **电脑坏了。**

电脑 : 컴퓨터
坏 : 고장나다

Diànnǎo huài le.

띠엔나오 화이 러

컴퓨터가 고장났어요.

---

003 **重启一下电脑看看。**

重启 : 리부팅(rebooting),
재부팅
电脑 : 컴퓨터
看看 : 시험삼아 해 보다

Chóngqǐ yíxià diànnǎo kànkan.

충치 이쌰 띠엔나오 칸칸

PC를 재부팅해 보세요.

---

004 **我的电脑中毒了。**

电脑 : 컴퓨터
中毒 : 중독되다, 바이러스에
감염되다

Wǒ de diànnǎo zhòngdú le.

워 더 띠엔나오 중뚜 러

내 PC가 바이러스에 감염됐어요.

005

忘记操作方法了。

Wàngjì cāozuò fāngfǎ le.

왕찌 차오쭤 팡파 러

작동 방법을 잊어버렸어.

忘记 : 잊어버리다
操作 : 조작하다
方法 : 방법

006

硬盘坏了。

Yìngpán huài le.

잉판 화이 러

하드웨어가 고장났어요.

硬盘 : 하드웨어
坏 : 고장나다

---

14 ◀ 회의 시간

001

什么时候开会?

Shénme shíhou kāihuì?

선머 스허우 카이후이

회의 시간이 언제죠?

什么时候 : 언제
开会 : 회의하다

002

会议推迟到明天下午三点了。

Huìyì tuīchídào míngtiān xiàwǔ sān diǎn le.

후이이 투이츠따오 밍티엔 쌰우 싼 띠엔 러

회의는 내일 오후 3시로 미뤄졌어요.

会议 : 회의
推迟 : 미루다
到 : ~까지
明天 : 내일
下午 : 오후
三点 : 3시

003

会议好像提前了。

Huìyì hǎoxiàng tíqián le.

후이이 하오쌍 티치엔 러

회의가 앞당겨진 것 같아요.

会议 : 회의
好像 : 마치 ~과 같다
提前 : 앞당기다

004

今天会议的主题是什么?

Jīntiān huìyì de zhǔtí shì shénme?

쩐티엔 후이이 더 주티 스 선머

오늘의 회의 주제가 뭐죠?

今天 : 오늘
会议 : 회의
主题 : 주제
什么 : 무엇, 무슨

005

分发一下资料。

Fēnfā yíxià zīliào.

펀파 이쌰 쯔랴오

자료를 나눠 주세요.

分发 : 나눠주다
一下 : 좀 ~하다, 한번 ~하다
资料 : 자료

006

请大家注意一下。

Qǐng dàjiā zhùyì yíxià.

칭 따쨔 주이 이쌰

주목해 주세요.

请은 '~하세요'라는 뜻, 상대 방에게 어떤 일을 부탁하거나 권할 때 쓰는 경어.
大家 : 여러분
注意 : 주의하다
一下 : 좀 ~하다, 한번 ~하다

007

我就开门见山地说了。

Wǒ jiù kāiménjiànshān de shuō le.

워 쩌우 카이먼찌엔산 더 쉬 러

단도직입적으로 말하겠습니다.

开门见山 : 단도직입적으로 본론으로 들어가다, 곧바로 말하다
说 : 말하다

008

有什么要说的吗?

Yǒu shénme yào shuō de ma?

여우 선머 야오 쉬 더 마

뭔가 할 말이 있나요?

有 : 있다
什么 : 무엇, 무슨
说 : 말하다

009

把想法直截了当地说出来。

Bǎ xiǎngfǎ zhíjiéliǎodàng de shuō chūlai.

빠 썅파 즈찌에랴오땅 더 쉬 추라이

생각을 단도직입적으로 말하세요.

把는 동사의 동작이나 작용
이 미치는 대상, 즉 목적어와
결합해서 동사 앞에 전치되
어 처치를 나타낸다.
想法 : 생각
直截了当 : 단도직입적이다,
시원시원하다
说 : 말하다
出来는 동사 뒤에 쓰여, 동작
이 안에서 바깥으로 행해지
는 것을 나타낸다

010

整理一下意见。

Zhěnglǐ yíxià yìjiàn.

정리 이쌰 이찌엔

의견을 정리해 봅시다.

整理 : 정리하다
一下 : 좀 ~하다, 한 번 ~하다
意见 : 의견

011

我们举手表决吧。

Wǒmen jǔshǒu biǎojué ba.

워먼 쥐서우 뺘오쥐에 빠

거수 표결합시다.

举手 : 손을 들다
表决 : 표결하다
吧는 문장 끝에 쓰여 상의·제
의·청구·명령·독촉의 어기를
나타낸다

012

这个问题按多数人的意见决定。

Zhè ge wèntí àn duōshù rén de yìjiàn juédìng.

즈어 거 원티 안 뛰수 런 더 이찌엔 쥐에띵

이 문제는 다수결로 결정하겠습니다.

这个 : 이, 이것
问题 : 문제
按 : ~에 따라서
多数人 : 다수의 사람들
意见 : 의견
决定 : 결정하다

013

休息10分钟。

Xiūxi shí fēnzhōng.

써우씨 스 펀중

10분간 휴식하겠습니다.

회의가 길어질 때
休息 : 쉬다, 휴식하다
分钟 : 분

UNIT 3 공공시설

1 관공서에서 / **2** 은행에서 / **3** 우체국에서 / **4** 이발소, 미용실에서 /
5 세탁소에서 / **6** 주유소, 카센터에서

请给我看一下身份证。
Qǐng gěi wǒ kàn yíxià shēnfènzhèng.
칭 게이 워 칸 이쌰 선펀정
신분증을 보여주세요.

想汇款。
Xiǎng huìkuǎn.
썅 후이콴
송금하고 싶습니다.

汇款	存款	贷款	取号
huìkuǎn	cúnkuǎn	dàikuǎn	qǔhào
후이콴	춘콴	따이콴	취하오
송금하다	예금하다	대출하다	번호표를 뽑다
签名	身份证	给	取
qiānmíng	shēnfènzhèng	gěi	qǔ
치엔밍	선펀정	께이	취
사인하다, 서명하다	신분증	주다	돈을 인출하다

간체자

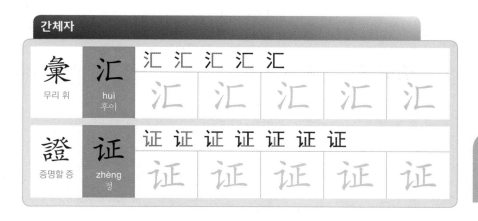

彙	汇	汇 汇 汇 汇 汇
무리 휘	huì 후이	汇 汇 汇 汇 汇
證	证	证 证 证 证 证 证 证
증명할 증	zhèng 정	证 证 证 证 证

Chapter 6 비즈니스 商务

쓰면서 읽어보세요!

송금하고 싶습니다.

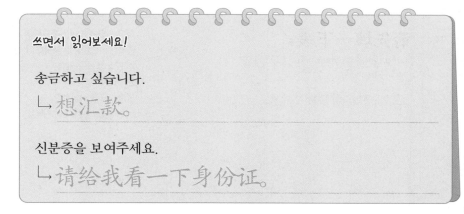

ㄴ 想汇款。

신분증을 보여주세요.

ㄴ 请给我看一下身份证。

001

我想找这件事情的负责人。

Wǒ xiǎng zhǎo zhè jiàn shìqing de fùzérén.

워 썅 자오 즈어 찌엔 스칭 더 푸쯔어런

이 일의 담당자를 찾고 싶습니다.

想 : ~을 하고 싶다
找 : 찾다
这件事情 : 이 일
负责人 : 책임자

002

我该去几号窗口?

Wǒ gāi qù jǐ hào chuāngkǒu?

워 까이 취 찌 하오 촹커우

몇 번 창구로 가야 되죠?

该 : 마땅히 ~하다
号 : 번
窗口 : 창구

003

请取号，坐着等一下。

Qǐng qǔhào, zuòzhe děng yíxià.

칭 취하오, 쮜즈어 떵 이쌰

번호를 뽑고 앉아서 기다리세요.

请은 '~하세요'라는 뜻, 상대
방에게 어떤 일을 부탁하거
나 권할 때 쓰는 경어.
取号 : 번호표를 뽑다
坐 : 앉다
等 : 기다리다
着는 '~해 있다, ~을 한 채로
있다'라는 뜻으로 어떤 동작
이 끝난 뒤 정지 상태의 지속
을 나타낸다.
一下 : 좀 ~하다, 한번 ~하다

004

请先填一下表。

Qǐng xiān tián yíxià biǎo.

칭 씨엔 티엔 이쌰 뺘오

먼저 문서를 작성해 주세요.

请은 '~하세요'라는 뜻, 상대
방에게 어떤 일을 부탁하거
나 권할 때 쓰는 경어.
先 : 먼저
填表 : 표에 기입하다
一下 : 좀 ~하다, 한번 ~하다

005

请问，这么填写对吗?

Qǐngwèn, zhème tiánxiě duì ma?

칭원, 즈어머 티엔씨에 뚜이 마

여쭤보겠습니다. 이렇게 작성하는 게 맞나요?

请问 : 여쭤보겠습니다
这么 : 이렇게
对 : 맞다

006

请在这里签名。

Qǐng zài zhèli qiānmíng.

칭 짜이 즈어리 치엔밍

여기에 서명하세요.

请은 '~하세요'라는 뜻, 상대
방에게 어떤 일을 부탁하거
나 권할 때 쓰는 경어.
在 : ~에, ~에서
这里 : 여기
签名 : 서명하다

---

02 은행에서

001

您要办理什么业务?

Nín yào bànlǐ shénme yèwù?

닌 야오 빤리 선머 예우

무슨 일로 오셨습니까?

要 : ~을 하려고 하다
办理 : 처리하다
什么 : 무엇, 무슨
业务 : 업무

002

想开个账户。

Xiǎng kāi ge zhànghù.

썅 카이 거 장후

계좌를 개설하고 싶습니다.

想 : ~을 하고 싶다
开 : 개설하다
账户 : 통장 계좌

003

想汇款。

Xiǎng huìkuǎn.

썅 후이콴

송금하고 싶습니다.

汇款 : 송금하다

004

想存款。

Xiǎng cúnkuǎn.

쌍 춘콴

예금하고 싶습니다.

存款 : 예금하다

005

想贷款。

Xiǎng dàikuǎn.

쌍 따이콴

대출을 신청하고 싶어요.

贷款 : 대출하다

006

想挂失。

Xiǎng guàshī.

쌍 꽈스

분실 신고를 하고 싶어요.

挂失 : 분실 신고를 하다

007

想取一千块钱。

Xiǎng qǔ yìqiān kuài qián.

쌍 취 이치엔 콰이 치엔

천 위안을 인출하고 싶습니다.

取钱 : 돈을 찾다

008

想了解一下长期贷款制度。

Xiǎng liǎojiě yíxià chángqī dàikuǎn zhìdù.

쌍 랴오찌에 이쌰 창치 따이콴 즈뚜

장기대출 제도에 대해 알고 싶은데요.

想 : ~을 하고 싶다
了解 : (자세하게 잘) 알다
一下 : 좀 ~하다, 한번 ~하다
长期 : 장기
贷款 : 대출하다
制度 : 제도

009

请给我看一下身份证。

Qǐng gěi wǒ kàn yíxià shēnfènzhèng.

칭 게이 워 칸 이쌰 선펀정

신분증을 보여주세요.

은행에서 업무를 볼 때는 신분증을 꼭 지참해야 한다.
请은 '~하세요'라는 뜻, 상대방에게 어떤 일을 부탁하거나 권할 때 쓰는 경어.
给 : ~에게
看 : 보다
一下 : 좀 ~하다, 한번 ~하다
身份证 : 신분증

010

请在这里输入密码。

Qǐng zài zhèli shūrù mìmǎ.

칭 짜이 즈어리 수루 미마

여기에 비밀번호를 누르세요.

请은 '~하세요'라는 뜻, 상대방에게 어떤 일을 부탁하거나 권할 때 쓰는 경어.
在 : ~에, ~에서
这里 : 여기
输入 : 입력하다
密码 : 비밀번호
한국에서 은행 계좌 비밀번호는 4자리이지만 중국의 비번은 보통 6자리.

011

兑换外汇的窗口在哪儿?

Duìhuàn wàihuì de chuāngkǒu zài nǎr?

뚜이환 와이후이 더 창커우 짜이 날

환전 창구는 어디입니까?

兑换 : 현금과 바꾸다, 화폐로 교환하다
外汇 : 외화, 외환
窗口 : 창구
在 : ~에 있다
哪儿 : 어디

012

利息是百分之多少?

Lìxi shì bǎifēnzhī duōshao?

리씨 스 빠이펀쯔 뚸사오

이자는 몇 퍼센트입니까?

利息 : 이자
百分之 : 퍼센트
多少 : 얼마

013

可以换点10块的给我吗?

Kěyǐ huàn diǎn shí kuài de gěi wǒ ma?

크어이 환 띠엔 스 콰이 더 께이 워 마

10위안짜리로 바꿔주시겠습니까?

可以 : ~을 할 수 있다
换 : 교환하다, 바꾸다
给 : 주다

014

今天的汇率是多少?

Jīntiān de huìlǜ shì duōshao?

찐티엔 더 후이뤼 스 뚸사오

오늘 환율은 얼마입니까?

今天 : 오늘
汇率 : 환율
多少 : 얼마

015

自动取款机在哪儿?

Zìdòng qǔkuǎnjī zài nǎr?

주뚱 취콴찌 짜이 날

현금자동인출기는 어디 있습니까?

自动取款机 : 현금자동인
출기, 은행업무 자동화기기,
ATM
在 : ~에 있다
哪儿 : 어디

---

03 우체국에서

001

附近有邮局吗?

Fùjìn yǒu yóujú ma?

푸찐 여우 여우쮜 마

근처에 우체국이 있나요?

附近 : 근처
有 : 있다
邮局 : 우체국

002

请给我5张邮票。

Qǐng gěi wǒ wǔ zhāng yóupiào.

칭 께이 워 우 장 여우퍄오

우표 5장 주세요.

请은 '~하세요'라는 뜻, 상대
방에게 어떤 일을 부탁하거
나 권할 때 쓰는 경어.
给 : 주다
张 : 장
邮票 : 우표

想用快件寄出这个包裹。
Xiǎng yòng kuàijiàn jìchū zhè ge bāoguǒ.
쌍 융 콰이찌엔 찌추 즈어 거 빠오꿔

이 소포를 속달로 보내고 싶습니다.

想 : ~을 하고 싶다
用 : 사용하다, 쓰다
快件 : (철도 화물의) 속달편
寄 : 보내다
这个 : 이, 이것
包裹 : 소포

想把信寄到韩国。
Xiǎng bǎ xìn jìdào hánguó.
쌍 빠 씬 찌따오 한꿔

한국으로 편지를 보내고 싶습니다.

把는 동사의 동작이나 작용
이 미치는 대상, 즉 목적어와
결합해서 동사 앞에 전치되
어 처치를 나타낸다.
韩国 : 한국

寄到韩国要多长时间?
Jìdào hánguó yào duōcháng shíjiān?
찌따오 한꿔 야오 뚸창 스찌엔

한국에 도착하려면 얼마나 걸리나요?

소요 시간을 물을 때
寄 : 보내다
要 : 필요하다
多长时间 : 얼마 동안

邮费多少钱?
Yóufèi duōshao qián?
여우페이 뚸사오 치엔

우편 요금은 얼마예요?

邮费 : 우편 요금
多少钱 : 얼마예요

这里要填什么?
Zhèlǐ yào tián shénme?
즈어리 야오 티엔 선머

여기에 뭘 기입하면 되나요?

서류를 작성할 때
这里 : 여기
填 : 기입하다
什么 : 무엇, 무슨

寄信人的名字和地址要写在哪里?
Jìxìnrén de míngzi hé dìzhǐ yào xiě zài nǎli?
찌씬런 더 밍쯔 흐어 띠즈 야오 씨에 짜이 나리

발신인 이름과 주소를 어디에 쓰면 됩니까?

寄信人 : 발신자
名字 : 이름
地址 : 주소
写 : 쓰다
哪里 : 어디

Chapter 6 비즈니스 | 商务

009 邮政编码是301-432。

Yóuzhèng biānmǎ shì sān líng yī–sì sān èr.

여우정 삐엔마 스 싼 링 이–쓰 싼 얼

우편번호는 301-432입니다.

邮政编码 : 우편번호

---

04 이발소, 미용실에서

001 想剪什么发型?

Xiǎng jiǎn shénme fàxíng?

쌍 찌엔 선머 파씽

어떤 스타일로 잘라 드릴까요?

想 : ~하고 싶다
剪 : 자르다
什么 : 무엇, 무슨
发型 : 헤어스타일

---

002 是剪发还是烫头发?

Shì jiǎnfà háishi tàng tóufà?

스 찌엔파 하이스 탕 터우파

커트입니까, 파마입니까?

剪发 : 머리를 깎다, 이발하다
还是 : 또는, 아니면
烫头发 : 파마하다

---

003 我要烫发。

Wǒ yào tàngfà.

워 야오 탕파

파마해 주세요.

---

004 旁边稍微剪一下。

Pángbiān shāowēi jiǎn yíxià.

팡삐엔 사오웨이 찌엔 이쌰

옆을 조금 커트해 주세요.

旁边 : 옆쪽
稍微 : 조금, 약간
剪 : 자르다
一下 : 좀 ~하다, 한번 ~하다

005

要剪多短?

Yào jiǎn duō duǎn?

야오 찌엔 뛰 똰

얼마나 짧게 자를까요?

要 : ~을 하려고 하다
剪 : 자르다
多 : 얼마
短 : 짧다

006

请剪短一点。

Qǐng jiǎn duǎn yìdiǎn.

칭 찌엔 똰 이띠엔

조금 짧게 해 주세요.

请은 '~하세요'라는 뜻, 상대
방에게 어떤 일을 부탁하거
나 권할 때 쓰는 경어.
一点 : 조금, 약간

007

剪成板寸。

Jiǎnchéng bǎncùn.

찌엔청 빤춘

정수리는 한 치쯤 되게 깎고 옆머리는 살짝,
뒷머리는 짧게 해 주세요.

剪成 : ~으로 자르다
板寸은 남자의 헤어스타일
로, 정수리는 한 치쯤 되게 깎
고 옆머리는 살짝, 뒷머리는
짧게 깎는다.

008

剪到能看到耳朵。

Jiǎndào néng kàndào ěrduo.

찌엔따오 넝 칸따오 얼뚸

귀가 보이도록 해 주세요.

剪 : 자르다
能 : ~을 할 수 있다
看到 : 보이다
耳朵 : 귀

009

剪到肩膀这里。

Jiǎndào jiānbǎng zhèli.

찌엔따오 찌엔빵 즈어리

어깨까지 오게 해 주세요.

剪 : 자르다
到 : ~까지
肩膀 : 어깨
这里 : 여기

010

不要剪得太短。

Bú yào jiǎn de tài duǎn.

뿌 야오 찌엔 더 타이 똰

너무 짧지 않게요.

不要 : ~을 하지 마라
剪 : 자르다
太 : 너무
短 : 짧다

011

发线往哪边分？
Fàxiàn wǎng nǎbian fēn?
파씨엔 왕 나삐엔 펀

가르마는 어느 쪽으로 할까요?

发线 : 가르마
往 : ~을 향해
哪边 : 어디, 어느 쪽
分 : 나누다

012

发型不变。
Fàxíng bú biàn.
파씽 뿌 삐엔

지금과 같은 스타일로 해 주세요.

发型 : 헤어스타일
不变 : 변하지 않다

013

请给我弄个好打理的发型。
Qǐng gěi wǒ nòng ge hǎo dǎlǐ de fàxíng.
칭 께이 워 눙 거 하오 따리 더 파씽

손질이 간편한 헤어스타일로 해 주세요.

请은 '~하세요'라는 뜻, 상대
방에게 어떤 일을 부탁하거
나 권할 때 쓰는 경어.
给 : ~에게
弄 : 하다
好 : ~을 하기가 쉽다
打理 : 처리하다, 정리하다

014

想换个发型。
Xiǎng huàn ge fàxíng.
썅 환 거 파씽

헤어스타일을 완전히 바꾸고 싶어요.

想 : ~을 하고 싶다
换 : 바꾸다
发型 : 헤어스타일

015

想染发。
Xiǎng rǎnfà.
썅 란파

염색을 하고 싶어요.

想 : ~을 하고 싶다
染发 : 머리를 염색하다

016

没必要染发。
Méi bìyào rǎnfà.
메이 삐야오 란파

염색은 필요 없습니다.

必要 : 필요하다

017 **剪(烫)一个现在流行的发型。**

Jiǎn (tàng) yí ge xiànzài liúxíng de fàxíng.
찌엔(탕) 이 거 씨엔짜이 려우씽 더 파씽

요즘 유행하는 스타일로 (파마)해 주세요.

剪 : 자르다
烫 : 파마하다
现在 : 지금
流行 : 유행하다
发型 : 헤어스타일

018 **请给剪(烫)成这个发型。**

Qǐng gěi jiǎn (tàng) chéng zhè ge fàxíng.
칭 께이 찌엔(탕)청 즈어 거 파씽

이 스타일로 (파마)해 주세요.

특정 헤어스타일로 자르거나
파마하고 싶을 때
请은 '~하세요'라는 뜻, 상대
방에게 어떤 일을 부탁하거
나 권할 때 쓰는 경어.
给 : ~에게
剪 : 자르다
烫 : 파마하다
这个 : 이, 이것
发型 : 헤어스타일

---

05 세탁소에서

001 **这件西装麻烦熨一下。**

Zhè jiàn xīzhuāng máfan yùn yíxià.
즈어 찌엔 씨좡 마판 윈 이쌰

이 양복을 다림질해 주세요.

这 : 이, 이것
件은 '벌'이라는 뜻으로 옷을
세는 양사.
西装 : 양복
麻烦 : 귀찮게 하다, 번거롭
게 하다
熨 : (옷가지를) 다리다, 다림
질하다

002 **麻烦干洗一下。**

Máfan gānxǐ yíxià.
마판 깐씨 이쌰

드라이클리닝해 주세요.

麻烦 : 귀찮게 하다, 번거롭
게 하다
干洗 : 드라이클리닝하다
一下 : 좀 ~하다, 한번 ~하다

003

这个污渍能洗掉吗?

Zhè ge wūzì néng xǐdiào ma?

즈어 거 우쯔 넝 씨땨오 마

이 얼룩은 지워질까요?

这 : 이, 이것
污渍 : 때, 기름때
能 : ~을 할 수 있다
洗 : 씻다

004

请帮我把裤腿剪短。

Qǐng bāng wǒ bǎ kùtuǐ jiǎnduǎn.

칭 빵 워 빠 쿠투이 찌엔똰

바지 기장 좀 줄여주세요.

帮 : 돕다
裤腿 : 바지 기장
剪短 : 짧게 자르다

005

3件衬衫和1条裤子。

Sān Jiàn chènshān hé yì tiáo kùzi.

싼 찌엔 천산 흐어 이 탸오 쿠쯔

와이셔츠 세 장과 바지가 있습니다.

件은 '벌'이라는 뜻으로 옷을 세는 양사.
衬衫 : 와이셔츠
和 : ~와
条는 가늘고 긴 것, 혹은 가늘고 긴 느낌이 있는 유형·무형의 사물을 세는 양사.
裤子 : 바지

006

什么时候能洗好?

Shénme shíhou néng xǐhǎo?

선머 스허우 넝 씨하오

언제 다 됩니까?

什么时候 : 언제
洗 : 씻다
好는 동사 뒤에 쓰여 완성되었거나 잘 마무리되었음을 나타낸다.

---

06 주유소, 카센터에서

001

麻烦洗一下车。

Máfan xǐ yíxià chē.

마판 씨 이쌰 츠어

세차 좀 부탁합니다.

麻烦 : 귀찮게 하다, 번거롭게 하다
洗车 : 세차하다
一下 : 좀 ~하다, 한번 ~하다

002

请把加油口打开。

Qǐng bǎ jiāyóukǒu dǎkāi.

칭 빠 쨔여우커우 따카이

주유구를 열어 주세요.

请은 '~하세요'라는 뜻, 상대
방에게 어떤 일을 부탁하거
나 권할 때 쓰는 경어.
把는 동사의 동작이나 작용
이 미치는 대상, 즉 목적어와
결합해서 동사 앞에 전치되
어 처치를 나타낸다.
加油口 : 주유구
打开 : 열다

003

加100块钱的柴油。

Jiā yìbǎi kuài qián de cháiyóu.

쨔 이빠이 콰이 치엔 더 차이여우

디젤유로 백 위안어치 넣어주세요.

加 : 넣다
100块钱 : 100위안
柴油 : 디젤유(diesel oil)

004

请给我加高级汽油。

Qǐng gěi wǒ jiā gāojí qìyóu.

칭 께이 워 쨔 까오찌 치여우

고급 휘발유로 주세요.

请은 '~하세요'라는 뜻, 상대
방에게 어떤 일을 부탁하거
나 권할 때 쓰는 경어.
给 : ~에게
高级 : 고급
汽油 : 휘발유

005

加满。

Jiāmǎn.

쨔만

가득 채워 주세요.

加 : 넣다
满 : 꽉 채우다, 가득 차게 하다

006

麻烦给车打个蜡，然后洗个车。

Máfan gěi chē dǎ ge là, ránhòu xǐ ge chē.

마판 게이 츠어 따 거 라, 란허우 씨 거 츠어

왁스를 뿌리고 세차해 주세요.

麻烦 : 귀찮게 하다, 번거롭
게 하다
车 : 차
打蜡 : (광이 나게 하거나 미
끄럽게 하려고) 밀랍을 먹이다
然后 : 그 다음에, 그리고 나서
洗车 : 세차하다

CHAPTER 7

海外旅行

Hǎiwài lǚxíng

해외여행

UNIT 1 항공편

1 항공편 예약 / **2** 환전하기 / **3** 탑승 수속 / **4** 환승하기 /
5 기내에서 / **6** 입국 절차 / **7** 공항에서 질문

订	取消	托运	行李
dìng	qǔxiāo	tuōyùn	xíngli
띵	취쌰오	퉈윈	씽리
예약하다	취소하다	운송을 위탁하다, 탁송하다	여행 짐, 수화물

免税店	登机牌	飞机	机票
miǎnshuìdiàn	dēngjīpái	fēijī	jīpiào
미엔수이띠엔	떵찌파이	페이찌	찌퍄오
면세점	탑승권	비행기	비행기표

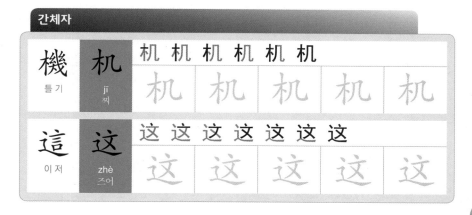

機	机	机 机 机 机 机 机
틀 기	jī 찌	机 机 机 机 机

這	这	这 这 这 这 这 这 这
이 저	zhè 쯔어	这 这 这 这 这

쓰면서 읽어보세요!

탑승권을 보여 주시겠습니까?

└  可以给我看一下登机牌吗？

여기 있습니다.

└ 在这里。

001 **想订机票。**
　Xiǎng dìng jīpiào.
　쌍 띵 찌퍄오
　항공편을 예약하고 싶습니다.

想 : ~을 하고 싶다
订 : 예약하다
机票 : 비행기 표

002 **想改签机票。**
　Xiǎng gǎiqiān jīpiào.
　쌍 까이치엔 찌퍄오
　항공편을 변경하고 싶습니다.

想 : ~을 하고 싶다
改签 : 비행기 표를 변경하다
机票 : 비행기 표

003 **想改成上午的飞机。**
　Xiǎng gǎichéng shàngwǔ de fēijī.
　쌍 까이청 상우 더 페이찌
　오전 비행기로 변경하고 싶습니다.

想 : ~을 하고 싶다
改成 : ~으로 바꾸다
上午 : 오전
飞机 : 비행기

004 **想要取消预订。**
　Xiǎng yào qǔxiāo yùdìng.
　쌍야오 취쌰오 위띵
　예약을 취소하고 싶습니다.

想 : ~을 하고 싶다
取消 : 취소하다
预订 : 예약, 예약하다

005 **我想订明天最早的一班飞机。**
　Wǒ xiǎng dìng míngtiān zuì zǎo de yì bān fēijī.
　워 쌍 띵 밍티엔 쭈이 짜오 더 이 빤 페이찌
　내일 아침 가장 빠른 비행기표를 예약하고 싶습니다.

订 : 예약하다
最 : 가장, 최고
早 : 이르다
班은 교통 기관의 운행표 또는 노선을 세는 양사.
飞机 : 비행기

006

是直飞的吗?

Shì zhífēi de ma?

스 쯔페이 더 마

직항입니까?

直飞的는 '직항 비행기'라는 뜻인데 '비행기'라는 단어가 생략되었다.

007

需要转机吗?

Xūyào zhuǎnjī ma?

쒸야오 좐찌 마

경유입니까?

需要 : 필요하다
转机 : 비행기를 갈아타다

008

请给我商务舱的机票。

Qǐng gěi wǒ shāngwùcāng de jīpiào.

칭 께이 워 상우창 더 찌퍄오

비즈니스석으로 부탁합니다.

请은 '~하세요'라는 뜻으로 상대방에게 어떤 일을 부탁하거나 권할 때 쓰는 경어.
给 : 주다
商务舱 : 비즈니스석
机票 : 비행기 표

009

请给我经济舱的机票。

Qǐng gěi wǒ jīngjìcāng de jīpiào.

칭 께이 워 찡찌창 더 찌퍄오

일반석으로 부탁드립니다.

经济舱 : 일반석

---

02 ◀ 환전하기

001

换钱的地方在哪儿?

Huànqián de dìfang zài nǎr?

환치엔 더 띠팡 짜이 날

환전하는 곳은 어디입니까?

换钱 : 환전하다
地方 : 곳, 장소
在 : ~에 있다
哪儿 : 어디

002

这儿可以换钱吗?

Zhèr kěyǐ huànqián ma?

절 크어이 환치엔 마

여기서 환전할 수 있습니까?

这儿 : 여기
可以 : ~을 할 수 있다
换钱 : 환전하다

003

你好，我想换钱。

Nǐhǎo, wǒ xiǎng huànqián.

니하오 워 쌍 환치엔

안녕하세요, 환전하고 싶습니다.

你好 : 안녕하세요
想 : ~을 하고 싶다

004

想要把韩币换成人民币。

Xiǎng yào bǎ hánbì huànchéng rénmínbì.

쌍 야오 빠 한삐 환청 런민삐

한국 돈을 위안으로 환전하고 싶습니다.

想要 : ~을 하려고 하다
把는 동사의 동작이나 작용
이 미치는 대상, 즉 목적어와
결합해서 동사 앞에 전치되
어 처치를 나타낸다.
韩币 : 한국 화폐
人民币 : 인민폐
换成 : ~으로 바꾸다

005

今天的汇率是多少?

Jīntiān de huìlǜ shì duōshao?

찐티엔 더 후이뤼 스 뛰사오

오늘 환율은 얼마입니까?

今天 : 오늘
汇率 : 환율
多少 : 얼마

006

手续费多少?

Shǒuxùfèi duōshao?

서우쒸페이 뛰사오

수수료는 얼마입니까?

手续费 : 수수료

001

在这里办理登机手续吗?

Zài zhèli bànlǐ dēngjī shǒuxù ma?

짜이 즈어리 빤리 떵찌 서우쉬 마

여기서 탑승 수속을 합니까?

在 : ~에, ~에서
这里 : 여기
办理 : 처리하다
登机手续 : 탑승 수속

002

登机手续几点开始办理?

Dēngjī shǒuxù jǐ diǎn kāishǐ bànlǐ?

떵찌 서우쉬 찌 띠엔 카이스 빤리

탑승 수속은 몇 시부터입니까?

登机手续 : 탑승 수속
几点 : 몇 시
开始 : 시작하다
办理 : 처리하다, (수속을) 밟다

003

几点登机?

Jǐ diǎn dēngjī?

찌 띠엔 떵찌

탑승 시간은 언제입니까?

几点 : 몇 시
登机 : (비행기에) 타다

004

托运行李的地方在哪里?

Tuōyùn xíngli de dìfang zài nǎli?

퉈윈 씽리 더 띠팡 짜이 나리

수하물 부치는 곳은 어디인가요?

托运 : 운송을 위탁하다, 탁송하다
行李 : 여행 짐, 수화물
地方 : 곳
哪里 : 어디

005

每人可以免费托运多少公斤?

Měirén kěyǐ miǎnfèi tuōyùn duōshǎo gōngjīn?

메이런 크어이 미엔페이 퉈윈 뚸사오 꿍찐

한 사람당 무료로 부칠 수 있는 수하물 무게가 몇 킬로그램이죠?

짐이 많을 때
每人 : 개개인
可以 : ~을 할 수 있다
免费 : 무료
托运 : 탁송하다
多少 : 얼마
公斤 : 킬로그램

006

这个包可以带上飞机吗?

Zhè ge bāo kěyǐ dàishang fēijī ma?

즈어 거 빠오 크어이 따이상 페이찌 마

이 가방은 기내로 가지고 갈 수 있습니까?

这个 : 이것
包 : 가방
可以는 '~을 해도 좋다'라는
뜻으로 허가를 표시한다.
带 : (몸에) 지니다
飞机 : 비행기

---

04 환승하기

001

在这个机场呆多久?

Zài zhè ge jīchǎng dāi duōjiǔ?

짜이 즈어 거 찌창 따이 뚸쪄우

이 공항에서 얼마나 머뭅니까?

경유하는 공항에서 얼마나
있어야 하는지 물을 때
在 : ~에, ~에서
这个 : 이, 이것
机场 : 공항
呆 : 머무르다
多久 : 얼마 동안

002

我是去纽约的中转乘客。

Wǒ shì qù Niǔyuē de zhōngzhuǎn chéngkè.

워 스 취 녀우위에 더 중쫜 청크어

저는 뉴욕으로 가는 환승객입니다.

去 : 가다
纽约 : 뉴욕(New York)
中转乘客 : 환승객

003

候机室有免税店吗?

Hòujīshì yǒu miǎnshuìdiàn ma?

허우찌스 여우 미엔수이띠엔 마

대기실에 면세점은 있습니까?

候机室 : 대기실
有 : 있다
免税店 : 면세점

004

我的航班时间没变吗?

Wǒ de hángbān shíjiān méi biàn ma?

워 더 항빤 스찌엔 메이 삐엔 마

제 비행편은 예정대로입니까?

航班 : (비행기나 배의) 운행표
时间 : 시간
变 : 바뀌다, 변하다

001

可以给我看一下登机牌吗?

Kěyǐ gěi wǒ kàn yíxià dēngjīpái ma?

크어이 께이 워 칸 이쌰 떵찌파이 마

탑승권을 보여 주시겠습니까?

좌석을 찾지 못할 때 승무원에게 물으면 탑승권을 보여 달라고 한다.
可以 : ~을 할 수 있다
给 : ~에게
看 : 보다
一下는 동사 뒤에 쓰여서 '좀 ~해 보다'라는 뜻이 된다.
登机牌 : 탑승권

002

借过一下。

Jièguò yíxià.

찌에꿔 이쌰

지나가겠습니다.

통로에 서 있는 사람에게
借过 : 지나가겠습니다
一下는 동사 뒤에 쓰여서 '좀 ~해 보다'라는 뜻이 된다.

003

有什么饮料?

Yǒu shénme yǐnliào?

여우 선머 인랴오

음료는 뭐가 있나요?

有 : 있다
什么 : 어떤, 무슨
饮料 : 음료

004

请给我个毯子。

Qǐng gěi wǒ ge tǎnzi.

칭 께이 워 거 탄쯔

담요를 주세요.

请은 '~하세요'라는 뜻으로 상대방에게 어떤 일을 부탁하거나 권할 때 쓰는 경어.
给 : 주다
毯子 : 담요

005

卫生间在哪儿?

Wèishēngjiān zài nǎr?

웨이성찌엔 짜이 날

화장실은 어디에 있습니까?

卫生间 : 화장실
在 : ~에 있다
哪儿 : 어디

006

请把行李放在上面的行李架上。

Qǐng bǎ xíngli fàng zài shàngmian de xínglijiàshang.

칭 빠 씽리 팡 짜이 상미엔 더 씽리쨔상

짐은 머리 위 짐칸에 넣어 주세요.

行李 : 짐
行李架 : 짐칸

007

可以换个位子吗?

Kěyǐ huàn ge wèizi ma?

크어이 환 거 웨이쯔 마

자리를 바꿔도 될까요?

可以 : ~을 해도 된다
换 : 바꾸다
位子 : 자리

008

这个耳机听不见。

Zhè ge ěrjī tīng bu jiàn.

즈어 거 얼찌 팅 뿌 찌엔

이 헤드폰은 들리지 않습니다.

这个 : 이, 이것
耳机 : 헤드폰
听不见 : 들리지 않다

009

可以用手机吗?

Kěyǐ yòng shǒujī ma?

크어이 융 서우찌 마

휴대폰을 사용해도 되나요?

可以 : ~을 해도 된다
用 : 사용하다
手机 : 휴대폰

010

有韩国报纸吗?

Yǒu hánguó bàozhǐ ma?

여우 한꿔 빠오즈 마

한국 신문 있습니까?

有 : 있다
韩国 : 한국
报纸 : 신문

011

还要多久才能到青岛?

Hái yào duōjiǔ cái néng dào Qīngdǎo?

하이 야오 뚸쪄우 차이 넝 따오 칭따오

칭다오는 앞으로 얼마 후에 도착합니까?

还 : 또, 더
多久 : 얼마 동안
到 : 도착하다
青岛는 '칭다오'로, 중국 산
둥(山东)에 있는 항구 도시.

012

请系好安全带。

Qǐng jìhǎo ānquándài.

칭 찌하오 안취엔따이

안전벨트를 매세오.

系 : 매다
安全带 : 안전벨트

001

马上就到了。

Mǎshàng jiù dào le.

마상 쩌우 따오 러

곧 도착이야.

马上 : 곧, 즉시
到 : 도착하다

002

请把入境卡给我。

Qǐng bǎ rùjìngkǎ gěi wǒ.

칭 빠 루찡카 께이 워

입국카드를 주세요.

입국 수속을 밟을 때는 입국
카드를 미리 준비해 두는 것
이 좋다.
请은 '~하세요'라는 뜻으로
상대방에게 어떤 일을 부탁
하거나 권할 때 쓰는 경어.
把는 동사의 동작이나 작용
이 미치는 대상, 즉 목적어와
결합해서 동사 앞에 전치되
어 처치를 나타낸다.
入境卡 : 입국카드
给 : 주다

003

请出示护照。

Qǐng chūshì hùzhào.

칭 추스 후자오

여권을 보여주세요.

出示 : 제시하다, 내보이다
护照 : 여권

004

第一次来吗?

Dìyī cì lái ma?

띠이 츠 라이 마

처음 오시나요?

第一次 : 제1차, 최초, 맨 처음
来 : 오다

005

访问目的是什么?

Fǎngwèn mùdì shì shénme?

팡원 무띠 스 선머

방문 목적은 무엇입니까?

访问 : 방문
目的 : 목적
什么 : 무엇

006

来旅游[留学]。

Lái lǚyóu [liúxué].

라이 뤼여우 [려우쉐]

관광[유학]입니다.

来 : 오다
旅游 : 여행하다
留学 : 유학하다

007

要停留几天?

Yào tíngliú jǐtiān?

야오 팅려우 찌티엔

며칠간 체류합니까?

체류 기간을 물을 때
停留 : (잠시) 머물다
几天 : 며칠

008

请打开行李箱。

Qǐng dǎkāi xínglixiāng.

칭 따카이 씽리쌍

여행 가방을 열어 보세요.

여행가방을 검사할 때
打开 : 열다

009

带了两瓶红酒。

Dài le liǎng píng hóngjiǔ.

따이 러 량 핑 홍쩌우

와인 두 병 갖고 있습니다.

带 : 가지다
红酒 : 와인

001 **去哪里拿行李?**

Qù nǎli ná xíngli?

취 나리 나 씽리

짐은 어디에서 찾나요?

去 : 가다
哪里 : 어디
拿 : 받다
行李 : 짐

---

002 **行李没有出来。**

Xíngli méiyǒu chūlai.

씽리 메이여우 추라이

짐이 안 나왔어요.

没有 : 아직 ~않다
出来 : 나오다

---

003 **找到行李箱，请联系我。**

Zhǎodào xínglixiāng, qǐng liánxì wǒ.

자오따오 씽리쌍, 칭 리엔씨 워

가방이 발견되면 연락해 주세요.

가방을 잃어버렸을 때
联系 : 연락하다

---

004 **里面有什么东西?**

Lǐmian yǒu shénme dōngxi?

리미엔 여우 선머 뚱씨

내용물은 무엇입니까?

里面 : 안, 내부, 속
东西 : 물품

---

005 **请给我海关申报表。**

Qǐng gěi wǒ hǎiguān shēnbàobiǎo.

칭 께이 워 하이꽌 선빠오삐아오

세관신고서를 보여주세요.

세관을 지날 때
海关申报表 : 세관신고서

Chapter 7 해외여행 海外旅行

006

手推车在哪儿?

Shǒutuīchē zài nǎr?

서우투이츠어 짜이 날

카트는 어디에 있습니까?

手推车 : 카트

007

有去北京万豪酒店的巴士吗?

Yǒu qù Běijīng wànháo jiǔdiàn de bāshì ma?

여우 취 뻬이찡 완하오 쩌우띠엔 더 빠스 마

베이징 메리어트 호텔로 가는 버스가 있습니까?

셔틀버스가 있는지 물을 때
去 : 가다
北京万豪酒店 : 베이징 메
리어트 호텔

008

为什么我的行李被扣了?

Wèishénme wǒ de xíngli bèi kòu le?

웨이선머 워 더 씽리 뻬이 커우 러

내 수화물이 왜 압류당했습니까?

为什么 : 왜, 어째서
行李 : 수화물
扣 : 압류하다

009

我的海关申报表填得对吗?

Wǒ de hǎiguān shēnbàobiǎo tián de duì ma?

워 더 하이꽌 선빠오삐아오 티엔 더 뚜이 마

제 세관신고서는 정확하게 작성됐습니까?

海关 : 세관
填 : 빈칸을 채우다, 작성하다

010

机场大巴在哪儿坐?

Jīchǎng dàbā zài nǎr zuò?

찌창 따빠 짜이 날 쮀

공항버스는 어디에서 탑니까?

机场大巴 : 공항버스
坐 : (탈것에) 타다

011

可以用广播帮我找一下孩子吗?

Kěyǐ yòng guǎngbō bāng wǒ zhǎo yíxià háizi ma?

크어이 융 꽝뿨 빵 워 자오 이쌰 하이쯔 마

방송으로 제 아이를 좀 찾아줄 수 있습니까?

可以 : ~을 할 수 있다
广播 : 방송, 방송하다
找 : 찾다
孩子 : 아이

请问，在哪儿租车?

Qǐngwèn, zài nǎr zūchē?

칭원, 짜이 날 쭈츠어

여쭤보겠습니다, 어디에서 렌터카를 빌립니까?

租车 : 차를 렌트하다, 자동차를 대여하다

UNIT 2 교통편

请问，百货商店怎么走?
Qǐngwèn, bǎihuòshāngdiàn zěnme zǒu?
칭원, 빠이훠상띠엔 쩐머 쩌우
백화점은 어떻게 가나요?

这条路一直往前走。
Zhè tiáo lù yìzhí wǎng qián zǒu.
즈어 탸오 루 이즈 왕 치엔 쩌우
이 길로 쭉 가면 됩니다.

百货商店 bǎihuòshāngdiàn 빠이휘상띠엔 **백화점**	**怎么** zěnme 쩐머 **어떻게**	**走** zǒu 쩌우 **가다, 걸어가다**	**路** lù 루 **길**
一直 yìzhí 이즈 **똑바로, 계속해서**	**往** wǎng 왕 **~를 향해**	**前** qián 치엔 **앞, 앞쪽**	**地铁站** dìtiězhàn 띠티에잔 **지하철역**

간체자

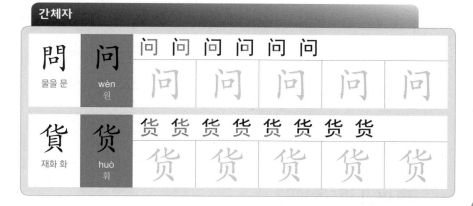

問 물을 문	问 wèn 원	问 问 问 问 问 问

貨 재화 화	货 huò 휘	货 货 货 货 货 货 货 货

쓰면서 읽어보세요!

백화점은 어떻게 가나요?

└ 请问，百货商店怎么走?

이 길로 쭉 가면 됩니다.

└ 这条路一直往前走。

001

请问，去天坛公园的车在哪儿坐?

Qǐngwèn, qù Tiāntán gōngyuán de chē zài nǎr zuò?

칭원, 취 티엔탄 꿍위엔 더 츠어 짜이 날 쭤

천단공원 가는 버스는 어디에서 탈 수 있나요?

모르는 사람에게 다짜고짜 물으면 실례가 되니 앞에 请问이라고 붙이는 게 좋다. 请问은 '여쭤보겠습니다.'라는 뜻으로 보통 무언가를 물을 때 쓰인다.
天坛公园 : 천단공원

002

请问，百货商店怎么走?

Qǐngwèn, bǎihuòshāngdiàn zěnme zǒu?

칭원, 빠이휘상띠엔 쩐머 쩌우

여쭤보겠습니다. 백화점은 어떻게 갑니까?

길을 물을 때
百货商店 : 백화점
怎么 : 어떻게
走 : 가다, 걸어가다

003

走着去要多长时间?

Zǒuzhe qù yào duōcháng shíjiān?

쩌우즈어 취 야오 뚸창 스찌엔

걸어서 몇 분 걸립니까?

走着去 : 걸어가다
要 : 필요하다
多长时间 : 얼마 동안

004

离这儿近[远]吗?

Lí zhèr jìn[yuǎn] ma?

리 절 찐[위엔] 마

여기에서 가깝습[멉]니까?

거리를 물을 때
离는 '~에서, ~로부터'라는 뜻으로 공간적·시간적 거리를 나타낼 때 기준점이 되는 시간·장소를 나타내는 명사 앞에 쓰인다.
这儿 : 여기
近 : 가깝다
远 : 멀다

005

还是坐公交车吧。

Háishi zuò gōngjiāochē ba.

하이스 쭤 꿍쨔오츠어 빠

버스를 타는 게 좋아요.

还是～吧 : ~하는 게 좋다

006

这附近有书店吗?

Zhè fùjìn yǒu shūdiàn ma?

즈어 푸찐 여우 수띠엔 마

이 주변에 서점 있습니까?

这附近 : 이 근처
有 : 있다
书店 : 서점

007

这是去天坛公园的路吗?

Zhè shì qù Tiāntán gōngyuán de lù ma?

즈어 스 취 티엔탄 꿍위엔 더 루 마

이 길은 천단공원 가는 길입니까?

목표한 장소로 제대로 가고
있는지 모를 때
这 : 이, 이것
去 : 가다
天坛公园 : 천단공원
路 : 길

008

我在找地铁站。

Wǒ zài zhǎo dìtiězhàn.

워 짜이 자오 띠티에잔

전철역을 찾고 있습니다.

在 : ~을 하고 있다
地铁站 : 지하철역

009

我是路痴。

Wǒ shì lùchī.

워 스 루츠

저는 길치입니다.

路痴 : 길치

010

这个时候会堵车吗?

Zhè ge shíhou huì dǔchē ma?

즈어 거 스허우 후이 뚜츠어 마

이 시간대에는 차가 막힙니까?

这个时候 : 이때
会 : ~할 것이다
堵车 : 차가 막히다

001

非常远。

Fēicháng yuǎn.

페이창 위엔

꽤 멀어요.

非常 : 대단히, 심히
远 : 멀다

002

在下一个拐弯处往右转。

Zài xià yí ge guǎiwānchù wǎng yòu zhuǎn.

짜이 쌰 이 거 꽈이완추 왕 여우 쫜

다음 모퉁이에서 오른쪽으로 도세요.

下一个 : 다음, 다음의
拐弯处 : 굽은 길, 커브
往 : ~를 향해
右转 : 오른쪽으로 돌다, 우회전하다

003

您走反了。

Nín zǒufǎn le.

닌 쩌우판 러

당신은 반대 방향으로 왔어요.

走 : 걷다, 걸어가다
反 : 반대(방향)의

004

请往回走。

Qǐng wǎng huí zǒu.

칭 왕 후이 쩌우

되돌아가세요.

请은 '~하세요'라는 뜻으로 상대방에게 어떤 일을 부탁하거나 권할 때 쓰는 경어.
往回 : 뒤로, 원점으로
走 : 걷다, 걸어가다

005

这条路一直往前走。

Zhè tiáo lù yìzhí wǎng qián zǒu.

즈어 탸오 루 이즈 왕 치엔 쩌우

이 길로 쭉 가면 됩니다.

这 : 이
条는 길을 세는 양사.
路 : 길
一直 : 똑바로, 계속해서
往 : ~를 향해
前 : 앞, 앞쪽
走 : 걷다, 걸어가다

006

我和您一起去。

Wǒ hé nín yìqǐ qù.

워 흐어 닌 이치 취

동행해 드리죠.

和 : ~와
一起 : 같이
去 : 가다

007

从这里走五分钟左右。

Cóng zhèli zǒu wǔ fēnzhōng zuǒyòu.

충 즈어리 쩌우 우 펀중 쮀여우

여기서 걸어서 5분 정도입니다.

从 : ~부터
这里 : 여기
走 : 걷다, 걸어가다
分钟 : 분
左右 : 가량

008

给您画个简单的地图。

Gěi nín huà ge jiǎndān de dìtú.

께이 닌 화 거 찌엔딴 더 띠투

약도를 그려드릴게요.

给 : ~에게
画 : 그리다
简单 : 간단하다
地图 : 지도

001

迷路了。

Mílù le.

미루 러

길을 잃었어요.

迷路 : 길을 잃다

002

不好意思！这儿是哪里？

Bù hǎoyìsi! Zhèr shì nǎli?

뿌 하오이쓰! 절 스 나리

실례합니다! 여기는 어디입니까?

不好意思 : 죄송합니다, 미안합니다
这儿 : 여기
哪里 : 어디

003

不好意思，我也不知道。

Bù hǎoyìsi, wǒ yě bù zhīdào.

뿌 하오이쓰, 워 예 뿌 즈따오

미안합니다, 나도 잘 모르겠습니다.

不知道 : 모르다

004

我也是第一次来这儿。

Wǒ yě shì dìyī cì lái zhèr.

워 예 스 띠이 츠 라이 절

저도 여기는 처음이에요.

也 : ~도
第一次 : 처음
来 : 오다
这儿 : 여기

---

04 ◀ 택시 이용하기

001

可以帮我叫辆出租车吗?

Kěyǐ bāng wǒ jiào liàng chūzūchē ma?

크어이 빵 워 쨔오 량 추쭈츠어 마

택시를 불러 주시겠습니까?

可以 : ~을 해도 좋다
帮 : 돕다
叫 : 부르다
辆는 '대'라는 뜻으로 차량을 셀 때 쓰는 양사.
出租车 : 택시

002

附近有出租车站吗?

Fùjìn yǒu chūzūchēzhàn ma?

푸찐 여우 추쭈츠어잔 마

근처에 택시 승강장이 있습니까?

附近 : 근처
有 : 있다
出租车 : 택시
站 : 정류장

003

要去哪儿?

Yào qù nǎr?

야오 취 날

어디에 가십니까?

택시를 타면 기사가 묻는 말
要 : ~을 하려고 하다
去 : 가다
哪儿 : 어디

004

麻烦您送我到这个地址。

Máfan nín sòng wǒ dào zhè ge dìzhǐ.

마판 닌 쏭 워 따오 즈어 거 띠즈

이 주소로 좀 데려다 주세요.

중국어가 서툴 때 가장 쉬운 방법은 주소를 보여주는 것이다.
麻烦 : 귀찮게 하다, 번거롭게 하다
到 : 가다
这个 : 이, 이것

005

我要去机场。

Wǒ yào qù jīchǎng.

워 야오 취 찌창

공항에 가려고 합니다.

要 : ~을 하려고 하다
机场 : 공항

006

到机场大概需要多少钱?

Dào jīchǎng dàgài xūyào duōshǎo qián?

따오 찌창 따까이 쒸야오 뚸사오 치엔

공항까지 대략 얼마입니까?

到 : ~까지
机场 : 공항
大概 : 대략
需要 : 필요하다
多少钱 : 얼마

007

我们都能坐下吗?

Wǒmen dōu néng zuòxià ma?

워먼 떠우 넝 쭤쌰 마

우리들 모두 탈 수 있습니까?

我们 : 우리
都 : 모두
能 : ~을 할 수 있다
坐 : 타다
下는 방향보어로 쓰여서, (공간이 있어서) 수용하거나 받아들일 수 있음을 나타낸다.

008

麻烦打开一下后备箱。

Máfan dǎkāi yíxià hòubèixiāng.

마판 따카이 이쌰 허우뻬이쌍

트렁크 좀 열어 주시겠어요?

麻烦 : 귀찮게 하다, 번거롭게 하다
打开 : 열다
一下 : 한번 ~하다, 좀 ~하다
后备箱 : 트렁크

009

麻烦能开快点吗?

Máfan néng kāi kuài diǎn ma?

마판 넝 카이 콰이 띠엔 마

서둘러 주시겠어요?

급한 일이 있을 때
麻烦 : 귀찮게 하다, 번거롭
게 하다
能 : ~을 할 수 있다
开 : 운전하다
快点 : 서두르다

010

师傅,前面停一下。

Shīfu, qiánmian tíng yíxià.

스푸, 치엔미엔 팅 이쌰

기사님, 앞쪽에서 세워 주세요.

师傅는 '선생, 사부'라는 뜻
으로 어떤 일에 숙달된 사람
에 대한 존칭. 중국에서는 택
시나 버스 기사에게 师傅라
고 한다.
前面 : 앞, 앞쪽
停 : 멈추다
一下 : 한번 ~하다, 좀 ~하다

011

请一直开。

Qǐng yìzhí kāi.

칭 이즈 카이

곧바로 가 주세요.

请은 '~하세요'라는 뜻으로
상대방에게 어떤 일을 부탁
하거나 권할 때 쓰는 경어.
一直 : 똑바로, 곧바로
开는 开车의 줄임말로 '운전
하다'라는 뜻.

012

多少钱?

Duōshao qián?

뚸사오 치엔

요금은 얼마입니까?

택시 요금을 계산할 때
多少 : 얼마
钱 : 돈

013

不用找了。

Búyòng zhǎo le.

뿌용 자오 러

거스름돈은 그냥 두세요.

不用 : ~할 필요가 없다
找 : 거슬러 주다

014 **能在这儿等一下吗?**

Néng zài zhèr děng yíxià ma?

넝 짜이 절 떵 이쌰 마

여기서 기다려 주시겠어요?

在 : ~에서
这儿 : 여기
等 : 기다리다
一下 : 한 번 ~하다, 좀 ~하다

05 버스 이용하기

001 **公交车站在哪里?**

Gōngjiāochēzhàn zài nǎli?

꿍쨔오츠어잔 짜이 나리

버스 정류소는 어디에 있습니까?

公交车 : 버스
站 : 정류장
在 : ~에 있다
哪里 : 어디

002 **这辆公交车去机场吗?**

Zhè liàng gōngjiāochē qù jīchǎng ma?

즈어 량 꿍쨔오츠어 취 찌창 마

이 버스는 공항에 갑니까?

这 : 이것, 이
辆은 '대'라는 뜻으로 차량을 셀 때 쓰는 양사.
公交车 : 버스
去 : 가다
机场 : 공항

003 **这辆公交车是去哪儿的?**

Zhè liàng gōngjiāochē shì qù nǎr de?

즈어 량 꿍쨔오츠어 스 취 날 더

이 버스는 어디 행입니까?

어디로 가는 버스인지 물을 때
哪儿 : 어디

004 **去颐和园要做几路车?**

Qù Yíhéyuán yào zuò jǐ lù chē?

취 이흐어위엔 야오 쭤 찌 루 츠어

이화원에 가려면 몇 번 버스를 타야 하나요?

去 : 가다
颐和园 : 이화원
要 : ~을 해야 한다
几 : 몇
路 : 노선, 번
几路车 : 몇 번 버스

Chapter 7 해외여행 | 海外旅行

005

请坐60路公交车。
Qǐng zuò liùshí lù gōngjiāochē.
칭 쭤 려우스 루 꿍쨔오츠어

60번 버스를 타세요.

请은 '~하세요'라는 뜻으로
상대방에게 어떤 일을 부탁
하거나 권할 때 쓰는 경어.
坐 : 타다
路 : 번
公交车 : 버스
2번 버스 二路车 èr lù chē
12번 버스 十二路车 shí'èr lù chē
720번 버스 七百二十路车
qībǎi'èrshí lù chē
1604번 버스 幺六零四路
车 yāoliùlíngsì lù chē
15-2번 버스 十五杠二路
车 shíwǔ gàng 'èr lù chē
네자릿수일 때는 한자리씩
끊어서 읽어주고 줄표(-)는
杠 gàng으로 읽는다.

006

在哪儿下车?
Zài nǎr xiàchē?
짜이 날 쌰 츠어

어디에서 내립니까?

在 : ~에, ~에서
哪儿 : 어디
下车 : 내리다

007

要坐几站?
Yào zuò jǐ zhàn?
야오 쭤 찌 잔

몇 정거장 가야 합니까?

要 : ~을 해야 한다
坐 : 타다
几站 : 몇 정거장

008

要坐多长时间?
Yào zuò duōcháng shíjiān?
야오 쭤 뚸창 스찌엔

얼마나 가야 합니까?

多长时间 : 얼마 동안

末班车是几点?

Mòbānchē shì jǐ diǎn?

뭐빤츠어 스 찌 띠엔

막차는 몇 시입니까?

막차 시간을 물을 때
末班车 : 막차
几点 : 몇 시

到了请告诉我。

Dào le qǐng gàosu wǒ.

따오 러 칭 까오쑤 워

도착하면 알려주세요.

到 : 도착하다
请은 '~하세요'라는 뜻으로
상대방에게 어떤 일을 부탁
하거나 권할 때 쓰는 경어.
告诉 : 알려주다

我坐错车了。

Wǒ zuòcuò chē le.

워 쭤춰 츠어 러

버스를 잘못 탔습니다.

错 : 틀리다

我坐过站了。

Wǒ zuòguò zhàn le.

워 쭤꿔 잔 러

내릴 곳을 지나쳤습니다.

过 : 지나치다

---

06 ◀ **열차표 사기**

请给我一张去天津的往返车票。

Qǐng gěi wǒ yì zhāng qù Tiānjīn de wǎngfǎn chēpiào.

칭 게이 워 이 장 취 티엔찐 더 왕판 츠어퍄오

톈진까지 왕복 한 장 주세요.

请은 '~하세요'라는 뜻으로
상대방에게 어떤 일을 부탁
하거나 권할 때 쓰는 경어.
给 : 주다
一张 : 한 장
天津 : 톈진
往返 : 왕복(하다)
车票 : 차표

Chapter 7

해외여행 | 海外旅行

请给我两张到哈尔滨的成人票和两张儿童票。

Qǐng gěi wǒ liǎng zhāng dào Hā'ěrbīn de chéngrénpiào hé liǎng zhāng értóngpiào.

칭 께이 워 량 장 따오 하얼삔 더 청런퍄오 흐어 량 장 얼퉁퍄오

하얼빈까지 어른 두 장, 어린이 두 장 주세요.

我 : 나	
两张 : 두 장	
哈尔滨 : 헤이룽지앙(黑龙江)성의 성도(省都) 하얼빈.	
成人票 : 성인 표	
儿童票 : 어린이 표	

请给我单程票。

Qǐng gěi wǒ dānchéngpiào.

칭 께이 워 딴청퍄오

편도표를 주세요.

请은 '~하세요'라는 뜻으로 상대방에게 어떤 일을 부탁하거나 권할 때 쓰는 경어.
给 : 주다
单程票 : 편도 (차)표

你好，我要到北京的硬卧。

Nǐhǎo, wǒ yào dào Běijīng de yìngwò.

니하오, 워 야오 따오 베이찡 더 잉워

안녕하세요, 베이징 가는 일반 침대 표 부탁합니다.

你好 : 안녕하세요
要 : 필요하다
硬卧 : (열차 따위의) 일반 침대

可以改签吗?

Kěyǐ gǎiqiān ma?

크어이 까이치엔 마

변경할 수 있나요?

可以 : ~을 할 수 있다
改签 : 표를 변경하다

餐车在哪里?

Cānchē zài nǎli?

찬츠어 짜이 나리

식당칸은 어디에 있습니까?

餐车 : 식당차
在 : ~에 있다
哪里 : 어디

在哪儿换车?

Zài nǎr huànchē?

짜이 날 환츠어

어디서 갈아타면 됩니까?

어디에서 환승하는지 물을 때
哪儿 : 어디
换车 : (차를) 갈아타다

001

这附近有地铁站吗?

Zhè fùjìn yǒu dìtiězhàn ma?

즈어 푸찐 여우 띠티에잔 마

이 주위에 전철역이 있습니까?

这 : 이
附近 : 근처
有 : 있다
地铁站 : 전철역

002

最近的地铁站在哪儿?

Zuìjìn de dìtiězhàn zài nǎr?

쭈이찐 더 띠티에잔 짜이 날

가장 가까운 지하철역은 어디 있습니까?

最 : 가장
近 : 가깝다
地铁站 : 전철역
在 : ~에 있다
哪儿 : 어디

003

去北海要坐几号线?

Qù Běihǎi yào zuò jǐ hào xiàn?

취 뻬이하이 야오 쮀 찌 하오 씨엔

베이하이에 가려면 무슨 선을 타야 합니까?

去 : 가다
坐 : 타다
几 : 몇
号 : 호
线 : 선, (지하철) 노선

004

在下一站坐大兴线。

Zài xià yí zhàn zuò dàxīngxiàn.

짜이 쌰 이 잔 쮀 따씽씨엔

다음 역에서 따씽선을 타세요.

在 : ~에, ~에서
下一站 : 다음 역
坐 : 타다

005

可以给我一张地铁路线图吗?

Kěyǐ gěi wǒ yì zhāng dìtiě lùxiàntú ma?

크어이 께이 워 이 장 띠티에 루씨엔투 마

전철 노선도를 한 장 주시겠어요?

可以 : ~을 해도 좋다
给 : 주다
一张 : 한 장
地铁 : 전철, 지하철
路线图 : 노선도

006

要在哪一站下车?

Yào zài nǎ yí zhàn xiàchē?

야오 짜이 나 이 잔 쌰츠어

어느 역에서 내리면 됩니까?

要 : ~을 해야 한다
在 : ~에, ~에서
哪 : 어느, 어떤
站 : 정류장, 역
下车 : 하차하다

007

怎么去南京机场比较好?

Zěnme qù Nánjīng jīchǎng bǐjiào hǎo?

쩐머 취 난찡 찌창 삐쨔오 하오

난징 공항은 어떻게 가면 좋을까요?

공항 가는 최선의 노선을 물을 때
怎么 : 어떻게
去 : 가다
南京 : 쟝쑤(江蘇)성의 성도(省都) 난징
机场 : 공항
比较 : 비교적
好 : 좋다

008

您好像坐错地铁了。

Nín hǎoxiàng zuòcuò dìtiě le.

닌 하오쌍 쮀춰 띠티에 러

당신은 전철을 잘못 탄 것 같군요.

好像 : 마치 ~과 같다
坐 : 타다
错 : 틀리다, 맞지 않다
地铁 : 전철

009

您要下车的地方离这里还有五站。

Nín yào xiàchē de dìfang lí zhèli hái yǒu wǔzhàn.

닌 야오 쌰츠어 더 띠팡 리 즈어리 하이 여우 우잔

당신이 내릴 역은 여기에서 다섯 번째 역입니다.

下车 : 하차하다
地方 : 곳
离 : ~에서, ~로부터
这里 : 여기
还 : 아직
站 : 정류장, 역

001 **这个位子有人吗?**
Zhè ge wèizi yǒu rén ma?
즈어 거 웨이쯔 여우 런 마

이 자리에 사람 있어요?

这个 : 이, 이것
位子 : 자리
有人 : 사람이 있다

002 **可以坐在这儿吗?**
Kěyǐ zuò zài zhèr ma?
크어이 쭤 짜이 절 마

여기에 앉아도 될까요?

可以 : ~을 해도 좋다
坐 : 앉다
这儿 : 여기

003 **请给我看一下车票。**
Qǐng gěi wǒ kàn yíxià chēpiào.
칭 께이 워 칸 이쌰 츠어퍄오

차표 좀 보여 주세요.

승무원이 표를 검사할 때
请은 '~하세요'라는 뜻으로
상대방에게 어떤 일을 부탁
하거나 권할 때 쓰는 경어.
给 : ~에게
看 : 보다
一下 : 좀 ~하다
车票 : 차표

004 **可以开窗吗?**
Kěyǐ kāichuāng ma?
크어이 카이촹 마

창문을 열어도 될까요?

可以 : ~을 해도 좋다
开 : 열다
窗 : 창문

005 **下一站是哪儿?**
Xià yí zhàn shì nǎr?
쌰이 잔 스 날

다음 정차 역은 어디입니까?

下一站 : 다음 역
哪儿 : 어디

Chapter **7** 해외여행 | 海外旅行

001

船几点出发?

Chuán jǐ diǎn chūfā?

촨 찌 띠엔 추파

배는 몇 시에 출발합니까?

船 : 배
几点 : 몇 시
出发 : 출발하다

002

去釜山的船从几号码头出发?

Qù Fǔshān de chuán cóng jǐ hào mǎtóu chūfā?

취 푸산 더 촨 충 찌 하오 마터우 추파

부산행 배는 몇 번 부두에서 떠납니까?

어디에서 배를 타는지 물을 때
去 : 가다
釜山 : 부산
船 : 배
从 : ~부터
几号 : 몇 번
码头 : 부두

003

下一班船是几点?

Xià yì bān chuán shì jǐ diǎn?

쌰이 빤 촨 스 찌 띠엔

다음 배편은 몇 시입니까?

下一班船 : 다음 배편
班 : 교통 기관의 운행표 또는 노선을 세는 양사

004

这是第一次乘船旅行。

Zhè shì dìyī cì chéngchuán lǚxíng.

즈어 스 띠이 츠 청촨 뤼씽

선편 여행은 이번이 처음입니다.

这 : 이, 이것
第一次 : 처음
乘船 : 승선하다, 배를 타다
旅行 : 여행하다

005

我晕船，有点不舒服。

Wǒ yūnchuán, yǒudiǎn bù shūfu.

워 윈촨, 여우띠엔 뿌 수푸

뱃멀미로 속이 불편합니다.

晕船 : 뱃멀미하다
有点 : 조금
不舒服 : 불편하다

006

真是风平浪静。

Zhēnshi fēngpínglàngjìng.

전스 펑핑랑찡

정말 파도가 잔잔하군요.

真是 : 정말, 진짜
风平浪静 : 풍랑이 일지 않고 고요하다, 무사 평온하다

007

去甲板上看看吧。

Qù jiǎbǎnshang kànkan ba.

취 쨔빤상 칸칸 빠

갑판에 가 봅시다.

去 : 가다
甲板 : 갑판
看 : 보다

008

救生衣在哪儿?

Jiùshēngyī zài nǎr?

쩌우성이 짜이 날

구명조끼는 어디에 있습니까?

배를 탈 때는 구명조끼가 어디 있는지 미리 알아놓는 게 좋다.
救生衣 : 구명동의, 구명조끼
在 : ~에 있다
哪儿 : 어디

009

马上要进港了。

Mǎshàng yào jìngǎng le.

마상 야오 찐깡 러

이제 곧 입항합니다.

马上 : 곧
进港 : 입항하다

---

10 ◀ 렌터카 이용

001

我想租辆汽车。

Wǒ xiǎng zū liàng qìchē.

워 쌍 쭈 량 치츠어

차 한 대 대여하고 싶습니다.

차를 대여하고 싶을 때
想 : ~을 하고 싶다
租 : 세내다, 대여하다
汽车 : 자동차

想租2天汽车。

Xiǎng zū liǎngtiān qìchē.

쌍 쭈 량티엔 치츠어

2일간 차를 빌리고 싶습니다.

想 : ~을 하고 싶다
租 : 세내다, 대여하다
天 : 일
汽车 : 자동차

想租哪种车型?

Xiǎng zū nǎ zhǒng chēxíng?

쌍 쭈 나 중 츠어씽

어떤 차종을 원하십니까?

想 : ~을 하고 싶다
租 : 세내다, 대여하다
哪种 : 어떤 종류
车型 : 차종

想租自动挡的车。

Xiǎng zū zìdòngdǎng de chē.

쌍 쭈 쯔뚱땅 더 츠어

오토매틱 차를 원합니다.

自动挡 : (자동차의) 자동 변속기

一天多少钱?

Yìtiān duōshao qián?

이티엔 뚸사오 치엔

하루당 요금이 얼마입니까?

一天 : 하루
多少 : 얼마
钱 : 돈

请给我看一下价格表。

Qǐng gěi wǒ kàn yíxià jiàgébiǎo.

칭 께이 워 칸 이쌰 쨔거빠오

요금표를 보여 주세요.

请은 '~하세요'라는 뜻으로 상대방에게 어떤 일을 부탁하거나 권할 때 쓰는 경어.
给 : ~에게
看 : 보다
一下 : 좀 ~하다
价格表 : 요금표

租金中包含保险吗?

Zūjīnzhōng bāohán bǎoxiǎn ma?

쭈찐중 빠오한 빠오씨엔 마

요금에 보험료가 포함되었나요?

租金 : 임대료
包含 : 포함하다
保险 : 보험

发生事故，要联系谁?

Fāshēng shìgù, yào liánxì shéi?

파성 스꾸, 야오 리엔씨 서이

사고가 났으면 어디로 연락하면 됩니까?

发生：발생하다, 생기다
事故：사고
联系：연락하다
谁：누구

009
填在表上了。

Tián zài biǎoshang le.

티엔 짜이 빠오상 러

서류에 기입을 했습니다.

填：표를 작성하다

010
这是我的国际驾驶证和信用卡。

Zhè shì wǒ de guójì jiàshǐzhèng hé xìnyòngkǎ.

즈어 스 워 더 꿔찌 쨔스정 흐어 씬용카

이게 제 국제면허증과 신용카드입니다.

면허증을 보여달라고 할 때
这：이, 이것
国际：국제
驾驶证：면허증
和：~와
信用卡：신용카드

011
在机场还车就行。

Zài jīchǎng huánchē jiù xíng.

짜이 찌창 환츠어 쩌우 씽

차는 공항에서 반납하시면 됩니다.

还：돌려주다
就行：~하면 된다

---

11 ▸ 운전하기

001
我们去哪儿?

Wǒmen qù nǎr?

워먼 취 날

어디로 갈까요?

목적지를 물을 때
我们：우리
去：가다
哪儿：어디

002

请系好安全带。

Qǐng jìhǎo ānquándài.

칭 찌하오 안취엔따이

안전벨트를 매세요.

请은 '~하세요'라는 뜻으로 상대방에게 어떤 일을 부탁하거나 권할 때 쓰는 경어.
系 : 매다, 묶다
安全带 : 안전벨트

003

走高速吧。

Zǒu gāosù ba.

쩌우 까오쑤 빠

고속도로를 탑시다.

走 : 가다
高速 : 고속도로
吧는 문장 끝에 쓰여 상의·제의·청구·명령·독촉의 어기를 나타낸다.

004

跟上前面的车。

Gēnshang qiánmiàn de chē.

껀상 치엔미엔 더 츠어

앞차를 따라가세요.

跟 : 따라가다
前面 : 앞, 앞쪽
车 : 차

005

请慢点开。

Qǐng màn diǎn kāi.

칭 만 띠엔 카이

속도를 줄이세요.

请은 '~하세요'라는 뜻으로 상대방에게 어떤 일을 부탁하거나 권할 때 쓰는 경어.
慢点 : 천천히
开 : 운전하다

006

在下一个休息区休息一会儿吧。

Zài xià yí ge xiūxiqū xiūxi yíhuìr ba.

짜이 쌰 이 거 써우씨취 써우씨 이훨 빠

다음 휴게소에서 잠깐 쉽시다.

在 : ~에, ~에서
下一个 : 다음
休息区 : 휴게소
休息 : 휴식하다
一会儿 : 잠깐
吧는 문장 끝에 쓰여 상의·제의·청구·명령·독촉의 어기를 나타낸다.

007

你累了就换我来开吧。

Nǐ lèi le jiù huàn wǒ lái kāi ba.

니 레이 러 쪄우 환 워 라이 카이 빠

피곤하면 내가 운전할게요.

累 : 피곤하다
换 : 바꾸다
来는 동사의 앞에 놓여 어떤
일을 하려고 하는 적극성이
나 상대방에게 어떤 행동을
하게 하는 어감을 나타낸다.
开 : 운전하다
吧는 문장 끝에 쓰여 상의·제
의·청구·명령·독촉의 어기를
나타낸다.

008

这儿可以停车吗?

Zhèr kěyǐ tíngchē ma?

절 크어이 팅츠어 마

여기에 주차할 수 있습니까?

这儿 : 여기
可以 : ~을 할 수 있다
停车 : 정차하다, 차를 세우다

009

把车停在路边吧。

Bǎ chē tíng zài lùbiān ba.

빠 츠어 팅 짜이 루삐엔 빠

차를 도로가에 세웁시다.

把는 동사의 동작·작용이 미
치는 대상, 즉 목적어와 결합
해서 동사 앞에 전치되어 처
치를 나타낸다.
车 : 차
停 : 주차하다, 차를 세우다
路边 : 길가
吧는 문장 끝에 쓰여 상의·제
의·청구·명령·독촉의 어기를
나타낸다.

010

离加油站还有两三公里。

Lí jiāyóuzhàn hái yǒu liǎngsān gōnglǐ.

리 쨔여우잔 하이 여우 량싼 꿍리

주유소까지 2, 3킬로밖에 안 됩니다.

离 : ~부터
加油站 : 주유소
还 : 아직
公里 : 킬로미터

001
帮个忙!
Bāng ge máng!
빵 거 망

도와주세요!

> 帮 : 돕다
> 帮个忙 : 좀 도와주세요

002
有人受伤了。
Yǒu rén shòushāng le.
여우 런 서우상 러

부상자가 있습니다.

> 有人 : 사람이 있다
> 受伤 : 부상을 당하다

003
快叫警察来。
Kuài jiào jǐngchá lái.
콰이 쨔오 찡차 라이

빨리 경찰을 불러주세요.

> 快 : 빠르다
> 叫 : 부르다
> 警察 : 경찰
> 来 : 오다

004
麻烦叫一下救护车! 发生车祸了!
Máfan jiào yíxià jiùhùchē! Fāshēng chēhuò le!
마판 쨔오 이쌰 쪄우후츠어! 파성 츠어훠 러

구급차 좀 불러주세요! 자동차 사고입니다!

> 麻烦 : 귀찮게 하다, 번거롭게 하다
> 叫 : 부르다
> 一下 : 좀 ~하다
> 救护车 : 구급차
> 发生 : 발생하다
> 车祸 : 교통사고

005
等保险公司的人来。
Děng bǎoxiǎn gōngsī de rén lái.
떵 빠오씨엔 꿍쓰 더 런 라이

보험회사를 기다립시다.

> 等 : 기다리다
> 保险公司 : 보험회사
> 人 : 사람
> 来 : 오다

006

小心超速。

Xiǎoxīn chāosù.

샤오씬 차오쑤

속도 위반을 주의하세요.

小心 : 조심하다, 주의하다
超速 : 속도위반

007

闯红灯了。

Chuǎng hóngdēng le.

촹 훙떵 러

신호 무시입니다.

闯红灯 : 신호를 위반하다

008

这位是事故的目击者。

Zhè wèi shì shìgù de mùjīzhě.

즈어 웨이 스 스꾸 더 무찌즈어

이 분이 사고 목격자입니다.

这 : 이
位 : 분
事故 : 사고
目击者 : 목격자

009

我没有过错。

Wǒ méiyǒu guòcuò.

워 메이여우 꿔춰

저는 과실이 없습니다.

没有 : 없다
过错 : 과실, 잘못

010

这个孩子突然跑到路中间来了。

Zhè ge háizi tūrán pǎodào lù zhōngjiān lái le.

즈어 거 하이쯔 투란 파오따오 루 중찌엔 라이 러

이 아이가 갑자기 길에 뛰어들었습니다.

这个 : 이, 이것
孩子 : 아이
突然 : 갑자기
跑 : 뛰다
路 : 길
中间 : 중간, 가운데

011

请出示一下您的驾照。

Qǐng chūshì yíxià nín de jiàzhào.

칭 추스 이쌰 닌 더 쨔자오

면허증을 보여주십시오.

과속이나 신호위반으로 경찰에게 단속되었을 때
请은 '~하세요'라는 뜻으로 상대방에게 어떤 일을 부탁하거나 권할 때 쓰는 경어.
出示 : 내보이다
您 : 당신
驾照 : 면허증

UNIT 3 레스토랑

chapter **7**
해외여행

什么 shénme 선머 무엇	给 gěi 께이 주다	这个 zhè ge 쯔어 거 이, 이것	尝 cháng 창 맛보다
吃 chī 츠 먹다	菜单 càidān 차이딴 메뉴판	饭店 fàndiàn 판띠엔 식당	菜 cài 차이 요리

간체자

菜 나물 채	菜 cài 차이	菜 菜 菜 菜 菜 菜 菜 菜 菜 菜 菜 菜 菜　菜　菜　菜　菜
給 줄 급	给 gěi 께이	给 给 给 给 给 给 给 给 给 给　给　给　给　给

쓰면서 읽어보세요!

주문하시겠습니까?

└ 点什么菜?

이걸로 주세요.

└ 给我这个。

001
什么都喜欢吃。
Shénme dōu xǐhuan chī.
선머 떠우 씨환 츠

무엇이든 잘 먹어요.

什么都 : 무엇이든
喜欢 : 좋아하다
吃 : 먹다

002
对吃的有点挑剔。
Duì chī de yǒudiǎn tiāotì.
뚜이 츠 더 여우띠엔 탸오티

식성이 까다로워요.

对 : ~에 대하여
吃的 : 먹을 것
有点 : 조금, 약간
挑剔 : 까다롭다

003
我很挑食。
Wǒ hěn tiāoshí.
워 헌 탸오스

식성이 까다로워요.

挑食 : 편식하다

004
不能吃猪肉。
Bù néng chī zhūròu.
뿌 넝 츠 주러우

돼지고기를 못 먹어요.

不能 : ~을 할 수 없다
吃 : 먹다
猪肉 : 돼지고기
중국의 소수민족인 회족(回族, 돌궐)은 이슬람교를 믿어서 돼지고기를 안 먹는다.

005
对我来说太甜了。
Duì wǒ láishuō tài tián le.
뚜이 워 라이쉬 타이 티엔 러

제겐 너무 답니다.

对~来说~ : (어떤 사람이나 어떤 일)의 입장(관점)에서 말하자면
太~了 : 너무 ~하다
甜 : 달다

006

喜欢吃甜的。

Xǐhuan chī tián de.

씨환 츠 티엔 더

단것을 잘 먹습니다.

喜欢 : 좋아하다
吃 : 먹다
甜 : 달다

007

不喜欢油腻的食物。

Bù xǐhuan yóunì de shíwù.

뿌 씨환 여우니 더 스우

기름기 있는 음식을 좋아하지 않아요.

不喜欢 : 싫어하다
油腻 : 기름기가 많다
食物 : 음식

---

02 ◀ 음식 권하기

001

尝尝。

Chángchang.

창창

맛 좀 보세요.

음식을 권할 때
尝尝 : 맛보다

002

多吃点。

Duō chī diǎn.

뚸 츠 띠엔

좀 많이 드세요.

多 : 많다
吃 : 먹다
点 : 좀

003

趁热吃。

Chènrè chī.

천러 츠

따뜻할 때 드세요.

趁热吃 : 뜨거울 때 먹다

004

来，尽管吃。

Lái, jǐnguǎn chī.

라이, 찐꽌 츠

자, 마음껏 드세요.

来 : 다른 사람을 부르거나 재촉함

尽管 : 얼마든지

吃 : 먹다

005

不喜欢的话，剩下也没关系。

Bù xǐhuan dehuà, shèngxià yě méi guānxi.

뿌 씨환 더화, 성쌰 예 메이 꽌씨

싫으면 남기셔도 됩니다.

不喜欢 : 싫어하다

的话는 '~하다면'이라는 뜻, 가정을 나타내는 要是 등과 같은 접속사가 있으면 的话 는 있어도 되고 없어도 된다.

剩下 : 남기다

没关系 : 괜찮다

006

再吃点吧。

Zài chī diǎn ba.

짜이 츠 띠엔 빠

좀 더 드세요.

再 : 더

吃 : 먹다

吧는 문장 끝에 쓰여 상의·제의·청구·명령·독촉의 어기를 나타낸다.

007

不用了，够了，已经吃很多了。

Búyòng le, gòu le, yǐjīng chī hěn duō le.

뿌융 러, 꺼우 러, 이찡 츠 헌 뚸 러

아뇨, 됐습니다. 많이 먹었습니다.

배가 부를 때

不用了 : 됐어요, 필요 없어요

够了 : 충분하다

已经 : 이미

吃 : 먹다

很多 : 매우 많다

008

要喝点什么饮料?

Yào hē diǎn shénme yǐnliào?

야오 흐어 띠엔 선머 인랴오

어떤 음료를 드시겠습니까?

식사 후 커피나 차를 한 잔 마시자고 할 때

喝 : 마시다

点 : 좀

什么 : 어떤

饮料 : 음료

009

喝杯咖啡吧。

Hē bēi kāfēi ba.

흐어 뻬이 카페이 빠

커피 한 잔 하시죠.

喝 : 마시다
杯 : 잔
咖啡 : 커피
吧는 문장 끝에 쓰여 상의·제
의·청구·명령·독촉의 어기를
나타낸다.

---

03 식당을 찾을 때

001

给我介绍点好吃的饭店吧。

Gěi wǒ jièshào diǎn hǎochī de fàndiàn ba.

께이 워 찌에사오 띠엔 하오츠 더 판띠엔 빠

맛있는 식당 좀 알려주세요.

给 : ~에게
介绍 : 소개하다
点 : 좀
好吃的 : 맛있는
饭店 : 식당
吧는 문장 끝에 쓰여 상의·제
의·청구·명령·독촉의 어기를
나타낸다.

002

不是太贵的饭店就好。

Bú shì tài guì de fàndiàn jiù hǎo.

뿌 스 타이 꾸이 더 판띠엔 쩌우 하오

너무 비싸지 않은 식당이 좋겠네요.

不是 : 아니다
太 : 너무
贵 : 비싸다
饭店 : 식당
就好 : ~했으면 좋겠다

003

想吃这个地方的名菜。

Xiǎng chī zhè ge dìfang de míngcài.

썅 츠 즈어 거 띠팡 더 밍차이

이 지방의 명물 요리를 먹고 싶은데요.

想 : ~을 하고 싶다
吃 : 먹다
这个 : 이, 이것
地方 : 지방
名菜 : 유명한(간판) 요리

004 可以简单吃顿饭的地方就好。

Kěyǐ jiǎndān chī dùn fàn de dìfang jiù hǎo.

크어이 찌엔딴 츠 뚠 판 더 띠팡 쩌우 하오

가볍게 먹을 수 있는 곳이 좋겠네요.

可以 : ~을 할 수 있다
简单 : 간단하다
吃 : 먹다
顿 : 끼니
饭 : 밥
地方 : 곳
就好 : ~했으면 좋겠다

005 喜欢环境安静的饭店。

Xǐhuan huánjìng ānjìng de fàndiàn.

씨환 환찡 안찡 더 판띠엔

조용한 분위기의 식당이 좋습니다.

喜欢 : 좋아하다
环境 : 환경
安静 : 조용하다
饭店 : 식당

006 中国菜怎么样?

Zhōngguócài zěnmeyang?

쫑꿔차이 쩐머양

중화요리는 어떠세요?

中国 : 중국
菜 : 요리
怎么样 : 어때요

04 ◀ 식당을 말할 때

001 经常来这里吗?

Jīngcháng lái zhèli ma?

찡창 라이 즈어리 마

여기 자주 오세요?

经常 : 자주
来 : 오다
这里 : 여기

002 这家饭店生意一直很好。

Zhè jiā fàndiàn shēngyi yìzhí hěn hǎo.

즈어 쨔 판띠엔 성이 이즈 헌 하오

이 식당은 항상 붐벼요.

这 : 이, 이것
家 : 가정·가게·기업 따위를 세는 단위
饭店 : 식당
生意 : 장사
一直 : 항상
好 : 좋다

这家饭店常常得排队。

Zhè jiā fàndiàn chángcháng děi páiduì.

즈어 쨔 판띠엔 창창 떠이 파이뚜이

이 식당은 항상 줄을 서야 돼요.

这 : 이, 이것
家 : 가정·가게·기업 따위를 세는 단위
饭店 : 식당
常常 : 항상
得 : ~을 해야 한다
排队 : 줄을 서다

这家饭店的菜很好吃。

Zhè jiā fàndiàn de cài hěn hǎochī.

즈어 쨔 판띠엔 더 차이 헌 하오츠

이 식당의 음식은 맛있어요.

这 : 이, 이것
家 : 가정·가게·기업 따위를 세는 단위
饭店 : 식당
菜 : 요리
好吃 : 맛있다

再也不来了。

Zài yě bù lái le.

짜이 예 뿌 라이 러

다시 오고 싶지 않네요.

再 : 더, 또
也 : ~도, 또한
来 : 오다

不想来第二次了。

Bù xiǎng lái dì'èr cì le.

뿌 썅 라이 띠얼 츠 러

두 번은 오지 않겠네.

想 : ~을 하고 싶다
来 : 오다
第二次 : 두 번

这家的虾是招牌菜。

Zhè jiā de xiā shì zhāopáicài.

즈어 쨔 더 쌰 스 자오파이차이

이 집은 새우가 일품입니다.

这 : 이, 이것
家 : 가정·가게·기업 따위를 세는 단위.
虾 : 새우
招牌菜 : 간판 요리

这家饭店的四川菜很正宗。

Zhè jiā fàndiàn de Sìchuāncài hěn zhèngzōng.

즈어 쨔 판띠엔 더 쓰촨차이 헌 정쫑

이 식당의 사천요리는 오리지널이에요.

这 : 이, 이것
家 : 가정·가게·기업 따위를 세는 단위
饭店 : 식당
正宗 : 정통의, 오리지널의

Chapter 7

해외여행

海外旅行

001
现在可以预约吗?
Xiànzài kěyǐ yùyuē ma?
씨엔짜이 크어이 위위에 마

지금 예약할 수 있나요?

现在 : 지금
可以 : ~을 할 수 있다
预约 : 예약하다

002
几位客人?
Jǐ wèi kèrén?
찌 웨이 크어런

손님은 몇 분이십니까?

几位 : 몇 분
客人 : 손님

003
下午6点半，5位。
Xiàwǔ liù diǎn bàn, wǔ wèi.
싸우 려우 띠엔 빤, 우 웨이

오후 6시 반에 5명입니다.

下午 : 오후
6点半 : 여섯 시 반
位 : ~분, ~명

004
请给我订一个包厢。
Qǐng gěi wǒ dìng yí ge bāoxiāng.
칭 께이 워 띵 이 거 빠오썅

룸으로 예약해 주세요.

请은 '~하세요'라는 뜻으로
상대방에게 어떤 일을 부탁
하거나 권할 때 쓰는 경어.
给 : ~에게
订 : 예약하다
包厢 : 룸, VIP룸

005
请给我靠窗的位子。
Qǐng gěi wǒ kàochuāng de wèizi.
칭 께이 워 카오촹 더 웨이쯔

창가 자리로 부탁합니다.

请은 '~하세요'라는 뜻으로
상대방에게 어떤 일을 부탁
하거나 권할 때 쓰는 경어.
给 : 주다
靠窗 : 창쪽, 창가
位子 : 자리

006 **您好，您有预约吗？**
Nínhǎo, nín yǒu yùyuē ma?
닌하오, 닌 여우 위위에 마

안녕하십니까, 예약은 하셨습니까?

您好 : '안녕하세요'라는 뜻으로 你好의 높임말
有 : 있다
预约 : 예약

007 **请稍等。**
Qǐng shāo děng.
칭 사오 떵

잠시 기다려 주세요.

稍 : 약간, 잠시
等 : 기다리다

008 **我带您到位子上。**
Wǒ dài nín dào wèizishang.
워 따이 닌 따오 웨이쯔상

자리로 안내해 드리겠습니다.

带 : 안내하다
到 : 가다
位子 : 자리

06 ◀ 주문 표현

001 **要吃点什么？**
Yào chī diǎn shénme?
야오 츠 띠엔 선머

뭘로 하시겠습니까?

要 : 원하다
吃 : 먹다
什么 : 무엇

002 **给我看一下菜单。**
Gěi wǒ kàn yíxià càidān.
께이 워 칸 이쌰 차이딴

메뉴 좀 보여주세요.

메뉴판을 보고 싶을 때
给 : ~에게
看 : 보다
一下 : 한번 ~하다
菜单 : 메뉴

003

让我考虑一下。
Ràng wǒ kǎolǜ yíxià.
랑 워 카오뤼 이쌰

생각 좀 해 보겠습니다.

让 : ~을 하게 하다
考虑 : 생각하다
一下 : 좀 ~하다

004

一会儿再点。
Yíhuìr zài diǎn.
이휠 짜이 띠엔

이따 주문할게요.

一会儿 : 잠시, 잠깐
再 : 다시
点 : 주문하다

005

可以点菜吗?
Kěyǐ diǎncài ma?
크어이 띠엔차이 마

주문을 해도 될까요?

可以 : ~할 수 있다
点菜 : 요리를 주문하다

006

给我这个。
Gěi wǒ zhè ge.
께이 워 즈어 거

이걸로 주세요.

给 : 주다
这个 : 이, 이것

007

我也要一样的。
Wǒ yě yào yíyàng de.
워 예 야오 이양 더

저도 같은 걸로 부탁합니다.

也 : ~도
要 : 원하다
一样的 : 똑같은 것

008

有推荐的菜吗?
Yǒu tuījiàn de cài ma?
여우 투이찌엔 더 차이 마

추천 요리 있습니까?

有 : 있다
推荐 : 추천하다
菜 : 요리

009

先点这些。

Xiān diǎn zhèxiē.

씨엔 띠엔 즈어씨에

먼저 이만큼만 주문할게요.

先 : 먼저
点 : 주문하다
这些 : 이것들

010

牛排要几分熟?

Niúpái yào jǐ fēn shú?

녀우파이 야오 찌 펀 수

스테이크는 어떤 식으로 구울까요?

牛排 : 스테이크
要 : 원하다
几分 : 얼마간
熟 : 익다

011

饭后甜点要冰淇淋。

Fànhòu tiándiǎn yào bīngqílín.

판허우 티엔띠엔 야오 삥치린

디저트로 아이스크림 부탁해요.

饭后 : 식후
甜点 : 디저트
要 : 원하다
冰淇淋 : 아이스크림

012

请给我一杯水。

Qǐng gěi wǒ yì bēi shuǐ.

칭 께이 워 이 뻬이 수이

물 한 잔 주세요.

请은 '~하세요'라는 뜻으로
상대방에게 어떤 일을 부탁
하거나 권할 때 쓰는 경어.
给 : 주다
杯 : 잔
水 : 물

---

07 ◀ 식사할 때

001

肚子饿了。

Dùzi è le.

뚜쯔 으어 러

배가 고파요.

肚子 : 배
饿 : 고프다

002

饿死了。

Èsǐ le.

으어쓰 러

무척 배가 고프네요. / 배고파 죽겠어요.

饿 : 배고프다
死 : 죽다

003

很饿，但是没有时间吃午饭。

Hěn è, dànshì méiyǒu shíjiān chī wǔfàn.

헌 으어, 딴스 메이여우 스찌엔 츠 우판

배가 고프지만 점심 먹을 시간이 없습니다.

饿 : 배고프다
但是 : 그런데, 하지만
没有 : 없다
时间 : 시간
吃 : 먹다
午饭 : 점심(밥)

004

吃了很多。

Chī le hěn duō.

츠 러 헌 뚸

많이 먹었습니다.

吃 : 먹다
多 : 많다

005

吃饱了。

Chībǎo le.

츠빠오 러

배가 불러요.

吃 : 먹다
饱 : 배부르다

006

大家都吃得很好。

Dàjiā dōu chī de hěn hǎo.

따쨔 떠우 츠 더 헌 하오

모두 정말 맛있게 먹었습니다.

大家 : 여러분
都 : 모두, 다
吃 : 먹다
好 : 좋다
得는 동사나 형용사의 뒤에
쓰여, 결과나 정도를 표시하
는 보어를 연결시키는 역할
을 한다.

007

我吃好了。

Wǒ chīhǎo le.

워 츠하오 러

잘 먹었습니다.

식사 후 인사말

好는 (동사 뒤에 쓰여) 완성
되었거나 잘 마무리되었음을
나타낸다.

008

做这么多菜辛苦了。

Zuò zhème duō cài xīnkǔ le.

쮀 즈어머 뛰 차이 씬쿠 러

이렇게 많은 요리를 만드시느라 고생하셨습니다.

맛있는 저녁을 먹었으면 요
리한 사람에게 감사를 표해
야 한다.

做 : 하다, 만들다
这么 : 이렇게
菜 : 요리
辛苦 : 고생하다, 수고하다

009

起得晚的话，就吃不到早饭了。

Qǐ de wǎn dehuà, jiù chī bu dào zǎofàn le.

치 더 완 더화, 쪄우 츠 뿌 따오 짜오판 러

늦게 일어나면 아침을 먹지 못한다.

起 : 일어나다
晚 : 늦다
~的话 : ~하다면
吃不到 : 먹지 못하다
早饭 : 아침밥

010

午饭叫外卖吧。

Wǔfàn jiào wàimài ba.

우판 쨔오 와이마이 빠

점심은 시켜 먹읍시다.

午饭 : 점심(밥)
叫 : (음식 따위를) 주문하다,
시키다
外卖 : 배달 음식
吧는 문장 끝에 쓰여 상의·제
의·청구·명령·독촉의 어기를
나타낸다.

011

在哪儿吃午饭?

Zài nǎr chī wǔfàn?

짜이 날 츠 우판

점심은 어디에서 드세요?

在 : ~에, ~에서
哪儿 : 어디
吃 : 먹다
午饭 : 점심(밥)

012

午饭吃炸酱面怎么样?

Wǔfàn chī zhájiàngmiàn zěnmeyàng?

우판 츠 자쨩미엔 전머양

점심에 짜장면은 어떠세요?

午饭 : 점심(밥)
吃 : 먹다
炸酱面 : 짜장면
怎么样 : 어때요

013

经常在外面吃吗?

Jīngcháng zài wàimian chī ma?

찡창 짜이 와이미엔 츠 마

자주 밖에서 식사하십니까?

经常 : 자주
在 : ~에, ~에서
外面 : 밖, 바깥
吃 : 먹다

014

经常一个人做饭吃。

Jīngcháng yí ge rén zuòfàn chī.

찡창 이 거 런 쭤판 츠

자주 혼자 해 먹습니다.

经常 : 자주
一个人 : 혼자
做饭 : 밥을 하다
吃 : 먹다

08　차 마시기

001

要喝杯咖啡吗?

Yào hē bēi kāfēi ma?

야오 흐어 뻬이 카페이 마

커피 한 잔 마실까요?

要 : 필요하다
喝 : 마시다
杯 : 잔
咖啡 : 커피

002

喝咖啡还是喝茶?

Hē kāfēi háishi hē chá?

흐어 카페이 하이스 흐어 차

커피나 차를 마실까?

喝 : 마시다
咖啡 : 커피
还是 : 아니면
茶 : 차

003

我的咖啡要浓一点。

Wǒ de kāfēi yào nóng yìdiǎn.

워 더 카페이 야오 눙 이띠엔

제 커피는 진하게 해 주세요.

咖啡 : 커피	
要 : 필요하다	
浓 : 진하다 ↔ 淡 dàn : 연하다	

004

请给我一杯美式咖啡。

Qǐng gěi wǒ yì bēi měishì kāfēi.

칭 게이 워 이 뻬이 메이스 카페이

아메리카노 한 잔 주세요.

请은 '~하세요'라는 뜻으로 상대방에게 어떤 일을 부탁하거나 권할 때 쓰는 경어.
给 : 주다
杯 : 잔
美式咖啡 : 아메리카노
摩卡 mókǎ 모카
卡普奇诺 kǎpǔqínuò 카푸치노
浓缩咖啡 nóngsuō kāfēi 에스프레소
焦糖玛奇朵 jiāotáng mǎqíduǒ 캐러멜 마끼아또
冰咖啡 bīngkāfēi 아이스 커피
果汁 guǒzhī 과일 주스

005

新鲜的西红柿汁比较好。

Xīnxiān de xīhóngshìzhī bǐjiào hǎo.

씬씨엔 더 씨훙스즈 삐쨔오 하오

신선한 토마토 주스가 좋겠네요.

매일 아침 신선한 주스를 마시면 건강에 좋다.
新鲜 : 신선하다
西红柿 : 토마토
汁 : 주스
比较 : 비교적
好 : 좋다

006

一天喝几杯咖啡?

Yìtiān hē jǐ bēi kāfēi?

이티엔 흐어 찌 뻬이 카페이

커피는 하루에 몇 잔 드십니까?

一天 : 하루
喝 : 마시다
几 : 몇
杯 : 잔
咖啡 : 커피

001

味道怎么样?
Wèidao zěnmeyang?
웨이따오 쩐머양

맛은 어떻습니까?

시식평을 듣고 싶을 때
味道 : 맛
怎么样 : 어때요

002

看起来都很好吃。
Kànqǐlái dōu hěn hǎochī.
칸치라이 떠우 헌 하오츠

모두 맛있어 보이네요.

맛을 평가할 때
看起来 : 보아하니, 보기에
都 : 모두, 다
好吃 : 맛있다

003

直流口水。
Zhí liú kǒushuǐ.
즈 려우 커우수이

군침이 도는군요.

直 : 줄곧, 끊임없이
流 : 흐르다
口水 : 군침

004

比想象的好吃。
Bǐ xiǎngxiàng de hǎochī.
삐 썅썅 더 하오츠

생각보다 맛있군요.

比 : ~보다
想象的 : 상상한 것
好吃 : 맛있다

005

真的很好吃。
Zhēnde hěn hǎochī.
전더 헌 하오츠

진짜 맛있었습니다.

真的 : 진짜
好吃 : 맛있다

006 这是我吃过的最好吃的。

Zhè shì wǒ chīguo de zuì hǎochī de.

즈어 스 워 츠꿔 더 쭈이 하오츠 더

지금까지 먹은 것 중 최고로 맛있었습니다.

这 : 이, 이것	
吃过 : 먹었다	
最 : 제일	
好吃 : 맛있다	

007 可惜不合我口味。

Kěxī bù hé wǒ kǒuwèi.

크어씨 뿌 흐어 워 커우웨이

아쉽지만 입에 맞지 않습니다.

可惜 : 아쉽다	
不合 : 맞지 않다	
口味 : 맛	

008 什么味道也没有。

Shénme wèidao yě méiyǒu.

선머 웨이따오 예 메이여우

아무 맛도 없어요.

什么~也 : 무엇도	
味道 : 맛	
没有 : 없다	

009 这个菜太辣了!

Zhè ge cài tài là le!

즈어 거 차이 타이 라 러

이 음식은 너무 맵군요!

这个 : 이것, 이	
菜 : 요리	
太 : 너무	
辣 : 맵다	

010 很甜。

Hěn tián.

헌 티엔

달콤해요.

甜 : (맛이) 달콤하다	

011 很淡。

Hěn dàn.

헌 딴

싱거워요.

淡 : 싱겁다	

012

很苦。

Hěn kǔ.

헌 쿠

써요.

苦 : 쓰다

013

很咸。

Hěn xián.

헌 씨엔

짜요.

咸 : 짜다

014

酸溜溜的。

Suānliūliu de.

쏸려우려우 더

시큼해요.

酸溜溜 : (맛·냄새 따위가)
시큼하다

015

很香。

Hěn xiāng.

헌 샹

고소해요.

香 : (음식이) 맛있다, 향기롭다

016

脆脆的。

Cuìcuì de.

추이추이 더

바삭바삭해요.

脆脆(的) : 바삭바삭하다

017

很麻。

Hěn má.

헌 마

아려요.

麻 : 아리다

018

油太多了。

Yóu tài duō le.

여우 타이 뚸 러

기름기가 많아요.

油 : 기름기
太~了 : 너무 ~하다
多 : 많다

019

很清淡。

Hěn qīngdàn.

헌 칭딴

담백해요.

清淡 : (맛·색깔 따위가) 담백하다

020

有腥味。

Yǒu xīngwèi.

여우 씽웨이

비린내 나요.

有 : 있다
腥味 : 비린내

021

很新鲜。

Hěn xīnxiān.

헌 씬씨엔

신선해요.

新鲜 : 신선하다

022

很嫩。

Hěn nèn.

헌 넌

연해요.

嫩 : 연하다

023

(肉)老了。

(Ròu) lǎo le.

(러우) 라오 러

(고기가) 질겨요.

肉 : 고기
老 : 고기의 식감이 질기다

024 **味道很浓。**
Wèidao hěn nóng.
웨이따오 헌 눙

맛이 진하다.

味道 : 맛
很 : 아주
浓 : 진하다

10 ◀ 지불하기

001 **买单。**
Mǎi dān.
마이 딴

계산 부탁해요.

계산을 할 때
买单 : 계산하다, 지불하다

002 **AA制怎么样?**
AAzhì zěnmeyàng?
AA즈 쩐머양

각자 부담으로 할까요?

AA制 : 각자 부담, 더치페이
怎么样 : 어때요

003 **今天我来付。**
Jīntiān wǒ lái fù.
찐티엔 워 라이 푸

오늘은 제가 살게요.

今天 : 오늘
来는 동사 앞에 놓여 어떤 일
을 하려고 하는 적극성이나
상대방에게 어떤 행동을 하
게 하는 어감을 나타낸다.
付 : 지불하다

004 **一共多少钱?**
Yígòng duōshao qián?
이꿍 뚸사오 치엔

모두 얼마입니까?

가격을 물을 때
一共 : 전부
多少钱 : 얼마예요

005 不用找了。

Búyòng zhǎo le.

뿌융 자오 러

거스름돈은 됐습니다.

不用 : ~을 할 필요가 없다
找 : 거슬러 주다

---

006 好像算错了。

Hǎoxiàng suàncuò le.

하오쌍 쑨춰 러

계산이 틀린 것 같습니다.

好像 : 마치 ~과 같다
算 : 계산하다
错 : 틀리다

---

11 패스트푸드점에서

001 点餐吗?

Diǎncān ma?

띠엔찬 마

주문을 받을까요?

패스트푸드점에서 종업원이
묻는 말
点 : 주문하다
餐 : 요리

---

002 可以点菜了吗?

Kěyǐ diǎncài le ma?

크어이 띠엔차이 러 마

주문해도 되나요?

可以 : ~을 할 수 있다

---

003 两个芝士汉堡，带走。

Liǎng ge zhīshì hànbǎo, dài zǒu.

량 거 즈스 한빠오, 따이 쩌우

치즈버거 두 개 포장해 주세요.

주문할 때
两个 : 두 개
芝士 : 치즈
汉堡 : 햄버거
带走는 '가지고 가다'라는 뜻
인데 여기서는 '포장하다'라는
뜻으로 쓰였다. '포장'은 打包
dǎ bāo라고도 할 수 있다.

004

是在这里吃，还是带走？

Shì zài zhèli chī, háishi dài zǒu?

스 짜이 즈어리 츠, 하이스 따이 쩌우

여기서 드실 건가요, 가져가실 건가요?

这里 : 여기	
吃 : 먹다	
还是는 '또는, 아니면'이라는 뜻으로 의문문에 쓰여 선택을 나타낸다.	

005

在这里吃。

Zài zhèli chī.

짜이 즈어리 츠

여기서 먹을 겁니다.

在 : ~에, ~에서	
这里 : 여기	
吃 : 먹다	

006

打包。

Dǎbāo.

따빠오

포장합니다.

打包 : 포장하다	

007

要喝点什么？

Yào hē diǎn shénme?

야오 흐어 띠엔 선머

마실 것은 무엇을 드릴까요?

要 : ~을 하려고 하다	
喝 : 마시다	
什么 : 무엇, 아무런	

008

一杯可乐，小杯的。

Yì bēi kělè, xiǎobēi de.

이 뻬이 크어러, 샤오뻬이 더

콜라 하나요. 작은 것으로 주세요.

杯 : 잔	
可乐 : 콜라	
小 : 작다	

009

可以续杯吗？

Kěyǐ xùbēi ma?

크어이 쒸뻬이 마

리필할 수 있습니까？

可以 : ~할 수 있다	
续杯 : 리필하다	

010 **我要用优惠券。**

优惠券 : 쿠폰, 할인권

Wǒ yào yòng yōuhuìquàn.

워 야오 융 여우후이취엔

쿠폰 사용하겠습니다.

---

011 **我要一个全家桶。**

全家桶 : 패밀리팩

Wǒ yào yí ge quánjiātǒng.

워 야오 이 거 취엔짜퉁

패밀리팩 하나 주세요.

---

012 **来一个芝士汉堡套餐。**

来 : 하다(구체적인 동사를
대신하여 사용).
芝士 : 치즈
汉堡 : 햄버거
套餐 : 세트 메뉴

Lái yí ge zhīshì hànbǎo tàocān.

라이 이 거 즈스 한빠오 타오찬

치즈 햄버거 세트 하나 주세요.

chapter 7 해외여행

UNIT 4 쇼핑

단어

逛 guàng 꽝 구경하다	**商店** shāngdiàn 상띠엔 상점	**那个** nà ge 나 거 저것	**礼物** lǐwù 리우 선물
便宜 piányi 피엔이 싸다	**贵** guì 꾸이 비싸다	**适合** shìhé 스흐어 알맞다	**卖场** màichǎng 마이창 매장

간체자

錢 돈 전	钱 qián 치엔	钱 钱 钱 钱 钱 钱 钱 钱 钱 钱
		钱　钱　钱　钱　钱
適 맞을 적	适 shì 스	适 适 适 适 适 适 适 适 适
		适　适　适　适　适

쓰면서 읽어보세요!

저걸 보여 주세요. 얼마죠?

└ 给我看一下那个。多少钱?

1000위안입니다. 당신에게 아주 잘 어울리네요.

└ 1000元。很适合您。

001 **想逛逛商店。**
Xiǎng guàngguang shāngdiàn.
쌍 꽝꽝 상띠엔

상점가를 구경하고 싶어요.

想	~을 하고 싶다
逛逛	구경하다
商店	상점

---

002 **请介绍点好的商店。**
Qǐng jièshào diǎn hǎo de shāngdiàn.
칭 찌에사오 띠엔 하오 더 상띠엔

좋은 가게 좀 소개해 주세요.

请은 '~하세요'라는 뜻으로 상대방에게 어떤 일을 부탁하거나 권할 때 쓰는 경어.
介绍 : 소개하다
好 : 좋다
商店 : 상점

---

003 **想买礼物。**
Xiǎng mǎi lǐwù.
쌍 마이 리우

선물을 사고 싶어요.

想 : ~을 하고 싶다
买 : 사다
礼物 : 선물

---

004 **这座城市的特产是什么？**
Zhè zuò chéngshì de tèchǎn shì shénme?
즈어 쮀 청스 더 트어찬 스 선머

이 도시의 특산품은 무엇입니까?

这 : 이, 이것
座는 '~좌, ~동, ~채'라는 뜻으로 산이나 건축물·교량·대포 등 비교적 크고 튼튼한 것이나 고정된 물체를 세는 데 쓰인다.
城市 : 도시
特产 : 특산
什么 : 무엇

005

去哪儿可以买到便宜的相机?

Qù nǎr kěyǐ mǎidào piányi de xiàngjī?

취 날 크어이 마이따오 피엔이 더 쌍찌

어디로 가면 카메라를 싸게 살 수 있나요?

去 : 가다
哪儿 : 어디
可以 : ~을 할 수 있다
买 : 사다
便宜 : 싸다
相机 : 카메라

006

附近有水果卖吗?

Fùjìn yǒu shuǐguǒ mài ma?

푸찐 여우 수이꿔 마이 마

근처에서 과일을 살 수 있습니까?

과일 가게를 찾을 때
附近 : 근처
有 : 있다
水果 : 과일
卖 : 팔다

007

百货商店里有免税店吗?

Bǎihuòshāngdiànli yǒu miǎnshuìdiàn ma?

빠이훠샹띠엔리 여우 미엔수이띠엔 마

백화점 안에 면세점이 있습니까?

百货商店 : 백화점
里 : 안
有 : 있다
免税店 : 면세점

008

这家店比其他地方便宜。

Zhè jiā diàn bǐ qítā dìfang piányi.

즈어 쨔 띠엔 삐 치타 띠팡 피엔이

이 가게는 다른 곳보다 싸게 팔아요.

这 : 이, 이것
家 : 가정이나 가게·기업 등을 세는 양사
店 : 가게
比 : ~에 비하여, ~보다
其他 : 기타
地方 : 곳
便宜 : 싸다

009

想买中国传统的东西。

Xiǎng mǎi zhōngguó chuántǒng de dōngxi.

쌍 마이 중꿔 촨퉁 더 뚱씨

중국의 전통적인 것을 사고 싶은데요.

想 : ~을 하고 싶다
买 : 사다
中国 : 중국
传统的 : 전통적인
东西 : 물건

010

商场停车方便吗?

Shāngchǎng tíngchē fāngbiàn ma?

상창 팅츠어 팡삐엔 마

백화점은 주차가 편리합니까?

商场 : 백화점
方便 : 편리하다
停车 : 주차하다

011

电器卖场在哪里?

Diànqì màichǎng zài nǎli?

띠엔치 마이창 짜이 나리

전자제품 매장은 어디입니까?

电器 : 전자제품
卖场 : 매장
在 : ~에 있다
哪里 : 어디

012

食品卖场在地下吗?

Shípǐn màichǎng zài dìxià ma?

스핀 마이창 짜이 띠쌰 마

식료품 매장은 지하입니까?

食品 : 식품
卖场 : 매장
地下 : 지하

013

电梯在哪儿?

Diàntī zài nǎr?

띠엔티 짜이 날

엘리베이터는 어디 있습니까?

电梯 : 엘리베이터
在 : ~에 있다
哪儿 : 어디

014

有质保书吗?

Yǒu zhìbǎoshū ma?

여우 즈빠오수 마

보증서가 있나요?

有 : 있다
质保书 : 보증서

015

有进口商品吗?

Yǒu jìnkǒu shāngpǐn ma?

여우 찐커우 상핀 마

수입품은 있습니까?

进口商品 : 수입 상품

001 **欢迎光临。**
Huānyíng guānglín.
환잉 꽝린

어서 오십시오.

점원이 고객에게 건네는 인사말
欢迎 : 환영하다
光临은 '왕림하다'라는 뜻으로 상인이 고객을 맞이할 때 쓰는 용어.

002 **只是转一转。**
Zhǐ shì zhuàn yi zhuàn.
즈스 쫜 이 쫜

그냥 둘러보는 겁니다.

只是 : 다만, 오직, 오로지
转 : 돌다

003 **只是随便看看。**
Zhǐ shì suíbiàn kànkan.
즈 스 쑤이삐엔 칸칸

그냥 둘러보는 겁니다.

随便 : 마음대로
看 : 보다

004 **您慢慢看。**
Nín mànmàn kàn.
닌 만만 칸

천천히 보세요.

您 : 당신
慢慢 : 천천히
看 : 보다

005 **这个怎么样?**
Zhè ge zěnmeyàng?
즈어 거 쩐머양

이건 어떠세요?

상품을 추천할 때
这个 : 이, 이것
怎么样 : 어때요

006

给我看一下那个。

Gěi wǒ kàn yíxià nà ge.

께이 워 칸 이쌰 나 거

저걸 보여 주세요.

给 : ~에게
看 : 보다
一下 : 좀 ~하다
那个 : 저것

007

右边第二个很不错。

Yòubian dì'èr ge hěn búcuò.

여우삐엔 띠얼 거 헌 뿌춰

오른쪽에서 두 번째가 좋네요.

진열대에 있는 제품을 말할 때
右边 : 오른쪽
第二个 : 두 번째
不错 : 괜찮다, 좋다

008

那个也挺好的。

Nà ge yě tǐng hǎo de.

나 거 예 팅 하오 더

저것도 좋네요.

那个 : 저것
也 : ~도
挺~的 : 꽤 ~하다
好 : 좋다

009

两个都好。

Liǎng ge dōu hǎo.

량 거 떠우 하오

둘 다 좋아요.

两个 : 두 개
都 : 다, 모두
好 : 좋다

010

可以摸摸看吗?

Kěyǐ mōmo kàn ma?

크어이 뭐뭐 칸 마

만져 봐도 될까요?

可以 : ~을 해도 좋다
摸 : 만지다
看 : 보다

011

这个正好合适。

Zhè ge zhènghǎo héshì.

즈어 거 정하오 흐어스

이거 딱 맞네요.

这个 : 이, 이것
正好 : 마침, 공교롭게도
合适 : 알맞다

012

好像不合适。

Hǎoxiàng bù héshì.

하오썅 뿌 흐어스

맞지 않는 것 같네요.

好像 : 마치 ~과 같다
不合适 : 어울리지 않다

013

这个最满意。

Zhè ge zuì mǎnyì.

즈어 거 쭈이 만이

이것이 가장 마음에 듭니다.

这个 : 이, 이것
最 : 가장
满意 : 만족하다, 마음에 들다

014

稍微有点贵。

Shāowēi yǒudiǎn guì.

사오웨이 여우띠엔 꾸이

좀 비싼 거 같군요.

稍微 : 조금, 약간
有点 : 좀, 조금
贵 : 비싸다

015

除了那个还有什么种类的?

Chúle nà ge hái yǒu shénme zhǒnglèi de?

추러 나 거 하이 여우 선머 중러이 더

그밖에 어떤 종류가 있습니까?

除了 : ~외에
那个 : 저것
还 : 또, 더
有 : 있다
什么 : 무엇, 무슨
种类 : 종류

016

这个可以试穿吗?

Zhè ge kěyǐ shìchuān ma?

즈어 거 크어이 스촨 마

이거 입어 봐도 되죠?

这个 : 이, 이것
可以 : ~을 해도 된다
试穿 : 입어 보다

017

这个是用来干什么的?

Zhè ge shì yòng lái gàn shénme de?

즈어 거 스 융·라이 깐 선머 더

이건 무엇에 쓰는 겁니까?

용도를 물을 때
用来 : ~에 쓰이다
干 : 하다
什么 : 무엇, 무슨

018

这个对我来说太大了。

Zhè ge duì wǒ láishuō tài dà le.

즈어 거 뚜이 워 라이쉬 타이 따 러

이건 나에게 너무 큽니다.

对～来说 : ~에게 있어서,
~의 입장에서 보면
太～了 : 너무 ~하다
大 : 크다

019

有别的码吗?

Yǒu bié de mǎ ma?

여우 삐에 더 마 마

다른 사이즈는 있습니까?

别的 : 다른 것
码 : 사이즈

020

给我那个，多少钱?

Gěi wǒ nà ge, duōshao qián?

께이 워 나 거, 뚸사오 치엔

그걸 주세요. 얼마입니까?

给 : 주다
那个 : 저것
多少钱 : 얼마예요

021

没有看到喜欢的。

Méiyǒu kàndào xǐhuan de.

메이여우 칸따오 씨환 더

마음에 드는 것이 보이지 않네요.

没有 : 없다
看到 : 보이다
喜欢 : 마음에 들다, 좋아하다

022

再看看吧。

Zài kànkan ba.

짜이 칸칸 빠

좀 더 볼게요.

그다지 마음에 들지 않을 때
再 : 또, 더
看 : 보다

023

我考虑一下。

Wǒ kǎolù yíxià.

워 카오뤼 이쌰

생각해 보겠습니다.

考虑 : 생각하다
一下 : 좀 ~하다, 한 번 ~하다

024

现在流行什么款式?

Xiànzài liúxíng shénme kuǎnshì?

씨엔짜이 려우씽 선머 콴스

어떤 디자인이 유행하고 있습니까?

유행하는 디자인을 알고 싶
을 때
现在 : 지금
流行 : 유행하다
什么 : 무엇, 무슨
款式 : 디자인

025

这个好像过时了。

Zhè ge hǎoxiàng guòshí le.

즈어 거 하오쌍 꿔스 러

이건 좀 유행이 지난 것 같네요.

这个 : 이, 이것
好像 : 마치 ~과 같다
过时 : 시대에 뒤떨어지다,
유행이 지나다

---

03 의복 매장

001

可以试试这件西装吗?

Kěyǐ shìshi zhè jiàn xīzhuāng ma?

크어이 스스 즈어 찌엔 씨쫭 마

이 정장 입어 봐도 될까요?

옷을 입어보고 싶을 때
可以 : ~을 해도 된다
试试 : 한 번 해보다
这 : 이, 이것
件은 '벌'이라는 뜻으로 옷을
세는 양사.
西装 : 정장

002

这件深褐色的西装怎么样?

Zhè jiàn shēnhèsè de xīzhuāng zěnmeyàng?

즈어 찌엔 선흐어쓰어 더 씨쫭 쩐머양

이 짙은 갈색 정장은 어때요?

深褐色 : 짙은 갈색
西装 : 정장
怎么样 : 어때요

003

什么料子的?

Shénme liàozi de?

선머 랴오쯔 더

이 옷감은 무엇입니까?

什么 : 무엇, 무슨
料子 : 옷감

004 这个款式适合我吗?

Zhè ge kuǎnshì shìhé wǒ ma?

즈어 거 콴스 스흐어 워 마

이 디자인은 내게 어울릴까요?

这	이, 이것
款式	디자인
适合	알맞다

---

005 男士内衣在哪儿?

Nánshì nèiyī zài nǎr?

난스 너이이 짜이 날

남성용 속옷은 어디에 있습니까?

속옷 매장을 찾을 때
男士	성년 남자
内衣	내의, 속옷
在	~에 있다
哪儿	어디

---

006 没有更亮一点的颜色吗?

Méiyǒu gèng liàng yìdiǎn de yánsè ma?

메이여우 껑 량 이띠엔 더 옌쓰어 마

좀 더 밝은 색상은 없습니까?

没有	없다
更	더
亮	밝다
一点	조금, 약간
颜色	색깔

---

007 这件上衣和裤子很搭。

Zhè jiàn shàngyī hé kùzi hěn dā.

즈어 찌엔 상이 흐어 쿠쯔 헌 따

이 상의와 바지는 잘 어울립니다.

这	이, 이것
件	'벌'이라는 뜻으로 옷을 세는 양사
上衣	상의
和	~와
裤子	바지
搭	어울리다

---

008 这件太紧了。

Zhè jiàn tài jǐn le.

즈어 찌엔 타이 찐 러

이건 너무 꽉 끼네요.

太~了	너무 ~하다
紧	꼭 끼다

---

009 这件毛衣太宽松了。

Zhè jiàn máoyī tài kuānsōng le.

즈어 찌엔 마오이 타이 콴쑹 러

이 스웨터는 너무 헐렁해요.

스웨터가 너무 커요.
毛衣	스웨터
太~了	너무 ~하다
宽松	헐겁다

010

穿久了会变松吗?

Chuānjiǔ le huì biàn sōng ma?

촨쪄우 러 후이 삐엔 쑹 마

오래 입으면 늘어날까요?

穿 : 입다
久 : 오래다
变 : 변하다
松 : 늘어나다

011

这件衬衫可以水洗吗?

Zhè jiàn chènshān kěyǐ shuǐxǐ ma?

즈어 찌엔 천산 크어이 수이씨 마

이 셔츠는 물세탁이 가능한가요?

这 : 이, 이것
件 : '벌'이라는 뜻으로 옷을
세는 양사
衬衫 : 셔츠
可以 : ~을 할 수 있다
水洗 : 물로 씻다

012

裁缝店在哪儿?

Cáiféngdiàn zài nǎr?

차이펑띠엔 짜이 날

수선집은 어디에 있습니까?

옷을 수선하고 싶을 때
裁缝店 : 수선집
在 : ~에 있다
哪儿 : 어디

013

需要多长时间?

Xūyào duōcháng shíjiān?

쒸야오 뚸창 스찌엔

얼마나 걸려요?

需要 : 필요하다
多长时间 : 얼마 동안

---

04 ◀ 모자, 구두 가게

001

给我看一下现在流行的帽子。

Gěi wǒ kàn yíxià xiànzài liúxíng de màozi.

께이 워 칸 이쌰 씨엔짜이 려우씽 더 마오쯔

지금 유행하는 모자 좀 보여주세요.

给 : ~에게
看 : 보다
一下 : 좀 ~하다, 한번 ~하다
现在 : 지금
流行 : 유행하다
帽子 : 모자

002

在找小孩子戴的棒球帽。

Zài zhǎo xiǎoháizi dài de bàngqiúmào.

짜이 자오 쌰오하이쯔 따이 더 빵쳐우마오

어린이용 야구 모자를 찾고 있어요.

在 : ~을 하고 있다
找 : 찾다
小孩子 : 어린이
戴 : 쓰다
棒球帽 : 야구 모자

003

有和这个差不多的吗?

Yǒu hé zhè ge chàbuduō de ma?

여우 흐어 즈어 거 차뿌뚸 더 마

이것과 비슷한 것이 있습니까?

有 : 있다
和 : ~와
这个 : 이것, 이
差不多 : 비슷하다
吗는 문장의 끝에 사용하여 의문을 나타낸다.

004

镜子在哪儿?

Jìngzi zài nǎr?

찡쯔 짜이 날

거울은 어디 있나요?

镜子 : 거울
在 : ~에 있다
哪儿 : 어디

005

想买运动鞋。

Xiǎng mǎi yùndòngxié.

쌍 마이 윈뚱씨에

운동화를 사고 싶은데요.

想 : ~하려고 하다
买 : 사다
运动鞋 : 운동화

006

需要双黑色的皮鞋。

Xūyào shuāng hēisè de píxié.

쒸야오 쐉 허이쓰어 더 피씨에

검정 가죽구두가 필요한데요.

需要 : 필요하다
双 : 쌍, 켤레
黑色 : 검은색
皮鞋 : 구두

007

这是什么皮的?

Zhè shì shénme pí de?

즈어 스 선머 피 더

이건 무슨 가죽입니까?

这 : 이, 이것
什么 : 무엇, 무슨
皮 : 가죽

008

可以试一下这双高跟鞋吗?

Kěyǐ shì yíxià zhè shuāng gāogēnxié ma?

크어이 스 이쌰 즈어 쫭 까오껀씨에 마

이 하이힐을 신어 봐도 됩니까?

可以 : ~을 해도 된다
试一下 : 한 번 ~해 보다
这 : 이, 이것
双 : 쌍, 켤레
高跟鞋 : 하이힐

009

鞋太窄了，很紧。

Xié tài zhǎi le, hěn jǐn.

씨에 타이 자이 러, 헌 찐

폭이 좁아서 너무 빡빡합니다.

鞋 : 신발
太~了 : 너무 ~하다
窄 : 좁다
紧 : 빡빡하다

010

给我拿一双大一码的。

Gěi wǒ ná yì shuāng dà yì mǎ de.

께이 워 나 이 쫭 따이 마더

더 큰 사이즈로 주세요.

给 : 주다
拿 : 잡다, 가지다
双 : 쌍, 켤레
大 : 크다
码 : 사이즈

011

这个正好。

Zhè ge zhènghǎo.

즈어 거 정하오

이게 딱 맞습니다.

这个 : 이, 이것
正好 : (시간·위치·수량·정도 따위가) 꼭 알맞다, 딱 좋다

012

太花哨了。

Tài huāshào le.

타이 화사오 러

너무 화려합니다.

太~了 : 너무 ~하다
花哨 : 화려하다 ↔ 素sù 소박하다

Chapter 7

해외여행 海外旅行

013

不喜欢这个颜色。

Bù xǐhuan zhè ge yánsè.

뿌 씨환 즈어 거 옌쓰어

이 색은 좋아하지 않습니다.

不喜欢 : 좋아하지 않다
颜色 : 색깔
红色 hóngsè 빨간색
橙色 chéngsè 주황색
黄色 huángsè 노란색
绿色 lǜsè 녹색
黑色 hēisè 검정색
白色 báisè 흰색
粉色 fěnsè 핑크색

014

这条领带多少钱?

Zhè tiáo lǐngdài duōshao qián?

즈어 탸오 링따이 뛰사오 치엔

이 넥타이는 얼마입니까?

这 : 이, 이것
条는 가늘고 긴 것 혹은 가는 것을 세는 양사.
领带 : 넥타이
多少钱 : 얼마예요

015

给我找一条配深蓝色西装的领带。

Gěi wǒ zhǎo yì tiáo pèi shēnlánsè xīzhuāng de lǐngdài.

께이 워 자오 이 탸오 페이 선란쓰어 씨좡 더 링따이

짙은 남색 양복에 맞는 넥타이를 찾아주세요.

넥타이를 추천해 달라고 할 때
给 : ~에게
找 : 찾다
条는 가늘고 긴 것 혹은 가는 것을 세는 양사.
配 : 어울리다
深蓝色 : 짙은 남색
西装 : 양복
领带 : 넥타이

016

我想看看皮带。

Wǒ xiǎng kànkan pídài.

워 썅 칸칸 피따이

벨트를 보고 싶습니다.

想 : ~을 하고 싶다
看 : 보다
皮带 : 벨트

001 **化妆品柜台在哪儿?**

Huàzhuāngpǐn guìtái zài nǎr?

화쭝핀 꾸이타이 짜이 날

화장품 코너는 어디입니까?

화장품 코너를 찾을 때
化妆品 : 화장품
柜台 : 코너
在 : ~에 있다
哪儿 : 어디

---

002 **想买口红。**

Xiǎng mǎi kǒuhóng.

쌍 마이 커우홍

립스틱을 사려고 하는데요.

想 : ~을 하고 싶다
买 : 사다
口红 : 립스틱
护肤水hùfūshuǐ 스킨
乳液rǔyè 로션
精华素jīnghuásù 에센스
眼霜yǎnshuāng 아이크림
洗面奶xǐmiànnǎi 클렌징 폼
面膜miànmó 마스크팩

---

003 **你身上的香水味儿真好。**

Nǐ shēnshang de xiāngshuǐwèir zhēn hǎo.

니 선상 더 쌍수이월 전 하오

당신이 사용하는 향수의 향이 정말 좋네요.

身上 : 몸
味儿 : 향
真 : 정말

---

004 **请给我更深一点的颜色。**

Qǐng gěi wǒ gèng shēn yìdiǎn de yánsè.

칭 께이 워 껑 선 이띠엔 더 옌쓰어

더 진한 색으로 주세요.

请은 '~하세요'라는 뜻, 상대방에게 어떤 일을 부탁하거나 권할 때 쓰는 경어.
给 : ~에게
更 : 더
深 : 진하다
颜色 : 색깔

Chapter **7** 해외여행 | 海外旅行

005

这里有试用品，试试看吧。

Zhèli yǒu shìyòngpǐn, shìshi kàn ba.

즈어리 여우 스융핀, 스스 칸 빠

여기 샘플이 있습니다. 써 보세요.

这里 : 여기
有 : 있다
试用品 : 샘플
试试看 : 시험 (삼아) 해 보다
吧는 문장 끝에 쓰여 상의·제의·청구·명령·독촉의 어기를 나타낸다.

006

来测试一下肤质吧。

Lái cèshì yíxià fūzhì ba.

라이 츠어스 이쌰 푸즈 빠

피부 타입을 진단받아 보세요.

어떤 피부 타입인지 모를 때
来는 동사의 앞에 놓여 어떤 일을 하려고 하는 적극성이나, 상대방에게 어떤 행동을 하게 하는 어감을 나타낸다.
测试 : 테스트
一下 : 좀 ~을 하다
肤质 : 피부 타입
吧는 문장 끝에 쓰여 상의·제의·청구·명령·독촉의 어기를 나타낸다.

007

是哪种肤质?

Shì nǎ zhǒng fūzhì?

스 나 중 푸즈

어떤 피부 타입이신가요?

哪种 : 어떤 종류
肤质 : 피부 타입

008

您的皮肤是干性的。

Nín de pífū shì gānxìng de.

닌 더 피푸 스 깐씽 더

피부가 건성이시네요.

皮肤 : 피부
干性 : 건성
油性皮肤 yóuxìng pífū 지성 피부

009

适合敏感肤质。

Shìhé mǐngǎn fūzhì.

스흐어 민깐 푸즈

민감한 피부에 적합합니다.

适合 : 적합하다
敏感 : 민감하다
肤质 : 피부

我觉得这边的颜色比较适合你。

Wǒ juéde zhèbian de yánsè bǐjiào shìhé nǐ.

위 쮀에더 즈어삐엔 더 옌쓰어 삐쨔오 스흐어 니

당신에겐 이 색상이 어울린다고 생각합니다.

觉得 : ~이라고 여기다, ~이라고 생각하다
这边 : 이쪽
颜色 : 색
比较 : 비교적
适合 : 어울리다, 적합하다

011

有别的颜色吗?

Yǒu biéde yánsè ma?

여우 삐에더 옌쓰어 마

다른 색상이 있습니까?

有 : 있다
别的 : 다른 것
颜色 : 색

012

不适合我。

Bú shìhé wǒ.

뿌 스흐어 워

저에겐 맞지 않아요.

适合 : 알맞다

013

一次用多少?

Yícì yòng duōshao?

이츠 융 뚸사오

1회 사용량이 얼마나 됩니까?

一次 : 1회
用 : 사용하다
多少 : 얼마

---

06 가방 가게

001

这是什么做的?

Zhè shì shénme zuò de?

즈어 스 선머 쮀 더

소재는 무엇입니까?

这 : 이, 이것
什么는 의문을 나타낸다.
做的 : 만든 것

002 香奈儿的包在哪里?

Xiāngnài'er de bāo zài nǎli?

쌍나이얼 더 빠오 짜이 나리

샤넬 가방은 어디에 있습니까?

香奈儿 : 샤넬
包 : 가방
在 : ~에 있다
哪里 : 어디

---

003 这是人造皮革吗?

Zhè shì rénzào pígé ma?

즈어 스 런짜오 피거 마

이건 인조 가죽인가요?

这 : 이, 이것
人造 : 인조의, 인공의
皮革 : 가죽

---

004 这个款式还有别的颜色吗?

Zhè ge kuǎnshì hái yǒu biéde yánsè ma?

즈어 거 콴스 하이 여우 삐에더 옌쓰어 마

이 디자인으로 다른 색 있나요?

색깔이 마음에 들지 않을 때
这 : 이, 이것
有 : 있다
别的 : 다른 것
颜色 : 색

---

005 请给我看一下现在流行的手提包。

Qǐng gěi wǒ kàn yíxià xiànzài liúxíng de shǒutíbāo.

칭 께이 워 칸 이쌰 씨엔짜이 려우씽 더 서우티빠오

지금 유행하는 핸드백을 보여주세요.

请은 '~하세요'라는 뜻, 상대
방에게 어떤 일을 부탁하거
나 권할 때 쓰는 경어.
给 : ~에게
看 : 보다
一下 : 좀 ~하다
现在 : 지금
流行的 : 유행하다
手提包 : 핸드백
书包 shūbāo 책가방
钱包 qiánbāo 지갑

---

006 这是最新款吗?

Zhè shì zuìxīnkuǎn ma?

즈어 스 쭈이씬콴 마

최신형입니까?

这 : 이, 이것
最 : 제일
新款 : (디자인·모양·양식·
모델 등) 새로운 스타일의

007

想要个不大不小的包。

Xiǎng yào ge bú dà bù xiǎo de bāo.

쌍 야오 거 뿌 따 뿌 쌰오 더 빠오

중간 크기의 가방을 원해요.

想要 : 원하다
不大不小 : 크지도 작지도
않다
包 : 가방

---

07 보석점에서

001

宝石卖场在哪儿?

Bǎoshí màichǎng zài nǎr?

빠오스 마이창 짜이 날

보석 매장은 어디죠?

보석 매장을 찾을 때
宝石 : 보석
卖场 : 매장
在 : ~에 있다
哪儿 : 어디

002

给我看一下钻石戒指。

Gěi wǒ kàn yíxià zuànshí jièzhi.

께이 워 칸 이쌰 쫜스 찌에즈

다이아반지 좀 보여주세요.

给 : ~에게
看 : 보다
一下 : 좀 ~하다
钻石 : 다이아몬드
戒指 : 반지

003

这是几克拉的?

Zhè shì jǐ kèlā de?

즈어 스 찌 크어라 더

이건 몇 캐럿이에요?

다이아가 몇 캐럿인지 물을 때
这 : 이, 이것
几 : 몇
克拉 : 캐럿

004

可以戴一下吗?

Kěyǐ dài yíxià ma?

크어이 따이 이쌰 마

끼어 봐도 되나요?

可以 : ~을 해도 좋다
戴 : 끼다
一下 : 좀 ~하다, 한번 ~하다

005

是送女朋友的项链。

Shì sòng nǚpéngyou de xiàngliàn.

스 쑹 뉘펑여우 더 쌍리엔

여자친구에게 선물할 목걸이입니다.

送 : 선물하다
女朋友 : 여자친구
项链 : 목걸이

006

链子的长度可以调整。

Liànzi de chángdù kěyǐ tiáozhěng.

리엔쯔 더 창뚜 크어이 탸오정

체인 길이는 조정할 수 있습니다.

链子 : 체인
长度 : 길이
可以 : ~을 할 수 있다
调整 : 조정하다

007

请帮我包一下。

Qǐng bāng wǒ bāo yíxià.

칭 빵 워 빠오 이쌰

포장해 주세요.

请은 '~하세요'라는 뜻, 상대방에게 어떤 일을 부탁하거나 권할 때 쓰는 경어.
帮 : 돕다
包 : 포장하다
一下 : 좀 ~하다, 한번 ~하다

008

3万元左右的。

Sānwàn yuán zuǒyòu de.

싼완 위엔 쭤여우 더

3만 위안 정도로 주세요.

万 : 만
元 : 위안(중국의 화폐 단위)
左右 : 가량

009

什么时候可以送到?

Shénme shíhou kěyǐ sòng dào?

선머 스허우 크어이 쑹 따오

배송은 언제 됩니까?

什么时候 : 언제
可以 : ~을 할 수 있다
送到 : 배송하다

001 **有生日贺卡吗?**
Yǒu shēngrì hèkǎ ma?
여우 성르 흐어카 마

생일 카드 있습니까?

有 : 있다
生日 : 생일
贺卡 : 카드

---

002 **现在断货了。**
Xiànzài duànhuò le.
씨엔짜이 똰훠 러

현재 재고가 떨어졌습니다.

现在 : 현재
断货 : 품절되다

---

003 **帮您找找, 请稍等。**
Bāng nín zhǎozhao, qǐng shāo děng.
빵 닌 자오자오, 칭 사오 떵

찾아볼 테니 기다려 주십시오.

帮 : 돕다
找 : 찾다
请은 '~하세요'라는 뜻. 상대
방에게 어떤 일을 부탁하거
나 권할 때 쓰는 경어.
稍 : 조금
等 : 기다리다

---

004 **这支钢笔帮我包装一下。**
Zhè zhī gāngbǐ bāng wǒ bāozhuāng yíxià.
즈어 즈 깡삐 빵 워 빠오좡 이쌰

이 만년필을 포장해 주세요.

支 : 자루
钢笔 : 만년필
帮 : 돕다
包装 : 포장하다
一下 : 좀 ~하다, 한번 ~하다

001
我在挑礼物。
Wǒ zài tiāo lǐwù.
워 짜이 탸오 리우

선물을 찾고 있습니다.

挑 : 고르다
礼物 : 선물

002
是您自己用吗?
Shì nín zìjǐ yòng ma?
스 닌 쯔찌 융 마

손님이 쓰실 건가요?

自己 : 자신
用 : 사용하다

003
我在找给爱人的礼物。
Wǒ zài zhǎo gěi àiren de lǐwù.
워 짜이 자오 께이 아이런 더 리우

애인에게 줄 선물을 찾고 있습니다.

找 : 찾다
给 : 주다
爱人 : 애인

004
我想给男朋友买条领带。
Wǒ xiǎng gěi nánpéngyou mǎi tiáo lǐngdài.
워 썅 께이 난펑여우 마이 탸오 링따이

남자 친구에게 줄 넥타이를 사려고 해요.

给 : ~에게
男朋友 : 남자친구
条 : 가늘고 긴 사물을 세는 양사
领带 : 넥타이

005
我在找当地的工艺品。
Wǒ zài zhǎo dāngdì de gōngyìpǐn.
워 짜이 자오 땅띠 더 꿍이핀

이 지방의 공예품을 찾습니다.

当地 : 현지
工艺品 : 공예품

006

想买个两千左右的。

Xiǎng mǎi ge liǎngqiān zuǒyòu de.

쌍 마이 거 량치엔 쭤여우 더

예산은 2000위안 정도입니다.

左右 : 가량, 정도

007

丝巾放在盒子里。

Sījīn fàng zài hézili.

쓰찐 팡 짜이 흐어쯔리

스카프는 박스에 넣어 주세요.

丝巾 : 스카프
放 : 넣다
盒子 : 박스
里 : 안

---

10 ◀ 식료품점

001

经常去哪个超市购物?

Jīngcháng qù nǎ ge chāoshì gòuwù?

찡창 취 나 거 차오스 꺼우우

어느 슈퍼에서 자주 쇼핑하세요?

经常 : 자주
去 : 가다
哪个 : 어느
超市 : 슈퍼
购物 : 쇼핑하다

002

今天人真多。

Jīntiān rén zhēn duō.

찐티엔 런 전 뛰

오늘은 무척 붐비는군요.

今天 : 오늘
人 : 사람
真 : 무척
多 : 많다

003

我去拿手推车。

Wǒ qù ná shǒutuīchē.

워 취 나 서우투이츠어

카트 가져올게.

去 : 가다
拿 : 가지다
手推 : 카트

004

去肉类区吧。

Qù ròulèiqū ba.

취 러우러이취 빠

육류 코너에 가자.

去 : 가다
肉类 : 육류
区 : 코너
吧는 문장 끝에 쓰여 상의·제의·청구·명령·독촉의 어기를 나타낸다

005

这是刚到的。

Zhè shì gāng dào de.

즈어 스 깡 따오 더

방금 들어온 물건입니다.

这 : 이, 이것
刚 : 방금
到 : 들어오다

006

刚刚做出来的。

Gānggāng zuò chūlai de.

깡깡 쮀 추라이 더

방금 조리한 것입니다.

刚刚 : 방금
做 : 만들다
出来는 동사 뒤에 쓰여, 동작이 완성되거나 실현된 것을 나타낸다

007

乳制品区在哪儿?

Rǔzhìpǐnqū zài nǎr?

루즈핀취 짜이 날

유제품 코너는 어디입니까?

乳制品 : 유제품
在 : ~에 있다
哪儿 : 어디

008

这个现在正在搞优惠活动。

Zhège xiànzài zhèngzài gǎo yōuhuì huódòng.

즈어거 씨엔짜이 정짜이 까오 여우후이 휘뚱

이것은 지금 할인행사를 하고 있습니다.

这个 : 이, 이것
现在 : 지금
正在 : ~을 하고 있다
搞活动 : 행사하다

009

优惠活动截止到明天。

Yōuhuì huódòng jiézhǐdào míngtiān.

여우후이 휘뚱 찌에즈따오 밍티엔

행사는 내일까지입니다.

优惠 : 할인
活动 : 행사
截止 : 마감하다
到 : ~까지
明天 : 내일

010

一共100元。

Yígòng yìbǎi yuán.

이꿍 이빠이 위엔

전부 100위안이네요.

一共 : 모두
元은 중국의 화폐 단위. 구어
체에서는 보통 块를 쓴다.

011

这个又便宜又好。

Zhè ge yòu piányi yòu hǎo.

즈어 거 여우 피엔이 여우 하오

이건 싸고 좋군요.

这个 : 이, 이것
又~又 : ~하면서 ~하다
便宜 : 싸다
好 : 좋다

012

您尝尝吧，这是新口味。

Nín chángchang ba, zhè shì xīn kǒuwèi.

닌 창창 빠, 즈어 스 씬 커우웨이

맛 좀 보세요, 새로운 맛입니다.

보통 시식코너에서 하는 말
尝尝 : 맛 좀 보다
吧는 문장 끝에 쓰여 상의·제
의·청구·명령·독촉의 어기를
나타낸다.
新 : 새롭다
口味 : 맛

013

这个冷冻起来也可以吗?

Zhè ge lěngdòng qǐlai yě kěyǐ ma?

즈어 거 렁뚱 치라이 예 크어이 마

냉동시켜도 됩니까?

보관 방법을 물을 때
这个 : 이, 이것
冷冻 : 냉동
起来는 동사 뒤에 쓰여, 어떤
동작이 완성되거나 일정한
목적이 달성됨을 나타낸다.
也 : ~도, 또한
可以 : ~을 해도 된다

014

可以给我个塑料袋吗?

Kěyǐ gěi wǒ ge sùliàodài ma?

크어이 께이 워 거 쑤랴오따이 마

비닐봉투 하나 주시겠어요?

可以 : ~할 수 있다
给 : 주다
塑料袋 : 비닐 봉투

001 这个多少钱?

Zhè ge duōshao qián?

즈어 거 뚸사오 치엔

이건 얼마죠?

가격을 물을 때
这个 : 이, 이것
多少钱 : 얼마예요

002 为什么价格不一样?

Wèishénme jiàgé bù yíyàng?

웨이선머 쨔거 뿌 이양

왜 가격이 다르죠?

가격표와 실제 가격이 다를 때
为什么 : 왜
价格 : 가격
不一样 : 다르다

003 用现金买的话可以便宜一点吗?

Yòng xiànjīn mǎi dehuà kěyǐ piányi yìdiǎn ma?

융 씨엔찐 마이 더화 크어이 피엔이 이띠엔 마

현금으로 사면 좀 할인해 주나요?

用 : 사용하다
现金 : 현금
买 : 사다
的话 : ~하다면
可以 : ~을 할 수 있다
便宜 : 값을 깎다
一点 : 조금, 약간

004 可以便宜一点吗?

Kěyǐ piányi yìdiǎn ma?

크어이 피엔이 이띠엔 마

좀 할인할 수 있습니까?

可以 : ~을 할 수 있다
便宜 : 값을 깎다
一点 : 조금, 약간

005 便宜一点的话，买两个。

Piányi yìdiǎn dehuà, mǎi liǎng ge.

피엔이 이띠엔 더화, 마이 량 거

할인해 주면 두 개 살게요.

便宜 : 값을 깎다
一点 : 조금, 약간
的话 : ~하다면
买 : 사다
两个 : 두 개

006 **可以便宜多少?**

Kěyǐ piányi duōshao?

크어이 피엔이 뛰사오

얼마나 깎아 주시겠어요?

007 **可以打九五折。**

Kěyǐ dǎ jiǔ wǔ zhé.

크어이 다 쪄우 우 즈어

5% 할인해 드립니다.

008 **这是打折后的价格。**

Zhè shì dǎzhéhòu de jiàgé.

즈어 스 따즈어허우 더 쨔거

이건 할인된 가격입니다.

009 **超过预算了。**

Chāoguò yùsuàn le.

차오꿔 위쏸 러

예산 초과입니다.

12 가격 지불

001 **多少钱?**

Duōshao qián?

뛰사오 치엔

얼마입니까?

Chapter 7

해외여행

海外旅行

002 在哪里付钱?

Zài nǎli fùqián?

짜이 나리 푸치엔

계산은 어디서 합니까?

在 : ~에서
哪里 : 어디
付钱 : 돈을 지불하다

---

003 怎么付钱?

Zěnme fùqián?

전머 푸치엔

지불은 어떻게 하시겠습니까?

결제 방법을 물을 때
怎么 : 어떻게
付钱 : 돈을 지불하다

---

004 可以用支付宝吗?

Kěyǐ yòng zhīfùbǎo ma?

크어이 융 즈푸빠오 마

알리페이를 사용할 수 있나요?

可以 : ~을 할 수 있다
用 : 사용하다
支付宝는 알리페이. 현재 중국에서는 현금으로 물품을 구매하는 사람이 거의 없다. 전부 알리페이나 위쳇페이(wechat pay)를 사용한다.

---

005 可以刷卡吗?

Kěyǐ shuākǎ ma?

크어이 쏴카 마

카드 결제가 가능한가요?

可以 : ~을 할 수 있다
刷卡 : 카드로 결제하다

---

006 可以用信用卡吗?

Kěyǐ yòng xìnyòngkǎ ma?

크어이 융 씬용카 마

신용카드도 됩니까?

신용카드로 계산하고 싶을 때
可以 : ~을 해도 된다
用 : 사용하다
信用卡 : 신용카드

---

007 可以用支票吗?

Kěyǐ yòng zhīpiào ma?

크어이 융 즈퍄오 마

수표는 사용할 수 있습니까?

수표로 계산하고 싶을 때
用 : 사용하다
支票 : 수표

008

可以分期付款吗?

Kěyǐ fēnqī fùkuǎn ma?

크어이 펀치 푸콴 마

할부로 이용할 수 있습니까?

할부로 구매하고 싶을 때
可以 : ~을 할 수 있다
分期付款 : 할부

009

这是5块钱零钱。

Zhè shì wǔ kuài qián língqián.

즈어 스 우 콰이 치엔 링치엔

5위안 거스름돈입니다.

这 : 이, 이것
5块钱 : 5위안
零钱 : 거스름돈

010

可以给我发票吗?

Kěyǐ gěi wǒ fāpiào ma?

크어이 께이 워 파퍄오 마

영수증을 주시겠어요?

可以 : ~을 할 수 있다
给 : 주다
发票는 '영수증'이라는 뜻,
영수증이 필요할 때는 반드
시 요구해야 한다. 아니면 주
지 않는 경우가 많다.

---

13   배달, 반품, 교환

001

可以送货上门吗?

Kěyǐ sònghuò shàngmén ma?

크어이 쑹휘 상먼 마

집까지 배송해 주시겠어요?

배송에 대해 물을 때
可以 : ~을 할 수 있다
送货上门 : 집까지 배송하다

002

上门付款也可以吗?

Shàngmén fùkuǎn yě kěyǐ ma?

상먼 푸콴 예 크어이 마

배달 시 지불해도 됩니까?

후불로 하고 싶을 때
上门 : 방문하다
付款 : 돈을 지불하다
也 : ~도
可以 : ~을 해도 된다

003

什么时候可以收到?

Shénme shíhou kěyǐ shōudào?

선머 스허우 크어이 서우따오

언제 배달 받을 수 있습니까?

배송 소요 시간을 물을 때
什么时候 : 언제
可以 : ~을 해도 된다
收到 : 받다

004

可以寄到韩国吗?

Kěyǐ jìdào hánguó ma?

크어이 찌따오 한꿔 마

한국으로 보내줄 수 있나요?

可以 : ~을 할 수 있다
寄 : (우편으로) 부치다, 보내다
到 : ~까지
韩国 : 한국

005

我想退货。

Wǒ xiǎng tuìhuò.

워 썅 투이훠

반품하고 싶습니다.

想 : ~을 하고 싶다
退货 : 반품하다

006

请帮我把这条裙子退掉。

Qǐng bāng wǒ bǎ zhè tiáo qúnzi tuìdiào.

칭 빵 워 빠 즈어 탸오 췬쯔 투이땨오

이 스커트 환불해 주세요.

请은 '~하세요'라는 뜻으로 상대방에게 어떤 일을 부탁하거나 권할 때 쓰는 경어.
帮 : 돕다
把는 동사의 동작·작용이 미치는 대상, 즉 목적어와 결합해서 동사 앞에 전치되어 처치를 나타낸다.
条는 가늘고 긴 사물을 세는 양사
裙子 : 치마
退掉 : 환불하다

007

换货柜台在哪儿?

Huànhuò guìtái zài nǎr?

환훠 꾸이타이 짜이 날

교환 창구는 어디입니까?

换货 : 물건을 바꾸다
柜台 : 카운터
在 : ~에 있다
哪儿 : 어디

008

这边坏了。

Zhèbian huài le.

즈어삐엔 화이 러

이쪽 부분이 망가져 있습니다.

这边 : 이쪽
坏了 : 못 쓰게 되다

009

买的时候不知道。

Mǎi de shíhou bù zhīdào.

마이 더 스허우 뿌 즈따오

구입할 때는 몰랐습니다.

买 : 사다
~的时候 : ~을 할 때
不知道 : 모르다

010

请把这个换成别的。

Qǐng bǎ zhè ge huànchéng biéde.

칭 빠 즈어 거 환청 삐에더

다른 걸로 바꿔 주세요.

请은 '~하세요'라는 뜻으로 상대방에게 어떤 일을 부탁하거나 권할 때 쓰는 경어.
把는 동사의 동작·작용이 미치는 대상, 즉 목적어와 결합해서 동사 앞에 전치되어 처치를 나타낸다.
这个 : 이, 이것
换成 : ~으로 바꾸다
别的 : 다른 것

011

给你发票。

Gěi nǐ fāpiào.

께이 니 파퍄오

여기 영수증이 있습니다.

환불을 요청할 때는 영수증을 보여줘야 한다.
给 : 주다
发票 : 영수증

办 bàn 빤 하다, 처리하다	房间 fángjiān 팡찌엔 방	入住 rùzhù 루쭈 입주하다, (호텔 등에) 숙박하다	手续 shǒuxù 서우쉬 수속, 절차
住宿 zhùsù 주쑤 숙박	卡 kǎ 카 카드	预订 yùdìng 위띵 예약하다	退房 tuìfáng 투이팡 체크아웃 하다

간체자

辦 힘쓸 판	办 bàn 빤	办 办 办 办 办　办　办　办　办
續 이을 속	续 xù 쉬	续 续 续 续 续 续 续 续 续 续 续 续　续　续　续　续

쓰면서 읽어보세요!

체크인 하겠습니다.

└ 办一下入住手续。

이 숙박 카드를 기입해 주십시오.

└ 请填一下住宿卡。

001

麻烦帮我预订一下。

Máfan bāng wǒ yùdìng yíxià.

마판 빵 워 위띵 이쌰

예약을 하고 싶은데요.

麻烦 : 귀찮게 하다, 번거롭
게 하다
帮 : 돕다
预订 : 예약하다
一下 : 좀 ~하다, 한번 ~하다

002

想要预定下周四的房间，3个晚上。

Xiǎng yào yùdìng xiàzhōusì de fángjiān, sān ge wǎnshang.

쌍 야오 위띵 쌰저우쓰 더 팡찌엔, 싼 거 완상

다음주 목요일 3박을 예약하고 싶습니다.

방을 예약할 때
想要 : ~을 하려고 하다
下周四 : 다음 주 목요일
房间 : 방
3个晚上 : 3박

003

一晚上多少钱?

Yì wǎnshang duōshao qián?

이 완상 뛰사오 치엔

1박에 얼마입니까?

가격을 물을 때
一晚上 : 1박
多少钱 : 얼마예요?

004

想要什么样的房间?

Xiǎng yào shénmeyàng de fángjiān?

쌍 야오 선머양 더 팡찌엔

어떤 방을 원하십니까?

想要 : ~을 하려고 하다
什么样 : 어떠한, 어떤
房间 : 방

005

几点到?

Jǐ diǎn dào?

찌 띠엔 따오

몇 시쯤 도착하십니까?

几点 : 몇 시
到 : 도착하다

006

还有房间吗?

Hái yǒu fángjiān ma?

하이 여우 팡찌엔 마

아직 방이 있나요?

还 : 아직
有 : 있다

007

没有预订，有单人间吗?

Méiyǒu yùdìng, yǒu dānrénjiān ma?

메이여우 위띵, 여우 딴런찌엔 마

예약은 안 했는데 1인실 있습니까?

没有 : 없다
预订 : 예약하다
有 : 있다
单人间 : 1인실

008

要个双人间。

Yào ge shuāngrénjiān.

야오 거 쐉런찌엔

2인실이 필요해요.

要 : 필요하다
双人间 : 2인실

009

请问，预订人的名字叫什么?

Qǐngwèn, yùdìngrén de míngzi jiào shénme?

칭원, 위띵런 더 밍쯔 쨔오 선머

예약자의 성함이 어떻게 되십니까?

请问 : 여쭤보겠습니다
预订人 : 예약자
名字 : 이름
叫 : 부르다
什么 : 무엇, 무슨

010

想要取消预订。

Xiǎng yào qǔxiāo yùdìng.

쌍 야오 취쌰오 위띵

예약을 취소하고 싶습니다.

예약을 취소하고 싶을 때
想要 : ~을 하려고 하다
取消 : 취소하다
预订 : 예약(하다)

Chapter 7 해외여행 海外旅行

001

办一下入住手续。

Bàn yíxià rùzhù shǒuxù.

빤 이쌰 루쭈 서우쉬

체크인 하겠습니다.

办 : ~하다
一下 : 좀 ~하다
入住 : 입주하다, (호텔 등에) 숙박하다
手续 : 수속, 절차

002

酒店可以换钱吗?

Jiǔdiàn kěyǐ huànqián ma?

쩌우띠엔 크어이 환치엔 마

호텔에서 환전 가능합니까?

환전을 하고 싶을 때
酒店 : 호텔
可以 : ~을 할 수 있다
换钱 : 환전하다

003

有会说韩语的人吗?

Yǒu huì shuō hányǔ de rén ma?

여우 후이 쉽 한위 더 런 마

한국어 할 수 있는 사람이 있습니까?

有 : 있다
会 : ~을 할 수 있다
说 : 말하다
韩语 : 한국어
人 : 사람

004

请填一下住宿卡。

Qǐng tián yíxià zhùsùkǎ.

칭 티엔 이쌰 주쑤카

이 숙박 카드를 작성해 주십시오.

请은 '~하세요'라는 뜻으로 상대방에게 어떤 일을 부탁하거나 권할 때 쓰는 경어.
填 : 기입하다
一下 : 좀 ~하다
住宿 : 숙박
卡 : 카드

005

请给我景色好的房间。

Qǐng gěi wǒ jǐngsè hǎo de fángjiān.

칭 께이 워 찡쓰어 하오 더 팡찌엔

전망이 좋은 방을 주세요.

给 : ~에게
景色 : 풍경, 경치
好 : 좋다
房间 : 방

006

房间里可以抽烟吗?

Fángjiānli kěyǐ chōuyān ma?

팡찌엔리 크어이 처우옌 마

방에서 담배를 피워도 되나요?

房间 : 방
里 : 안
可以 : ~할 수 있다
抽烟 : 담배를 피우다

007

不满意这间房。

Bù mǎnyì zhè jiān fáng.

뿌 만이 즈어 찌엔 팡

이 방은 마음에 안 듭니다.

满意 : 마음에 들다
这 : 이, 이것
间은 '칸'이라는 뜻으로 방을
세는 양사.
房 : 방

008

想换间房。

Xiǎng huàn jiān fáng.

쌍 환 찌엔 팡

방을 바꾸고 싶습니다.

想 : ~을 하고 싶다
换 : 바꾸다
房 : 방

009

有更大的房间吗?

Yǒu gèng dà de fángjiān ma?

여우 껑 따 더 팡찌엔 마

더 넓은 방이 있습니까?

더 큰 방으로 바꾸고 싶을 때
有 : 있다
更 : 더
大 : 넓다, 크다
房间 : 방

010

可以帮我把行李拿到房间去吗?

Kěyǐ bāng wǒ bǎ xíngli nádào fángjiān qù ma?

크어이 빵 워 빠 씽리 나따오 팡찌엔 취 마

짐을 방으로 옮겨 주시겠습니까?

可以 : ~을 할 수 있다
帮 : 돕다
行李 : 짐
拿 : 가지다

001
早饭在哪儿吃?
Zǎofàn zài nǎr chī?
짜오판 짜이 날 츠

아침 식사는 어디서 먹나요?

早饭 : 아침 식사
在 : ~에서
哪儿 : 어디
吃 : 먹다

002
早饭到几点结束?
Zǎofàn dào jǐ diǎn jiéshù?
짜오판 따오 찌 띠엔 찌에수

아침 식사는 몇 시까지입니까?

早饭 : 아침 식사
到 : ~까지
几点 : 몇 시
结束 : 끝나다

003
请帮我洗一下裤子。
Qǐng bāng wǒ xǐ yíxià kùzi.
칭 빵 워 씨 이쌰 쿠쯔

바지 세탁을 부탁하고 싶은데요.

세탁서비스를 이용하고 싶을 때
帮 : 돕다
洗 : 씻다, 빨다
一下 : 좀 ~하다
裤子 : 바지

004
能给我毯子吗?
Néng gěi wǒ tǎnzi ma?
넝 께이 워 탄쯔 마

담요를 갖다 주시겠습니까?

能 : ~을 할 수 있다
给 : 주다
毯子 : 담요

005
麻烦打扫一下房间。
Máfan dǎsǎo yíxià fángjiān.
마판 따싸오 이쌰 팡찌엔

방 청소를 해 주세요.

麻烦 : 귀찮게 하다, 번거롭게 하다
打扫 : 청소하다
一下 : 좀 ~하다
房间 : 방

006

有给我的留言吗?

Yǒu gěi wǒ de liúyán ma?

여우 께이 워 더 려우옌 마

저에게 온 메시지가 있습니까?

有 : 있다
给 : 주다
留言 : 메시지

007

可以帮我复印一下这份材料吗?

Kěyǐ bāng wǒ fùyìn yíxià zhè fèn cáiliào ma?

크어이 빵 워 푸인 이쌰 즈어 펀 차이랴오 마

이 서류를 복사해 주시겠습니까?

可以 : ~을 할 수 있다
帮 : 돕다
复印 : 복사
份은 '부'라는 뜻으로 서류를
세는 양사.
材料 : 자료, 재료, 서류

008

有叫醒服务吗?

Yǒu jiàoxǐng fúwù ma?

여우 쨔오씽 푸우 마

모닝콜 서비스 있어요?

모닝콜을 부탁할 때
有 : 있다
叫醒服务 : 모닝콜 서비스

009

叫一下客房服务。

Jiào yíxià kèfáng fúwù.

쨔오 이쌰 크어팡 푸우

룸서비스 부탁합니다.

프런트 데스크에 서비스를
부탁할 때
叫 : 부르다
一下 : 좀 ~하다, 한번 ~하다
客房服务 : 룸서비스

010

可以送餐到房间吗?

Kěyǐ sòngcān dào fángjiān ma?

크어이 쏭찬 따오 팡찌엔 마

룸까지 배달되나요?

방에서 식사하고 싶을 때
可以 : ~을 할 수 있다
送餐 : 배달하다
到 : ~까지
房间 : 방

011

请告诉我房间号码。

Qǐng gàosu wǒ fángjiān hàomǎ.

칭 까오쑤 워 팡찌엔 하오마

객실 번호를 불러 주세요.

告诉 : 알리다
房间 : 방
号码 : 번호

012 **请进。**
Qǐng jìn.
칭 찐

들어오세요.

请은 '~하세요'라는 뜻으로
상대방에게 어떤 일을 부탁
하거나 권할 때 쓰는 경어.
进 : 들어오다

---

04 호텔 트러블

001 **房卡落在房间里了。**
Fángkǎ là zài fángjiānli le.
팡카 라 짜이 팡찌엔리 러

카드 키를 방안에 두었어요.

房卡 : 카드 키, 호텔 등의 룸
카드 키
落 : 빠뜨리다, 놓아두고 가
져오는 것을 잊어버리다
房间 : 방
里 : 안

---

002 **电视打不开。**
Diànshì dǎ bu kāi.
띠엔스 따 뿌 카이

TV가 작동하지 않습니다.

电视 : 텔레비전
打开 : 열다
不开는 '열리지 않는다'라는
뜻으로 가능보어로 쓰여 불
가능을 표시한다.

---

003 **停电了。**
Tíngdiàn le.
팅띠엔 러

전기가 나갔어요.

정전되었을 때
停电 : 정전되다
了는 동사 또는 형용사 뒤에
쓰여 동작 또는 변화가 이미
완료되었음을 나타낸다.

---

004 **没有热水。**
Méiyǒu rèshuǐ.
메이여우 르어수이

온수가 나오지 않습니다.

没有 : 없다
热水 : 더운(뜨거운) 물

005

电灯有一个不亮。

Diàndēng yǒu yí ge bú liàng.

띠엔떵 여우 이 거 뿌 량

전등이 하나 나갔습니다.

电灯 : 전등
有 : 있다
一个 : 한 개, 하나
亮 : 빛나다

006

卫生间没有卫生纸了。

Wèishēngjiān méiyǒu wèishēngzhǐ le.

웨이성찌엔 메이여우 웨이성즈 러

화장실에 휴지가 없어요.

卫生间 : 화장실
没有 : 없다
卫生纸 : 휴지
了는 동사나 형용사 뒤에 쓰여 동작 또는 변화가 이미 완료되었음을 나타낸다.

007

隔壁房间太吵了。

Gébì fángjiān tài chǎo le.

거삐 팡찌엔 타이 차오 러

옆방이 시끄러워요.

隔壁 : 옆방
房间 : 방
太~了 : 너무 ~하다
吵 : 시끄럽다

008

窗户打不开。

Chuānghu dǎ bu kāi.

창후 따 뿌 카이

창문을 열 수가 없어요.

窗户 : 창문
打开 : 열다
不开는 '열리지 않는다'라는 뜻으로 가능보어로 쓰여 불가능을 표시한다.

009

麻烦叫修理人员来一下。

Máfan jiào xiūlǐ rényuán lái yíxià.

마판 쨔오 쎠우리 런위엔 라이 이쌰

수리하는 사람을 부탁드려요.

麻烦 : 귀찮게 하다, 번거롭게 하다
叫 : 부르다
修理 : 수리하다
人员 : 인원
来 : 오다

001 **我要退房。**
Wǒ yào tuìfáng.
워 야오 투이팡
체크아웃 하겠습니다.

체크아웃 할 때
退房 : 체크아웃 하다

---

002 **这是房间钥匙。**
Zhè shì fángjiān yàoshi.
즈어 스 팡찌엔 야오스
이게 룸 키입니다.

체크아웃 할 때
这 : 이, 이것
房间 : 방
钥匙 : 열쇠

---

003 **想要延长住宿时间。**
Xiǎng yào yáncháng zhùsù shíjiān.
쌍 야오 옌창 주쑤 스찌엔
숙박을 연장하고 싶습니다.

想要 : ~을 하고 싶다
延长 : 연장하다
住宿 : 숙박
时间 : 시간

---

004 **这是押金。**
Zhè shì yājīn.
즈어 스 야찐
보증금 여기 있습니다.

보증금을 돌려줄 때
这 : 이, 이것
押金 : 보증금. 중국에서는 부동산 계약 시분만 아니라 호텔에 투숙하거나 공공자전거 대여, PC방 이용 시, 도서관에서 책 대여 시 등 일상생활 곳곳에서 보증금을 지불해야 한다.

---

005 **想提前一天离开。**
Xiǎng tíqián yì tiān líkāi.
쌍 티치엔 이 티엔 리카이
하루 일찍 떠나고 싶은데요.

想 : ~을 하고 싶다
提前 : 미리
一天 : 하루
离开 : 떠나다

006

可以开发票吗?

Kěyǐ kāi fāpiào ma?

크어이 카이 파퍄오 마

영수증을 주실 수 있나요?

영수증이 필요할 때
可以 : ~을 할 수 있다
开 : 발행하다
发票 : 영수증

007

请帮我叫一辆出租车。

Qǐng bāng wǒ jiào yí liàng chūzūchē.

칭 빵 워 짜오 이 량 추쭈츠어

택시 한대 불러주세요.

帮 : 돕다
辆 : 대(차량을 세는 양사)
出租车 : 택시

008

请帮我把行李放进后备箱。

Qǐng bāng wǒ bǎ xíngli fàng jìn hòubèixiāng.

칭 빵 워 빠 씽리 팡 찐 허우-뻬이쌍

여행짐을 트렁크에 넣어주세요.

行李 : 여행짐, 수화물
后备箱 : 트렁크

UNIT 6 관광

chapter **7**
해외여행

您知道哪里的风景好吗?
Nín zhīdào nǎli de fēngjǐng hǎo ma?
닌 즈따오 나리 더 펑찡 하오 마
경치가 좋은 곳을 아십니까?

九寨沟值得一去。
Jiǔzhàigōu zhídé yi qù.
쩌우-자이꺼우 즈더 이 취
구채구는 한번 가 볼만 합니다.

知道	风景	好	九寨沟
zhīdào	fēngjǐng	hǎo	Jiǔzhàigōu
즈따오	펑찡	하오	쩌우자이꺼우
알다	경치	좋다	구채구
值得	一去	出发	咨询处
zhídé	yí qù	chūfā	zīxúnchù
즈더	이 취	추파	쯔쒼추
~할 만한 가치가 있다	한번 가다	출발하다	안내소

溝 도랑 구	沟 gōu 꺼우	沟 沟 沟 沟 沟 沟 沟
值 값 치	值 zhí 즈	值 值 值 值 值 值 值 值 值 值

쓰면서 읽어보세요!

경치가 좋은 곳을 아십니까?

↳ 您知道哪里的风景好吗?

구채구는 한번 가 볼만 합니다.

↳ 九寨沟值得一去。

001

旅游咨询处在哪儿?

Lǚyóu zīxúnchù zài nǎr?

뤼여우 쯔쒼추 짜이 날

관광 안내소는 어디에 있습니까?

관광 안내소를 찾을 때	
旅游 : 여행(하다)	
咨询处 : 안내소	
在 : ~에 있다	
哪儿 : 어디	

002

有哪些旅游项目?

Yǒu nǎ xiē lǚyóu xiàngmù?

여우 나 씨에 뤼여우 쌍무

어떤 투어가 있습니까?

有 : 있다
哪些 : 어느
些는 '약간, 조금'이라는 뜻
으로 명사 앞에 쓰여 불확실
한 수량을 표시한다.
旅游 : 여행(하다)
项目 : 항목, 사항

003

麻烦介绍一下路线。

Máfan jièshào yíxià lùxiàn.

마판 찌에사오 이쌰 루씨엔

코스를 가르쳐 주세요.

麻烦 : 귀찮게 하다, 번거롭
게 하다
介绍 : 소개하다
一下 : 좀 ~하다
路线 : 노정, 여정

004

可以给一张免费的旅游地图吗?

Kěyǐ gěi yì zhāng miǎnfèi de lǚyóu dìtú ma?

크어이 께이 이 장 미엔페이 더 뤼여우 띠투 마

무료 관광지도를 주시겠어요?

可以 : ~을 해도 된다
给 : 주다
一张 : 한 장
免费 : 무료
旅游 : 여행(하다)
地图 : 지도

005

可以介绍一下这里值得一去的地方吗?

Kěyǐ jièshào yíxià zhèli zhídé yí qù de dìfang ma?

크어이 찌에사오 이쌰 즈어리 즈더 이 취 더 띠팡 마

여기서 볼 만한 곳을 가르쳐 주세요?

可以 : ~을 해도 된다
介绍 : 소개하다
一下 : 좀 ~ 하다
这里 : 여기
值得 : ~할 만한 가치가 있다
去 : 가다
地方 : 곳

有观光巴士吗?

Yǒu guānguāng bāshì ma?

여우 꽌꽝 빠스 마

관광버스가 있습니까?

| 有 : 있다 |
| 观光 : 관광하다 |
| 巴士 : 버스 |

---

02 ◀ 여행사 직원과의 대화

001

有什么好玩的能当日往返的地方吗?

Yǒu shénme hǎowán de néng dāngrì wǎngfǎn de dìfang ma?

여우 선머 하오완 더 넝 땅르 왕판 더 띠팡 마

당일치기로 좋은 곳은 어디 있습니까?

| 当日 : 당일 |
| 往返 : 왕복(하다) |
| 有 : 있다 |
| 什么 : 무엇, 무슨 |
| 好玩的 : 재미있는 |
| 地方 : 곳, 장소 |

002

想去有历史遗迹的地方。

Xiǎng qù yǒu lìshǐ yíjì de dìfang.

쌍 취 여우 리스 이찌 더 띠팡

역사 유적이 있는 곳을 가고 싶어요.

| 想 : ~을 하고 싶다 |
| 去 : 가다 |
| 有 : 있다 |
| 历史 : 역사 |
| 遗迹 : 유적 |
| 地方 : 곳, 장소 |

003

您知道哪里的风景好吗?

Nín zhīdào nǎli de fēngjǐng hǎo ma?

닌 즈따오 나리 더 펑찡 하오 마

경치가 좋은 곳을 아십니까?

| 您 : 당신 |
| 知道 : 알다 |
| 哪里 : 어디 |
| 风景 : 경치 |
| 好 : 좋다 |

004

九寨沟值得一去。

Jiǔzhàigōu zhídé yí qù.

쩌우자이꺼우 즈더 이 취

구채구는 한번 가 볼만 합니다.

| 九寨沟는 '주자이거우, 구채구'로 쓰촨성 아바장족창족 자치주에 있는 관광지. |
| 值得 : ~할 만한 가치가 있다 |
| 一去 : 한번 가다 |

005

离这里远吗?

Lí zhèli yuǎn ma?

리 즈어리 위엔 마

여기서 멉니까?

거리를 물을 때
离 : ~에서
这里 : 여기
远 : 멀다

006

往返需要多长时间?

Wǎngfǎn xūyào duōcháng shíjiān?

왕판 쒸야오 뚜어창 스찌엔

왕복으로 어느 정도 시간이 걸립니까?

往返 : 왕복(하다)
需要 : 필요하다
多长时间 : 얼마 동안

007

几点从哪儿出发?

Jǐ diǎn cóng nǎr chūfā?

찌 띠엔 충 날 추파

몇 시에 어디서 출발합니까?

출발 시간과 장소를 알고 싶을 때
几点 : 몇 시
从 : ~부터
哪儿 : 어디
出发 : 출발하다

008

人均费用多少?

Rénjūn fèiyòng duōshao?

런쮠 페이융 뚜어사오

1인당 비용은 얼마입니까?

人均 : 1인당 평균
费用 : 비용
多少 : 얼마

009

成人两千三一位。

Chéngrén liǎng qiān sān yí wèi.

청런 량 치엔 싼 이 웨이

성인은 2300위안입니다.

成人 : 성인
位 : 분

010

有旅行指南吗?

Yǒu lǚxíng zhǐnán ma?

여우 뤼씽 즈난 마

여행 팸플릿 있나요?

旅行指南 : 여행 팸플릿

001

在哪儿可以坐观光巴士?

Zài nǎr kěyǐ zuò guānguāng bāshì?

짜이 날 크어이 쮀 꽌꽝 빠스

투어 버스는 어디에서 탈 수 있습니까?

시내투어를 하고 싶을 때	
在 : ~에서	
哪儿 : 어디	
可以 : ~을 할 수 있다	
坐 : 타다	
观光 : 관광	
巴士 : 버스	

002

想转一圈北京。

Xiǎng zhuàn yì quān Běijīng.

썅 좐 이 취엔 뻬이찡

북경을 한 바퀴 돌고 싶습니다.

想 : ~을 하고 싶다
转 : 돌다
圈 : 바퀴
北京 : 북경

003

需要多长时间?

Xūyào duōcháng shíjiān?

쒸야오 뛰창 스찌엔

시간이 어느 정도 걸립니까?

需要 : 필요하다
多长时间 : 얼마 동안

004

门票多少钱一张?

Ménpiào duōshǎo qián yì zhāng?

먼퍄오 뛰사오 치엔 이 장

입장료는 한 장에 얼마입니까?

门票 : 입장료
张 : 장

005

可以免费进去吗?

Kěyǐ miǎnfèi jìnqu ma?

크어이 미엔페이 찐취 마

무료로 입장해도 되나요?

可以 : ~을 해도 된다
免费 : 무료로 하다
进去 : 입장하다

006

知道那个建筑是什么吗?

Zhīdào nà ge jiànzhù shì shénme ma?

즈따오 나 거 찌엔주 스 선머 마

저 건물이 뭔지 아세요?

知道 : 저, 저것
建筑 : 건물
什么 : 무엇, 무슨

007

什么时候建的?

Shénme shíhou jiàn de?

선머 스허우 찌엔 더

언제 지어진 겁니까?

什么时候 : 언제
建 : 세우다

008

以前谁住在这里?

Yǐqián shéi zhù zài zhèli?

이치엔 서이 주 짜이 즈어리

전에 누가 여기 살았습니까?

어떤 유명한 인물이 살았는
지 알고 싶을 때
以前 : 이전
谁 : 누구
住 : 살다
这里 : 여기

009

我对建筑挺感兴趣的。

Wǒ duì jiànzhù tǐng gǎn xìngqù de.

워 뚜이 찌엔주 팅 깐 씽취 더

저는 건축에 관심이 있습니다.

对 : ~에 대하여
建筑 : 건축
挺 : 매우, 아주
感兴趣 : 관심이 있다

010

这个建筑有瞭望台吗?

Zhè ge jiànzhù yǒu liàowàngtái ma?

즈어 거 찌엔주 여우 랴오왕타이 마

이 건물은 전망대가 있나요?

这个 : 이, 이것
建筑 : 건축
有 : 있다
瞭望台 : 조망대, 전망대

011

要在这儿呆多久?

Yào zài zhèr dāi duōjiǔ?

야오 짜이 절 따이 뚸쪄우

여기서 얼마나 머뭅니까?

단체여행할 때 가이드에게
자주 묻는 말.
要 : ~을 할 것이다
这儿 : 여기
呆 : 머무르다
多久 : 얼마 동안

012

这里可以拍照吗?

Zhèli kěyǐ pāizhào ma?

즈어리 크어이 파이자오 마

여기서 사진 찍어도 됩니까?

这里 : 여기
可以 : ~을 해도 된다
拍照 : 사진을 찍다

013

几点集合?

Jǐ diǎn jíhé?

찌 띠엔 찌흐어

몇 시에 모이나요?

자유시간이 있을 때
几点 : 몇 시
集合 : 집합하다, 모이다

014

纪念品商店在哪儿?

Jìniànpǐn shāngdiàn zài nǎr?

찌니엔핀 상띠엔 짜이 날

기념품 상점은 어디입니까?

纪念品 : 기념품
商店 : 상점
在 : ~에 있다
哪儿 : 어디

015

现在路过的这是哪儿?

Xiànzài lùguò de zhè shì nǎr?

씨엔짜이 루꿔 더 즈어 스 날

지금 지나고 있는 곳은 어딘가요?

창 밖으로 보이는 곳이 어딘
지 알고 싶을 때
现在 : 지금
路过 : 거치다, 통과하다, 경
유하다
哪儿 : 어디

---

04 ◀ 박물관 관람

001

博物馆几点开门?

Bówùguǎn jǐ diǎn kāimén?

뿨우꽌 찌 띠엔 카이먼

박물관은 몇 시에 문을 엽니까?

박물관 개관 시간을 물을 때
博物馆 : 박물관
几点 : 몇 시
开门 : 문을 열다

几点闭馆?

Jǐ diǎn bìguǎn?

찌 띠엔 삐꽌

몇 시에 문을 닫습니까?

폐관 시간을 알고 싶을 때
闭馆 : 문을 닫다, 폐관하다

可以再进来吗?

Kěyǐ zài jìnlai ma?

크어이 짜이 찐라이 마

재입관할 수 있습니까?

可以 : ~을 할 수 있다
再 : 다시
进来 : 들어오다

有解说员吗?

Yǒu jiěshuōyuán ma?

여우 찌에쉬위엔 마

해설자 있어요?

有 : 있다
解说员 : 해설자

有什么特别的展览吗?

Yǒu shénme tèbié de zhǎnlǎn ma?

여우 선머 트어삐에 더 잔란 마

특별전이 있습니까?

有 : 있다
什么 : 무엇, 무슨
特别的 : 특별하다
展览 : 전람, 전시

白雪石的作品在哪儿?

Báixuěshí de zuòpǐn zài nǎr?

빠이쉬에스 더 쮀핀 짜이 날

백설석의 작품은 어디에 있습니까?

白雪石 : 중국의 화가
作品 : 작품
在 : ~에 있다
哪儿 : 어디

这幅画儿是谁画的?

Zhè fú huàr shì shéi huà de?

즈어 푸 활스 서이 화 더

이 그림은 누가 그렸습니까?

这 : 이, 이것
幅는 '폭'이라는 뜻이고, 종이나 그림 등을 세는 단위.
画儿 : 그림
谁 : 누구
画 : 그리다

008

最有名的展品是什么?

Zuì yǒumíng de zhǎnpǐn shì shénme?

쭈이 여우밍 더 잔핀 스 선머

제일 유명한 전시물은 뭔가요?

最 : 가장, 제일
有名 : 유명하다
展品 : 전시물
什么 : 무엇, 무슨

009

出口在哪儿?

Chūkǒu zài nǎr?

추커우 짜이 날

출구는 어디인가요?

出口 : 출구
在 : ~에 있다
哪儿 : 어느, 어디

010

卫生间在哪儿?

Wèishēngjiān zài nǎr?

웨이성찌엔 짜이 날

화장실은 어디입니까?

卫生间 : 화장실

011

馆内可以照相吗?

Guǎnnèi kěyǐ zhàoxiàng ma?

꽌너이 크어이 자오쌍 마

내부에서 사진 촬영은 괜찮습니까?

사진을 찍을 수 있는지 물을 때
馆은 '관'이라는 뜻으로 문화
재를 수장·진열하거나 문화
행사를 하는 곳.
内 : 안
可以 : ~해도 된다
照相 : 사진을 찍다

012

这里禁止拍照。

Zhèli jìnzhǐ pāizhào.

즈어리 찐즈 파이자오

이곳은 촬영금지입니다.

这里 : 여기
禁止 : 금지하다
拍照 : 사진을 찍다

001

请帮我们照张相。

Qǐng bāng wǒmen zhào zhāng xiāng.

칭 빵 워먼 자오 장 쌍

사진 좀 찍어주세요.

请은 '~하세요'라는 뜻으로 상대방에게 어떤 일을 부탁하거나 권할 때 쓰는 경어.
帮 : 돕다
照相 : 사진을 찍다
张 : 장

002

请多照几张。

Qǐng duō zhào jǐ zhāng.

칭 뚸 자오 찌 장

몇 장 더 찍어 주세요.

多 : 많이
照 : (사진을) 찍다
几 : 몇
张 : 장

003

麻烦把建筑物照进去。

Máfan bǎ jiànzhùwù zhào jìnqu.

마판 빠 찌엔주우 자오 찐취

건물이 보이도록 찍어 주세요.

麻烦 : 귀찮게 하다, 번거롭게 하다
把는 '~을 ~하다'라는 뜻으로 일반적으로 동작이나 작용의 대상을 동사 앞으로 전치시킬 때 쓰인다.
建筑物 : 건물
照 : 찍다
进去는 동사 뒤에 쓰여 안으로 들어감을 나타낸다.

004

可以跟您照张相吗?

Kěyǐ gēn nín zhào zhāng xiàng ma?

크어이 껀 닌 자오 장 쌍 마

당신과 사진 한 장 찍어도 됩니까?

다른 사람과 같이 사진을 찍고 싶을 때
可以 : ~을 해도 된다
跟 : ~와
照 : 찍다
张 : 장
相 : 사진

005

请再往左边靠一点。

Qǐng zài wǎng zuǒbian kào yìdiǎn.

칭 짜이 왕 쭤삐엔 카오 이띠엔

좀 더 왼쪽으로 가서 서세요.

사진을 찍어 줄 때
请은 '~하세요'라는 뜻으로
상대방에게 어떤 일을 부탁
하거나 권할 때 쓰는 경어.
再 : 더
往 : ~을 향해
左边 : 왼쪽
靠 : 가까이 하다
一点 : 조금

006

看这里。

Kàn zhèli.

칸 즈어리

이쪽을 보세요.

看 : 보다
这里 : 여기

007

不要动。

Búyào dòng.

뿌야오 뚱

움직이지 마세요.

찍습니다.
不要 : ~하지 마
动 : 움직이다

008

一, 二, 三, 茄子!

Yī, èr, sān, qiézi!

이, 얼, 싼, 치에쯔!

하나, 둘, 셋, 치즈!

一 : 1, 하나
二 : 2, 둘
三 : 3, 셋
茄子는 '가지'라는 뜻, 사진
을 찍을 때 한국에서는 '치
즈!'라고 하지만 중국에서
는 '치에쯔(가지)!'라고 한다.
'치에쯔'라고 발음할 때 입꼬
리가 올라가 자연스럽게 웃
는 표정을 짓기 때문이다.

UNIT 7 오락

chapter 7
해외여행

1 공연 관람 / **2** 테마파크에서 / **3** 노래방에서 / **4** 마사지 받기 /
5 술 권하기 / **6** 술 주문하기 / **7** 술을 마시면서 / **8** 담배에 대하여

去迪士尼乐园怎么样?
Qù Díshìní lèyuán zěnmeyàng?
취 디스니 르어위엔 쩐머양
디즈니랜드에 갈까?

好啊, 要坐一坐摩天轮。
Hǎo a, yào zuò yi zuò mótiānlún.
하오 아, 야오 쭤 이 쭤 뭐티엔룬
좋아, 관람차 타 봐야지.

去 qù 취 가다	迪士尼乐园 Díshìní lèyuán 디스니 르어위엔 디즈니랜드	表演 biǎoyǎn 빠오옌 공연	要 yào 야오 ~을 해야 한다
坐 zuò 쮀 타다, 앉다	摩天轮 mótiānlún 뭐티엔룬 관람차	主演 zhǔyǎn 주옌 주연	小时 xiǎoshí 쌰오스 시간

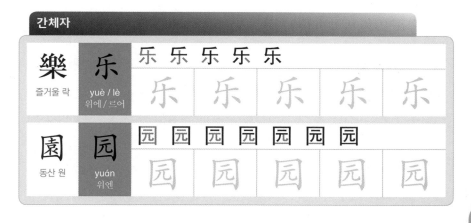

| 樂
즐거울 락 | 乐
yuè / lè
위에 / 르어 | 乐 乐 乐 乐 乐 |
| 園
동산 원 | 园
yuán
위엔 | 园 园 园 园 园 园 园 |

쓰면서 읽어보세요!

디즈니랜드에 갈까?

└ 去迪士尼乐园怎么样?

좋아, 관람차 타 봐야지.

└ 好啊, 要坐一坐摩天轮。

Chapter 7 해외여행 | 海外旅行

001

今天晚上有什么表演?

Jīntiān wǎnshang yǒu shénme biǎoyǎn?

찐티엔 완상 여우 선머 빠오옌

오늘 밤에 어떤 공연이 있나요?

今天 : 오늘
晚上 : 저녁
有 : 있다
什么 : 무엇, 무슨
表演 : 공연

002

想看音乐剧。

Xiǎng kàn yīnyuèjù.

쌍 칸 인위에쮜

뮤지컬을 보고 싶어요.

想 : ~을 하고 싶다
看 : 보다
音乐剧 : 뮤지컬

003

公休日也开门吗?

Gōngxiūrì yě kāimén ma?

꿍쎠우르 예 카이먼 마

공휴일에도 문을 엽니까?

公休日 : 공휴일
也 : ~도
开门 : 문을 열다

004

几点开始?

Jǐ diǎn kāishǐ?

찌 띠엔 카이스

몇 시에 시작합니까?

공연 시간을 알고 싶을 때
几 : 몇
点 : 시
开始 : 시작하다

005

主演是谁?

Zhǔyǎn shì shéi?

주옌 스 서이

주연은 누구입니까?

主演 : 주연
谁 : 누구

006

还能买到票吗?

Hái néng mǎidào piào ma?

하이 넝 마이따오 퍄오 마

티켓은 아직 살 수 있습니까?

还 : 아직
能 : ~을 할 수 있다
买 : 사다
到는 동작이 목적에 도달하거나 성취된 것을 나타낸다.
票 : 티켓

007

有站票吗?

Yǒu zhànpiào ma?

여우 잔퍄오 마

입석은 있습니까?

좌석표가 없을 때
有 : 있다
站票 : 입석
坐票 zuòpiào 좌석표

02 | 테마파크에서

001

去迪士尼乐园怎么样?

Qù Díshìní lèyuán zěnmeyàng?

취 디스니 르어위엔 쩐머양

디즈니랜드에 갈까요?

去 : 가다
迪士尼乐园 : 디즈니랜드
怎么样 : 어때요?

002

这是一天的通票。

Zhè shì yì tiān de tōngpiào.

즈어 스 이 티엔 더 통퍄오

하루 자유이용권을 샀어.

这 : 이, 이것
一天 : 하루
通票 : 전 구간 표

003

要坐一坐摩天轮。

Yào zuò yi zuò mótiānlún.

야오 쭤 이 쭤 뭐티엔룬

관람차는 타 봐야지.

要 : ~을 해야 한다
坐 : 타다
摩天轮 : 관람차

004

那个是很受欢迎的游乐项目，要等2个小时。

Nà ge shì hěn shòu huānyíng de yóulè xiàngmù, yào děng liǎng ge xiǎoshí.

나 거 스 헌 서우 환잉 더 여우르어 쌍무, 야오 떵 량 거 쌰오스

저건 인기 있는 것이라서 두 시간 기다려야 해.

那个 : 저, 저것
受欢迎 : 환영을 받다, 인기가 있다
游乐 : 행락하다, 놀며 즐기다
项目 : 항목
要 : ~을 해야 한다
等 : 기다리다
小时 : 시간

005

最喜欢过山车!

Zuì xǐhuan guòshānchē!

쭈이 씨환 꿔산츠어

롤러코스터가 제일 좋아!

最 : 가장, 제일
喜欢 : 좋아하다
过山车 : 롤러코스터

006

真过瘾!

Zhēn guòyǐn!

전 꿔인

스릴 있네!

真 : 진짜
过瘾 : 죽인다! 황홀하다

007

去鬼屋怎么样?

Qù guǐwū zěnmeyang?

취 구이우 쩐머양

유령의 집에 들어가 볼까?

去 : 가다
鬼屋 : 고스트 하우스, 도깨비집
怎么样 : 어때요?

008

因为害怕，所以闭上了眼睛。

Yīnwèi hàipà, suǒyǐ bìshang le yǎnjing.

인웨이 하이파, 쒀이 삐상 러 옌찡

무서워서 눈을 감았어.

因为 : ~때문에
害怕 : 무섭다
所以 : 그래서
闭 : (눈을) 감다
眼睛 : 눈

009 **听说晚上有烟火表演。**

Tīngshuō wǎnshang yǒu yānhuǒ biǎoyǎn.

팅쉬 완상 여우 옌훠 뺘오옌

밤에 불꽃놀이를 한대.

听说 : 들은 바로는 ~이라 한다
晚上 : 밤
有 : 있다
烟火表演 : 불꽃 놀이

---

03 노래방에서

---

001 **几位?**

Jǐ wèi?

찌 웨이

몇 분이십니까?

几 : 몇
位 : 분

---

002 **要几个小时?**

Yào jǐ ge xiǎoshí?

야오 찌 거 쌰오스

몇 시간 이용하시겠습니까?

이용 시간을 물을 때
要 : 필요하다
小时 : 시간

---

003 **一个房间一小时50块钱。**

Yí ge fángjiān yì xiǎoshí wǔshí kuài qián.

이 거 팡찌엔 이 쌰오스 우스 콰이 치엔

방 하나에 한 시간 50위안입니다.

一个 : 하나
房间 : 방
小时 : 시간
钱 : 돈, 화폐

---

004 **这个房间可以容纳6个人。**

Zhè ge fángjiān kěyǐ róngnà liù ge rén.

즈어 거 팡찌엔 크어이 룽나 려우 거 런

이 방은 6명까지 들어갈 수 있습니다.

这个 : 이, 이것
可以 : ~을 할 수 있다
容纳 : 수용하다
人 : 사람

005

现在全都满了，要等30分钟左右。

Xiànzài quán dōu mǎn le, yào děng sānshí fēnzhōng zuǒyòu.

씨엔짜이 취엔 떠우 만 러, 야오 떵 싼스 펀중 쮀여우

만원이라 30분 정도 기다리셔야 됩니다.

现在	지금
全都	모두
满	가득하다, 가득 차 있다
要	~을 해야 한다
等	기다리다
分钟	분
左右	가량

006

带您去房间。

Dài nín qù fángjiān.

따이 닌 취 팡찌엔

방까지 안내하겠습니다.

带	안내하다
去	가다
房间	방

007

有韩国和日本的歌。

Yǒu Hánguó hé Rìběn de gē.

여우 한꿔 흐어 르뻔 더 거

한국과 일본 노래도 있습니다.

有	있다
韩国	한국
日本	일본
歌	노래

008

有什么问题可以叫我。

Yǒu shénme wèntí kěyǐ jiào wǒ.

여우 선머 원티 크어이 쨔오 워

문제 있으면 저를 부르세요.

有	있다
什么	무엇, 무슨
问题	문제
可以	~을 할 수 있다
叫	부르다

009

请用这个触屏。

Qǐng yòng zhè ge chùpíng.

칭 융 즈어 거 추핑

이 터치 패널을 사용해 주세요.

请은	'~하세요'라는 뜻으로 상대방에게 어떤 일을 부탁하거나 권할 때 쓰는 경어.
用	사용하다
这个	이, 이것
触屏	터치 패널

010 离结束还有10分钟。

Lí jiéshù hái yǒu shí fēnzhōng.

리 찌에수 하이 여우 스 펀중

종료 10분 전입니다.

离 : ~부터
结束 : 종료하다
还有 : 그리고, 또한
分钟 : 분

---

011 要延长吗?

Yào yáncháng ma?

야오 옌창 마

연장하시겠습니까?

要 : ~을 하려고 하다
延长 : 연장하다

---

012 等的客人太多了，不能延长。

Děng de kèrén tài duō le, bù néng yáncháng.

떵 더 크어런 타이 뚸 러, 뿌 녕 옌창

대기 고객님이 많아서 연장은 안 됩니다.

等 : 기다리다
客人 : 고객님
太~了 : 너무 ~하다
多 : 많다
不能 : ~을 할 수 없다
延长 : 연장하다

---

04 마사지 받기

001 我要预约按摩。

Wǒ yào yùyuē ànmó.

워 야오 위위에 안뭐

마사지 예약을 할게요.

마사지를 예약하고 싶을 때
要 : ~하려고 하다
预约 : 예약하다
按摩 : 마사지

---

002 都有哪些项目?

Dōu yǒu nǎ xiē xiàngmù?

떠우 여우 나 씨에 쌍무

어떤 코스가 있습니까?

都 : 모두
有 : 있다
哪些 : 어떤
项目 : 항목

003

基本套餐多少钱?

Jīběn tàocān duōshao qián?

찌뻔 타오찬 뚸사오 치엔

기본 코스는 얼마입니까?

基本 : 기본
套餐 : 세트
多少钱 : 얼마예요

004

我要一个小时的套餐。

Wǒ yào yí ge xiǎoshí de tàocān.

워 야오 이 거 쌰오스 더 타오찬

한 시간 코스로 부탁해요.

要 : ~하려고 하다
一个小时 : 한 시간
套餐 : 세트

005

请多按肩膀。

Qǐng duō àn jiānbǎng.

칭 뚸 안 찌엔빵

어깨를 많이 눌러 주세요.

请은 '~하세요'라는 뜻, 상대
방에게 어떤 일을 부탁하거
나 권할 때 쓰는 경어.
多 : 많이
按 : (손이나 손가락으로) 누
르다
肩膀 : 어깨

006

请轻一点按。

Qǐng qīng yìdiǎn àn.

칭 칭 이띠엔 안

좀 가볍게 해 주세요.

마사지가 아플 때
轻 : 가볍다
一点 : 조금, 약간

---

05 ＞ 술 권하기

001

去喝一杯怎么样?

Qù hē yì bēi zěnmeyang?

취 흐어 이 뻬이 쩐머양

술 한잔 하는 거 어때요?

去 : 가다
喝 : 마시다
一杯 : 한잔
怎么样 : 어때요

002

今天晚上陪我喝一杯。

Jīntiān wǎnshang péi wǒ hē yì bēi.

찐티엔 완상 페이 워 흐어 이 뻬이

오늘 밤 같이 한잔 해요.

今天 : 오늘
晚上 : 저녁
陪 : 동반하다, 배석하다
喝 : 마시다
一杯 : 한잔

003

去喝杯啤酒怎么样?

Qù hē bēi píjiǔ zěnmeyang?

취 흐어 뻬이 피쪄우 쩐머양

맥주 마시러 가는 건 어때?

去 : 가다
喝 : 마시다
杯 : 잔
啤酒 : 맥주
怎么样 : 어때요

004

喜欢喝酒吗?

Xǐhuan hējiǔ ma?

씨환 흐어쪄우 마

술 마시는 거 좋아하세요?

喜欢 : 좋아하다
喝 : 마시다
酒 : 술

005

有什么开心的事情吗?

Yǒu shénme kāixīn de shìqing ma?

여우 선머 카이씬 더 스칭 마

무슨 기쁜 일이 있어요?

有 : 있다
什么 : 무엇, 무슨
开心 : 기쁘다, 즐겁다
事情 : 일

006

不好意思，今天没有喝酒的心情。

Bùhǎoyìsi, jīntiān méiyǒu hējiǔ de xīnqíng.

뿌 하오이쓰, 찐티엔 메이여우 흐어쪄우 더 씬칭

미안하지만 오늘은 술 마실 기분이 아냐.

술을 마시고 싶지 않을 때
不好意思 : 미안하다
今天 : 오늘
没有 : 없다
喝 : 마시다
酒 : 술
心情 : 기분

007 **你好像相当能喝。**
Nǐ hǎoxiàng xiāngdāng néng hē.
니 하오썅 썅땅 넝 흐어

너는 상당히 마실 것 같네.

술을 잘 마실 것 같을 때
你 : 너
好像 : 마치 ~와 같다
相当 : 상당히, 무척
能 : ~을 할 수 있다
喝 : 마시다

---

008 **酒量不好。**
Jiǔliàng bù hǎo.
쪄우량 뿌 하오

주량은 약해요.

술을 잘 못 마신다고 할 때
酒量 : 주량
不好 : 좋지 않다

---

009 **买点儿下酒菜回来。**
Mǎi diǎnr xiàjiǔcài huílai.
마이 딸 쌰쪄우차이 후이라이

안주 좀 사오세요.

买 : 사다
点儿 : 조금, 약간
下酒菜 : 안주
回来 : 돌아오다

---

06 ◀ 술 주문하기

001 **你想喝啤的还是白的?**
Nǐ xiǎng hē píde háishi báide?
니 썅 흐어 피더 하이스 빠이더

맥주 마실래요, 아니면 배갈 마실래요?

술을 고를 때
想 : ~을 하고 싶다
啤的 : 맥주
还是 : 아니면, 또는
白的 : 배갈, 백주, 고량주

---

002 **有什么啤酒?**
Yǒu shénme píjiǔ?
여우 션머 피쪄우

어떤 맥주가 있습니까?

맥주를 고를 때
有 : 있다
什么 : 무엇, 무슨
啤酒 : 맥주

003

先上两瓶啤酒吧。

Xiān shàng liǎng píng píjiǔ bā.

씨엔 상 량 핑 피쩌우 빠

우선 맥주 2병 주세요.

先 : 우선, 먼저
上 : 올리다
两瓶 : 2병
啤酒 : 맥주
吧는 문장 끝에 쓰여 상의·제의·청구·명령·독촉의 어기를 나타낸다.

004

再来一瓶啤酒。

Zài lái yì píng píjiǔ.

짜이 라이 이 핑 피쩌우

맥주 한 병 더 주세요.

再 : 또, 더
来는 '하다'라는 뜻, 구체적인 동사를 대신하여 쓰인다. 보통 요리를 주문할 때 来를 사용한다.
一瓶 : 한 병
啤酒 : 맥주

005

啤酒要冰的还是常温的?

Píjiǔ yào bīngde háishi chángwēnde?

피쩌우 야오 삥더 하이스 창원더

맥주는 차가운 걸 원하세요, 상온을 원하세요?

要 : 원하다
冰的 : 차가운 것
还是 : 아니면, 또는
常温 : 상온
중국에서는 여름에도 상온의 맥주를 마시기 때문에 차가운 것을 마시고 싶으면 따로 주문해야 한다.

006

喜欢青梅酒。

Xǐhuan qīngméijiǔ.

씨환 칭메이쩌우

매실주를 좋아합니다.

喜欢 : 좋아하다
青梅酒 : 매실주

007

都有什么下酒菜?

Dōu yǒu shénme xiàjiǔcài?

떠우 여우 선머 싸쩌우차이

안주는 무엇이 있습니까?

안주를 주문할 때
都 : 모두
有 : 있다
什么 : 무엇, 무슨
下酒菜 : 안주

001 **喝点吧。**
Hē diǎn ba.
흐어 띠엔 빠

좀 마셔요.

술을 권할 때
喝 : 마시다
点 : 조금, 약간
吧는 문장 끝에 쓰여 상의·제
의·청구·명령·독촉의 어기를
나타낸다.

002 **给你倒一杯啤酒。**
Gěi nǐ dào yì bēi píjiǔ.
께이 니 따오 이 뻬이 피쪄우

맥주 한 잔 받아요.

술을 따라주면서
给 : ~에게
倒 : 따르다
一杯 : 한 잔
啤酒 : 맥주

003 **再来一杯怎么样?**
Zài lái yì bēi zěnmeyàng?
짜이 라이 이 뻬이 쩐머양

한 잔 더 어때요?

再 : 또, 더
来는 '하다'라는 뜻, 구체적
인 동사를 대신하여 쓰인다.
보통 요리를 주문할 때 来를
사용한다.
怎么样 : 어때요

004 **烧酒怎么样?**
Shāojiǔ zěnmeyàng?
사오쪄우 쩐머양

소주는 어때?

烧酒 : 소주
怎么样 : 어때요

005 **一会儿去唱歌吧。**
Yíhuìr qù chànggē ba.
이훨 취 창거 빠

이따 노래 부르러 가자.

一会儿 : 잠시, 잠깐
去 : 가다
唱歌 : 노래를 부르다
吧는 문장 끝에 쓰여 상의·제
의·청구·명령·독촉의 어기를
나타낸다.

006

干杯!

Gānbēi!

깐뻬이

건배!

干杯 : 건배하다

007

为了健康干杯!

Wèile jiànkāng gānbēi!

웨이러 찌엔캉 깐뻬이

건강을 위해 건배!

为了 : ~을 위하여
健康 : 건강
干杯 : 건배하다

008

干!

Gān!

깐

원샷해요!

干 : 건배하다, 원샷하다

009

今天不醉不归!

Jīntiān búzuìbùguī!

찐티엔 뿌쭈이뿌꾸이

오늘은 코가 삐뚤어지게 마셔보자!

今天 : 오늘
不醉不归 : 취하지 않으면 돌아가지 못한다

010

我有点醉了。

Wǒ yǒudiǎn zuì le.

워 여우띠엔 쭈이 러

나 조금 취했어.

有点 : 조금, 약간
醉 : 취하다

011

喝得太多了。

Hē de tài duō le.

흐어 더 타이 뚸 러

너무 마셨어요.

술에 취했다고 말할 때
喝 : 마시다
太~了 : 너무 ~하다
多 : 많다

012 **不能再喝了。**
Bù néng zài hē le.
뿌 넝 짜이 흐어 러

더 이상 마실 수 없어요.

더 마시기 싫을 때
不能 : ~할 수 없다
再 : 더
喝 : 마시다

08 담배에 대하여

001 **你抽烟吗?**
Nǐ chōuyān ma?
니 처우옌 마

담배 피우세요?

담배를 피우는지 물을 때
抽烟 : 담배를 피우다

002 **你抽什么烟?**
Nǐ chōu shénme yān?
니 처우 선머 옌

어떤 담배 피우세요?

어떤 담배를 피우는지 물을 때
什么 : 무엇, 무슨

003 **抽支烟吗?**
Chōu zhī yān ma?
처우 즈 옌 마

담배 한 대 피우시겠어요?

같이 담배 피자고 할 때
抽烟 : 담배를 피우다
支 : 자루, 개피

004 **可以借个火吗?**
Kěyǐ jiè ge huǒ ma?
크어이 찌에 거 훠 마

불 좀 빌려주시겠어요?

可以 : ~을 해도 된다
借 : 빌리다
火 : 불

005

可以在这里抽烟吗?

Kěyǐ zài zhèli chōuyān ma?

크어이 짜이 즈어리 처우옌 마

여기서 담배를 피워도 될까요?

可以 : ~을 해도 된다
在 : ~에서
这里 : 여기

006

这里不准抽烟。

Zhèli bù zhǔn chōuyān.

즈어리 뿌 준 처우옌

여기는 금연입니다.

这里 : 여기
不准 : ~하면 안 되다
抽烟 : 담배를 피우다

007

我不喜欢烟味。

Wǒ bù xǐhuan yānwèi.

위 뿌 씨환 옌웨이

담배 냄새를 싫어해요.

喜欢 : 좋아하다
烟味 : 담배 냄새

008

不好意思，我不会抽烟。

Bùhǎoyìsi, wǒ bú huì chōuyān.

뿌 하오이쓰, 위 뿌 후이 처우옌

죄송합니다만 담배를 필 줄 모릅니다.

抽烟 : 담배를 피다

009

不好意思，我已经戒烟了。

Bùhǎoyìsi, wǒ yǐjīng jièyān le.

뿌 하오이쓰, 위 이찡 찌에옌 러

죄송합니다만 저는 이미 담배를 끊었습니다.

已经 : 이미, 벌써
戒烟 : 금연하다, 담배를 끊다

UNIT 8 여행 트러블

1 언어 트러블 / 2 도난당했을 때 / 3 물건을 분실했을 때

请	叫	警察	丢
qǐng	jiào	jǐngchá	diū
칭	쨔오	찡차	떠우
~하세요	부르다	경찰	잃다, 잃어버리다

听懂	挂失	小偷	信用卡
tīngdǒng	guàshī	xiǎotōu	xìnyòngkǎ
팅뚱	꽈스	샤오터우	씬용카
알아듣다	분실 신고를 하다	도둑	신용카드

간체자

偷 훔칠 투	偷 tōu 터우	偷 偷 偷 偷 偷 偷 偷 偷 偷 偷 偷
		偷 偷 偷 偷 偷

叫 부르짖을 규	叫 jiào 쨔오	叫 叫 叫 叫 叫
		叫 叫 叫 叫 叫

쓰면서 읽어보세요!

도둑이야! 경찰을 불러 주세요.

└ 小偷啊! 请帮我叫警察。

001
我的汉语不太好。
Wǒ de hànyǔ bútài hǎo.
워 더 한위 뿌타이 하오

중국어 실력이 부족합니다.

汉语 : 중국어
不太 : 그다지 ~하지 않다
好 : 좋다

002
请再说一遍。
Qǐng zài shuō yíbiàn.
칭 짜이 쉬 이삐엔

다시 한 번 말해 주세요.

请은 '~하세요'라는 뜻, 상대
방에게 어떤 일을 부탁하거
나 권할 때 쓰는 경어.
说 : 말하다
一遍 : 한번

003
不好意思，我没听懂。
Bùhǎoyìsi, wǒ méi tīngdǒng.
뿌하오이쓰, 워 메이 팅뚱

미안하지만 알아듣지 못했어요.

不好意思 : 미안하다
没 : ~하지 않다
听懂 : 알아듣다

004
可以帮我写下来吗?
Kěyǐ bāng wǒ xiě xiàlai ma?
크어이 빵 워 씨에 샤라이 마

그걸 적어주시겠습니까?

可以 : ~을 할 수 있다
帮 : 돕다
写 : 쓰다, 적다

005
您刚说了什么?
Nín gāng shuō le shénme?
닌 깡 쉬 러 선머

뭐라고 하셨습니까?

刚 : 방금, 아까
说 : 말하다
什么 : 무엇, 무슨

这个用汉语怎么说？

Zhè ge yòng hànyǔ zěnme shuō?

즈어 거 융 한위 쩐머 쉬

이건 중국어로 뭐라고 하나요?

这个 : 이, 이것
用 : 사용하다
汉语 : 중국어
怎么 : 어떻게
说 : 말하다

---

02 도난당했을 때

001

小偷啊！

Xiǎotōu a!

샤오터우 아

도둑이야!

小偷 : 도둑
啊는 문장의 끝에 쓰여 감탄·
찬탄 따위의 어세를 도와준다.

002

请帮帮我！

Qǐng bāngbang wǒ!

칭 빵빵 워

도와주세요!

请은 '~하세요'라는 뜻, 상대
방에게 어떤 일을 부탁하거
나 권할 때 쓰는 경어.
帮 : 돕다

003

请帮我叫警察。

Qǐng bāng wǒ jiào jǐngchá.

칭 빵 워 쨔오 찡차

경찰을 불러 주세요.

请은 '~하세요'라는 뜻, 상대
방에게 어떤 일을 부탁하거
나 권할 때 쓰는 경어.
帮 : 돕다
叫 : 부르다
警察 : 경찰

004

什么被偷了？

Shénme bèi tōu le?

선머 뻬이 터우 러

뭘 도둑맞으셨습니까?

什么 : 무엇, 무슨
被는 '~에게 ~당하다'라는
뜻, 피동형 문장에서 동작·작
용을 행하는 대상이 무엇인
지를 표시하거나 동사 앞에
쓰여서 피동을 나타낸다.
偷 : 훔치다, 도둑질하다

005

包被偷了。

Bāo bèi tōu le.

빠오 뻬이 터우 러

가방을 도난당했습니다.

도난당했을 때
包 : 가방
被는 '~에게 ~당하다'라는
뜻, 피동형 문장에서 동작·작
용을 행하는 대상이 무엇인
지를 표시하거나 동사 앞에
쓰여서 피동을 나타낸다.
偷 : 훔치다, 도둑질하다

006

里面有什么？

Lǐmian yǒu shénme?

리미엔 여우 선머

무엇이 들어 있습니까?

里面 : 안
有 : 있다
什么 : 무엇, 무슨

007

找到了就联系您。

Zhǎodào le jiù liánxì nín.

자오따오 러 쪄우 리엔씨 닌

찾으면 연락드리겠습니다.

找 : 찾다
到는 동사 뒤에서 보어로 쓰
여 동작이 목적에 도달했거
나 결과가 있음을 나타낸다.
联系 : 연락하다

008

请填写一下这份材料。

Qǐng tiánxiě yíxià zhè fèn cáiliào.

칭 티엔씨에 이쌰 즈어 펀 차이랴오

이 서류를 작성해 주세요.

请은 '~하세요'라는 뜻, 상대
방에게 어떤 일을 부탁하거
나 권할 때 쓰는 경어.
填写 : 기입하다
一下 : 좀 ~하다
份 : 부
材料 : 서류, 재료

009

韩国大使馆在哪儿？

Hánguó dàshǐguǎn zài nǎr?

한꿔 따스꽌 짜이 날

한국대사관은 어디입니까?

韩国 : 한국
大使馆 : 대사관
在 : ~에 있다
哪儿 : 어디

小偷捉到了吗?

Xiǎotōu zhuōdào le ma?

샤오터우 줘따오 러 마

도둑은 체포되었나요?

小偷 : 도둑
捉 : 체포하다
到는 동사 뒤에서 보어로 쓰여 동작이 목적에 도달했거나 결과가 있음을 나타낸다.

---

03 물건을 분실했을 때

001

钱包丢了。

Qiánbāo diū le.

치엔빠오 떠우 러

지갑을 잃어버렸습니다.

钱包 : 지갑
丢 : 잃다, 잃어버리다

002

失物招领处在哪儿?

Shīwù zhāolǐngchù zài nǎr?

스우 자오링추 짜이 날

유실물 취급소는 어디입니까?

失物招领处 : 분실물 취급소
在 : ~에 있다
哪儿 : 어디

003

什么时候在哪儿丢的?

Shénme shíhou zài nǎr diū de?

선머 스허우 짜이 날 떠우 더

언제 어디서 분실했습니까?

什么时候 : 언제
在 : ~에 있다
哪儿 : 어디
丢 : 잃다, 잃어버리다

004

把包落在出租车里了。

Bǎ bāo là zài chūzūchēli le.

빠 빠오 라 짜이 추주츠어리 러

택시 안에 가방을 두고 왔습니다.

把는 '~을 ~하다'라는 뜻, 일반적으로 동작·작용의 대상을 동사 앞으로 전치시킬 때 쓰인다.
包 : 가방
落 : 놓아두고 가져가는 것을 잊어버리다
出租车 : 택시
里 : 안

005

丢了信用卡。

Diū le xìnyòngkǎ.

떠우 러 씬융카

신용카드를 잃어버렸습니다.

丢 : 잃다, 잃어버리다
信用卡 : 신용카드

006

请帮我挂失信用卡。

Qǐng bāng wǒ guàshī xìnyòngkǎ.

칭 빵 워 꽈스 씬융카

카드를 분실 신고해 주세요.

请은 '~하세요'라는 뜻, 상대
방에게 어떤 일을 부탁하거
나 권할 때 쓰는 경어.
帮 : 돕다
挂失 : 분실 신고를 하다
信用卡 : 신용카드

007

需要补办身份证。

Xūyào bǔbàn shēnfènzhèng.

쒸야오 뿌빤 선펀정

신분증을 재발급해야 합니다.

需要 : 필요하다
补办 : 사후에 처리하다, 재
발급하다
身份证 : 신분증

부록

常用单词
chángyòng dāncí

자주 쓰는 단어

동사 / 명사 / 형용사 /
대명사 / 부사

동 사			
是	shì	스	~이다
有	yǒu	여우	있다
在	zài	짜이	~에 있다
做	zuò	쭤	하다
进	jìn	찐	(밖에서 안으로) 들다
出	chū	추	나가다, 나오다
去	qù	취	가다
来	lái	라이	오다
回	huí	후이	돌아오다, 돌아가다
买	mǎi	마이	사다
卖	mài	마이	팔다
介绍	jièshào	찌에사오	소개하다

穿	chuān	촨	입다
换	huàn	환	바꾸다
花	huā	화	소비하다
试	shì	스	시험 삼아 해보다
点	diǎn	띠엔	주문하다
吃	chī	츠	먹다
喝	hē	흐어	마시다
骑	qí	치	타다
坐	zuò	쭤	앉다, 타다
站	zhàn	잔	서다, 일어서다
到	dào	따오	도착하다
要	yào	야오	필요하다, ~하려고 하다
走	zǒu	쩌우	가다, 걷다

笑	xiào	샤오	웃다
哭	kū	쿠	울다
洗	xǐ	씨	씻다
洗澡	xǐzǎo	씨짜오	샤워하다
刷牙	shuāyá	솨야	양치하다
起床	qǐchuáng	치촹	일어나다
睡觉	shuìjiào	수이쨔오	잠을 자다
打扫	dǎsǎo	따싸오	청소하다
住	zhù	주	살다, 거주하다
搬	bān	빤	옮기다, 이사하다
帮忙	bāngmáng	빵망	돕다
帮助	bāngzhù	빵주	돕다
听	tīng	팅	듣다

说	shuō	쒀	말하다
写	xiě	씨에	글씨를 쓰다
读	dú	뚜	읽다
看	kàn	칸	보다
画	huà	화	그리다
找	zhǎo	자오	찾다
拿	ná	나	(손에) 쥐다, 잡다
带	dài	따이	휴대하다, 지니다
放	fàng	팡	놓다, 놓아 주다
玩	wán	완	놀다
用	yòng	융	사용하다
开	kāi	카이	열다, 켜다, (꽃이) 피다, 운전하다
关	guān	꽌	끄다, 닫다

请	qǐng	칭	청하다, 부탁하다
叫	jiào	쨔오	부르다
打电话	dǎ diànhuà	따 띠엔화	전화를 걸다
上班	shàngbān	상빤	출근하다
送	sòng	쏭	선물하다, 배웅하다, 보내다
接	jiē	찌에	받다, 마중하다
发	fā	파	보내다
给	gěi	께이	주다
懂	dǒng	뚱	알다, 이해하다
知道	zhīdào	즈따오	알다
认识	rènshi	런스	알다
告诉	gàosu	까오쑤	알려주다
问	wèn	원	묻다, 질문하다

回答	huídá	후이따	대답하다
检查	jiǎnchá	찌엔차	검사하다
讲	jiǎng	쟝	말하다, 이야기하다
教	jiāo	쟈오	가르치다
借	jiè	찌에	빌리다
还	huán	환	돌려주다
忘记	wàngjì	왕찌	잊다
记得	jìde	찌더	기억하다
游泳	yóuyǒng	여우융	수영하다
休息	xiūxī	써우씨	휴식하다
旅游	lǚyóu	뤼여우	여행하다
跑步	pǎobù	파오뿌	조깅하다, 달리다
爬山	páshān	파산	등산하다

聊天	liáotiān	랴오티엔	이야기하다
感冒	gǎnmào	깐마오	감기 걸리다
发烧	fāshāo	파사오	열이 나다
生病	shēngbìng	성삥	병에 걸리다
担心	dānxīn	딴씬	걱정하다
放心	fàngxīn	팡씬	안심하다
害怕	hàipà	하이파	두려워하다, 무서워하다
刮风	guāfēng	꽈펑	바람이 불다
下雨	xiàyǔ	쌰위	비가 내리다
下雪	xiàxuě	쌰쒸에	눈이 내리다
唱歌	chànggē	창꺼어	노래하다
跳舞	tiàowǔ	탸오우	춤을 추다
工作	gōngzuò	꿍쮀	일하다

上网	shàngwǎng	상왕	인터넷하다
祝	zhù	추	축하하다
结婚	jiéhūn	찌에훈	결혼하다
对不起	duìbuqǐ	뚜이뿌치	미안합니다
谢谢	xièxie	씨에씨에	감사합니다
再见	zàijiàn	짜이찌엔	안녕, 또 뵙겠습니다
能	néng	넝	~할 수 있다
想	xiǎng	썅	~하고 싶다
可以	kěyǐ	크어이	~해도 된다
应该	yīnggāi	잉까이	마땅히 ~해야 한다
喜欢	xǐhuan	씨환	좋아하다
小心	xiǎoxīn	샤오씬	조심하다
生气	shēngqì	셩치	화내다

希望	xīwàng	씨왕	바라다
同意	tóngyì	퉁이	동의하다
相信	xiàngxìn	쌍씬	믿다
需要	xūyào	쒸야오	필요하다
要求	yàoqiú	야오쳐우	요구하다
见	jiàn	찌엔	만나다
开始	kāishǐ	카이스	시작하다
结束	jiéshù	찌에수	끝나다
完成	wánchéng	완청	완성하다
请假	qǐngjià	칭쨔	휴가를 신청하다
准备	zhǔnbèi	준뻬이	준비하다
迟到	chídào	츠따오	지각하다
参加	cānjiā	찬쨔	참가하다

명사			
爸爸	bàba	빠빠	아버지
妈妈	māma	마마	어머니
哥哥	gēge	끄어거	형, 오빠
姐姐	jiějie	찌에찌에	누나, 언니
弟弟	dìdi	띠띠	남동생
妹妹	mèimei	메이메이	여동생
叔叔	shūshu	수수	아저씨
阿姨	āyí	아이	아주머니
小姐	xiǎojiě	쌰오찌에	아가씨
先生	xiānsheng	씨엔성	선생 (성인 남자에 대한 호칭)
邻居	línjū	린쮜	이웃
医生	yīshēng	이성	의사

服务员	fúwùyuán	푸우위엔	종업원
同事	tóngshì	퉁스	동료
经理	jīnglǐ	찡리	사장, 매니저
朋友	péngyou	펑여우	친구
老师	lǎoshī	라오스	선생님
身体	shēntǐ	선티	몸, 신체
头发	tóufa	터우파	머리카락
脸	liǎn	리엔	얼굴
眼睛	yǎnjing	옌찡	눈
耳朵	ěrduo	얼뛰	귀
鼻子	bízi	삐쯔	코
腿	tuǐ	투이	다리
脚	jiǎo	쨔오	발

名字	míngzi	밍쯔	이름
爱好	àihào	아이하오	취미
游戏	yóuxì	여우씨	게임
电影	diànyǐng	띠엔잉	영화
电视	diànshì	띠엔스	텔레비전
东西	dōngxi	뚱씨	물건
衣服	yīfu	이푸	옷
裤子	kùzi	쿠쯔	바지
裙子	qúnzi	췬쯔	치마
鞋	xié	씨에	신발
帽子	màozi	마오쯔	모자
包	bāo	빠오	가방
手机	shǒujī	서우찌	핸드폰

药	yào	야오	약
钱	qián	치엔	돈
早上	zǎoshang	짜오상	아침
上午	shàngwǔ	상우	오전
中午	zhōngwǔ	중우	점심
下午	xiàwǔ	쌰우	오후
晚上	wǎnshang	완상	저녁
现在	xiànzài	씨엔짜이	지금
最近	zuìjìn	쭈이찐	요즈음
刚才	gāngcái	깡차이	방금
一会儿	yīhuìr	이훨	잠깐
以前	yǐqián	이치엔	이전
以后	yǐhòu	이허우	이후

前天	qiántiān	치엔티엔	그저께
昨天	zuótiān	쭤티엔	어제
今天	jīntiān	찐티엔	오늘
明天	míngtiān	밍티엔	내일
后天	hòutiān	허우티엔	모레
前年	qiánnián	치엔니엔	재작년
去年	qùnián	취니엔	작년
今年	jīnnián	찐니엔	올해
明年	míngnián	밍니엔	내년
后年	hòunián	허우니엔	내후년
生日	shēngrì	성르	생일
动物	dòngwù	뚱우	동물
狗	gǒu	꺼우	개

猫	māo	마오	고양이
鱼	yú	위	물고기
鸟	niǎo	냐오	새
草	cǎo	차오	풀
花	huā	화	꽃
树	shù	수	나무
菜	cài	차이	요리
米饭	mǐfàn	미판	쌀밥
面包	miànbāo	미엔빠오	빵
面条	miàntiáo	미엔탸오	국수
鸡蛋	jīdàn	찌딴	달걀
蛋糕	dàngāo	딴까오	케이크
肉	ròu	러우	고기

糖	táng	탕	사탕, 설탕
包子	bāozi	빠오쯔	만두
水果	shuǐguǒ	수이꿔	과일
苹果	píngguǒ	핑꿔	사과
葡萄	pútao	푸타오	포도
西瓜	xīguā	씨꽈	수박
香蕉	xiāngjiāo	쌍쨔오	바나나
饮料	yǐnliào	인랴오	음료수
果汁	guǒzhī	꿔즈	과일 주스
茶	chá	차	차
咖啡	kāfēi	카페이	커피
牛奶	niúnǎi	녀우나이	우유
啤酒	píjiǔ	피쪄우	맥주

厨房	chúfáng	추팡	주방
冰箱	bīngxiāng	삥샹	냉장고
碗	wǎn	완	그릇, 사발
筷子	kuàizi	콰이쯔	젓가락
盘子	pánzi	판쯔	쟁반, 접시
票	piào	퍄오	표
照片	zhàopiàn	자오피엔	사진
照相机	zhàoxiàngjī	자오샹찌	사진기
地方	dìfang	띠팡	곳, 장소
酒店	jiǔdiàn	쩌우띠엔	호텔
饭馆儿	fànguǎnr	판괄	식당
商店	shāngdiàn	상띠엔	상점
超市	chāoshì	차오스	슈퍼마켓

银行	yínháng	인항	은행
电影院	diànyǐngyuàn	띠엔잉위엔	영화관
医院	yīyuàn	이위엔	병원
洗手间	xǐshǒujiān	씨서우찌엔	화장실
公司	gōngsī	꿍쓰	회사
机场	jīchǎng	찌창	공항
地铁站	dìtiězhàn	띠티에잔	지하철역
火车站	huǒchēzhàn	훠츠어잔	기차역
公共汽车站	gōnggòngqìchēzhàn	꿍꿍치츠어잔	버스정류장
公共汽车	gōnggòngqìchē	꿍꿍치츠어	버스
地铁	dìtiě	띠티에	지하철
出租车	chūzūchē	추쭈츠어	택시
自行车	zìxíngchē	쯔싱츠어	자전거

飞机	fēijī	페이찌	비행기
火车	huǒchē	휘츠어	기차
船	chuán	촨	배

형용사			
漂亮	piàoliang	퍄오량	예쁘다
聪明	cōngming	충밍	영리하다, 똑똑하다
可爱	kě'ài	크어아이	귀엽다
帅	shuài	쫘이	멋지다
老	lǎo	라오	늙다
年轻	niánqīng	니엔칭	젊다
高	gāo	까오	높다, (키가) 크다
矮	ǎi	아이	(키가) 작다
胖	pàng	팡	뚱뚱하다
瘦	shòu	서우	여위다, 마르다
乐观	lèguān	르어꽌	낙관적이다
悲观	bēiguān	뻬이꽌	비관적이다

内向	nèixiàng	너이썅	내향적이다
活泼	huópō	훠풔	활발하다
高兴	gāoxìng	까오씽	기쁘다
快乐	kuàilè	콰이러	즐겁다
忙	máng	망	바쁘다
累	lèi	러이	힘들다, 피곤하다
有名	yǒumíng	여우밍	유명하다
舒服	shūfu	수푸	편안하다
健康	jiànkāng	찌엔캉	건강하다
难受	nánshòu	난서우	불편하다, 슬프다, 아프다
疼	téng	텅	아프다
大	dà	따	크다
小	xiǎo	쌰오	작다

多	duō	뚸	많다
少	shǎo	사오	적다
贵	guì	꾸이	비싸다
便宜	piányi	피엔이	싸다
长	cháng	창	길다
短	duǎn	똰	짧다
错	cuò	춰	틀리다
对	duì	뚜이	맞다
有意思	yǒuyìsi	여우이쓰	재미있다
着急	zháojí	자오찌	조급해하다
难过	nánguò	난꿔	슬퍼하다
熟悉	shúxī	수씨	익숙하다
热情	rèqíng	르어칭	열정적이다, 친절하다

冷静	lěngjìng	렁찡	냉정하다, 침착하다
激动	jīdòng	찌뚱	흥분하다
流行	liúxíng	려우씽	유행하다
重	zhòng	중	무겁다
轻	qīng	칭	가볍다
真	zhēn	전	사실이다
假	jiǎ	쨔	거짓의, 허위의
圆	yuán	위엔	둥굴다
粗	cū	추	굵다
细	xì	씨	가늘다
满	mǎn	만	가득 차다
空	kōng	쿵	비다
乱	luàn	롼	어지럽다

干净	gānjìng	깐찡	깨끗하다
脏	zāng	짱	더럽다, 지저분하다
破	pò	풔	파손된, 형편 없는
旧	jiù	쩌우	낡다, 오래다
新	xīn	씬	새롭다
好	hǎo	하오	좋다
坏	huài	화이	나쁘다
差	chà	차	나쁘다, 표준에 도달하지 못하다
安静	ānjìng	안찡	조용하다
热闹	rènao	르어나오	번화하다, 시끌벅적하다
满意	mǎnyì	만이	만족하다
久	jiǔ	쩌우	오래다
深	shēn	선	깊다

厚	hòu	허우	두껍다
饱	bǎo	빠오	배부르다
饿	è	으어	배고프다
渴	kě	크어	목마르다
酸	suān	쏸	(맛이) 시다
甜	tián	티엔	(맛이) 달다
苦	kǔ	쿠	(맛이) 쓰다
辣	là	라	맵다
咸	xián	씨엔	(맛이) 짜다
新鲜	xīnxiān	씬씨엔	신선하다
好吃	hǎochī	하오츠	맛있다
香	xiāng	썅	향기롭다
近	jìn	찐	가깝다

远	yuǎn	위엔	멀다
快	kuài	콰이	빠르다
慢	màn	만	느리다
难	nán	난	어렵다
简单	jiǎndān	찌엔딴	간단하다
容易	róngyì	룽이	쉽다
轻松	qīngsōng	칭쑹	수월하다
方便	fāngbiàn	팡삐엔	편리하다
复杂	fùzá	푸짜	복잡하다
麻烦	máfan	마판	번거롭다
顺利	shùnlì	순리	순조롭다
危险	wēixiǎn	웨이씨엔	위험하다
安全	ānquán	안취엔	안전하다

重要	zhòngyào	중야오	중요하다
一般	yìbān	이빤	보통이다
合适	héshì	흐어스	적합하다
正确	zhèngquè	정취에	정확하다
奇怪	qíguài	치꽈이	이상하다
丰富	fēngfù	펑푸	풍부하다
无聊	wúliáo	우랴오	무료하다
可惜	kěxī	크어씨	아쉽다
一样	yíyàng	이양	같다
差不多	chàbuduō	차뿌뚸	비슷하다
严重	yánzhòng	옌중	심각하다
严格	yángé	옌ㄲ어	엄격하다
合格	hégé	흐어거	합격하다

대명사

我	wǒ	워	나
我们	wǒmen	워먼	우리
你	nǐ	니	너
你们	nǐmen	니먼	너희들
您	nín	닌	당신
他	tā	타	그
他们	tāmen	타먼	그들
她	tā	타	그녀
她们	tāmen	타먼	그녀들
它	tā	타	그것
大家	dàjiā	따쨔	여러분
自己	zìjǐ	쯔찌	자신

别人	biérén	삐에런	다른 사람
哪	nǎ	나	어느
哪儿	nǎr	날	어디
谁	shéi	서이	누구
什么	shénme	선머	무엇
怎么	zěnme	쩐머	어떻게, 왜
怎么样	zěnmeyàng	쩐머양	어때요
为什么	wèishénme	웨이선머	왜
多少	duōshao	뚸사오	얼마
几	jǐ	찌	몇
什么时候	shénme shíhou	선머 스허우	언제
这	zhè	즈어	이, 이것
这儿	zhèr	절	여기

这里	zhèli	즈어리	여기
那	nà	나	저, 저것
那儿	nàr	날	저기

부사			
不	bù	뿌	아니다
没	méi	메이	없다
别	bié	삐에	~하지 마
不用	búyòng	뿌융	~할 필요가 없다
一定	yídìng	이띵	반드시
很	hěn	헌	매우
非常	fēicháng	페이창	매우, 대단히
特别	tèbié	트어삐에	특별히
太	tài	타이	너무
真	zhēn	전	정말로
有点儿	yǒudiǎnr	여우땰	조금, 약간
就	jiù	쩌우	즉시, 바로

才	cái	차이	겨우
已经	yǐjīng	이찡	이미
在	zài	짜이	~을 하고 있다
快	kuài	콰이	곧, 바로
经常	jīngcháng	찡창	자주
突然	tūrán	투란	갑자기
总是	zǒngshì	쫑스	늘, 줄곧
又	yòu	여우	또, 다시
还	hái	하이	또, 더
再	zài	짜이	또, 다시
都	dōu	떠우	모두
一起	yìqǐ	이치	함께
也	yě	예	~도

还是	háishì	하이스	여전히, 아직도
先	xiān	씨엔	먼저
一直	yìzhí	이즈	줄곧
随便	suíbiàn	쑤이삐엔	마음대로
也许	yěxǔ	예쒸	어쩌면

초보자도 단숨에 이해되는
친절한 중국어 회화

초판 2쇄 발행 | 2023년 4월 20일

지은이 | 설태걸(偰太杰) · 설정(薛晶)
편 집 | 이말숙
디자인 | 박민희
제 작 | 선경프린테크
펴낸곳 | Vitamin Book
펴낸이 | 박영진

등 록 | 제318-2004-00072호
주 소 | 07251 서울특별시 영등포구 영신로 40길 18 윤성빌딩 405호
전 화 | 02) 2677-1064
팩 스 | 02) 2677-1026
이메일 | vitaminbooks@naver.com
웹하드 | ID vitaminbook / PW vitamin

© 2021 Vitamin Book

ISBN 979-11-89952-66-2 (13720)

웹하드에서
mp3 파일 다운 받는 방법

💚 다운 방법

STEP 01
웹하드 (www.webhard.co.kr)에 접속
로그인 클릭, 아이디 (vitaminbook) 비밀번호 (vitamin)

STEP 02
내리기전용 클릭

STEP 03
Mp3 자료실 클릭

STEP 04
친절한 중국어 회화 클릭하여 다운